Minerva Shobo Librairie

冷戦変容期の国際開発援助とアジア

——一九六〇年代を問う

渡辺昭一［編著］

ミネルヴァ書房

冷戦変容期の国際開発援助とアジア——一九六〇年代を問う

目次

第Ⅱ部　東南アジア

第Ⅲ部　東アジア

序章　欧米の対アジア開発援助の展開

渡辺昭一

1　本書の課題

（1）戦後アジア国際秩序の形成と開発援助

戦後開発経済を扱う日本の研究は、アジア経済研究所、鹿島平和研究所、日本政府、日本国際協力機構（ＪＩＣＡ）など、さらには海外業務を営む金融機関をはじめ、山本登、高木健次郎、原覚天、市村真一をはじめとする多くの研究者によって、[1]二国間関係の分析、援助のメカニズムや構造などの比較検討が行なわれてきた。[2]当時、公開資料の制約もあり、これらの研究は統計資料にもとづく現状分析か評論にとどまり、関係史料を利用した二〇世紀の国際的な歴史的発展過程のなかに位置付けて検討するという視点が希薄とならざるをえなかった。[3]その後、戦後アジアの発展過程については、開発経済の分野のみならず脱植民地化、アジア冷戦体制など国際政治分野などから、数多くの研究が積み重ねられてきた。イギリス帝国の解体過程については、木畑洋一、都丸潤子、Ｎ・ターリングらの先駆的研究があり、最近では独立後もコモンウェルスの一員として残存していることから、イギリス・コモンウェルス体制の意味を問い直す研究も出てきている。(4) また、アメリカ合衆国の視点から、同国が南アジアに関与してくる背景を描き出したR・マクマンやA・ロッターらの研究、(5) アメリカ合衆国の対外経済援助の理念や政策に絞って体系的に分析した川口融や小川裕子の研究も多くの示唆を与えてくれる。(6)

さらには、冷戦崩壊後のアメリカ一極的支配やアジアの目覚ましい経済発展に関心が向けられるにつれ、戦後アジアの国際秩序問題を多角的に捉えようとする研究も現われてきている。アジア冷戦体制の見直しを意図した研究(7)やアジア地域統合・地域主義や域内経済の形成に注目した研究、(8) グローバルヒストリーの観点からアジア国際秩序の問題点に迫ろうとする研究、(9) さらには戦後アジアの国際秩序の形成に果たした日本の役割に関する研究(10)など現代的関心からの意欲的な問題提起が行なわれている。

しかし、これらの優れた諸研究も、経済史的視点か政治外交史的視点のいずれかが重視されることが多く、国際的な多角的諸関係構築の試行錯誤のなかでアジアの新たな国際秩序が形成されたことについては、あまり言及されてこなかったように思える。(11) 欧米とアジア諸国間の双方向性を視野に入れ、地政学的位置を踏まえたアジア国際秩序形成の歴史的過程がもっと注目されるべきであろう。植民地支配の終焉と冷戦体制の波及が交錯した一九六〇年代のアジア地域をめぐって、欧米諸国（日本を含めて）が国際秩序をどのように構築し、自己の影響力の拡大をはかったのか、また、そうした状況に対してアジア側の主体性がどこまで発揮されたのであろうか。(12)

本書は、戦後アジアにおける新国際秩序形成の歴史的展開過程を解明するために、一九五〇年代後半から一九七〇年前半に至るまでの欧米諸国および日本の対アジア開発援助（戦略）の展開過程を明らかにすることを目的としている。南アジア、東南アジア、東アジアの地政学的観点を踏まえながら、アジア開発の先駆的な役割を担ったコロンボ・プランのみならず、ヨーロッパ諸国、国際復興開発銀行（International Bank for Reconstruction and Development：IBRD 通称、世界銀行）およびアメリカ合衆国、共産主義国、日本のアジア開発援助の拡大に着目して、その開発援助の実施過程とアジアの自立化との関連を政治・経済・外交のレベルから検討する。

（2）コロンボ・プラン研究の成果と新たな枠組み

前書『コロンボ・プラン』（法政大学出版局、二〇一四年）では、戦後アジア復興プランであるコロンボ・プランに焦点をあて、アジアにおける帝国の終焉（脱植民地化）とアメリカ合衆国の本格的介入という状況に着目して、アジア諸国の自立化とそれが果たした経済援助計画の歴史的役割の解明に努めた。[13] コロンボ・プランの特徴として、①南アジアおよび東南アジアの経済開発を目指したイギリス・コモンウェルス体制の再編戦略であったこと、②借款や技術援助を中心とした援助は、予想をはるかに凌ぐ大規模な資本を必要としたため、国連・世界銀行やアメリカ合衆国のみならず、共産圏からの支援も必要とし、戦後アジア開発戦略の核となっていたこと、③同プランの主要財源であったスターリング・バランスが枯渇すると、援助の力点が資本援助から技術援助へと移行していったこと、④イギリス・コモンウェルスを構成するオーストラリア、カナダ、セイロン、インド、ニュージーランド、パキスタン、英領マラヤ（一九五七年加盟）、シンガポール（一九五九年加盟）、ボルネオに加えて、他のアジア諸国をも巻き込んだアジア地域全体の開発構想へと変貌したこと、などが挙げられる。しかし、考察対象をコロンボ・プランに限定したことから、それ以外の援助体系などアジア開発援助の実態を解明するには限界があった。アジア国際秩序形成を問題にするには、アジア諸国と欧米諸国、国際機関、共産主義国の諸関係を視野に入れた国際政治経済史的な視点に立った検討が不十分であった。

そこで、本書では、より広い視点から検討するにあたって三つのキーワードに注目した。脱植民地化の過程でイギリスのプレゼンスの維持を目指す「帝国の論理」、米ソ対立が激化する中で両陣営にアジア諸国を巻き込もうとした「冷戦の論理」、さらにはアジア諸国の政治的経済的発展を目指した「自立化の論理」、これらの論理にもとづく戦略がどのように交錯し新たな関係を生み出したのか、国際開発援助（戦略）という切り口からアジア開発をめぐる実態を明らかにすることを目指している。

この「帝国の論理」「冷戦の論理」「自立化の論理」の関連についてもう少し敷衍して述べておきたい。まず「帝国の論理」についてであるが、イギリスは、脱植民地化の過程で、引き続き本国を中心としたコモンウェルスの影響力の維持拡大を図るために、自国経済に密着した開発援助を行なったが、自国経済の停滞状況からアジアの要求に応じた援助を拡大できなかったため、資本援助のみならず技術援助を活用するようになった。技術援助が資本援助の対費用効果を高めることを期待したのである。しかし、アジア諸国は、国民経済の自立化に向けてその開発資金を旧宗主国以外に求め、米ソを中心とした冷戦の緊張が高まるなか、新たな援助諸国からの多額の資本援助を引き出そうとしたため、国際的な援助競争を引き起こすに至った。一九六〇年前後に援助国は国内の援助機構を整備しつつ本格的な国際援助合戦に突入していったのである。しかし同時に、援助額の拡大にともない、累積債務も急増する傾向があったことから、西側諸国は国連のアジア極東経済委員会（エカフェ、Economic Commission for Asia and the Far East：ECAFE）やヨーロッパ経済協力機構（ＯＥＥＣ）の下部機関である開発援助委員会（Development Assistance Committee：DAC）などの国際的組織を通じた情報収集とその分析を強化するとともに、インド、パキスタン、それにインドネシアに関する援助コンソーシアムのような西側援助国による国際的な援助と債務を管理する共同体制を生み出した。共産主義国に対抗したアメリカ合衆国の資金援助額が圧倒的に大きく、同国主導の「冷戦の論理」が強化されたのである。一九五〇年代、アメリカ合衆国はアジアのイギリス勢力圏への関与を避けていたが、イギリスの援助力不足がアメリカの本格的介入を促し、「帝国の論理」と「冷戦の論理」の相互補完関係を生み出したのである。しかし、一九六〇年代後半になると、アメリカ合衆国もイギリスと並んでアジア諸国の非同盟政策の影響が弱まるなか財政難から十分な援助資金を確保できず、アジアへの関与には限界を示した。代わりにソ連の他にも日本が経済発展に裏付けされたＯＤＡ政策の展開によって、新たな援助国としてアジアとの関係構築を打ち出したことに留意すべきであろう。

他方、独立前後には、援助をめぐり旧宗主国との関係において受動的な姿勢をとらざるをえなかったアジアの被援助諸国が、一九五〇年代後半から積極姿勢に転じたことに注目したい。国際的な援助競争が激化し多極化が進むなか、二国間交渉において自国の計画に即した援助を引き出すとともに、コンソーシアムや国連における発言力を増し、援助国側の開発援助政策の見直しを迫った。「自立化の論理」が定着しつつあったことを裏付けるものといえよう。ただ産業および財政構造改革の行き詰まりに直面した際、南アジアと東・東南アジアとの間には相違がみられた。開発援助に対する依存度が強かった南アジアでは、いまだその十分な構造転換を見いだせない状況にあったが、東南アジア・東アジアでは、旧宗主国の影響も薄れ、輸入代替型から輸出志向型へと産業構造の転換の萌芽がみられた。

かくして、一九六〇年代にアジアをめぐって展開された国際開発援助（戦略）は、前半には「帝国の論理」から「冷戦の論理」へと移行し、後半には両論理が停滞するなか「自立化の論理」が強調されはじめ、三つの論理が交錯し混沌とした状況を生み出したと言えよう。オイルショック以降の新たなアジア国際秩序の展開を促す諸要因を孕んでいた。

2　開発援助の機構整備と援助趨勢

（1）開発援助とは

開発援助という場合、おもに公的な経済援助をさし、民間援助や軍事援助と区別されるのが一般的であるが、第二章の横井論文、第五章の佐藤論文、第一〇章の菅論文で言及されているように、現実的には両者が一体化している場合が多く、厳密な区別は難しい。また、一般に援助対象に応じてプロジェクト援助とノン・プロジェクト援助、援助の形態に従って資本援助と技術援助、返済義務の観点から贈与（グラント）と借款（ローン）に分けられるが、これらも現実的には区別が難しく曖昧性を含んでいる。プロジェクト援助は、被援助国の開発計画の一環として企画された単独事業への援助となる場合が多く、ノン・プロジェクト援助はプロジェクト以外の維持費、備品調達、為替支援などに利用される。資本援助はおもに建設費、設備備品の購入のために、技術援助は、本国での研修生受け入れ、本国からの技術者派遣、研究・教育施設の建設などに充てられる。とくにコロンボ・プランでは、一九六〇年代にこの技術援助が非常に重要な開発戦略となったが、それは援助国側の資金力の限界と資本援助の対費用効果が求められたためであった。また、贈与と借款の区別も重要で、借款の場合には、利率と借款期間が被援助国の返済負担を左右するため、一九六〇年代後半に債務負担が大きくなると、借款条件は国際的な問題となった。そのため、国際的な援助交渉の場では、債務返済額の上限を輸出収益の二〇％以内に制限することが提案され、一九六五年にＤＡＣが提示した援助額の妥当性を諮るグラント・エレメントを基準に、援助国グループは、被援助国側の過度の負担を抑制する方向で検討した。一九六〇年代後半に向けて援助国と被援助国それぞれの事情を反映し、プロジェクト援助からノン・プロジェクト援助へ、資本援助から技術援助への志向が高まっていったのである。

さらに援助方法については、アメリカ合衆国のＰＬ４８０（Public Law 480）とソ連の援助にも言及しておきたい。ＰＬ４８０は、アメリカ合衆国の余剰生産物のはけ口手段として制定された一九五四年農業貿易開発援助法（the Agricultural Trade Development and Assistance Act of 1954）のことで、一般の借款とともに対外援助手段のひとつとして重要な機能を果たした。援助の形式として、おもに被援助国でアメリカ産農産物を売却し、その売却資金を経済開発に利用する方法（タイトルⅠ）、飢饉に苦しむ友好国への無償食糧援助（タイトルⅡ）、慈善団体や国際機関を通じた贈与（タイトルⅢ）の三タイプに分けられるが、タイトルⅠの援助形態は、現地通貨での返済を認めたためソフトローンとして機能し、一九六五年から六六年にかけて発生したインドの飢饉対策に重要な役割を果たし、「緑の革命」を促したことに留意したい(14)。

他方、ソ連の対アジア援助の拡大は、フルシチョフ政権の誕生によって一九五五年頃からはじまった。その援助総額はアメリカ合衆国と比べれば格段に少なかったとはいえ、アジア、中近東、中南米、アフリカの順に二九ヵ国に及び、アジアについては、インド、インドネシア、アフガニスタンが多かった。インドの場合、ビライ製鉄所などのパブリック・セクターの基幹産業に向けられ、返済条件が利率二・五%、返済期間一二年、しかも現地通貨か現物での返済を認められたため、外国為替不足に悩まされたインド側にきわめて有利な援助となった。この方法もPL480と同じくソフトローンの性質を持ち、アメリカ合衆国など資本主義国の援助と対抗することを意図していたと想定される(15)。

(2) 開発援助機構と援助趨勢

さてつぎに、主な援助アクターとなる世界銀行および国際機関、アメリカ合衆国、イギリス、日本の援助機構と援助趨勢について概略しておきたい(16)。

世界銀行は、戦後、先進国の戦後復興資金需要と開発途上国の開発資金需要に応じるために設立された。出資金と市場から調達した資金を原資としていることから、政府ないし中央銀行を通じての特定のプロジェクトに対する市場金利での融資（ハードローン）をおもな業務としていた。その借款業務は、業務局（Department of Operations）と技術局（Department of Technical Operations）とに分かれ、前者は融資を、後者は申請されたプロジェクトの評価と進捗状況のチェックを担当した。アジアへの融資については、三つに分かれていた業務局のうち「アジア・中東

表序-1　1967年6月30日時点での世界銀行およびIDAの援助総額

（100万ドル）

国名	世界銀行		IDA		合計	
	件数	金額	件数	金額	件数	金額
インド	35	998	21	889	56	1,887
日本	31	857			31	857
パキスタン	23	425	23	331	46	756
メキシコ	18	625			18	625
コロンビア	29	456	1	19	30	475
オーストラリア	7	418			7	418
イタリア	8	398			8	398
フランス	1	250			1	250
ベネズエラ	7	247			7	247
南アフリカ	11	242			11	242
タイ	17	239			17	239
オランダ	10	236			10	236
フィンランド	13	222			13	222
チリ	14	202	1	19	15	221
ナイジェリア	6	185	2	36	8	221
ペルー	22	201			22	201
小計	252	6,201	48	1,294	300	7,495
総計	508	10,442	109	1,694	617	12,136

出所：IBRD, *Annual Report for 1966-67*, pp. 68-69より作成。

部」が担当した(17)。世界銀行は、当初、援助機関というよりも金融機関としての性格が強かったために、より低利で長期の緩やかな融資の要請が強くなり、一九六〇年に姉妹機関として国際開発協会（International Development Association：IDA）が設立された。一九六〇年代には、同機関による開発援助が急激に拡大した。

世界銀行およびＩＤＡの援助趨勢をみると、表序-1より、インドが一八億八七〇〇万ドル、パキスタンが七億五六〇〇万ドルで圧倒的であることがわかる。世界銀行の一九六六年度の年次報告書の資料によると、大小合わせて九三ヵ国に融資している

表序-2　1967年6月30日時点での世界銀行およびIDAの援助総額（目的別地域別）

（100万ドル）

目的	総額	世界銀行						IDA				
		小計	アフリカ	アジア・中東	オーストラレイシア	ヨーロッパ	西半球	小計	アフリカ	アジア・中東	ヨーロッパ	西半球
総計	12,136	10,442	1,347	3,515	520	2,117	2,843	1,694	236	1,269	81	108
電力	3,697	3,589	428	767	182	592		108		68	26	15
輸送	4,014	3,446	567	1,553	181	405		568	109	381		77
通信	203	128	22		103			75		75		
農林業	1,086	802	95	282	53	88		283	41	209	20	13
工業	2,098	1,597	193	799		441		501		466	35	
水道	96	52		27		4		44	1	40		3
教育計画	138	24		12				114	84	30		
技術借款	3	2	2					2	1			
IFC	100	100					100					
一般開発	205	205	40	75		90						
戦後復興	497	497				497						

出所：IBRD, *Annual Report for 1965-66*, pp. 66-67より作成。

が、総額では上位国で六〇％を、インド単独では一〇・五％を占めている。さらに表序-2をみると、中東との合計ではあるが、アジアが世界銀行による借款で三四％、ＩＤＡによるクレジットで七五％を占めていることがわかる。分野別では、輸送、電力などのインフラ事業に集中し、工業、農林業と続いている。また、ＩＤＡは、圧倒的にアジア・中東に集中している。低利での長期間貸付は、世界銀行との補完関係においてアメリカ合衆国の対アジア諸国、とくにインドに対する借款拡大政策を後押ししたのである。

一方、世界銀行は、アジア国際収支危機救済のための具体的な支援額を調整する協議機構として、一九五八年のインドを皮切りに一九六〇年にパキスタン、一九六六年にインドネシアに関するコンソーシアムを結成した。組織は、西側の援助国のみで構成され、国際収支危機救済のための為替支援から開発計画のための開発資金援助の機関へと変貌し、共産主義国による開発援助拡大への対抗機能としての役割を担っていた。世界銀行が開発国の状況を詳細に調査し、その情報をもとに開発計画の進行状況と資金需要を精査したうえで、必要とする援助額の約束を確保する協議の場へと変貌していた。インドとパキスタンのコンソーシアムは、通常年二回、世界銀行本部とパリ支部において開催され、世界銀行の調査報告をもとに被援助国の実情を勘案して、各年度における援助総額と個別の割当額を決定した。会議では、世界銀行の主催とはいえ、援助額の圧倒的な大きさからアメリカ合衆国の意向が強く反映されたことは言うまでもない。一方、一九六六年九月にインドネシア・コンソーシアムも東京において日本政府主導で正式に発足したが、同じく債務救済と新たな借款援助を模索しており、インドネシアへの関係を深めていく契機となった。[18] 一九六七年七月から一九六九年六月までの二年間での開催回数は、インド五回、パキスタン三回、韓国二回、セイロン二回、インドネシア六回（非公式二回を含む）であった。[19]

世界銀行と並んで国際機関として注目しておかなければならないのは、エカフェとDACであろう。第一二章の山口論文にあるように、国連は、一九四六年に国連経済社会理事会の下部機関としてエカフェを設置して、アジア各国の経済開発のための情報収集・支援にあたり、開発に向けての適切な助言と指導を行なっていた。[20] また、アメリカ合衆国が世界経済における相対的地位低下と共産国の援助攻勢に対抗するために、OEEC諸国に対して、低開発国への開発援助の協議機構の設置を促し、一九六一年に開発援助グループ（Development Assistance Group：DAG）の下部組織としてDACが成立した。[21] DACも、援助国側の援助の実績についての情報交換、経済協力の在り方を協議・調整する諮問機関にすぎなかったとはいえ、援助額の増大、輸出信用やタイドローンの在り方に至るまで開発援助政策の方向を決定づけた。エカフェとDACの代表は、世界銀行とともに、コロンボ・プラン協議会にもオブザーバーとして参加し、アジア各国の経済の発展と開発の状況について情報を共有する関係をも構築していた。アジア各国に関する援助情報の共有化によって、援助国側の援助政策と被援助国側の開発と資本要求状況を相互に確認できるようになっていたことは、一九六〇年代の大きな特徴のひとつとなっている。

つぎに、アメリカ合衆国の援助体系をみると、PL480のほか、ブレトンウッズ機構、国際連合、米州機構などへの多角的援助と、相互安全保障法、ワシントン輸出入銀行法にもとづく双務的援助から構成されていた。アメリカ合衆国の対アジア経済援助は、共産主義に対する「封じ込め」政策の一環として、ポイント・フォーおよび一九五一年の相互安全保障法（Mutual Security Act of 1951）にはじまり、一九五七年の開発借款基金（Development Loan Fund：DLF）の設置によって、その重点が贈与から低利借款へ、そして軍事援助から開発援助へと移行した。一九六〇年代初頭にアジア回帰を強めたケネディ政権が、技術協力を行なう機関である国際協力庁（International Cooperation Agency：ICA）設立をへて、一九六一年対外援助法（Foreign Assistance Act of 1961）によって、米国国際開発庁（United States Agency for International Development：USAID、ＤＦＬとＩＣＡを統合）を設立し、国務省、農水省、国防省などに分散していた開発援助権限の一元化を図った。開発援助予算が、毎年議会の承認を必要としていたため、議会のコントロールを受けていたことに留意しなければならないが、これらの整備によって、アメリカ合衆国の対アジア開発援助体制が整えられたと理解されよう。

アメリカ合衆国の対外援助は、図序-1が示すように、一九五〇年代までヨーロッパ、一九六〇年代にはアジア、一九七〇年代は中東を重視しており、まさに冷戦論理にもとづく援助戦略を反映するものであった。アジアにおける米ソの緊張が高まるなか、ジョン・Ｆ・ケネディは、ＵＳＡＩＤを設置するとともに、一九六一年一二月国連総会の演説で一九六〇年代を「国連開発の一〇年（United Nations Development Decade）」と位置づけ、世界の関心をアジアに向けさせた。狙いは、一九六〇年代に先進国による開発援助の協力体制を構築し、開発途上国のＧＤＰ成長率を年五％に引き上げることにあった(22)。先進国から途上国への多額の資本援助と技術移転が不可欠であるという認識は、ケネディ自身の使命感、正義感の表われであったとも考えられるが、アジアにおけるアメリカ合衆国の優位確保、共産主義拡大防衛の一環であった(23)。アメリカ合衆国は一九五〇年代後半から援助総額を急増させ、他の援助国を圧倒していた。

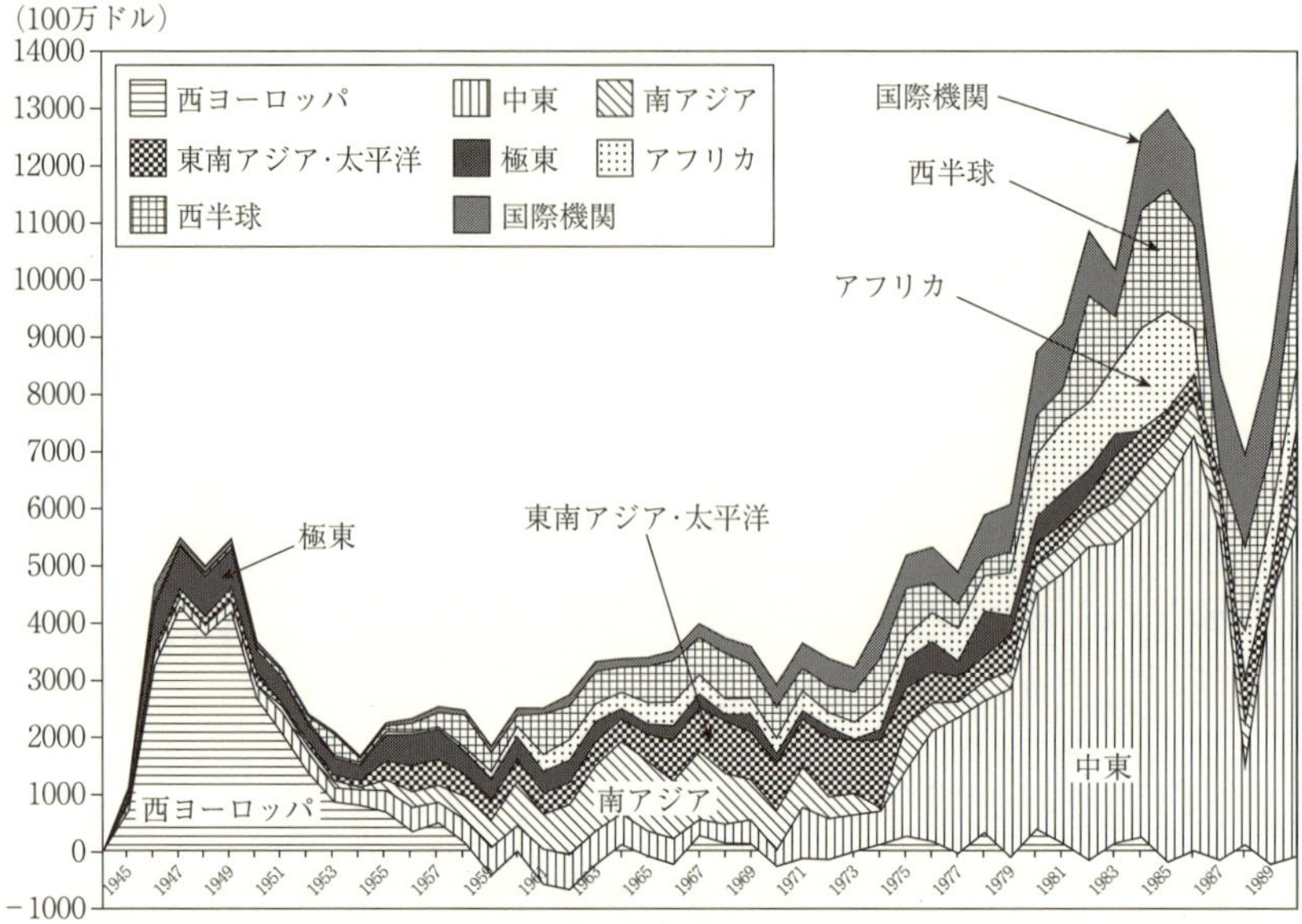

図序－1　アメリカ政府の公的援助（グラントおよびクレジット）

出所：*Historical Statistics of the United States*, vol. 5, Cambridge University Press, 2006, pp. 486-496より作成。

また、イギリスのアジア開発援助は、植民地への支援とコモンウェルス諸国への支援の経路があった。戦後の植民地支援は一九四五年に制定され、一九五〇年、一九五五年、一九五八年に改正された植民地開発福祉法（Colonial Settlement and Welfare Act of 1945）にもとづき、植民地省とクラウン・エージェントが担った。他方、コモンウェルス諸国への援助は、コロンボ・プランにもとづき、コモンウェルス関係省管轄のもと、現地の高等弁務官事務所を通じて、資本援助と技術援助の両面から実施していた(24)。イギリスは、一九五八年以降コロンボ・プランによる技術協力支援をいっそう重視するようになり、一九六一年に技術協力局（Department of Technical Cooperation）を設置し、海外の技術援助の支援体制を整えつつあった。同時に二国間援助をベースにしてコモンウェルス諸国に対する資本援助の拡大に力を入れていた。国際援助の権限は、これまで外務省、大蔵省、植民地省、コモンウェルス関係省それぞれに与えられていたが、援助の効率化を図るために、一九六四年に海外開発省（Ministry of Overseas Development：ODM）を設置して権限の一元化をはかり、一九六六年の海外援助法（Overseas Development Act of 1966）のもと、一九六〇年代後半におけるイギリスの海外援助の中枢機関としての役割を担うに至った。しかし、開発援助政策の決定にあたっては、各省の代表からなる省庁間委員会が意見調整組織として機能し続けたものの、開発援助予算が国家予算に規定されたため、大蔵省の意向が強く反映される傾向があった。アジア開発援助もこの体制下におかれたため、本国の財政事情に規定されていた。

イギリスは、アフリカ諸国の独立により援助対象地域を拡大したとはいえ、一九六〇年代後半までコロンボ・プランを梃子にして、依然としてアジア諸国への影響力を保っていた。援助国間の援助総額におけるイギリスの相対的位置は低下しつつも、イギリスの援助総額に占めるアジアの割合は大きく、イギリスの政策は引きつづきアジア重視で、コモンウェルス独立国への支援に集中していた。しかし、表序-3をみる限り、漸増しているとはいえ、援助総額に占める位置は低下傾向にあった。一九六〇年代に入り東南アジアへの援助額が拡大したが、東南アジアへの帝国・コモンウェルスの論理が貫徹していたとは言い難く、イギリスの思惑と現実の乖離がみえる。

最後に日本の場合をみると、外務省が中心となって戦後賠償交渉（一九五四年ビルマ、一九五六年フィリピン、一九五八年インドネシア、一九五九年南ベトナム）や無賠償援助交渉（カンボジア、ラオス、タイ、マレーシア、シンガポール、韓国、ミクロネシア）と密接に絡んで進行したところに特徴があった[25]。日本は、一九五四年にはコロンボ・プランに、そして一九五八年にはインド援助コンソーシアムに援助国として参加するとともに、一九五八年にインドに対して賠償とは関係しない最初の円借款を実施するに至った。日本の賠償処理は、求償国の経済開発に利用されるとともに、その経済開発の資材を日本に求めたため、日本経済の再建とアジア市場確保に大きく貢献したのである。このような援助体制の構築にむけて、日本政府は、一九六一年に日本海外経済協力基金、国際協力銀行、一九六二年に外務省経済協力局、海外技術協力事業団（後の国際協力事業団）、一九六五年に青年海外協力隊とつぎつぎに開発援

表序－3　コロンボ・プラン諸国に対する公的援助（純流入額）

（100万ドル）

	年	オースト ラリア	カナダ	日本	ニュージー ランド	イギリス	アメリカ 合衆国	総額
セイロン	1960	0.9	1.9	0.1	0.1		8.0	10.9
	1965	1.5	4.8	0.1	0.2	－0.3	3.9	10.3
	1968	1.1	3.5	5.1	0.0	8.6	18.0	36.4
インド	1960	1.6	26.6	16.2	0.4	82.8	524.0	651.7
	1965	9.6	27.2	53.2	0.6	65.4	857.4	1013.3
	1968	4.6	78.3	64.7	0.2	65.3	578.0	791.0
パキスタン	1960	2.4	11.7	0.2	0.6	3.2	239.0	257.1
	1965	1.7	13.6	32.7	0.4	28.3	331.4	408.0
	1968	2.0	27.9	41.7	0.0	17.3	253.0	341.8
マレーシア	1960	0.4	0.3	0.0	0.3	11.9	1.0	13.9
	1965	2.7	1.8	0.2	0.2	11.1	3.6	19.6
	1968	4.3	6.3	1.5	0.7	9.6	22.0	44.4
シンガポール	1960	0.2	0.0	0.0	0.1	－0.4		－0.1
	1965	0.6	0.5	0.1	0.3	0.9	0.0	2.4
	1968	0.6	0.6	0.4	0.2	2.0		3.8
インドネシア	1960	0.5	1.1	0.1	0.3	44.0	45.9	91.9
	1965	1.5	0.1	0.3	0.7	0.3	－2.9	0.0
	1968	7.0	0.9	83.7	0.1	2.6	126.0	220.4
タイ	1960	0.3	0.1	0.3	0.0		43.0	43.7
	1965	2.1	0.3	3.9	0.1	0.6	26.1	33.1
	1968	2.7	1.5	4.9	0.4	0.9	56.0	66.4
フィリピン	1960	0.6	0.1	0.0	0.4		23.0	24.1
	1965	0.2	9.8	0.2	0.1	0.2	0.0	10.4
	1968	1.1	8.5	27.8	0.1	0.3	40.0	77.8
ベトナム	1960	0.4	0.5	0.0	0.1		185.0	186.0
	1965	0.8	0.6	－9.0	0.8	0.2	300.1	293.6
	1968	2.7	2.8	－53.0	0.4	1.0	435.0	389.0
韓国	1960					0.0	249.0	249.0
	1965	0.3	0.1	45.9		0.1	164.8	211.1
	1968	0.7	0.5	44.0	0.0	0.2	196.0	241.4
全諸国	1960	8.0	42.7	17.7	1.9	93.0	1440.0	1603.2
	1965	23.3	59.2	142.6	3.1	113.2	1847.6	2188.9
	1968	33.2	134.2	287.9	3.0	125.3	1862.0	2445.6

出所：*The Colombo Plan Annual Report for 1967*, p. 11 ; *for 1969*, p. 27より作成。

助機構を整備し、一九六四年にＯＥＣＤに加盟すると、賠償を政府開発援助（Official Development Assistance：ODA）に転換して資金援助の拡大を図り、アジアへの資本援助とともに技術援助の体制を作り上げたのである。[26]一九六六年のアジア地域に開発資金を提供することを目的としたアジア開発銀行の設立もその表われであった。

（3）アジアの開発計画

戦後、政治的独立を果たした後、国民経済の自立化を目指して経済計画の策定にあたったアジア諸国は、従属型から自立型へ、そして輸入代替型工業から輸出志向型工業へと国民経済の方向性を示しているが、その際、指導者の理念や財政など各国の政治事情、経済的基盤の整備状況などさまざまな要因が開発計画に反映された。[27]ネルー政権のように社会主義国家の計画から強い影響を受けたインドの場合や、スハルトやリー・クアンユー、朴正熙のごとく、開発独裁と呼ばれる形態をとる国家も登場する。ただ、いずれの場合も、財政基盤の脆弱性から投資に利用可能な開発予算が絶対的に不足し、海外からの資金依存が不可避の状態にあったため、計画には被援助国は言うに及ばず、援助国側の事情も色濃く反映された。たとえば、工業育成型と農業育成型のいずれを優先するか、工業化の場合でも軽工業部門と重化学工業部門のどちらを優先するかなどである。プラント工事などが外部資金で行なわれた場合には、その後のメンテナンスや技術者養成などの関係で援助国の影響を色濃く受け、被援助国の経済それ自体、援助国の経済と密接な関係が続いた。

アジア諸国の開発計画の構成をみると、インドでは第二次五ヵ年計画で政府部門の重化学工業や輸送部門の開発が中心となり、第三次五ヵ年計画で公共部門の基幹産業の整備とともにようやく農業部門への投資が重視される。政府による公共事業開発が主流で、民間の外資導入抑制策によって民間部門への援助は極力抑えられていた。一方、東南・東アジア諸国では、政府が基幹産業、公共事業などインフラ部門への投資を担う一方で、その他の部門には民間投資の導入を積極的に行なう体制を作り、輸入代替工業化政策の脱却を目指していた。アセアンの加盟諸国（インドネシア、マレーシア、フィリピン、シンガポール、タイ）や韓国が積極的に外資導入に依拠した軽工業中心の輸出志向型工業政策を採用し、一九七〇年代以降の東南アジア工業化の新開発戦略を促したことが、インドと大きく異なっていた。

3　開発援助とアジアの「自立化」

以上の点を踏まえて、本書で取り上げる内容を地域別に紹介しておきたい。

南アジアでは、アメリカ合衆国の海外戦略は、一九五〇年代前半まではヨーロッパの復興が最重要課題であり、アジアの問題は二の次であった。共産主義中国の成立、朝鮮戦争の勃発により、共産主義の拡大に対する危機感が醸成され、東アジアに対する関心は高まったものの、イギリスの影響力が強かった南アジアに対しては、一九五〇年代には消極的介入にとどまっていた[28]。その流れを変え、対アジア政策の重視へと転換を図ったのが、アイゼンハワー政権の包括的対外援助政策を受け継いだケネディ政権であった。

イギリスは、一九五七年以降のスターリング残高の減少によってインド側の要求に十分に応えられなくなるにつれ、アメリカ合衆国をはじめ諸国の介入を認めざるを得なかった。すでに一九五〇年代後半には対パキスタン援助に積極的となっていたアメリカ合衆国は、対インド介入を本格化させ、世界銀行グループとともに援助額を急増させていた。これは、一九五五年のバンドン会議の非同盟宣言による等距離外交が多国間の援助競争の可能性を生み出しつつある状況のもと、南アジアにおける軍事的緊張の高まりとスターリンの死を契機としたソ連の対アジア援助の本格的開始に一因があった。インドが共産諸国への接近など積極的な援助外交を展開し援助を受け入れたことにより、援助ルートと援助形態の多極化が急速に進んだ(29)。第一章の前川論文は、イギリス対外援助の趨勢に着目して、アフリカの広大な植民地が崩壊したのに合わせて南アジア、とくにインドの重要性が相対的に浮上したものの、一九六〇年代以降のイギリスの対インド援助は迷走状態にあったと捉える。インド援助コンソーシアムの国際協調路線に歩調を合わせつつも、輸入金融と財政支援、さらに深刻化する債務問題、圧力を強めるイギリス産業界の声に迫られた戦略なき事業の連鎖であったと指摘する。

また、当該期のソ連側の動きについて、第二章の横井論文は、国際援助体制下での軍事援助と技術援助（とくにインドの工科大学の創設）の実態と、インドがその援助を巧みに誘導した状況を検討する。軍事援助（武器移転）とともに高度技術者養成機関（工科大学）創設をめぐる欧米諸国とソ連のせめぎ合いを追究し、自立化に向かうインドと欧米諸国そしてソ連の三つどもえのアジア戦略を鮮明に描き出している。

ところで、インドの五ヵ年計画は、当初から開発資金を著しく海外に依存する構造をとっていたため、つねに返済のための財源確保（とくに輸出収益高）に翻弄された。最初の行き詰まりは、一九五七年のインド為替危機であり、これを機に世界銀行を中心としたインド援助コンソーシアムが結成され、毎年開発計画に対する各参加国の援助額が決定された。ただし、援助内容の詳細は当事者間に一任されたため、多極化した資本援助と技術移転がインド基幹産業の差別化をもたらし、援助国との関係強化がいっそう顕著になった。そして、開発計画の進行にともない援助額が大きくなるにつれて債務危機が深刻となり、より多角的な交渉を模索せざるをえない状況に陥ったことを、第三章の渡辺論文で取り上げている。

つぎに東南アジアに目を転じると、イギリスの技術援助の観点から人材育成の過程について、第四章の都丸論文が追究する。イギリスは、植民地開発福祉法のもとでマレーシアに積極的な援助を行なっていたが、コロンボ・プランが開始されると、技術援助の一環として、人材育成のため本国への研修生受け入れ、および専門家の派遣や施設の建設が行なわれた。経済開発と住民の福祉や社会政策を結びつけ、教育、医療、公衆衛生などにも関心が払われるようになった。マレーシアをコモンウェルスの一員としてつなぎとめるためであった。しかし、多額の援助を注ぎ込んだにもかかわらず、イギリスの思惑どおりには成果を上げられなかった。その一例としてマラヤ大学への支援策の限界について、東アフリカ大学の事例との比較において浮き彫りにする。

一九五〇年代後半からのマレー半島の国民統合の過程をみると、マレーシアのラーマンが大マレーシア構想のもと影響力を維持しようとするイギリスの戦略を利用しつつ、自らの自立的経済の基礎固めをいっそう進めていたと考えられる。イギリスにとってもこの構想はアジアにおけるイギリス交易経済圏の確保を意味し、ラーマン政権支援の一因ともなっていた。スズやゴムの海外輸出が生み出すスターリング・バランスは、枯渇したインドの場合とは違って、依然として開発資金の利用が期待され、イギリス・マレーシア間の援助交渉の駆け引き材料となった。第五章の佐藤論文は、共産主義拡大防衛の観点から、イギリスが供与した多額の経済・軍事援助を自立化のための資金として巧みに利用することで、帝国の再編戦略が絡んだイギリスの援助政策を換骨奪胎させていく過程を取り上げ、さらには巨額の援助をテコに徐々に関与を強めた日本の役割にも言及する。一九六七年のポンド危機とスエズ運河以東からの軍事的撤退後のアジア太平洋圏の生成に関連して、アジア自立化の内在的な論理を考察している。

インドネシアでは、アメリカ合衆国が共産圏拡大阻止のためベトナムとともに援助を拡大し、日本も賠償にともなう援助からODAへと発展させ、新たな市場開拓を目指した開発援助を急増させつつあったが、その背景には一九六五年の九・三〇事件によるスカルノからスハルトへの政権交代があったと考えられる。こうした状況において、オーストラリアも、コモンウェルスの一員でありながら、自国防衛とアジアにおける勢力拡大の観点からマレーシアやインドネシアへの援助を拡大しようとしていた。[30] オーストラリアは、マレーシア紛争時にイギリスからの支援要請に応じようとはしなかった一方で、アメリカ合衆国のベトナムへの派兵には応じつつ、インドネシアに対する援助政策については独自の姿勢を貫いたのである。イギリス・コモンウェルス体制の一員でありつつもアジア諸国のリーダーを目指したオーストラリアのアジア戦略であった。第六章の木畑論文は、こうしたこれまでの英米との関係を踏まえつつもアジアへの志向を強めつつあったオーストラリアの役割と、インドネシアの自立化との関連に注目する。一九六〇年代半ばのマレーシア紛争に際して、オーストラリアは、インドネシアと軍事的に対立した英米両国を支持しつつもインドネシアへの経済援助を続けた。この援助政策にこめられた政治的思惑について、アジアのなかでの位置を模索するオーストラリアの姿を描き出し、東南アジア・太平洋地域における国際秩序の再構築問題を検討している。

この状況を経済援助の側面から検討したのが第七章のファン・デル・エング論文である。オーストラリアの対アジア外交政策再編の観点から、一九六〇年代後半から一九七〇年代初頭にかけてのオーストラリアの対インドネシアの食糧援助政策の展開について検討し、人的、商業的、国際的関係への関心が、一九六六年以降インドネシアに対する食糧援助の急速な拡大に集中したことを明らかにする。ＰＬ４８０との競争のなか、インドネシア新政府を支援し、二国関係を改善するなかで行なった食糧援助は、一九六六年以降のインドネシアへの対外援助プログラム拡大につながり、東南アジアにおける新国際秩序の形成過程でオーストラリアが大きな役割を果たした。オーストラリアが、対決政策（コンフロンタシ）をとっていたインドネシアへの食糧援助を通じてオーストラリア経済圏の確立を図っていったことが明らかとなる。

マレーシア、インドネシアと並んでタイの開発支援については、第八章の宮田論文が扱う。タイも、共産主義拡大の防衛という点から、アメリカの対外援助に大きく依存して発展した。基本的にはタイ側の要請にもとづいて農業、保健衛生、通信、運輸などの分野に援助が行なわれていた。宮田論文は、とくに農業分野での「稲品種改良プログラム」を通じた支援が、世界ブランドのジャスミン・ライスを生み出し、タイ版「緑の革命」の基礎を作ったことを明らかにする。

最後に、東アジアをみると、日本やフィリピンの他、台湾、韓国に対してもアメリカ合衆国の影響が圧倒的に強かった。台湾は韓国同様に中国の共産主義拡大を防衛すべく地政学的に重要な位置にあったため、アメリカ合衆国は、蔣介石政権に対して巨額の経済支援を行なった。同政権は、輸入代替工業化政策が行き詰まりを見せはじめた一九五〇年代後半、アメリカ合衆国のDLFからの資金援助をうけ、投資対象を民間企業に拡大して輸出主導型経済構造の基礎を作っていた[31]。一九六五年にアメリカの援助が停止されると、日本との関係を深めていく。こうした国民経済再建過程で台頭した新テクノクラートの活躍を描き出したのが第九章の李論文である。

他方、韓国経済は、朝鮮戦争により自主的な成長可能性を失ったことから、完全にアメリカ合衆国の援助に依存していたが、一九六一年の五・一六事件後の朴正熙政権は、アメリカ合衆国のコラボレーターとして冷戦に積極的に加担し、ベトナム派兵の決断により経済・軍事援助を受け取った。また、一九六五年の日韓国交正常化にともない日本から多額の賠償金を受け取り、第二次五ヵ年計画を推進した。第一〇章の菅論文は、米日韓の三層構造のなかでの対韓援助政策を利用しながら、朴政権が輸出志向型工業戦略を推し進め、経済と国防の基盤強化を図った韓国型発展モデルを描き出している。

以上、地域別に南アジア、東南アジア、東アジアの状況を見てきたが、先述の三論理の関係を追求するうえで、日本と国際機関エカフェの役割を分析したのが、第一一章と第一二章である。日本は、一九五四年にコロンボ・プランへの参加を認められて以来、一九六〇年東京会議において積極的な開発援助を拡大することを宣言して、アジアとの経済関係強化のためのODAを本格的に開始した[32]。アジア開発支援機構を整備し、対アジア借款の拡大に乗り出した。日本のODAは、賠償処理問題が大きく関係していたことから、欧米諸国のような明確な理念の下で実施されたというよりは、アジア諸国からの信頼回復と日本経済の復活を目指した外交戦略の一環として進められた。

第一一章の宮城論文は、戦後復興を果たしつつあった日本経済と東南アジアの経済開発の関係を検討し、冷戦体制における日本の経済支援がアジアの秩序形成に果たした役割を考察する。一九五〇年代における日本の戦後賠償問題からODAへとつながっていく援助政策の展開過程について、冷戦の文脈において、日韓関係の正常化、対インドネシア支援問題を検討し、日本型援助体系の特質を明らかにしている。また、第一二章の山口論文は、エカフェの多角的開発援助政策の展開過程を検討する。国連、とくにエカフェによるアジア地域の情報収集と経済援助への対応、とりわけアジアの域内経済協力体制の成立過程について、開発や国際援助の議論の歴史的実態に注目し、それらの議論と地域の国際関係や経済構造との連関において、六〇年代から七〇年代に「輸出志向型工業化」がアジアの独自性や時代性のなかで「蓄積」していったことを明らかにしている。

注

（1）アジア経済研究所から現状分析の資料や報告書が多数出版されている。鹿島平和研究所編『対外経済協力大系』全一二巻（一九七三―七四年）（ただしこのシリーズは、典拠が明らかにされておらず史料的跡付けができないのが残念である）、外務省編の『わが外交の近況』や『調査月報』、経済企画庁編『世界経済白書』、通商産業省編『経済協力の現状と問題点』、エカフェ協会編『エカフェ通信』、さらには日本銀行や日本輸出入銀行の『調査月報』も当時の状況を知るうえで貴重な史料となっている。

（2）高木健次郎編『先進諸国の対アジア経済協力』アジア経済研究書、一九六二年、山本登編『アジア諸国経済開発の比較研究』アジア経済研究所、一九六四年、原覚天編『経済援助の研究』アジア経済研究所、一九六六年、市村真一編『東南アジアの経済発展』創文社、一九七五年、山澤逸平・平田章編『日本・アメリカ・ヨーロッパの開発協力政策』アジア経済研究所、一九九二年などを参照されたい。

（3）こうした研究動向のなかで、最近刊行された柳澤悠の研究成果が注目されよう。これは、インド経済に限定されているものの、インド経済の発展過程の分析からアジア全体の比較研究の視点を示唆している。彼は、インドの経済成長の淵源を、農村社会の構造分析を通じて、農業と小規模産業の担い手たる下層農民層の変容に求めている。被援助国側の分析方法として優れた問題提起であり、今後掘り下げて検討していく必要があろう。柳澤悠『現代インド経済』名古屋大学出版会、二〇一四年。また、南アジアの経済開発全般を扱ったものとして、河合明宣編『発展途上国の開発戦略——南アジアの課題と展望』放送大学教育振興会、一九九九年が有益である。

（4）木畑洋一『帝国のたそがれ』東京大学出版会、一九九六年、北川勝彦編『脱植民地化とイギリス帝国』ミネルヴァ書房、二〇〇九年、Junko Tomaru, *The Post War Rapprochement of Malaya and Japan, 1945-61*, Macmillan Press, 2000；Nicholas Tarling, *Southeast Asia and the Great Powers*, Routledge, 2011；小川浩之『英連邦』中央公論新社、二〇一二年、山本正・細川道久編『コモンウェルスとは何か』ミネルヴァ書房、二〇一四年。

（5）Robert McMahon, *Cold War on the Periphery*, Columbia University Press, 1994；Andrew Rotter, *Comrades at Odd*, Cornell University Press, 2000.

（6）川口融『アメリカの対外援助政策』アジア経済研究所、一九八〇年、小川裕子『国際開発協力の政治過程』東信堂、二〇一一年。

（7）菅英輝『冷戦史の再検討』法政大学出版局、二〇一〇年、益田実・池田亮・青野俊彦・齋藤嘉臣編『冷戦史を問いなおす』ミネルヴァ書房、二〇一五年などを参照。

（8）山影進『アセアンパワー』東京大学出版会、一九九七年、末廣昭『キャッチアップ型工業化論』名古屋大学出版会、二〇〇〇年、大庭三枝『アジア太平洋地域形成への道程』ミネルヴァ書房、二〇〇四年などを参照。

（9）秋田茂・水島司編『世界システムとネットワーク（現代南アジアシリーズ、第六巻）』東京大学出版会、二〇〇三年、秋田茂編『アジアからみたグローバルヒストリー』ミネルヴァ書房、二〇一三年などを参照。

（10）波多野澄雄編『冷戦変容期の日本外交』ミネルヴァ書房、二〇一三年、宮城大蔵『戦後アジア秩序の模索と日本』創文社、二〇〇四年などを参照。

（11）政治経済史的視角から南アジアにおける冷戦を扱う研究として、以下の研究が注目されよう。Paul M. MacGarr, *The Cold War in South Asia*, Cambridge University Press, 2013.

（12）ヨーロッパとアジアの関係を意識した研究として、細谷雄一編『戦後アジア・ヨーロッパ関係史——冷戦・脱植民地化・地域主義』慶應義塾大学出版会、二〇一五年を参照。

（13）渡辺昭一編『コロンボ・プラン』法政大学出版局、二〇一四年を参照。

（14）Robert L. Paarberg, *Food Trade and Foreign Policy*, Cornel University Press, 1985；秋田茂「一九六〇年代の米印関係」

『社会経済史学』八一-三、二〇一五年を参照。

(15) 赤谷源一「共産圏諸国の低開発諸国に対する経済進出」『外務省調査月報』一-二（一九六〇年五月）、資料「ソ連ブロック諸国の未開発国援助（一）（二）」『外務省調査月報』二-一（一九六一年一月）、二-三（一九六一年三月）、ジョゼフ・S・バーリナー『ソ連の経済援助』日本外政学会、一九六一年。ソ連の対インド援助については、とりあえずM. Sebastian Stanislaus, *Soviet Economic Aid to India*, N. V. Publications, 1975.

(16) ここでの内容は、原編『経済援助の研究』と高木編『先進諸国の対アジア経済協力』に依拠している。また国際援助体制を概観した拙稿「冷戦体制下における国際開発援助体制の確立とアジア――一九五〇～六〇年代の趨勢」『ヨーロッパ文化史研究』第一八号、二〇一七年三月を参照。

(17) *The International Bank for Reconstruction and Development, 1946–1953*, Johns Hopkins Press,1954, part 1. 一九五六年には、国際金融公社（International Finance Corporation：IFC）も設立され、おもに民間企業への貸し付け業務を担当した。

(18) 首藤もと子「国際援助フォーラムの政治的役割――IGGI活動」『法学論集』五〇、一九九五年三月、宮島千秋「もたつく債権国会議――インドネシアは消極的」『世界週報』四七-（二七）一九六六年七月、四〇～四三頁、田中三夫「苦悩深いインドネシア――債権国会議への失望と反省」『世界週報』四九-（二一）一九六八年五月、六〇～六三頁。

(19) IBRD, *Annual Report for 1969–70*, p. 22. インドネシアについては、オランダが主催し、世界銀行はオブザーバーとして参加した。インドネシア・コンソーシアム会議については、首藤もと子「国際協力フォーラムの政治的役割――ＩＧＧＩ活動」『法学論集』五〇、一九九五年三月を参照。

(20) エカフェの初期活動に対する評価は、デービッド・ワイトマン（日本エカフェ協会訳）『アジア経済協力の展開』東洋経済新報社、一九六五年。

(21) 高木編『先進諸国の対アジア経済協力』第四節。ＤＡＣの開発援助の歩みについては、*Twenty five years of Development co-operation: a Review* (*1985 Report*), Organization for Economic Co-operation and Development, 1985 が詳しい。

(22) 一九七〇年「第二次国連開発の一〇年」では、経済成長率の目標を年率六％、農業生産、製造業生産、輸出などの個別のマクロ指標についても目標値を設定。先進国の政府開発援助額をＧＮＰの〇・七％とした。

(23) 川口『アメリカの対外援助政策』第三章、小川『国際開発協力の政治過』八八～八九頁。

(24) 詳しくは、Overseas Development Institute, *British Aid: Survey and Comment*, 1963 を参照。

(25) 詳細については、賠償問題研究会編『日本の賠償』外交時報社、一九六九年、外務省賠償部監修『日本の賠償』世界ジャーナル社、一九六〇年、永野慎一郎・近藤正臣編『日本の戦後賠償――アジア経済協力の出発』勁草書房、一九九九年を参照。また、賠償の経済的効果に関する判断は、加藤淳平「賠償の経済的効果に関する試論(一)(二)(三)」『外務省調査月報』四-七、四-八・九、五-四が参考になる。

(26) 日本のアジア各国での実績については、以下のウェブページから確認できる。http://www.mofa.go.jp/mofaj/gaiko/oda/shiryo/jisseki/kuni/index.html.

(27) 各国の開発計画については、以下を参照。アジア協会編『アジアの経済開発(東南アジア編)』日刊工業新聞社、一九五八年、山中一郎編『南アジア諸国の経済開発計画』アジア経済研究所、一九八八年、日本エカフェ協会『東南アジア諸国の経済開発計画概要』一九六二年。

(28) Dennis Merrill, *Bread and the Ballot*, the University of North Carolina University Press, 1990, pp. 2-3.

(29) 西側諸国の援助状況については、国際協力銀行『対外政策としての開発援助』二〇〇四年が詳しい。

(30) 永野隆行「イギリスの東南アジアへの戦略的関与と英軍のスエズ以東撤退問題」『独協大学英語研究』五三、二〇〇一年三月、同「『対決政策』と英米豪同盟関係――脱植民地化と冷戦の交錯」『コスモポリス』八、二〇一四年三月。

(31) 川島真・清水麗・松田康弘・楊永明『日台関係史 一九四五―二〇〇八』東京大学出版会、二〇〇九年、前田直樹「台湾・輸出主導型経済政策の胎動とアメリカ援助政策の転換」『広島東洋史学報』五、二〇〇〇年一一月。

(32) 波多野澄雄・李炫雄「多角的援助と『地域主義の模索』」渡辺昭一編『コロンボ・プラン』、五十嵐武士編『日本のODAと国際秩序』日本国際問題研究所、一九九〇年、第一章。日本は一九五四年にコロンボ・プランへの参加とともに一九五六年に国連の加盟をはたし、一九五八年二月にインドに対して五〇〇〇万ドルの第一次借款を行なった。

第Ⅰ部　南アジア

第1章　帝国解体期イギリス援助の変容
――対インド援助の分析から――

前川一郎

1　戦後イギリス援助政策の全体像

（1）対インド援助の相対的増大

イギリスが第二次世界大戦後、アフリカやカリブ海地域、さらにはアジアにまたがる広大なスターリング・エリアに投下した植民地開発資金は、一九五〇年代末から六〇年代半ばにかけて、「地域ごとのバリエーションを帯びた二国間援助群」に再編された(1)。ゲイロールト・クロゼウスキーによれば、植民地開発資金の主たる財源は、まずはロンドンで起債された金融資産であった。その運用を預かったクラウン・エイジェンツが一九五〇年代末に機能不全に陥ったために、植民地開発事業は終焉を余儀なくされたという。周知のように、この頃にはポンドの交換性も回復し、スターリング・エリアは揺らぎはじめていた。イギリスの援助事業は、植民地開発を通してスターリング・エリアを支える機能をやめ、地域ごとの貿易促進や政治的紐帯を強化する手段として再定義された。こうして一九五〇年代末から六〇年代半ばにかけて、イギリスはアフリカ開発を担った「体系的役割」を放棄し、他方でイ

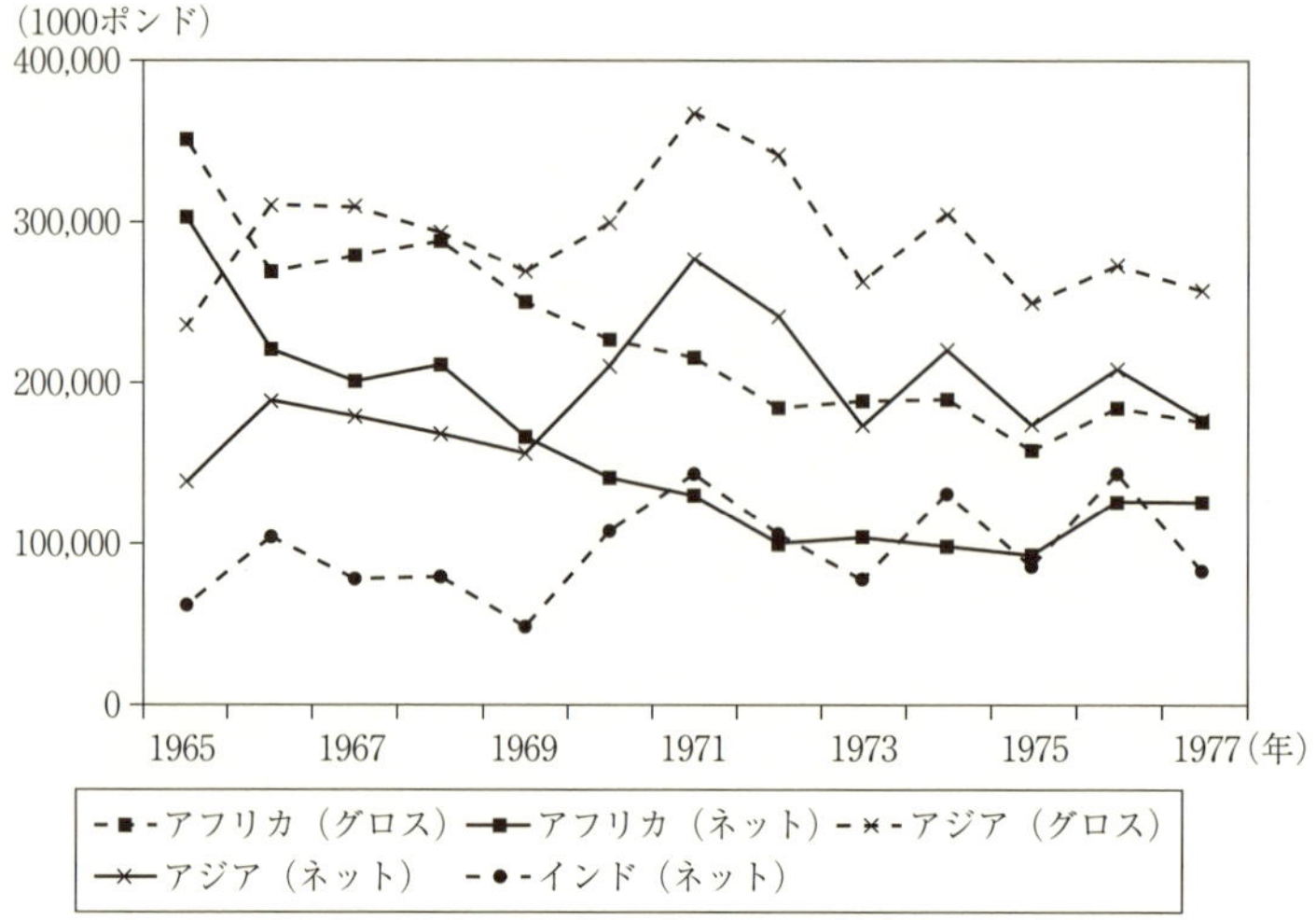

図1-1　イギリスの対アフリカ・アジア２国間援助 1965-77年（1980年価格）
出所：*British Aid Statistics*, 1964-1968, 1967-1971, 1969-1973, 1973-1977, 1976-1980より作成。

ンドを中心とする南アジアでは、「対アジア二国間援助関係を、コロンボ・プランのもとでの国際的な協議・枠組みとを結びつける状況が出現」したのである。[2]

戦後イギリス経済史研究の成果に照らして、イギリス援助（あるいは植民地開発資金の運用）の再編が、スターリング・エリアと帝国経済の転換をみた一九五〇年代末から六〇年代半ばにかけて起こったと説くクロゼウスキー論文は、おおむね正鵠を射るものと思われる。ただし、そうした援助政策の転換が、帝国解体期を迎えたイギリスの対外政策、とりわけ旧植民地に対する途上国政策に有した意味を考察するとなれば、援助再編後の経緯を含めてさらなる検討を要するであろう。

第一に、一九六〇年代半ばから七〇年代にかけて、イギリスの援助事業には大きな量的・質的変化が生じていた。[3]スターリング・エリアが歴史的使命を終える時期に符合して、イギリスは、植民地開発の主戦場であった熱帯アフリカから撤退した。図1-1にみられるように、イギリスの対アフリカ二国間援助は、一九六五年以後の一〇年間に、一九八〇年価格で約三分の一の規模にまで激減した。結果として、それまでアフリカとともにイギリスの二国間援助の主要な投下先であったアジアの比重が、とりわけインドを中心とする南アジアが占める割合が、イギリス援助全体のなかで相対的に大きくなった。もっとも、イギリス援助全体の事業規模はほぼ横ばいか、わずかに縮小傾向にあったので、イギリス援助の受取地域としてのアジアの比重が劇的に増加した、というわけではない。アフリカの広大な植民地帝国が崩壊し、イギリス経済に資するその役割を終えた一九六〇年代の後半において、南アジアがイギリス援助統計上のもっとも主要な投下先となった、ということである。

インド政府は、こうしたイギリス援助の変化に先んじて、第二次五ヵ年計画（一九五六～六一年）を通じて、公共部門における援助資金の割合を増大させていた。(4)その背景として、インド政府の援助マネジメント能力がアフリカ諸国よりも相対的に優れており、その点で援助国から好まれたこと、他方で中印国境紛争と印パ戦争を背景にして、西側諸国が援助の政治的利用を強く求めるようになったことを指摘する声もある。(5)だが、この時期のインド援助の増大には、一九五八年に発足したインド援助コンソーシアムが果たした役割が大きかったといえるだろう。第二次五ヵ年計画のもと、インドの資本財輸入は急増し、それまでコロンボ・プランが用意してきたスターリング残高は底をついていた。(6)イギリスの資金提供能力をはるかに超えた外貨危機に対応できたのは、コロンボ・プラン最大の資金供給国でもあるアメリカ合衆国だけであった。イギリスは、このアメリカ合衆国が主導した多国間経済・金融外交に参画することによって、対インド援助をようやく続けることができたのである。(7)

では、一九五〇年代末以降、アメリカ合衆国が主導する国際経済の枠組みがアジアに打ち立てられるなかで、イギリス援助事業においてインドが最大の被援助国であり続けたことは、どう理解すべきなのだろうか。帝国解体に合わせて、援助事業の見直しを余儀なくされたイギリスは、なぜ南アジアに資金を投入し続けたのか。イギリスは、対インド援助に何らかの意義を見出したのか。つまるところそれは、帝国解体後のイギリスの対途上国政策全体において、いったいいかなる意味を持っていたのか。

本章では、これらの問題を考察するにあたり、はじめに政府関連文書や統計資料にもとづき、当時のイギリス援助事業の全体像を概観する。そのうえで、一九六〇年代後半のアフリカからの事業撤退の結果、イギリス援助の主要な投下先となったインドに対する援助事業の内容を、マイケル・リプトンやジョン・フィルン、ジョン・トーイなどによる包括的研究に依拠して検討する。これらの作業を通して、一九六〇年代後半以降の帝国解体期におけるイギリス援助の変容が、なかでもその主軸を占めた対インド援助が、イギリスの途上国政策とアジアの国際関係に及ぼしえた影響とその限界について考察することが、本章の主たる課題である。

(2)「植民地開発」としてはじまったODA

戦後の開発援助政策をめぐって、ときに論者を混乱させるのが、何をもって援助ないし援助政策とするのかという定義の問題である。戦後イギリス援助の趨勢を概観する前に、本章で援助という場合に何を指しているのかを、当時の資料に依拠して確認しておこう。

第一に、研究者の間にしばしばみられるように、イギリスの援助事業を国際資金移動の一部と捉える場合には、ロンドンで起債された植民地債を植民地開発資金を構成する一部とみなし、戦中に積み立てられたスターリング残高の引き出しを援助資金の原資にカウントすることがある。渡辺編『コロンボ・プラン』所収論考の多くは、戦後アジア国際秩序の形成に果たした域外諸国の援助事業の役割を考察する際に、基本的にはこれを国際資金移動の文脈で論じているようである。たしかに、コロンボ・プラン成立期のイギリスからインドに流れた資金のほとんどは、スターリング残高の引き出しによって捻り出した資金であったから、この時期のイギリスの対インド援助を国際資金移動の文脈で論じることにはそれなりの理由がある。

しかし、よく考えてみれば、イギリスの対インド援助は、巨額のスターリング残高を有したインドの特殊事情を反映した、文字どおりの国際資金移動プロセスに他ならなかった。イギリスの対外経済がスターリング問題に拘泥する傾向にあったとはいえ、他の植民地が共有すべくもない特殊な歴史事情がインド情勢には介在していたのであって、これをもって戦後イギリスの援助政策全体を論じることには慎重にならねばならないだろう。

そもそもイギリスの対外政策において、援助政策が主要な外交アジェンダに数えられるようになったのは、植民地とのバイラテラルな関係を維持する仕組みのひとつとして、戦後直後に括弧つきの「植民地開発（Colonial Development）」事業が本格化し、これがしだいに政府開発援助（ＯＤＡ）として定着する過程においてであった。戦後直後の世界的なドル不足のなかで、莫大なスターリング残高を抱えて深刻な国際収支危機に直面したイギリスにとって、たしかにインドの動向は重要な意味を持っていた。だが、イギリスが「植民地開発」事業を通してテコ入れしたのは、ドル圏に植民地物産を輸出して外貨を稼ぐ熱帯植民地であった。すなわち、植民地や途上国の「開発」を目指す政策という意味でのイギリス援助は、実態としては東西アフリカやマラヤなどの熱帯植民地における第一次産業開発に対する支出を意味していた。アメリカ合衆国の援助政策が冷戦戦略と結びつき、日本の援助政策が戦後賠償問題とセットではじまったように[8]、戦後イギリスの援助政策は、それまでの歴史的経緯を反映して、「植民地開発」事業とその政策として産声をあげた[9]。

もっとも、イギリス経済への貢献を期待された国庫支出であったにもかかわらず、イギリスには当初、援助事業を専門的に司る省庁は設置されていなかった。そうしたなかで、インドの独立をはじめ、各地で植民地が独立を達成し、イギリスは「植民地開発」をより本格的に途上国政策に位置付けて再編する必要に迫られた。もとより植民地の独立は、植民地開発資金としての資金を捻出する根拠を失わせることになった。こうして一九六四年に、外務省や植民地省の援助事業部門を統合して、新たにイギリス援助の将来を展望し、具体的な政策を遂行する専門省庁として、海外開発省（Ministry of Overseas Development：ODM）が設置される。そのＯＤＭが最初に取り組んだのが、これまで関係省庁の縦割り業務によって各所で作成された援助統計を整理することであった。一九六六年、こうして年刊「イギリス援助統計（*British Aid Statistics*：BAS）」が作成される運びとなった。

（3）ＢＡＳにおける定義

ＢＡＳは毎年の刊行ごとに、巻頭や巻末の数ページを費やして、「イギリス援助（British aid）」に何を含め、何を含めないのかを詳細に定義している。われわれはここから、刻一刻と変化する国際情勢の変化に応じて、イギリス当局が援助定義をいかに更新しつづけてきたのかを読み取ることができる。詳細な区分は年度ごとに少しずつ改められ、複雑になっていったが、軍事援助（military assistance）を除く資金援助（financial aid）と技術援助（technical assistance）とを合わせて公的資金（official flows）とみなし、これを「途上国や国際機関への贈与（grants）ないし長期資金取引（the long-term financial transactions）」として政府予算から引き出される公的支出（Public Expenditure：PE）と数える慣行は一貫していた。このＰＥには、植民地開発公社（Colonial Development Corporation：CDC、後のコモンウェルス開発公社 Commonwealth of…：CDC）によって行なわれた海外投資も含まれていた。一九四八年、「植民地開発」をけん引する開発機関として、熱帯植民地の一次産品開発投資を目的として設立されたＣＤＣの活動は、大蔵省からの支出を原資としていたからである。これとは対照的に、植民地債やスターリング残高は、そのような国庫支出であるとみなされない以上はＰＥに含まれない、とされた。ＰＥは基本的に国内で援助資金が分類される場合に用いられる呼称であり、これが国際的にはＯＤＡと呼ばれるようになった。

もっとも、途上国に流れた資金は、当然ながら公的資金だけではなかった。現地の開発や経済成長に貢献したのが、公的資金よりもむしろ民間資金であったことは、内外の研究の多くが指摘するところである。だが、ＢＡＳは、公的資金を扱うという性質から、この民間資金を援助定義には含めなかった。イギリス製品の輸出に大きく貢献した輸出信用保証局（Export Credits Guarantee Department：ECGD）の資金も、通常はイギリス援助としてカウントすることはなかった。それでも民間の活動はもとより、ECGDの輸出金融がイギリス製品の輸出を後押ししていたのは明らかであった。したがって、BASにおいても、民間資金の動向やECGDによる輸出金融統計は、PEとは別欄に掲載された。事実、ECGDローンをはじめとする輸出金融事業は、時を経るほどに重要性を増していった。とくに一九八〇年代以降に本格化したATP（Aid and Trade Provision）は、イギリス援助の主要な業務形態のひとつに数えられるようになった[10]。

このようにイギリス政府は、第二次世界大戦後、植民地帝国の歴史を背景に独自の援助定義を用いてきた。援助事業の主戦場は、ドル圏に輸出する植民地物産を増産した東西アフリカの熱帯植民地であった。それが図1-1にみたように、一九六〇年代の半ばの時点で事業の撤退を余儀なくされ、代わりに対インド援助の規模が相対的に増加する結果となった。イギリスが、独自の援助定義を放棄して、国際標準として用いられた経済協力開発機構（OECD）の援助定義を採用するのが一九八三年のことだから、ODMの誕生とBASの刊行にはじまり、アフリカからの撤退とインドへの事業継続によって特徴づけられた、一九六〇年代後半から一九七〇年代の一定の時期を通じて、イギリスの援助政策史上に何らかの大きな変化があったと考えるのが妥当であろう。

2　イギリスの対インド援助の全般的特徴

（1）イギリス対外経済政策の欧米重視路線への転換

それでは、この時期のイギリス援助政策に、いったいどんな変化が起こっていたのか。イギリスは、一九六〇年代半ば以降にアフリカからの援助事業の撤退を決断してから後も、なぜ限られた援助資金を南アジアに投入し続けたのだろうか。

熱帯植民地の貿易を支えた戦後復興ブームが、一九五〇年代前半に終局に転じ、他方でマーシャル・プランによるヨーロッパ復興が成果を上げ、イギリス投資と貿易の欧米重視路線が一九七〇年代までに明らかになってきた。このことが、イギリスにアフリカ援助事業の撤退を決断させた背景をなしていたことは、すでに明らかにされている。イギリス政府はこのとき、対外経済政策における欧米重視路線に反して、アフリカとの経済的紐帯を強化し、さらに開発資金をつぎ込む積極的理由を見出すことはできなかったのである[11]。

であるならば、イギリスは南アジアに対して援助事業を継続することに、何らかの積極的な政治経済的意義を見出していたのだろうか。

当時の政府関連文書を読めば、インドやパキスタンなど南アジア諸国が、一九六〇年代末のイギリスの対アジア政策の重点地域とみなされていなかったことは明らかである。「スエズ以東」からの撤兵前夜となる一九六七年、ウィルソン内閣の外相ジョージ・ブラウンは、「スエズ以東におけるイギリスのプレゼンス」と題した報告書において、イギリスにとって「きわめて重要」なのは、「今後一〇年間にわたり世界平和に対する主要な脅威となりうる」東南アジアと極東地域であって、そのことは「五万人余の軍人を当該地域にとどめているという事実によって、大々的に表明されている」、と述べている[12]。加えて、戦火が激化するベトナム問題こそ、この時期のアジア国際政治の喫緊の課題であった。イギリスは、国内にくすぶる反米世論に対応しつつ、イギリスの「国際社会における政治的立場の問題」を懸念し、「とくにイギリスがアメリカ合衆国の干渉を支持していると受け止められることが、アジアの途上国との関係に害を及ぼしかねない」、と神経をすり減らしていた[13]。

イギリスは、アジアとの関係悪化が国際社会におけるイギリスの立場に逆風となって跳ね返ってくることを恐れていた。だが、そこでインドに対する配慮が特段に求められたわけではなかった。一九七〇年一二月に外務省が作成した報告書には、南アフリカへの武器輸出問題とEC加盟問題が、「イギリスのコモンウェルス諸国への関心、とりわけ途上国への関与の喪失に対する諸国の疑心暗鬼」をもたらすのではないかとの懸念が示されていた。(14) 一九七一年初頭、シンガポールで開催されたコモンウェルス首脳会議に際して、イギリス首相エドワード・ヒースが南・東南アジア諸国を歴訪したとき、ヒースはこれら二つの問題について諸国の理解を得ることに意を尽くした。ニューデリーにおける首脳対談においても、ヒースは、南アフリカへの武器貸与が軍港サイモンズタウンのイギリス海軍の利用を約した協定と関係しており、同協定を維持することによって、「貿易路の安全を確保し、イギリスの東南アジアへのコミットメントを安定足らしめる」と釈明した。(15)

要するに、当時の政府関連文書に照らして、イギリスの対外経済的関心においても、国際政治上の観点においても、一九六〇年代後半にイギリスがインド二国間援助を増大させるべき積極的な戦略的意図を見出すことはほとんどできないのである。

(2) 貧困国援助の国際的潮流

もっとも、一九六〇年代後半以降、国連をはじめ国際援助機関が主導した貧困国援助の潮流は、イギリスの対南アジア援助の継続と符合する動きであった。

周知のように、一九七〇年代前半、石油危機の余波は途上国を直撃し、産油国と非産油国とのあいだに大きな所得格差が生じていた。OECD開発援助委員会（DAC）は、主要な援助国に対して、石油危機下の経済不況にもっとも深刻な影響を受けた「最貧国」に各国ODAの六割を注入する旨の勧告を行なっていた。DACは、一九六一年九月のOECD発足にともない発足し、「国連開発の一〇年」の動きに合わせて、国際援助協力体制の構築をけん引した国際組織である。はたしてこの時期のイギリスのＯＤＡ地域分布は、ＤＡＣが唱えた貧困国援助理念を反映した動きを示すことになった。ＢＡＳによると、一九七四〜七八年の五年間に、イギリスの二国間援助の年間平均五七・九八％が、一九七六年の一人頭収入一五五スターリング・ポンド（二八〇米ドル）以下の諸国に割り当てられた。他方で、同時期の多国間援助のうち最貧国には年平均五一・五六％が、コロンボ・プラン諸国には年平均四三・一％が、そしてＡＣＰ諸国（ロメ協定に調印したアフリカ・カリブ海・太平洋諸国）には年平均三一％が拠出された[16]。この最貧国とコロンボ・プラン諸国、そしてＡＣＰ諸国とが交錯する地域こそが、インド、パキスタンやセイロンなどの南アジア諸国であった。

（３）イギリスの対インド援助にみられる三つの特徴

以上のように、イギリスの対インド援助事業が継続した背景に、貧困国援助という国際援助の大きな潮流が介在していたことは明らかである。ただし、それはあくまで国際的背景としてみなすべき要素であり、イギリスの対南アジア援助の継続を説明する十分条件であるとはいえない。インドを軸に展開したイギリス援助の内容に踏み込んで、さらに検討する必要がある。ここで、二国間援助政策の特徴を考察する分析枠組みを整理しつつ、この時期のイギリスの対インド援助の全般的特徴を概観したい[17]。

第一に、イギリスの対インド援助の多くを占めていたのは、他地域に対する援助事業と同様に、二国間援助であった。イギリス＝インド経済関係を膨大なデータを駆使して分析したリプトンとフィルンによれば、イギリスの対インド二国間援助のうち、とくにプロジェクト援助の動向には、イギリスの対インド輸出や民間投資動向とのあいだに一定の連関性を見出すことができるという。すなわち、対インド援助は一九六〇年代後半に一時的に落ち込み、七〇年代に復活する動きをみせるが、とくにプロジェクト援助の動向にみられるこの動きは、全体としてイギリス

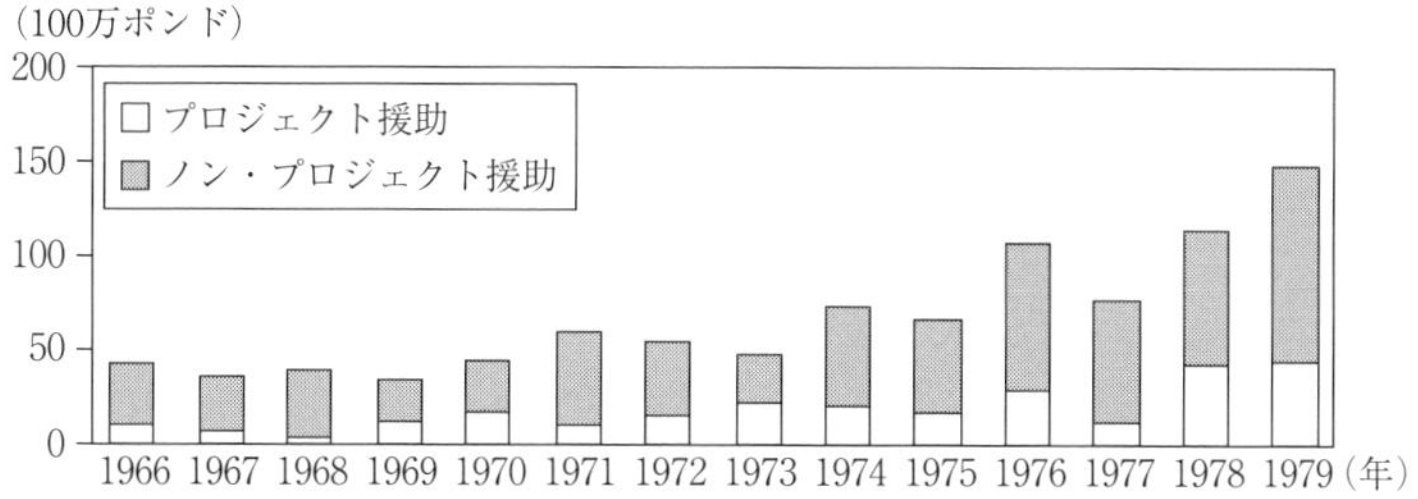

図1-2　イギリスの対インド資金援助(グロス)1966-79年

出所：1966-1970年まで Lipton and Firn: Figure 7.20から作成，1971年以降は *British Aid Statistics*, 1971-1975，1976-1980より作成。

からインドへの輸出量の増減の動きと符合している[18]。他方、インドへの多国間援助は、一九六〇年代以降はIACの枠組みのもとで、国際開発協会(IDA)や国際復興開発銀行(IBRD)、そして国際金融公社(IFC)など世銀グループを中心に展開していた[19]。

これらの二国間援助と多国間援助とを問わず、一九六〇年代後半以降のイギリスの対インド援助に特徴的だったのは、図1-2に明らかなように、その多くの部分が特定のプロジェクトに縛られないノン・プロジェクト援助、すなわち、ときに各種事業のパッケージとして立案されながらも、実際には資金の利用に一定の融通が認められたプログラム援助として拠出された資金であった、という点である[20]。つまり、イギリスの対インド援助の特徴を理解するには、貿易動向と一定程度に連動したプロジェクト援助の内容に加えて、援助事業の大きな割合を占めたノン・プロジェクト援助の動向を把握し、その理由や背景を検討する必要がある。

同時期のイギリスの対インド援助を分析する際に注意すべき第二の点は、資金援助と技術援助の問題である。イギリスの対インド援助は、他地域に対する援助事業と同様に、資金援助が主体であった。しかし、技術援助については、その性質からして、資金額そのもので評価することは容易ではない。少なくとも、一九六〇年代以降、技術援助は援助国にとって、多くの点で有意義な援助方法だと考えられるようになっていた。イギリス援助においても、一九七〇年代以降に技術

表1－1　イギリスのインド援助における部門別支出額　1956年7月-1970年1月

（100万ルピー，％）

	イギリス側提供部門	第2次計画	第3次計画	年間計画	第4次計画	総計	割合
1．工業開発	ミックス	1,218	1,704	1,362	1,274	5,558	85.2
(a)　パブリック・セクター	ミックス	353	707	629	655	2,344	35.9
1）一般工業開発	パブリック	—	494	385	578	1,457	(22.3)
2）ボパール重電機産業	パブリック	—	15	167	34	216	(3.3)
3）シンドリ肥料プラント	パブリック	—	—	—	2	2	—
4）鉄鋼	ミックス	353	198	77	41	669	(10.3)
i．デュルガプール製鉄所	プライベート	200	155	—	—	355	(5.3)
	パブリック	153	—	71	41	265	(4.0)
(b)　プライベート・セクター		—	23	265	167	455	7.0
1）一般工業開発	パブリック	—	—	55	23	78	(1.2)
2）キッピング・ローン	パブリック	—	23	210	141	374	(5.8)
3）ICICI	パブリック	—	—	—	3	3	—
(c)　公民混合セクター	パブリック	865	974	468	452	2,759	42.3
1）一般工業開発	パブリック	833	966	468	452	2,719	(41.7)
2）オイル・パイプライン	パブリック	32	8	—	—	40	(6)
2．農業（1966年食糧借款）	パブリック	—	—	131	11	142	2.2
3．債務救済・借換債	パブリック	—	—	555	270	825	12.6
総計（1＋2＋3）	ミックス	1,218	1,704	2,048	1,555	6,525	100.0
年間平均	ミックス	243.6	340.8	682.6	777.5	435.0	—

出所：Lipton and Firn：Figure 7.21より作成。

援助の比率は上昇し、とくに多国間援助において大きな比重を占めるようになった。一九七四年において、イギリスはおもに三つの技術援助プログラムを立ち上げており、コロンボ・プランはその主要地域プログラムであった[21]。

イギリスを含めた援助国が、この時期に技術援助に力を入れた理由はさまざまであった。一般的には、次の三点を指摘することができる。第一に、技術援助は資金負担が相対的に抑えられるうえに、旧植民地行政官や技術者の雇用を確保する費目として計上しえたこと、第二に、人材育成や研究促進資金を確保することによって、技術革新をともなうプロジェクト援助の効率化を期待できたこと、第三に、一九六〇年代以降に教育や厚生を重視した国際的な援助思想を反映しえたこと、などである[22]。リプトンとトーイによれば、少なくともイギリスは、こうした理由を背景に一九七四年までには、国内への学生受入、技術訓練、そして海外指導員派遣などからなる技術援助体系を確立し、プロジェクト援助の基本カテゴリーである再生可能天然資源開発、鉱山、経済インフラストラクチャー、商工業、公的行政、教育、健康・社会福祉分野を幅広くカバーする技術援助プログラムを展開していた。

イギリスの対インド援助をめぐる分析視角として第三に注意しておきたいのは、民間資金との関係である。イギリスの対インド援助はＯＤＡで構成されていたが、表1-1にみられるように、民間との共同事業は少なくなかった。とくに、イギリス産業連盟（ＣＢＩ）会長ノーマン・キッピング卿は、インド経済が西側経済と強い結びつきがある以上、イギリスからインドへの民間投資の拡大を期待すべきだと主張し、政府とのあいだに立って積極的に立ちまわった(23)。後に言及するように、彼が立役者となって導入された「キッピング・ローン」（表1-1の1-(b)-2）は、一九六〇年代後半にインドの関連業者と取引したイギリス輸出業者を支援した。加えて、一九六〇年代末に年間四〇〇〇万ポンドを計上した在英インド人からの海外送金や、オックスファムなどＮＧＯ団体とＯＤＡの関係をどう評価するかという問題も、重要な検討課題として残されている(24)。

以上のように、この時期のイギリスの対インド援助の特徴を概観すれば、それが資金援助を中心としたノン・プロジェクト援助であったことがわかる。次節以降では、ここでみた分析枠組みを踏まえて、プロジェクト援助とノン・プロジェクト援助の内容を検討し、イギリスが対インド援助にどのような意義をどの程度まで見出すことができたのかを考察したい。

3　インド向けプロジェクト援助の消極的意義

(1) 一般工業開発部門と農業振興

図1-2に示されているように、プロジェクト援助は一部の時期を除いて、イギリスの対インド援助の三割を超える比率を占めることはなかった。それでも一九六〇年代以降、プロジェクト援助は一定の割合を維持し、増大傾向に転じた。とくに、インド第三次五ヵ年計画（一九六一～六六年）と第四次計画（一九六九～七四年）の期間に合わせて、イギリス企業の競争力向上を期して、プロジェクト援助は増加した。リプトンとフィルンによれば、一九六二年から六三年にかけて、じつに一九六六年度の三倍の額となる約三五〇〇万ポンドが、プロジェクト援助として投下された[25]。表1-1をみれば、第三次五ヵ年計画において、デュルガプール製鉄所に象徴される重工業開発資金を総額でしのぐかたちで、インドで生産が困難とされた工業製品やパーツ、そして燃料を輸入するために、イギリスのプロジェクト援助が一般工業開発部門に大きく割り当てられていたことがわかる。

もっとも、第三次計画の結末は、インド政府の予想を裏切るものであった。目標とされた成長率は五・六%であったが、実際には二・四%の成長率にとどまった[26]。こうして一九六六年以降三年間は休止期間として、個別の年間計画が立てられたが、図1-2からも確認できるように、それに合わせてイギリスのプロジェクト援助額も減少することとなった。

そのあいだにインドでは、一九六五年と六六年に深刻な不作が重なり、六六年から六七年にかけてビハールで大飢饉が発生するなど、農業生産が減退し、農村の需要も低下し、厳しい食糧難に陥った。こうしたなかではじめられた第四次計画のもとで、インド版「緑の革命」が進められた。農業部門の成長が喫緊の課題となるなかで、アメ

表1－2　イギリスの2国間援助のイギリスへの還元推定比較 1964-66年

（100万ポンド，％）

	CAのひも付きの割合		拠出額年平均			イギリスへの還元額			還元額の割合		
	全部	一部	CA	TA	合計	CA	TA	合計	CA	TA	合計
インド	100.0		34.7	0.75	35.5	19.7	0.7	20.4	56.7	98.7	57.6
東アフリカ	8.9	23.9	19.5	11.5	31.0	14.7	11.4	26.0	75.2	98.7	83.9
総計	44.0	22.4	152.6	29.3	181.6	85.9	27.9	113.8	56.4	95.2	62.7

注：CA＝資本援助。TA＝技術援助。総計には，東アフリカを除く他の被援助国を含む。
出所：Lipton and Firn : Figure 7.27より作成。

リカ合衆国が提供したＰＬ４８０援助が大きな存在感を示したことは、秋田茂が明らかにしている。[27]

こうした状況にあって、イギリスのプロジェクト援助もまた、農業関連に準じる輸入事業が目立つようになった。インド政府は、一九七一年三月に九〇万ポンドを支払い、インターナショナル・ハーヴェスト社から一〇〇〇台のディーゼル・トラクターを購入した。[28] また、リプトンとトーイがＯＤＭから直接に評価文書を提供されて分析した一一のプロジェクト事案のうち、ＯＤＭが一定の評価を与えたプロジェクトの多くが農業関連のプロジェクトであった。[29]

(2) イギリス業者への資金の還元

このように、インド重工業に資するかたちで資本財輸入と農業部門に重点がおかれたイギリスのインド向けプロジェクト援助は、イギリスにとっていかなる意義があったのか。ありていにいえば、イギリスは、国庫を割いて捻出した資金をどれほど回収しえたのか。

リプトンとフィルンは、これらの問題を援助資金のイギリス業者への還元比較として検討している。彼らは、第三次五ヵ年計画の最終局面にあたる一九六四年から六六年にかけて、イギリス援助のひも付き業務などからイギリスへ還元された額を表1-2のように推定し、比較している。ここでは、参照値として、一九六〇年代半ばまでイギリス援助の主要な投下先であった東アフリカ（ケニア、ウ

表1－3　イギリスの対インド２国間援助のイギリスへの還元額推定 1964–66年

（100万ポンド）

	拠出額年平均	イギリスへの還元額
1．資本援助（すべてひも付き援助と推定）	34.74	
ⅰ．「スイッチ」されて差し引かれた額	−22.03	12.71
ⅱ．「スイッチ」されたがイギリスで費消		5.40
ⅲ．「スイッチ」されたがイギリス輸出に費消		1.59
2．技術援助	0.75	0.74
3．イギリスへの還元額総計		20.44

出所：Lipton and Firn：Figure 7.28より作成。

ガンダ、タンザニア）の数値を加えてある。一見してわかるように、イギリスの対インド資本援助のおよそ半分強が、援助国であるイギリス業者に還元されている、ということになる。技術援助にいたっては九八・七％が還元されたことになっているが、それでも全体としては五七・六％の還元率にとどまっている。これは、対東アフリカ援助がイギリスにもたらした還元率と比べると、資本援助においておよそ二〇％も低く、全体としても二六・三％を下回る数値となっており、インドに力点が移動したイギリス援助全体の数値傾向をそのまま反映したものとみることができる。

ほとんどのインド向け資本援助がひも付きとされながら、イギリスへの還元率が半分強にとどまった主たる要因については、推定の内訳を示した表1-3から推論することができる。表1-2で資本援助のイギリスへの還元額と推定された一九七〇万ポンドとは、実際にインドに拠出された三四七四万ポンドから、「スイッチ」された二二〇三万ポンドを差し引いた額であった。後で言及するように、「スイッチ」というのは、プロジェクト援助として拠出された資金を、インド政府が特定のプロジェクトに縛られない事実上のノン・プロジェクト援助に「切り替えて（switching）」用いた資金であった。

（3）技術援助の内容

このように考えると、イギリスの対インド援助は、ひも付き援助とされながらも、結局のところイギリスにそれほど還元されていなかった、ということになる。じっさい、資本援助と比べてはるかに高い還元率を示した技術援助を考慮に入れても、対インド援助がイギリス経済に直接に貢献した積極的な意義を評価することは容易ではない。たとえば、図1-3は、一九六五年と一九七〇年とを比較して、イギリスの対インド技術援助の内容がどのように変化したのかを示している。この時期を通して、主要な支出分野がイギリスからインドへの専門家派遣であったのは明らかである。専門家の派遣は、海外駐在員の給与と年金の費目を捻出することを意味する。いうなれば、イギリスの対インド技術援助のおよそ半分以上は、海外駐在員の維持コストに他ならなかった。じっさい、一九六〇年代半ばまで、イギリスの対インド技術援助のほとんどは、デュルガプール製鉄所やボパール重電機産業会社、そしてインド工科大学などの主要なプロジェクト援助を補完するために、アドバイザーやマネジメント要員を派遣するために用いられた資金であった(30)。

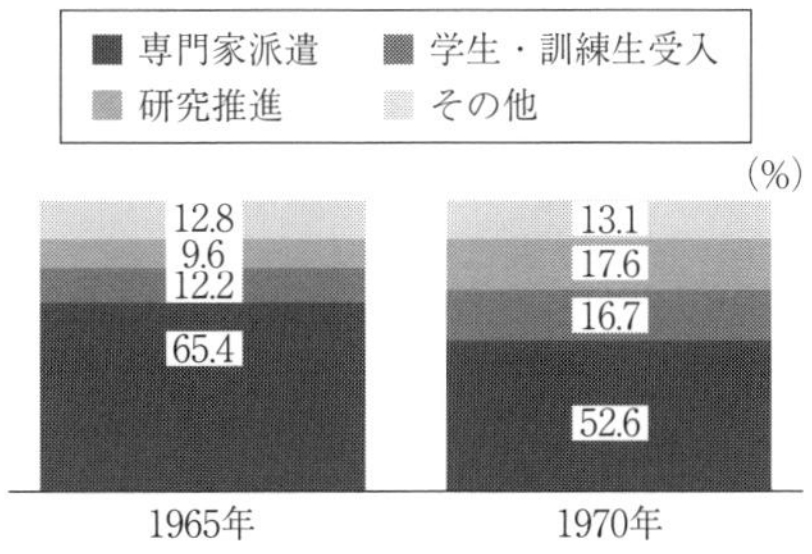

図1-3　イギリスの対インド技術援助の内訳変化 1965年と1970年

出所：Lipton and Firn : 125より作成。

専門家派遣の割合が当該時期に低下したのは、そのまま海外駐在員の給与・年金支払い費目が削減され、その分がインドからイギリスへの学生や訓練生の受入、そして研究推進関係の資金支出に回されたことを示している(31)。ただし、リプトンとトーイは、技術者派遣事業においても、訓練生受入事業においても、計画性の欠如や指導者の不足、さらにはインド側の要求が不明瞭で、目標設定評価（objective assessment）も困難をきわめて、技術援助全般において事業はおおむね遅延した、と論じている(32)。

他方で、そもそもインドの中等・高等教育制度は、植民地時代から「イギリス化」が相当に進行しており、インドが人材育成の分野で技術援助に依存する程度は、他の途上国と比べて相対的に低かったともいわれている。人材育成の成果を実証的に検証することはきわめて困難であるが，リプトンとトーイの推計によれば，第一次五ヵ年計画以後の一五年間を通して，インドを訪れた専門家は総計五〇〇〇名に足らず，しかもその多くは短期間の滞在や式典等への参加等で派遣された人々にすぎなかったという。また，イギリスでの職業訓練に赴いたインド人も，この時期に総計で一万五〇〇〇名に満たない人数で，訓練内容も一般的なものが多く，特殊な訓練はなされなかったといわれている。(33)

（4）対インド援助への消極的姿勢

以上のように，リプトンらの包括的な研究にもとづいて，イギリスのインド向けプロジェクト援助の数量的変化を概観する限り，こうしたかたちの事業の意義を積極的に評価することは難しい。イギリスのインド向けプロジェクト援助はこの時期，一部の例外を除いて全体の三割を超えることはなく，貿易動向と軌を一にして推移しながらも，実態としてイギリス側が期待したほどの成果をイギリスにもたらすことはなかった。一九六八年頃にインド経済は復調傾向に入り，続く二年間ほどはプロジェクト援助の比重が高まり，民間企業への投資も増強されたが，それでも公共部門への投資額を大きく上回るものとはならず，持続的な事業は不可能であった。(34)要するに，イギリス政府はその歴史的経緯から，インド経済に深く関与し，イギリス産業界に対応してきたとはいえ，一九六〇年代後半の段階で，イギリスが援助政策を通して，それ以上にインドに深く関与しようとしたと結論づける明確な指標は見出せないのである。この時期のイギリスとインドとの間に，イギリス援助の強化によって解決すべき外交的争点は見出せないという認識は，コモンウェルス首脳会議に際して設定されたヒース首相とガンディー首相との会談においても認められたところであった。(35)

じっさい，スターリング残高が枯渇し，ＩＡＣの発足に象徴的なように，インドの対外経済が多角的に展開する一九五〇年代末の段階で、イギリスはすでに、インド経済にコミットする域外諸国の主導的役割を果たす能力を失っていたといわねばならない[36]。たとえば、一九五八年一〇月、インド政府は、西アッサムのブラフマプトラ沿岸とビハールのガンジス川沿いに二つの製油所の建設を決定し、これをイギリス企業ではなくルーマニア企業に受注した。インド政府は、イギリス植民地関係省（CRO）によるアプローチをはねつけ、インドで操業するイギリス系企業の関与も拒否して、東側に属するルーマニア企業に受注したのであった[37]。

こうしたインド政府の姿勢それ自体が、戦後アジアの自立性を示す興味深い事実であろう。だが、ここで注目したいのは、東側諸国からの援助の増大を前に、イギリス政府はインド政府を満足させる貸出条件を最後まで提示できなかった点である。一九五八年一〇月一六日、インドとルーマニアの間に製油所建設の契約が交わされた一週間後に、CROの一官僚が外務省経済担当に宛てた書簡からは、援助を通して積極的にインド経済に関与することを躊躇うイギリス政府の姿勢の一端を垣間見ることができる。曰く、「インド人が、東側諸国からモノを買うことができるように、イギリス政府が融資すること自体が問題なのではない。インド人がイギリスに対して現下の債務を返済できるように、イギリスがあまりにも容易にインドに信用を供与してしまうことに、われわれは嫌気がさしている。この事実こそが問題なのである」、と[38]。

4　インド向けノン・プロジェクト援助とインドの外貨不足

(1) インドの外貨不足とネット・トランスファー問題

インド向けプロジェクト援助が、イギリスの対インド援助を牽引した主動因であると考えられないのだとすれば、この時期のインド向けノン・プロジェクト援助は、いったいいかなる意味があったのだろうか。先にみたように、ノン・プロジェクト援助は、イギリスの対インド二国間援助の中心となる要素であった。

イギリスの対インド援助において、ノン・プロジェクト援助が主要な構成要素となった最大の理由は、この時期にインドが直面した深刻な外貨不足にあったと考えられる。インド政府の側からみれば、ノン・プロジェクト援助は、融通が利く外貨獲得手段のひとつであった。インドは、重工業の促進に必要な資本財輸入のために、はやくから外貨不足に直面しており、スターリング残高が枯渇する一九五〇年代末にはすでに、世銀の信用評価を損なわずに資金を調達することに奔走していた。一九五七年には、インド金融相B・K・ネルーを中心に、各種の信用方式についてイギリス政府とも交渉が行なわれた。(39)

加えて、先述したように、一九六〇年代半ばのインドでは、厳しい干ばつが続いていた。飢饉も頻発し、農業生産も大きく減退した。こうして資本財輸入の必要性に加えて、食糧輸入のための外貨利用の圧力が急速に高まるなかで、イギリスほか多くの援助国が、特定の事業に縛りをかけないノン・プロジェクト援助に切り替えていった。国際援助機関がこの時期に主導した貧困国重視の援助理念も、こうした動きを後押ししたことであろう。じっさい、イギリスは、一九六六年から六七年にかけて起こったビハール飢饉に際して、七五〇〇万ポンドの食糧援助と二〇〇〇万ポンドの債務救済援助とを行なった。(40)

しかし、イギリスは他方で、一九六〇年代から七〇年代にかけて、インドの債務救済に力を入れねばならない理由を抱えていた。表1-4にあるように、一九七〇年代にいたるまで、イギリスの対インド二国間援助はローンが中心であった。利子率四・四三％のECGDローンがこれを牽引してきたが、インド経済の停滞傾向のなかで、一九六〇年代の後半には利子や償却の圧力が増大し、ネット・トランスファーがグロスの六割を下回り、イギリス援助のパフォーマンスが著しく低下する問題を引き起こしていた。(41)こうしたなかでイギリスは、一九六五年にECGDのハードローンの内容を再検討し、七年のグレイス・ピリオド付きの無利子二五年返済に貸出条件を改めた。(42)イ

表1-4　イギリスの対インド2国間ローンとグラント 1950-70年

（100万ルピー）

	第1次 五カ年計画 1951/2-1955/6	第2次 五カ年計画 1956/7-1960/1	第3次 五カ年計画 1961/2-1965/6	年間計画 1966/7-1968/9	第4次 五カ年計画 1969/70-1970/1	総計 1951/2-1970/1
ローン	—	1,218	1,704	2,237	1,564	6,723
グラント	—	4	8	55	39	106
(a)		8.54	5.97	7.28	9.91	7.37

注：(a)＝同時期におけるインドへの全援助額におけるイギリス2国間援助の割合（%）
出所：Lipton and Firn: Figure 7.15より作成。

ギリスはさらに、ローンからグラントへの比重を高めて、一九七〇年までにインドに流入した債務救済援助総額一億七〇〇〇万ポンドのうち、じつに三割を超える三六〇〇万ポンドを拠出した。

(2)「キッピング・ローン」による製造業支援

深刻な外貨不足がインド経済にさまざまな問題をもたらすなかで、インド製造業は、イギリスからスペアや部品を購入する困難に直面していた。こうした状況を改善するために、CBI会長キッピング卿の肝いりで、新たなノン・プロジェクト援助が導入された。「キッピング・ローン」と呼ばれたこの新事業は、表1-1にあるように、一九六〇年代後半にインドと取引を行なうイギリス業者への支援策であったのと同時に、インド政府にとっては重要な外貨獲得手段ともなった。

キッピング卿は一九六三年初頭にインドに赴き、イギリス業者と取引のある現地製造業者の多くが、機械部品やスペア輸入のライセンスを確保できず、保守業務も困難に陥り、製造に大きな問題を抱えているとして、イギリス政府がインド政府に四〇〇〇万ポンドの融資を行ない、インド製造業を支援すべきだと訴えた(43)。キッピング卿は、英印貿易の増大と商業信用の拡大を希望し、政府の援助を再三にわたって要求した(44)。イギリス政府としては、キッピング卿がインド政府関係者に示す尊大で「説教臭い態度」に神経をとがらせながらも、彼の影響力を利用して、民間投資を促す機会を探っていた(45)。この年に最初の「キッピング・ローン」が導入されると、インドに系列会社や工場を有するイギリス系製造業者や、イギリス系業者と取引のある現地のインド系製造業者は大きな期待を寄せた。

そうしたイギリス産業界や現地企業の要求を受け、「キッピング・ローン」はその後も数度にわたって導入されることとなる。他方、一九六〇年代半ばになると、東側諸国の対インド輸出は目に見えて増大し、イギリス業者の輸出を圧迫するようになっていた。そうしたなかで、一九六五年一一月、世界屈指のタバコ製造業者モリンズ社はODMに宛てて、インドの子会社が部品やスペアの輸入に困難を抱え、保守業務もままならない厳しい状況を述べ、「キッピング・ローン」の再導入を訴えた。(46) 同年一二月、「第三次キッピング・ローン」が導入され、一九六六年六月の段階で、インド系とイギリス系業者を合わせて四二七社が、それぞれ少額ながらもその恩恵にあずかった。(47)

イギリス政府は、インド第三次五ヵ年計画の外貨不足を補うために、IACがイギリスに課した三〇〇〇万ポンドの資金支出を補う費目として、この「キッピング・ローン」を割り当てていた。(48) そうした背景もあり、「キッピング・ローン」は一九六九年までに第六次貸付を行ない、総計二四〇〇万ポンド余りを拠出した。「キッピング・ローン」は一九七〇年代に、より柔軟な貸付条件や手続きを合理化した「メインティナンス・ローン」に取って代わられるようになるが、(49) それまでイギリス企業の要求に応えつつ、インドの外貨不足に対応したイギリスのノン・プロジェクト援助の一部を占めていた。

(3)「スイッチング」

このように、一九六〇年代以降のインド政府は、債務救済援助や「キッピング・ローン」などのノン・プロジェクト援助を通じて、外貨不足に対応しようとした。そのなかで、先にみた「スイッチング」という独特の方式は、インド政府がとくに好んで用いたやり方であった。表1-3に示されているように、プロジェクト援助のじつに六割以上が「スイッチング」を適用され、事実上のノン・プロジェクト援助として用いられていた。「スイッチング」は、イギリスのひも付き援助の特徴を活かした方法であった。一般的に、イギリスのプロジェクト援助はひも付き率が高いといわれているが、リプトンとフィルンによれば、イギリスのインド向けプロジェクト援助のひも付き率は一九七〇年の時点で五四％程度であった。しかも、ローンとグラントにかかわらず、プロジェクト援助の多くは、イギリスからの物資調達と特定の業者を指定された「二重ひも付き（double-tying）」援助ではなかった。そこでインド政府は、一定額をイギリス業者から購入した一方で、一定額を超える部分については、イギリス以外から必要な物資調達をはかる自由な外貨としてプールすることが許されていた。「スイッチング」とは、このプールをノン・プロジェクト援助として用いる方式であり、インド政府は一九六〇年代後半にこの方式を頻繁に実施して、深刻な外貨不足に対処していた(50)。

イギリス政府の側からみれば、イギリス業者に直接に還元されない「スイッチング」は、当然ながら警戒すべき事態であった。イギリスは、一九六九年からはインド政府がイギリス業者から購入した証明書をODMに送付することを義務づけ、資金運営の透明化をはかった。それでも債務救済援助と同様に、この時期の対インド援助をノン・プロジェクト援助として行なうこと自体には異議を唱えなかった(51)。イギリス企業の事情を考慮すれば、たしかにプロジェクト援助に力を入れることこそが当然の判断であったが、リプトンとフィルンによれば、それでもイギリスが「スイッチング」を含めたノン・プロジェクト援助を軸とした援助を継続し、深刻な外貨不足に陥ったインド財政を支えたのは、それがまわりめぐってやがてネット・トランスファー問題を改善し、最終的にイギリス業者を支えることになる、と考えられていたからであった(52)。要するに、イギリスは、過去にインドに投下したハードローンの焦げ付きを回避するために、ネット・トランスファー問題の改善に迫られ、インドへの財政支援を続けていた、ということになる。

こうしてイギリスの対インド援助は、一九六〇年代以降、プロジェクト援助の多くを事実上のノン・プロジェクト援助として援用しながら、ハードローンからソフトローンへ、さらにはグラント中心の援助事業へと舵を切り、全体として大量のノン・プロジェクト資金をインドにつぎ込んでいった。それでもインドの外貨不足は改善に向かわず、事態は日に日に深刻の度を深めた。そうしたなかで、一九七八年三月、国連貿易開発会議（UNCTAD）ジュネーブ会議は、最貧国債務の国際的解決を目指し、グラントによって過去の債務相殺をはかるRTA（Retrospective Terms Adjustment）の導入を決定した。インドに対しては、RTA全体の六二・八％にあたる五億七六〇〇万ポンドが投入されることになった。[53]こうしてインド債務問題はこの頃までに、もはやイギリスが単独で対処しうる状況ではなくなっていったのである。

5　戦略なきイギリス援助の迷走

渡辺編『コロンボ・プラン』にみられるように、戦後アジア国際政治と経済をめぐる近年の研究成果によれば、世銀が主導して一九五八年に形成されたIACは、欧米諸国の対インド援助が本格化する契機となり、イギリスを含む各援助国が多角的な国際援助を強化する時代のはじまりを告げた。加えて一九六〇年代には、アフリカからの事業撤退の結果、イギリス援助事業における南アジアの比重は相対的に高まっていた。第二節でみたように、独立直後の途上国において貧困問題が深刻化し、関心を集めるなかで、イギリスの対南アジア援助は、国連や世銀、DACなど国際機関が主導する国際的な貧困救済援助の潮流に符合するものでもあった。

しかし、イギリスは、戦後アジアをめぐる国際的援助の枠組みにおいて、どれほど主体的な役割を果したのだろうか。本章では、一九六〇年代後半にイギリス援助において相対的に大きな割合を占めた対インド援助を検討するうえで、リプトンらが豊富なデータを駆使して行なった先行研究を参照し、当時の政府関連文書にも依拠しながら、プロジェクト援助とノン・プロジェクト援助の内容を検討してきた。なお多くの検証が必要であることは承知のうえで仮説的試論を述べるならば、一九六〇年代以降のイギリスの対インド援助の特徴を多角的に検討する限りにおいて、そこに浮かび上がるのは、帝国なきイギリスの新しい対途上国戦略の展開ではない。むしろ、帝国解体期イギリスの対インド援助は、ＩＡＣの国際協調路線にかろうじて歩調を合わせつつも、一九六〇年代の半ばにインドで起こった環境の変化に追われて、数々のプロジェクトの成果を待つまでもなく、輸入金融と財政支援、さらに深刻化する債務問題、そして日に日に圧力を増すイギリス産業界の声にその場の対応を迫られた、戦略なき事業の連鎖であった。その意味では、クロゼウスキーが一九六〇年代以降のイギリスの対アフリカおよびカリブ海域援助を指して、「帝国ならびに帝国後の世界における経済援助においてイギリスが体系的役割を果たすことをやめた」と指摘した内容は、アジアについてもおおむねあてはまるといわねばならない(54)。

要するに、イギリスは一九六〇年から七〇年代にかけて、帝国の解体とともに、国際援助のアリーナにおいても国際政治過程においても、かつての主導的役割を果たす余力を失っていったのである。

注

（1）ゲイロールト・クロゼウスキー（山口育人訳）「イギリスの対外援助政策の再編、一九五六～一九六四年——植民地開発から独立国に対する援助へ」渡辺昭一編著『コロンボ・プラン——戦後アジア国際秩序の形成』法政大学出版局、二〇一四年、一六一頁。

（2）クロゼウスキー「イギリスの対外援助政策の再編」一五九～一六〇頁。

（3）以下、イギリス援助事業のアフリカからの撤退については、つぎを参照。前川一郎「アフリカからの撤退——イギリス開発援助政策の顚末」『国際政治』第一七三号（戦後イギリス外交の多元重層化）、二〇一三年。

（4）インド公共部門における海外資金（援助）の総計に占める割合は、第一次五ヵ年計画時（一九五一～五五年）に九・六%だったのが、第二次計画時（一九五五～六〇年）には全体の二二・五%、第三次計画時（一九六一～六五年）に二八・二%、その後の年間計画時（一九六六～六八年）には三五・九%を占めた。Michael Lipton and John Firn, *The Erosion of a Relationship : India and Britain since 1960*, London, 1975, Figure 7.14.

（5）Michael Lipton and John Toye, *Does Aid Work in India ? : A Country Study of the Impact of Official Development Assistance*, Oxford and New York, 1990 (Routledge Library Editions : Development, published in 2011), pp. 117-119.

（6）秋田茂「経済援助・開発とアジア国際秩序」秋田茂編『アジアからみたグローバルヒストリー――「長期の一八世紀」から「東アジアの経済的再興」へ』ミネルヴァ書房、二〇一三年、二〇七頁。

（7）ＩＡＣについては、次を参照。Jason A. Kirk, *India and the World Bank : the Politics of Aid and Influence*, London, 2010. Shigeru Akita, 'The Aid-India Consortium, the World Bank, and the International Order of Asia, 1958-1968', *Asian Review of World Histories* 2 : 2, 2014, pp. 217-248.

（8）たとえば、つぎを参照。平野克己『アフリカ問題――開発と援助の世界史』日本評論社、二〇〇九年、第一章。

（9）前川「アフリカからの撤退」一六～一七頁。

（10）たとえば、つぎを参照。Anuradha Bose and Peter Burnell, *Britain's Overseas Aid since 1979 : Between Idealism and Self-interest*, Manchester and New York, 1989, chapter 6.

（11）前川「アフリカからの撤退」二〇頁。

（12）Brief No. G4—British Presence East of Suez, Part II, Talking Points for use with the Public.（The Secretary of the State's Visit to the Far East, 1967）. TNA, FCO24/126.

（13）Conclusions of a Meeting of the Cabinet held at 10 Downing Street, S. W. 1., on Thursday, 28th September, 1967 at 10.00 a. m. TNA, FCO24/127.

（14）Brief by Foreign and Commonwealth Office（Commonwealth Prime Minister's Meeting）, Dec. 1970. TNA, PREM15/276.

（15）Record of the Prime Minister's meeting with Mrs. Gandhi on Sunday, 10 January, 1971, at Rashtrapati Bhavan, New Delhi. at 4.45 p. m. TNA, FCO24/1210. 会合では他に、コモンウェルスが「緩やかな組織」であるべきといった考えや、東アフリカで国外追放になったアジア系住民の問題、さらに英印経済関係が話題となったが、援助事業に踏み込んだ話し合いはなされなかった。

(16) *BAS, 1974-78*（ODM, 1979）, p. 8.

(17) 一九六〇年代のイギリス非経済援助総額二億一六〇〇万ポンドのうち、軍事援助は一億七二〇〇万ポンドとされる。その二割の約二九〇〇万ポンド（うちグラントが二五〇〇万ポンド）が、インドへの軍事援助額であるとされる。この数値に近いのは、ほかにマレーシアとケニア、南アラビア連邦に対する軍事援助であった。Lipton and Firn, *The Erosion of a Relationship*, p. 182, Figure 11.7/11.8. ただし、これらの軍事援助は本章での検討の対象外とする。

(18) Lipton and Firn, *The Erosion of a Relationship*, p. 97 and 117.

(19) リプトンとフィルンは、インドに投下された多国間援助におけるイギリスのシェアは、一九七〇年六月の段階で全体の一二・六％ほどであって、この時までに総計約七一〇〇万ポンドが各種国際機関を通してインドに投下されたと推定している。Lipton and Firn, *The Erosion of a Relationship*, Figure 7.19.

(20) Lipton and Toye, *Does Aid Work in India?*, p. 127.

(21) *BAS 1969-1973*（ODM, 1974）刊行時には、コロンボ・プランのほかに、SCAAP（Special Commonwealth African Assistance Plan）とTANCA（Technical Assistance for Non-Commonwealth Countries in Africa）という二つの大規模地域プログラムが行なわれていた。その他に、中東やラテンアメリカ等に六つの技術援助地域プログラムが行なわれており、イギリスの技術援助を受けた被援助国数は増加傾向にあった。

(22) Lipton and Toye, *Does Aid Work in India?*, p. 123.

(23) C. R. O. Ref : ER II 201/5/2, C. R. O. 18 May 1973, India : Visit of Sir Norman Kipping. TNA, BT11/5991.

(24) Lipton and Firn, *The Erosion of a Relationship*, pp. 114-115.

(25) Lipton and Firn, *The Erosion of a Relationship*, Figure 7.20.

(26) L. N. Dash, *World Bank and Economic Development of India*, APH Publishing Corporation, 2000, p. 114.

(27) たとえば、つぎを参照。秋田茂「一九六〇年代の米印経済関係――ＰＬ４８０と食糧援助問題」『社会経済史学』八一巻三号、二〇一五年。

(28) Lipton and Firn, *The Erosion of a Relationship*, Figure 7.26.

(29) Lipton and Toye, *Does Aid Work in India?*, Table 5.4

(30) Lipton and Firn, *The Erosion of a Relationship*, p. 126.

(31) Lipton and Firn, *The Erosion of a Relationship*, p. 125.

(32)　Lipton and Toye, *Does Aid Work in India ?*, pp. 199–200.

(33)　Lipton and Toye, *Does Aid Work in India ?*, p. 211.

(34)　Note on British Aid to India for Private Sector Capital Goods, enclosed in R. E. Radford (ODM) to R. Marsh (CBI), 14 Jan. 1970. TNA, OD27/300.

(35)　Record of the Prime Minister's meeting with Mrs. Gandhi on Sunday, 10 January, 1971, at Rashtrapati Bhavan, New Delhi, at 4.45 p. m. TNA, FCO24/1210.

(36)　この点に関して、序章で指摘される「帝国の論理」の意義については、筆者の解釈は編者の見方と比べて相当に消極的である。ただし、この問題については、本書を準備する過程で執筆者間で議論が行なわれたことも併せて記しておきたい。

(37)　JEM (58) 8th Meeting, Agenda Item 7, The Exploitation of New Oilfields in Assam. 6 Oct. 1958. TNA, FO371/133235.

(38)　H. J. B. Lintott (CRO) to Sir Paul Gore-Booth (FO), 16 Oct. 1958. TNA, FO371/133235.

(39)　Note of Meeting at the Treasury on Tuesday 7th May, 1957 (By S. T. Charles, O. F. T. 4., H. M. Treasury). TNA, T236/4316.

(40)　Lipton and Firn, *The Erosion of a Relationship*, p. 108.

(41)　Lipton and Firn, *The Erosion of a Relationship*, p. 106.

(42)　Lipton and Firn, *The Erosion of a Relationship*, p. 102.

(43)　Two notes on Kipping AID and British Aid to India for Private Sector Capital Goods, enclosed in R. E. Radford (ODM) to R. Marsh (CBI), 14 Jan. 1970. TNA, OD27/300.

(44)　C. R. O. Ref : ER II 201/5/2, C. R. O. 18 May 1973, India : Visit of Sir Norman Kipping. TNA, BT11/5991.

(45)　キッピング卿らCBIとの関係をめぐる政府側の見解については、たとえばつぎを参照。Minutes by E. F. G. Maynard (British High Commission, New Delhi), Jan. 1968. TNA, FCO37/395. Minute. British High Commission (New Delhi) to A. A. Duff (FCO, South Asia Department), 13 Dec. 1968. TNA, FCO37/395. Memo by F. A. Warner, 16 Jan. 1969. TNA, FCO37/395. A. A. Duff (FCO) to E. F. Maynard (BHC, ND), 21 Feb. 1969. TNA, FCO37/395. C. K. Woodfield (FCO) to E. R. Kelly (Overseas Press Services Division, Central Office of Information), 25 Feb. 1969. TNA, FCO37/395.

(46)　J. D. Hanson (The Molins Organisation Limited) to ODM, 16 Nov. 1965. TNA, OD27/62.

(47)　J. D. Rimington (British High Commission, Economic and Commercial Division, New Delhi) to J. C. Edwards (ODM), 10

Jun. 1966. TNA, OD27/63.

(48) Note on Kipping AID, enclosed in R. E. Radford (ODM) to R. Marsh (CBI), 14 Jan. 1970. TNA, OD27/300.

(49) D. L. Stanton (ODA in FCO) to R. Thomas (British High Commission, New Delhi), 31 Jul. 1972. TNA, OD27/300.

(50) Lipton and Firn, *The Erosion of a Relationship*, pp. 110–112.

(51) Lipton and Firn, *The Erosion of a Relationship*, p. 117.

(52) Lipton and Firn, *The Erosion of a Relationship*, p. 113.

(53) Bose and Burnell, *Britain's Overseas Aid since 1979*, pp. 41–42.

(54) クロゼウスキー「イギリスの対外援助政策の再編」一六〇頁。

第2章　インドの軍事主導型重工業化と国際支援
――一九六〇年代の印ソ関係を中心に――

横井勝彦

1　技術支援の供与国インドとソ連の国際援助

本章の課題は、戦後冷戦期の国際援助体制下におけるインドの工業化過程を多角的に解明することにある。この課題に関しては、すでにコロンボ・プラン（一九五〇年に英連邦会議で採択）に注目してさまざまな角度から実証的な研究が行なわれてきたが、(1)本章ではこれまで十分に議論されてこなかった二つ側面、具体的には①技術援助の受益国（recipient）ではなく供与国（donor）としてのインド、技術移転の「送り手」としてのインドの側面、ならびに②インドに対する国際援助体制下でソ連が行なったプロジェクト援助と軍事援助の実態に注目して、上記の課題に検討を加えている。

なお、本章においてもインドの経済発展のあり方（軍事主導型重工業化）と米ソ冷戦下における国際援助との関係を考察するにあたっては、インドにおける軍産学連携（Military-Industrial-Research Complexes）の構造に注目している。(2)一九六〇年代後半のインドは国際収支危機・債務危機と食糧危機に陥り、第四次五ヵ年計画は一九六九年まで延期を余儀なくされたが、一九六〇年代中葉までのインドに対しては兵器国産化のための軍事援助、「五ヵ年計画」に則した重工業化のための資本援助と技術援助、さらには経済的自立化の前提条件としての高等教育機関（とくに工科大学）の創設援助などが同時に、しかも相互に密接な関連を持って展開されたのである。そこで、本章では上記の課題と軍産学連携の構造を念頭に置いて、次の点に順次検討を加えていくことにしたい。

一点目は、インドの兵器国産化と国防の自立化が冷戦下の国際援助と軍事援助によってどの程度達成されたのかという問題である。以下では、上記の②と関連するこの問題を印ソ間の武器移転、具体的には一九六二年の中印国境紛争以降に印ソ間で交わされた戦闘機ＭｉＧ-21の生産に関するライセンス契約に注目して考察を加えている。(3)二点目には、一九五〇～六〇年代における米ソの援助体制とインド工業化の関係を多角的に考察してみた。周知の通り、コロンボ・プランは英連邦諸国の共産主義陣営に対する対抗姿勢を鮮明にした国際援助システムであった。インドはこのコロンボ・プランのもとで、イギリスからの技術援助の最大の受益国であったが、同時にネパールに対しては最大の技術援助の供与国であった。さらにその一方でインドは第三次五ヵ年計画（一九六一～六六年）(4)に際しては、ソ連に対しても大規模なプロジェクト援助を要請していた。本章では、上記の①②の両方の側面に注目しつつ、ソ連の対インド経済援助の解明を試みた。(5)そして三点目は、インドの自立的工業化を支える高度技術者養成機関（工科大学）の創設援助に際して、欧米各国ならびにソ連はどのような姿勢で臨んだのか。そして教育システムの高度化は一九五〇～六〇年代のインドにおいてどの程度達成されたのか。そうした問題を上記の①との関連にも留意して考察していく。(6)

2　兵器国産化と印ソ間の武器移転

（1）ソ連による軍事援助の起点

ソ連によるインドへの軍事援助は一九六〇年にはじまった。インドは独立以降、兵器調達のイギリス依存からの脱却と兵器国産化を追求するが、一九六〇年以降には兵器調達のソ連への依存を強めていき、一九七〇年代中葉にはその依存度が飛躍的に高まっている。(7) 一九五三年から一九六四年にかけてソ連が行なったインド援助の総額は約一〇億ドルであったが、この時代のインドへの軍事援助額は少なくとも三億ドルに上ったとされている。その後も膨張は続く。一九六八年のソ連・東欧諸国によるインドへの海外援助総額は二五億ドルを上回り、そのうち軍事援助は六億一〇〇〇万ドルにまで膨張していた。

ちなみに、一九六〇～六一年にソ連からインドへ引き渡された最初の軍事物資には、MI-4ヘリコプター一〇機、長距離用ジェット旅客機イリューシン二四機、大型輸送用航空機AN-12などであったが、一九六二年一月にインドはさらにヘリコプター一六機、輸送機八機、そしてインド製新型機HE-24のプロトタイプとして試験用にMiG-19のエンジン六台を発注している。そして同年夏には、MiG-21のインド国内でのライセンス生産も開始された。フルシチョフ時代（一九五三～六四年）とブレジネフ時代（一九六四～八二年）には、こうした各種の武器移転（arms transfer）こそが軍事援助の受益国に対してソ連が影響力を発揮する主要な手段とみなされていたことは間違いない。(8)

では、印ソ間の武器移転は実際にインド側に対してどのような結果をもたらしたのか。ここでは差し当たり、一九六〇年代初頭以降、ソ連からの武器移転に大きく依存することによって、インドの兵器国産化構想はほぼ破綻したという事実を指摘しておこう。国防の自立化は確立したものの、兵器国産化はみずから放棄して、ひたすらソ連製の超音速ジェット戦闘機ＭｉＧ-21のライセンス生産に依拠することとなった。以下では、その事情について概観しておこう。

一九六二年の中印紛争を契機としてインド空軍(9)（Indian Air Force : IAF）は膨張を遂げるが、その時点でも航空機の生産拠点ヒンダスタン航空機会社(10)（Hindustan Aircraft Limited : HAL）の最大の収益部門はＩＡＦの航空機とエンジンの修理・点検・整備であった。国産化の取り組みはきわめて低調である。たしかに、ＨＡＬはその後も独自設計の航空機とエンジンの国産化を追求しており、一九六四年には初の国産エンジンＨＪＥ-２５００を使用した国産ジェット練習機キラン（HJT-16 Kiran）の試験飛行に成功していた(11)。だが、戦闘機に関しては、一九五〇年代の超音速ジェット戦闘機マルート（HF-24 Marut : エンジンはブリストル社（英）のオフューズ７００を二基搭載）から一九八〇年代に開発のはじまった国産の軽戦闘機（Light Combat Aircraft : LCA）に至るまで三〇年間にわたって、独自の設計・開発はほとんど中断したままであった(12)。インドはソ連からのライセンス生産に大きく依存して、インド航空機産業の自立化に不可欠な設計・開発分野では進展がほとんどなかったのである。

独立後のインド新政府の最優先課題は全国規模での産業育成であり、軍事的自立化（兵器国産化）を保証する兵器産業の確立はあくまでもその範囲内のものであるべきであった。だが、この原則はただちに揺らぎはじめる。パキスタンとのカシミール領有をめぐる紛争（一九四七〜四八年）で、政府関係者は兵器の外国依存の危険性を痛感するに至った(13)。もちろん、独立直後のインドにとって兵器国産化は容易なことではない。パキスタンとの緊張関係の下で、ＩＡＦによる戦闘機の増強は海外からの直接購入か国内でのライセンス生産によるしかなかった。一九五三年にＩＡＦの戦力拡大方針が確定すると、パキスタンも翌五四年に東南アジア条約機構（ＳＥＡＴＯ）、五五年には中央条約機構（ＣＥＮＴＯ）に加盟して、中ソ共産陣営に対する対立姿勢を鮮明にした。さらに五四年にはアメリカ合衆国との間で相互防衛援助協定を締結して、米大統領アイゼンハワーによってパキスタンへの最新兵器の供与が約束されるに至ったのである。かくしてＩＡＦにはアメリカ合衆国の軍事援助を受けたパキスタン空軍に対抗しなければならないという新たな課題が加わったのである(14)。

インドは拡大するＩＡＦの要請と航空工学の急速な変化に対応して、一九五〇年代初めより欧米の最新鋭機の獲得に乗り出している。ライセンス生産も五〇年代からはじまっていた。ＨＡＬは技術者、設計技師、その他の専門家をイギリスの主要航空機企業に派遣して最新技術の研修をさせていたが、その一方ではインド国内でのライセンス生産を拡大していった。一九五〇年三月にはデ・ハビランド社（英）とのライセンス契約にもとづいて、最初のジェット戦闘機バンパイアの生産がはじまった。つづいて一九五六年九月には、フォラント社（英）の軽量戦闘機ナットならびにブリストル社（英）のオフューズ・エンジンなどで相次いでライセンス生産の契約を締結している。

以上のように、インドは独立後もイギリスからの武器移転に大きく依存していたのであるが、一九六〇年代にはソ連の思惑どおり、イギリス依存体制からの脱却が一気に進んだ。第二次印パ戦争（一九六五年）に際して、米英両国が武器禁輸措置を実施すると、パキスタンが武器の輸入先を中国に求めたのに対して、インドでも国内兵器生産基盤の強化が図られたが、実はこの取り組みは中印国境紛争での敗北（一九六二年一一月）を契機として、すでにはじまっていた(15)。ソ連製超音速ジェット戦闘機ＭｉＧ‐21の購入とインドでのライセンス生産の契約がそれであった(16)。

インド国防相メノンは一九六二年五月にはＭｉＧ‐21の購入を検討しており、しかもソ連との契約に際しては直接購入のみならずインド国内で同機を生産する工場建設への支援も含め、ライセンス生産が本格的に約束されていた(17)。六三年にはソ連の技術使節団が製造工場の建設準備のためインドを訪れている。さらに同年にはソ連がインドに対して一億三〇〇〇万ドル相当の軍事援助を提供し、空対空ミサイル施設と訓練学校に関する総工費四二〇〇万ドルに及ぶ建設契約も調印された(18)。インドのソ連への傾斜にはいよいよ拍車がかかる。インドの工業化そのものも軍事偏重型の重工業化へとシフトし、一九六四年に策定された第一次防衛五ヵ年計画のなかでは国内兵器生産基盤の強化が最重要課題として位置づけられるに至っている[19]。なお、一九六三〜六四年には印ソ間で兵器の購入交渉が大規模に進められ、六五〜六七年には九〇機ものＭｉＧ-21がインドに届けられているが、この場合、「一〇年間年利二%、ルピー建での返済」という好条件がソ連によって示されていた点に注目したい[20]。中印国境紛争での敗北によって、インドの指導者たちは国内兵器生産体制の立て直しにかかると同時に、諸外国に対してはそのための軍事援助を求めたのであるが、ソ連の援助提案は当時深刻な国際収支危機に陥っていたインドにとってきわめて魅力的な条件であった。

（2）ソ連依存体制下での自立化の動き

インドにおける航空機産業の自立化とはソ連との契約にもとづくライセンス生産に偏重したものであった。当時のインドにとっては、ＩＡＦで求められる大規模な軍需に迅速に対応して、防衛体制を強化することが最優先課題であって、独自の設計・開発による兵器国産化の取り組みは、二義的な課題でしかなかったのである[21]。当然のことながら、ソ連は一貫してライセンス契約の条件遵守を求めて、インド側に改良機製造の余地を一切認めなかった[22]。かくして、軍事面におけるインドのソ連偏重路線は、ソ連からの軍事援助と武器移転の代償として、インドに兵器国産化を放棄させるものであった。ソ連の技術援助のもとでＭｉＧ-21のライセンス製造は一九六三年にはじまったが、それを担当したＨＡＬの設計・開発能力にその後二〇年以上にわたって進歩がみられなかったのも事実である。

では、ソ連からの軍事援助と武器移転の下で、インドにおいては技術的な蓄積や生産自立化の動きは何もみられなかったのであろうか。この点に関して、ここではつぎの三点を指摘しておきたい。

一点目は、航空機部品のインド国内での生産、つまり輸入代替の実現である。タイヤ、油圧シール、電気部品、電気ケーブル、バッテリーなどのような技術的に複雑でない部品については、すでにインド航空機産業向けに国産化が可能になっていたが、一九七〇年代前半にはルクナウに航空機産業の付属品を提供する工場が建造中であり、それが完成すれば、車輪、ブレーキ装置、着陸装置、飛行制御装置、燃料・油圧・計器システム、さらには航空機の射出座席などでも、これまでの全面的な輸入依存からの脱却が期待された[23]。また、一九七四年にはバンガロールに鋳造・鍛冶工場が設立され、アルミニウムとマグネシウムの合金の開発製造、鉄・非鉄合金の鋳造鍛造の独自開発も実現していた[24]。これらはライセンス生産による技術蓄積の成果と言えよう。

二点目は、国産機増産の事実に注目したい。一九六三年八月、ソ連の技術援助のもとでＭｉＧ-21をライセンス生産するために、ナシク（機体製造）、コラプート（エンジン製造）、ハイデラバード（航空電子機器製造）に三工場（MiG-21 Complex）を持つ公企業アエロノーティックス・インディア社（Aeronautics India Ltd.）が設立された。つづいて翌六四年一〇月には従来のバンガロールを拠点としたＨＡＬが発展的に解体され、ナシク、コラプート、ハイデラバード、バンガロール、カンプールの五工場の全事業を統合して、新会社ヒンダスタン・アエロノーティックス社（Hindustan Aeronautics Ltd.: HAL）が誕生している。ただし、設計・開発部門が設置されたのはバンガロール工場（航空機・エンジン製造）においてだけであった。ＨＡＬはソ連とのライセンス契約にもとづいて、その後一〇年間にＭｉＧ-21を七〇〇機以上製造してきているが、ＨＡＬの設計・開発部門は萎縮したままであった。しかし、一九七〇年代には部品製造において国産化の進展がみられたように、その頃には唯一設計・開発部門を有したＨＡＬのバンガロール工場でも国産機の生産はかなりの数に達していた。たとえば、一九七四年のナシク工場での製造受注数がＭｉＧ-21の後継機ＭｉＧ-21Ｍで一五〇機、ＭｉＧ-21ＦＬで一九六機だったのに対して、バンガロール工場での受注数は超音速ジェット戦闘機マルートＨＦ-24が一二九機、亜音速の軽戦闘機ナットが二三五機、ジェット練習機キランＨＪＴ-16が一一五機であった[25]。

さらに三点目に注目したいのは、一九六〇年代にインド政府が大規模に主導した航空設計技師養成の取り組みである。具体的にはインド工科大学をはじめとする先端的な大学での航空工学科の新設あるいは拡充であり、そこにはあきらかにインド航空機産業の自立化に向けた政府の決意が込められていた。この点については、本章の第四節で改めて紹介することにしたい。

3　国際援助体制における印ソ関係

(1)　技術援助国インドのアジア展開

米ソ両超大国による経済援助の最大の受益国はインドであった。一九五三年から一九六六年までの一三年間にソ連から第三世界の非共産圏諸国に貸与された経済援助額の七〇％はインド、エジプト、アフガニスタン、インドネシア、アルジェリアの五ヵ国によって占められたが、そのなかでもインド（一〇億一八五〇万ドル）が突出していた[26]。また、一九四七年から一九六五年までの一八年間にアメリカ合衆国が国際開発庁（ＡＩＤ）とその前身機関より行なった借款と贈与の総額でも、インド（二四億八五六〇万ドル）は一位の韓国（二五億三二〇万ドル）とほぼ同額で、南ベトナム、パキスタン、トルコ、台湾などを押さえて二位の位置にあった[27]。以下では、アメリカ合衆国の圧倒的な援助規模に留意しつつも、ソ連のインドへの経済支援の特徴とそこにおける印ソ双方の思惑について考えてみたい。

さて、本書でも度々論及されているコロンボ・プランとは、南・東南アジア諸国の生活水準を引き上げ、経済発展を促進するための協同の取り組みであって、相互援助参加国は二〇ヵ国以上に及んでいた[28]。ソ連を中心とする社会主義陣営も、すでに一九五〇年代より低開発諸国に対して大規模な技術援助を展開していたが[29]、コロンボ・プランは英連邦諸国の共産主義陣営に対する対抗姿勢を鮮明にした国際援助システムであって、当然のことながらソ連を中心とする社会主義陣営は排除されていた。また、アメリカ合衆国は一九五一年からコロンボ・プランに参加していたが、一九五九年一月までは技術協力協議会のオブザーバーの地位にとどまっていた。その関係で一九五一年から五八年までの期間におけるアメリカ合衆国の援助額は、各年次報告のなかでも別個に扱われて、その全容は不明であった。以上の点を前提として、一九五〇年代のコロンボ・プランにおける技術援助（訓練生の受け入れ、専門家の派遣、設備の供与）に関してみれば、インド、パキスタン、インドネシアが援助の主要な受益国であり、この三ヵ国がおもにイギリス、オーストラリア、カナダ、ニュージーランドから技術援助を受けていたが、なかでもとりわけ注目すべきは最大の被援助国インドと最大の援助国イギリスとの緊密な関係であった。

一九五〇年から一九五九年までの一〇年間にイギリスがアジア諸国から受け入れた研修生は二六四四名で、そのうちインドからは八一四名を受け入れていた。これは受け入れ数としては最大規模である。しかし、ここで注目したいのは、イギリスの最大の被援助国であったインドが同じ時期にネパール、セイロン、フィリピンなどから多くの研修生を受け入れていたという事実である。とくにネパールからは六三三名もの研修生を受け入れていた。これは上記のイギリスに次ぐ研修生の受け入れ規模であった[30]。つまりインドは被援助国であると同時に援助国でもあったのである。そこで、一九五〇年代初頭のインドとネパールとの関係について、もう少し言及しておこう。

コロンボ・プランの下で、インド政府はカトマンズの揚水機改修への融資に合意に、ネパール政府の方はさらにカトマンズまでの道路建設と水力発電所建設計画へも財政支援を求めていた。さらに医師・看護婦の不足や今後のネパールの産業発展にとって不可欠な教育・研修制度の整備の緊急性も訴えており、研修生のインドの大学への派遣も早くから検討に上っていた。それはいわばインドを通して間接的にイギリスの文化を吸収する手段でもあった[31]。

上記のインドによるネパールからの研修生の受け入れもこのような要請を背景としたものと言えよう。

さらに一九六〇年代になると、インドは資本財輸入による外貨不足と国際収支危機に直面しつつも、技術援助国あるいは技術移転の「送り手」としての側面をより鮮明にしている。インドは他のアジア諸国（ネパール、ブータン、セイロン、マレーシア、アフガニスタン、タイなど）への技術援助（訓練生受け入れ、専門家派遣、設備・資本財供与）の主要な供与国になりつつあったのである。[32]加えてインドは技術移転の「送り手」でもあった。ここでは一九五八年に設立されたバーラト重電機会社（Bharat Heavy Electricals Ltd.：BHEL）をあげておきたい。今日、インドを代表する世界的な総合的電力関連企業に成長を遂げたＢＨＥＬは、一九六〇年代以降、イギリスとソ連からの資本援助と技術援助に依拠して、アジア諸国への産業技術や重電機器の最大の輸出拠点に成長していった。ＢＨＥＬは「アジアにおける技術移転のハブとしてのインド」の地位を代表する企業であった。一九六八年、ＢＨＥＬのボパール工場内に輸出販売部が開設され、同年、アラブ連合共和国からの総額二〇万七三〇〇ルピーの注文を受けて、ついに海外市場に乗り出す。その後もボパール工場が輸出した重電機器には、エジプト、シンガポール、ガーナ向けのモーター、制御装置、コンデンサ、イラク向けのスイッチギヤ、マレーシア向けのタップ切り替え器などが含まれていた。[33]ＢＨＥＬは創業後わずか一〇年足らずにして、重工業部門で世界展開ができるインドを代表する国有企業へと成長を遂げたのである。時代は若干下るが、一九七〇年代末にはリビアの火力発電所やマレーシアとブータンの水力発電装置など、ＢＨＥＬによる海外での一括請負事業もみられた。[34]

西ベンガルのデュルガプール製鉄所（Durgapur Steel Works）の建設支援（一九五八年開始）は、コロンボ・プランの下でイギリスがインドで行なった一大支援事業であったが、インド中部のチャッティスガル州ではソ連の支援によってビライ製鉄所（Bhilai Steel Plant）の建設が大規模に行なわれている（一九六一年開始）。[35]そしてほぼ同じ頃には、ＢＨＥＬのボパール工場にイギリスが出資し、同社のハードウォー工場にはソ連が出資して、インドの電力供給部門の発展を支援していた[36]。それらはいずれもインドの重工業化を支えたのみならず、インドを技術援助の供与国へと押し上げるのにも貢献していた。

（2）ソ連の対インド・プロジェクト援助の実態

一九六〇年代のインド経済は危機的な状況にあった。インドに対する国際援助は、輸出不振と輸入偏重型工業化による外貨不足、人口膨張にともなう食糧輸入の増大などのために、開発援助から国際収支危機救済・債務危機救済へと変容したのであった。とくに一九六五～六七年にインドを襲った凶作と旱魃による食糧危機や第二次印パ戦争（一九六五年）に直面して、第三次五ヵ年計画（一九六一～六六年）で追求してきた重化学工業化路線の変更と第四次五ヵ年計画の延期を余儀なくされている。

そこで以下では、上記のような時代状況の下でも行なわれていたソ連によるインドへのプロジェクト援助、つまりインドの重工業化支援についてみておこう。まずは、一九五九年五月一四日から二九日までほぼ半月にわたってモスクワとレニングラードの産業施設の視察を名目として実施されたインド政府使節団によるソ連訪問を紹介しておこう。インド商工省関連のメンバーで組織されたこの使節団の真の目的は、一九六一年四月にはじまる第三次五ヵ年計画で必要とされる海外支援に関してソ連側に説明し、援助を求めることにあった。その具体的な内訳は、鉄鋼増産を目的としたビライ製鉄所の拡充、第二次五ヵ年計画に続いての重機械製造工場の拡充と新設、石油掘削設備の製造工場の建設、石油探査への支援拡大、二〇〇万トン規模の製油所の創設、化学肥料工場の新設、重電機器製造工場の新設、ボールベアリング工場の新設など、プロジェクト支援への要請は多岐に及んだ。加えて、このインド使節団のモスクワ訪問を契機として、多くの製薬部門を建設するためにソ連側から八〇〇〇万ルピーの借款（償還期間七年）が提示され、一九五九年五月にはインド産業相マヌバイ・シャーとの間で調印が交わされている[37]。

そして結局、翌一九六〇年二月には上記の項目など第三次五ヵ年計画に含まれた一〇プロジェクトに対して、一八億ルピーの借款供与の協定が印ソ間で調印されている(38)。

第三次五ヵ年計画の最終年にあたる一九六六年にも今度はインド財務大臣クリシュナマチャリがモスクワに赴き、第四次五ヵ年計画の実施に向けてソ連側に経済援助の拡大を要請している。インドは凶作と旱魃による食糧危機や第二次印パ戦争に直面して、当初の第四次五ヵ年計画は六九年まで延期を余儀なくされるが、ひとまずここでは一九六六年にインドがソ連に援助を要請したプロジェクトを紹介しておこう。それは、ビハール・ボカロ製鉄所とランチ重機械製造工場、西ベンガル・デュルガプールの石炭鉱山機械工場、マドラスのネイヴェリ他三ヵ所での火力発電所、ビハール・グジャラートの石油精製所、炭鉱と洗炭所などの建設、そして水力・蒸汽タービン、水力・タービン発電機、直流・交流の大型電気機械の設置など多岐に及んでいた。なお、ここでとくに留意すべき点は、ソ連の援助によって開始されたプロジェクトに関しては、その後の修理・拡充にともなう部品類の輸入調達先も必然的にソ連に限定されていたという事実である(39)。しかも、再三指摘しているようにインドへのソ連の援助は西側諸国のノン・プロジェクト援助とは異なり、そのほとんどがプロジェクト援助であった。

以上の点に関連して、ソ連の対インド支援の特徴についてさらに次の点に論及しておきたい。ソ連のインドへのプロジェクト援助の規模は、アメリカ合衆国のインドへの緊急食糧支援PL480を除いても、一貫してアメリカ、イギリス、西ドイツ、日本などで構成されるインド援助コンソーシアム（Aid-India Consortium：一九五八年開設）によるインド援助の一〇分の一程度にすぎなかった。具体的に第二次五ヵ年計画と第三次五ヵ年計画の全期間（一九五五～六六年）についてみると、前者が八億八〇〇〇万ドルであったのに対して後者は七一億五八〇〇万ドルであった。しかし、ここでは援助額の圧倒的な格差ではなく、援助形態の違い、すなわち前者がプロジェクト援助なのに対して、後者が国際収支危機の救済を中心としたノン・プロジェクト援助であった点に注目したい。インドの軍事主導型重工業化を支援するソ連のプロジェクト援助は、いずれも可視性に優れた個別事業支援であったために、実際の援助額以上にインド社会において高い評価を、すなわち大きな宣伝効果を期待することができた(40)。また、プロジェクト援助の拡大と関連して印ソ間の貿易も拡大しており、一九五七年から一九六四年までの八年間に印ソ間における貿易は輸出入額ともに三倍近く拡大して、ソ連はドイツに次ぐインド第三の貿易相手国となっていた(41)。

第一次から第三次までの五ヵ年計画における米ソの対インド援助総額を比較すると、アメリカ合衆国による贈与と借款が全体の五二％を占めたのに対して、ソ連の援助総額は八・八％にとどまっていた。また、アメリカ合衆国の援助額の五分の一は贈与の形態であったが、ソ連の場合はその割合はわずか一％に止まっていた。とはいえ、ここで再度強調しておきたい点は、ソ連の援助をインドが重要視した理由がたんなる援助規模の問題以外のところにあったという事実である。すなわち、一九五〇年代中葉以降にインド政府がソ連からの援助を重視した理由は、それが基盤産業や石油産業のような国家の自立化に不可欠な経済の基幹部門の開発と密接に関連していたからである。インドの重工業やエネルギー部門の開発に対するソ連の貢献度は、ソ連の融資による設備購入契約の内訳からもみて取れる。すなわち、借款の五四％は鉄鋼業、一六・九％が石油・ガス開発事業、一二・六％が発電事業、一一・五％が建築・電気・石炭採掘機械等の重機械製造工場、二・二％が製薬事業、そして二％が石炭事業であった(42)。

インドに対する欧米諸国の国際援助は、一九六〇年代後半に開発援助から国際収支危機救済へ、そしてプロジェクト援助からノン・プロジェクト援助へ転換していったとされているが、インドの軍事主導型重工業化を支援するソ連のプロジェクト援助もそれと同列に扱うことはできない。一九六〇年代においてもソ連のプロジェクト援助の下で、インドは工業化に必要な機械・設備や鉄類・非鉄金属類をソ連から輸入していた。一九五四年から六八年までの一四年間について見ると、それらがソ連からインドへの毎年の輸入額の七割を占めていた。また、一九六〇年代にはインドからソ連への一次産品輸出が年率一六％で成長したのに対して、ソ連からインドへの生産財輸出は年率二〇%で成長していた。なお、一九六七〜六八年から一九七〇〜七一年の間に、上記の印ソ間の生産財貿易は三四%も落ち込んでいた。しかし、これはインドが生産財の輸入先を多角化したためでも工業化を放棄したためでもなく、インドの自立的な工業化・国産化の進展を反映したものであったのである(43)。

4　高度技術者養成機関の創設と国際支援

(1)　留学生をめぐる英印関係の変化

これまでの考察から明らかなように、インドの兵器国産化はソ連への過度の依存によって否定されたものの、国際援助体制全般のなかにあって、非同盟国インドは米ソ両国からの最大の受益国として、自立的な工業化を追求していた。では、経済的軍事的な自立化にとって不可欠とされた高度技術者の養成に対して、冷戦下の国際援助はどのような役割を果たしたのであろうか。最後に、この点について検討したい。

イギリスで学ぶ留学生の数は、一九五三年から一九五九年までの六年間に三倍以上に増加した。一九五九年時点の留学生は三万八〇〇〇人を数えたが、そのうちの三分の二は英連邦からであった。また、留学生のうち総合大学では一万二五〇〇人、単科大学では一万一〇〇〇人が学んでいたが、そのうちの半分以上は科学技術研究を専攻としていた(44)。イギリスの大学の科学技術研究の水準は、高い国際的評価を受けていた。しかし、英印関係は留学の面でも大きく変化しつつあった。

一九五〇〜六〇年代には、第二次五ヵ年計画を背景として、インドでも高等教育の充実がみられた。具体的には、大学生数が一九四七年の二二万八八八一人から一九六七年には一三六万八八〇三人へと六倍に増加し、そのうち技術系分野の学生数は四万五六四三人から四三万二六八六人へと一〇倍に急増を遂げていた(45)。しかも、この時期にインドの大学が受け入れた留学生もアジア・アフリカからの学生を中心に急増を遂げていたのである。具体的な数字を示せば、一九五九～六〇年における留学生は総数が三三六一人、そのうちアジア出身が二三二三人（六九・一％）、アフリカ出身が八三九人（二四・九％）であったのに対して、一九六九～七〇年では総数が八二四八人、アジア出身が三九三六人（四七・七％）、アフリカ出身が三八五二人（四六・七％）であった。これに対して、イギリスにおけるインド人留学生は、この時期、急速に減少していたのである。(46)なお、イギリスはインド人学生のソ連留学の動向にも警戒の目を向けていたが、それはまだほんの僅かで、一九五七年時点でイギリス、アメリカ合衆国、カナダにおけるインド人留学生が合計六六五〇名であったのに対して、ソ連のインド人留学生は一二八名にとどまっていた。(47)

一九五〇～六〇年代のインドは技術援助の受益国であると同時に供与国にもなりつつあったが、援助供与国として多くの留学生も受け入れ始めていたのである。これはインドにおいて自立的な工業化を担いうる高度な人材育成が成果を上げていたことを反映していた。

（2）インド工科大学設立の目的と各国の思惑

独立後のインドにおける大学創設の一部は、欧米諸国からの支援に依拠していた。たとえば、アーメダバードとカルカッタのインド経営大学（Indian Institutes of Management）は、アメリカのフォード財団の援助によって設立され、その後、前者はマサチューセッツ工科大学（ＭＩＴ）の経営学科、後者はハーバード・ビジネス・スクールの援助によって運営されてきた。(48)しかし、諸外国による大学創設支援がもっとも大規模に展開されたのは、インド工科大学（Indian Institutes of Technology : IIT）においてであった。

インド各地で展開されたＩＩＴ設立計画は、つぎのような考えにもとづくものであった。すなわち、さまざまな分野の高度技術者をインドの教育機関で独自に養成すること。独立後のインドの持続的な産業発展には、それが不可欠であるというのである。(49) インド政府が四都市（ボンベイ、マドラス、カンプール、カラグプール）に高度技術教育機関（the chain of four higher technological institutes）を、つまりＩＩＴを設立することを決定したのは、独立に先立つこと二年、一九四六年のことであった。第一次五ヵ年計画（一九五一〜五六年）では、食料・原材料の増産とインフレの抑制が目標とされ、産業の拡張よりも農業の拡大に重きが置かれた。その関係で技術教育開発予算は約二億三〇〇〇万ルピーにとどまったが、つづく第二次五ヵ年計画（一九五六〜六一年）では技術教育開発予算が四億八七〇〇万ルピーにまで増加している。(50)

しかし、ＩＩＴの設立計画は規模が大きいために、それほど簡単には進まなかった。インド各地におけるＩＩＴの設立には、海外からの技術援助が不可欠であった。教授陣や専門の設備関係は、ユネスコの国連技術援助プログラムやアメリカ合衆国のポイント・フォー計画、(51) さらにはコロンボ・プランやその他の海外援助によって提供されねばならなかったのである。技術移転をともなう国際技術援助は、ＩＩＴの成否と設立後の発展方向を決するほどの重要性を有していた。(52) ここで結論を先取りして言えば、ＩＩＴの設立計画においては、資金面でアメリカ合衆国の貢献度が圧倒的に高かったが、設立計画そのものの策定に際しては、インド側が終始主導権を握り、米ソ両国はもとより英独も大きな影響力を発揮することはできなかった。以下では、そうした経緯や計画へのソ連のかかわり方を確認するとともに、とくに、もっとも大規模な設立支援を行なったアメリカ合衆国と最後になってＩＩＴ設立計画に組み込まれたイギリスの対応について紹介しておこう。

ＩＩＴ設立に際しての援助国の発言力を極力押さえ込み、インド側の方針を貫徹させることができたのは、各地に分散するＩＩＴごとに援助国を特定したことと密接に関連していた。ただし、一九五一年に設立されたＩＩＴカラグプール校だけは、米ソ独英の四ヵ国の技術者と政府関係者の共同援助によって設立されていた。なかでもアメリカ合衆国の援助額は他国を圧倒していたが、それでもインド教育省はアメリカ合衆国の干渉を排除して、インドの主導で後続のＩＩＴのモデルを提示できた点に注目したい。その後、一九五八年にはソ連の援助によってＩＩＴボンベイ校が開設されており、ソ連は人材育成援助を通じてインドの教育、行政、専門職の重要人物に影響力を及ぼすことを企図していた(53)。だが、ＩＩＴボンベイ校はソ連の介入を排除した。ソ連から派遣された専門家たちも、個々の技術教育分野の設計には関与したものの、彼らが全体的な課題や運営方針の決定に加わることはなかった(54)。翌一九五九年には西ドイツの援助によってＩＩＴマドラス校が開設されているが、それも首相ネルーが西ドイツを公式訪問した際にＩＩＴボンベイ校と同様の援助を強く要請した成果であった。その後、ＩＩＴマドラス校とドイツとの間にも技術者の交流が緊密化したが、マドラス校への援助総額も影響力もボンベイ校とほぼ同じにとどまった。

さらに翌一九六〇年にはアメリカ合衆国の援助によってＩＩＴカンプール校が開設されているが、これも首相ネルーの訪米によって一気に具体化したものであった。ただし、規模は別格であった。一九六一年にはカンプール・インド－アメリカンプログラム（Kanpur Indo－American Program）という九大学の連合体が組織され、アメリカ合衆国を代表する工科大学、ＭＩＴ、カリフォルニア工科大学、パーデュー大学、カーネギー・メロン大学、オハイオ州立大学、カリフォルニア大学バークレー校、ケース工科大学、プリンストン大学、ミシガン大学を母体として、最大規模のＩＩＴがカンプールに創設された(55)。アメリカ合衆国の教育研究システムのインドへの導入を最重要課題として位置づけるという理念は他校に比べても強力で、それが設立支援規模の大きさにも反映されていた(56)。最後に、イギリスはコロンボ・プランにおける技術援助の一大事業としてデリー工科大学（Delhi Engineering College：一九五八年設立）を位置づけていたが、ネルーはイギリスに対しても工科大学の追加設立に向けて援助を求めている。具体的にはデリー工科大学のＩＩＴデリー校への格上げに要する経費を要請してきており(57)、結局、一九六三年にイギリス政府は追加の設備負担を受け入れ(58)、インドにおける先端的科学技術教育の分野で他の米ソ独三国と同等の地位を確保する道を選択した。より正確に言えば、インドにその選択を迫られたのであった。[59]

こうして、インド政府は独立後一九六〇年代初頭までのわずか一五年の間に、「国際援助」を各個撃破的に巧みに獲得することによって、インドの主要都市に五つの世界レベルの高度技術教育機関をつぎつぎに設立していった。独立後のインドは貧困と停滞に喘ぎつつも、その一方では各地のＩＩＴ五校を拠点として先進国の設備とシステムを積極的に導入し、さまざまな先端的科学技術を吸収していった。この政策は産官学連携の確立にとっても重要であった。インドの航空機産業がライセンス契約によるソ連従属体制を脱して、産業の自立化と兵器の国産化を達成するためには、航空機の設計開発分野の拡充が是非とも必要であった。[60] 一九六四年にはインド教育省が各地のＩＩＴで航空工学科（Department of Aeronautical Engineering）の開設・拡充方針を決定している。これは明らかにＨＡＬとインド航空業界ならびに防衛省の要請に応えたものであった。そして、この点でももっとも迅速かつ大規模に対応したのは、前述のカンプール・インドーアメリカンプログラムに支えられたＩＩＴカンプール校であった。工業都市カンプールは一九六四年にＨＡＬが新会社として再編された際に、ＭｉＧ-21のライセンス製造工場（ナシク、コラプート、ハイデラバード）に加えて、唯一航空機の設計・開発部門を有していたバンガロール工場とともにＨＡＬに統合された航空機産業の拠点であり、すでに旅客機アブロ748（英）等で十分な生産実績があった。さらにその後も中印国境紛争や第二次印パ戦争を通して、カンプールは航空機部品の製造基盤をさらに拡大してきていた。[61] そのようなソ連とのライセンス契約工場（MiG-21 Complex）の圏外に存在した航空機の生産拠点カンプールがＩＩＴカンプール校の航空工学科、さらにはアメリカ本国の九大学連合との連携によって、過度なソ連依存体制からの脱却と兵器生産の自立化を追求したのである。そこには明らかに米ソの対抗関係がみて取れた。そして、それはインドに誘導された対抗関係と言うことができよう。

注

（1）渡辺昭一編『コロンボ・プラン――戦後アジア国際秩序の形成』法政大学出版局、二〇一四年参照。

（2）この点に関する先行研究としては、以下を参照。Th. W. Graham, 'Countries studies chapter 9 : India,' in J. E. Katz (ed.), *Arms production in developing countries*, Toronto, 1984, p. 161 : 拙稿「一九六〇年代インドにおける産官学連携の構造――冷戦下の国際援助競争」『社会経済史学』八一号三号、二〇一五年、四四頁を参照。

（3）この点に関しては、W. H. M. Mott IV, *Soviet Military Assistance : An Empirical Perspective*, London, 2001 ; J. Singh, *India's Defence Spending : Assessing Future Needs*, New Delhi, 2000 ; do., *Indian Aircraft Industry*, New Delhi, 2011 ; 拙稿「南アジアにおける武器移転の構造」渡辺昭一編『帝国の終焉とアメリカ――アジア国際秩序の再編』山川出版社、二〇〇六年、同「一九六〇年代インドにおける産官学連携の構造」、同「戦後冷戦下のインドにおける航空機産業の自立化」拙編『航空機産業と航空戦力の世界的転回』日本経済評論社、二〇一六年などでの議論に依拠している。

（4）第一次五ヵ年計画（一九五一～五六年）と第二次五ヵ年計画（一九五六～一九六一年）の成果は、インドの外国為替準備金の著しい減少を犠牲にして得られたものであった。第三次五ヵ年計画もこの点で深刻な困難に陥っており、その結果、世界銀行の援助の下で一九五八年に創設されたインド援助コンソーシアムを介して、インドへの資本援助が組織された。渡辺昭一「一九六〇年代イギリスの対インド援助政策の展開――インド援助コンソーシアムとの関連で」『社会経済史学』八一巻三号、二〇一五年参照。

（5）この点に関しては、M. Sebastian, *Soviet Economic Aid to India*, New Delhi, 1975 ; S. Mehrotra, *India and the Soviet Union : trade and technology transfer*, Cambridge, 1990 などでの議論を踏まえ、それを各種一次資料で検証している。

（6）この点に関しては、拙稿「インド工科大学の創設と国際援助」渡辺編『コロンボ・プラン』、同「一九六〇年代インドにおける産官学連携の構造」、同「戦後冷戦下のインドにおける航空機産業の自立化」拙編『航空機産業と航空戦力の世界的転回』での議論を踏まえ、そこでの議論を各種一次資料によってさらに展開している。なお、インドは対象としていないものの佐藤幸人編『アジアの産業発展と技術者』ＩＤＥ・ＪＥＴＲＯアジア経済研究所、二〇一〇年も本章第四節のテーマと関連した貴重な成果である。

（7）G. K. Tanham and M. Agmon, *The Indian Air Force : Trends and Prospects*, Santa Monica, 1995, pp. 73-75 ; 拙稿「南アジアにおける武器移転の構造」一〇一頁。

（8）TNA DO189/548 Possible motives for Soviet aid to India 1964-1966, Secret : Soviet Economic Aid to India, p. 6 ; Mott IV,

Soviet Military Assistance, pp. 225–226, 230.

（9）インド空軍の正式名称は、一九三三年に創設された時点から一九四七年のインド独立までの間は Royal Indian Air Force であり、独立後に Indian Air Force となったわけであるが、本章では一貫してＩＡＦという略称を用いている。

（10）ヒンダスタン航空機会社は、一九六四年に新設会社ヒンダスタン・アエロノーティックス社（Hindustan Aeronautics Ltd.）の下に改組再編されているが、本章では両者ともにＨＡＬと略記している。ただし、一九六四年以降の前者はバンガロール工場と記している。

（11）TNA DO164/34 Manufacture of Indian designed aircraft in India 1962–63.

（12）J. Singh, *Indian Aircraft Industry*, New Delhi, 2011, p. 167 ; do., *Defence from the Skies : Indian Air Force through 80 years*, New Delhi, 2013, p. 236.

（13）Singh, *Defence from the Skies*, pp. 66–69.

（14）P. R. Chari, 'Indo-Soviet Military Cooperation : A Review', *Asian Survey*, Vol. XIX, No. 3, 1979, p. 230.

（15）SIPRI, *Arms Trade with the Third World*, pp. 482–485.

（16）I. C. C. Graham, 'The Indo-Soviet MIG-Deal and Its International Repercussions', *Asian Survey*, Vol. IV, No. 5, 1964, pp. 823–825.

（17）TNA CAB21/5685 Supply of Military Aircraft to India : MIG's Licence 1962–1963 ; *Times of India*, 6 May 1962 & 14 June 1962.

（18）Sebastian, *Soviet Economic Aid to India*, pp. 147–148.

（19）*India a reference annual 1965*, research and reference division, ministry of information and broadcasting, Government of India, p. 61.

（20）N. S. Achuthan, *Soviet arms transfer policy in South Asia*, Delhi, 1988, pp. 40–42 ; *Times of India*, 23 Jan. 1963.

（21）A. Singh, 'Quest for Self-Reliance', in Singh, *India's Defence Spending*, pp. 133, 145 ; Singh, *Indian Aircraft Industry*, pp. 167, 256–257 ; do., *Defence from the Skies*, p. 236.

（22）Committee on public undertaking（1967–68）, eight report : Hindustan Aeronautic Ltd., ministry of defence, New Delhi, p. 66.

（23）US National Archives : The Central Intelligence Agency（CIA）, South Asian Military Handbook, August 1974, pp.

IV-3〜IV-4.

(24)　Standing Committee on Defence (2006-07) Fourteenth Lok Sabha, Ministry of defence : In-Depth Study and Critical Review of Hindustan Aeronautics Limited (HAL), p. 6.

(25)　US National Archives : The Central Intelligence Agency (CIA), South Asian Military Handbook, August 1974, p. IV-9.

(26)　ソ連の対インド援助計画の基本的な目的に関しては、イリヤ・V・ガイドゥク「二つの戦争の間の平和攻勢――フルシチョフのアジア政策　一九五三〜一九六四年」渡辺編『コロンボ・プラン』二六二〜二六三頁を参照。

(27)　G. Boquerat, *No Strings Attached? : India's Policies and Foreign Aid 1947-1966*, Delhi, 2003, pp. 394-395.

(28)　南アジアおよび東南アジア地域の加盟国は、ビルマ、ブルネイ、カンボジア、セイロン、インド、インドネシア、ラオス、マラヤ、ネパール、北ボルネオ、サラワク、パキスタン、フィリピン、シンガポール、タイ、ベトナムであった。当該地域外の加盟国としては、オーストリア、カナダ、日本、ニュージーランド、イギリス、そしてアメリカ合衆国があった。

(29)　K. Muller, *The Foreign Aid Programs of the Soviet Bloc and Communist China : An Analysis*, New York, 1964, pp. 201-229.

(30)　アジア協会編『コロンボ計画十年の歩み』アジア協会、一九六〇年、一四〇頁。

(31)　TNA FO371/101247 Technical training assistance for Nepal under the Colombo Plan, 1952.

(32)　M. Lipton and J. Firn, *The Erosion of a Relationship : India and Britain since 1960*, London, 1975, pp. 125, 267 (13).

(33)　A. Kundu, G. K. Misra and R. Meher, *Location of Public Enterprises and Regional Development*, New Delhi, 1986, p. 55.

(34)　S. Lall, *Developing Countries as Exporters of Technology : A First Look at the Indian Experience*, London, 1982, p. 103, Appendix, Table A4.

(35)　Sebastian, *Soviet Economic Aid to India*, p. 67.

(36)　S. Mehrotra, *India and the Soviet Union : trade and technology transfer*, Cambridge, 1990, p. 69.

(37)　TNA FO371/144190 Indian Industrial Mission visiting Moscow 1959.

(38)　TNA DO35/8650 Russian 1,500 million rouble (£135 million) loan to India for third five year plan 1959-1960.

(39)　TNA DO189/548 Possible motives for Soviet aid to India 1964-1966, 'India hopes for more Soviet aid', *Yorkshire Post*, 12 Jan. 1966 ; *Soviet Social Imperialism in India* A (CPI-ML Publication), 1976, p. 10.

(40) Sebastian, *Soviet Economic Aid to India*, p. 227.
(41) TNA DO189/548 Possible motives for Soviet aid to India 1964-1966, India : Indo-Soviet Relations, pp. 4–5.
(42) Boquerat, *No Strings Attached ?* pp. 391-394 ; ガイドゥク「二つの戦争の間の平和攻勢」二六二～二六三頁。
(43) Sebastian, *Soviet Economic Aid to India*, pp. 172, 174 ; cf. Mehrotra, *India and the Soviet Union*, p. 173.
(44) FBI, MSS. 200/F/3/E3/35/1 : United Kingdom Technical Assistance.
(45) P. Chaturvedi, *Engineering and Technical Education in India*, New Delhi, 2003, p. 212.
(46) Lipton and Firn, *The Erosion of a Relationship*, pp. 140–141, 144, table 9.13.
(47) TNA FO 371/135374 Students from India studying in Soviet Union, 1958. なお、一九五九年時点のインド人留学生の数はアメリカが二六四八名、カナダが一〇五名なのに対して、イギリスは三八五〇名であった（天城勲編『インドの経済発展と教育投資』アジア経済研究所、一九六三年、三〇〇頁）。
(48) P. G. Altbach and V. Selvaratnam (eds.), *From Dependency to Autonomy : The Development of Asian Universities*, Dordrecht, 1989, p. 244 ; P・G・アルトバック、V・セルバラトナム編（馬越徹・大塚豊監訳）『アジアの大学――従属から自立へ』玉川大学出版部、一九九三年、二五二頁。
(49) *IIT : India's Intellectual Treasures. Passage through the Indian Institute of Technology*, Maryland, p. 27.
(50) See TNA OD20/6 Technical assistance to India 1962–63 : The Indian Third Five-Year Plan and Foreign Aid, August 24, 1962 ; TNA, DO 35/8614 Proposed Government of India's First Five-Year Plan 1961–65 : Indian Economic Development ;
(51) TNA FO371/82923 President Truman's Point Four legislation to provide technical assistance to the underdeveloped countries of the world, 1950 ; R. T. Mack, Jr., *Raising the World's Standard of Living : The coordination and effectiveness of Point Four, United Nations Technical Assistance, and related programs*, New York, 1953, pp. 161–168.
(52) G. K. Chandiramani, *Technological Education in India*, Ministry of Education, Government of India, Delhi, 1956, pp. 5–6.
(53) Alexander King, 'Higher Education, Professional Manpower and the State : Reflections on Education and Professional Employment in the U. S. S. R.', *Minerva : A Review of Science Learning and Policy*, Vol. I, No. 2, 1963, p. 183.
(54) K. P. Sebaly, *The Assistance of Four Nations in the Establishment of the Indian Institutes of Technology, 1945–1970*, Michigan, pp. 63–67.
(55) *IIT : India's Intellectual Treasures*, pp. 75–86 ; Sebaly, *Assistance of Four Nations*, p. 86.

(56) Sebaly, *Assistance of Four Nations*, pp. 92–93.

(57) TNA OD13/4 Colombo Plan Assistance to the Delhi Engineering College (IIT); *IIT : India's Intellectual Treasures*, pp. 89–98.

(58) *The Times*, 2 May 1963.

(59) Lok Sabha Debates Third Series, Vol. XIX, No. 1, 13 Aug. 1963, col. 223.

(60) TNA OD13/50 Proposal to establish a department of aeronautical engineering 1964–1966 : report of the committee on aeronautical engineering education, 1964.

(61) S. N. Singh, *Planning and Development of An Industrial Town (A Study of Kanpur)*, New Delhi, 1990, p. 21.

第3章　一九六〇年代の開発援助とインド援助コンソーシアム

――開発から債務救済へ――

渡辺昭一

1　コロンボ・プランからコンソーシアムへ

(1) 国際収支危機とコンソーシアムの設立

本章の課題は、一九五八年設置のインド援助コンソーシアム（Aid India Consortium、以下コンソーシアムと略記）を通じたインド開発援助とそれに起因した債務救済をめぐる政策過程を追いながら、コンソーシアムが果たした役割と歴史的意義を明らかにすることにある。

一九五一年に開始された第一次インド五ヵ年計画は、国内資金とコロンボ・プランにもとづく資金援助により、その後の五ヵ年計画と比べると外部資金への依存度が比較的小さく順調に進んだ。コロンボ・プランとは、南・東南アジア、とりわけインドの経済開発を支援したイギリス・コモンウェルスの開発プランであった[1]。その主たる資金源は、戦前・戦中から拡大したイギリスの対インド負債、通称スターリング・バランスであり、その取り崩しが援助として利用されたのである。スターリング・バランスについて、イギリス側は開発援助として、インド側は債権として認識していた。第二次五ヵ年計画では、一九五六年四月の産業政策決議にもとづき、ネルー首相の盟友であるマハラノビラス教授の意向に沿って、電力、灌漑、交通、鉄鋼などの基幹産業の国有化が一気に進められた[2]。第二次五ヵ年計画は、当初から必要な財源を対外資本に大きく依存する計画であったことから、インドは、イギリス以外の諸国に対する外交交渉も開始していた。その結果、コロンボ・プランによるカナダ、オーストラリア、ニュージーランドのコモンウェルス諸国からの資金贈与のほか、世界銀行の借款供与[3]、さらには西ドイツやソ連からも資金提供を受けた。アメリカ合衆国は、イギリス勢力圏への関与を極力避ける政策をとりつつ、またネルー首相の非同盟宣言を受けつつも、一九五四年のアメリカ合衆国農業貿易開発援助法ＰＬ４８０およびＰＬ６６５による食料援助を契機にインドに関わりはじめた。かくして、インドに対する多角的な援助競争が開始されることになった[4]。しかし、重化学工業重視の第二次五ヵ年計画は、建設資材と不作による食糧の輸入拡大のため、開発援助資金の要となっていたスターリング・バランスを急減させ、ますます多角的な援助を求めざるをえない事態に向かっていたのである。

第二次五ヵ年計画二年目にあたる一九五七年に外国為替危機に直面した際、ネルー政権は、「ハード・コア」と呼ばれる基盤産業の育成のみを優先した計画に縮小しつつ、財務大臣クリシュナマチャリをアメリカ合衆国に派遣するなど、各国に積極的な支援要請を行なったが、各国の対応は非常に消極的であった。世界銀行による開発状況を把握するためのデリー駐在所の設置と一億ドルの資金援助の約束にとどまっていた[5]。一九五八年七月に、ネルーは、甥にあたるインド財務省の上級官僚（senior official）で世界銀行のインド代表兼駐米インド特命大使でもあったＢ・Ｋ・ネルーを、ワシントン、ロンドン、フランクフルトに派遣し、より積極的な援助外交を展開した。同年九月には新財務大臣デサイもロンドンで大蔵省やコモンウェルス関係省と交渉した[6]。こうしたインド側の積極外交に呼応して、ようやく世界銀行は、アメリカ合衆国、イギリス、西ドイツ、フランス、日本に支援を呼び掛けて、コンソーシアムを結成するに至った(7)。各国が呼びかけに応じた背景には、すでに二国間交渉でもドイツがおよそ一億六〇〇〇万の輸出代金支払いの延期を決定し、日本が第一次円借款を五〇〇〇万ドルに拡大していたことがあった。さらにイギリスもまた、輸出信用保証法の下で開発援助を拡大するなど、債務保全のほかに有利な投資市場拡大の思惑もあった(8)。

第一回コンソーシアム会議は、一九五八年八月二五～二七日の三日間にわたって世界銀行ワシントン本部にて、カナダ、ドイツ、日本、イギリス、アメリカ合衆国の五ヵ国が参加して開かれた。一九五八年一〇月からの半年間の救援資金として三億五〇〇〇万ドルを支援することを決議したが、一九五九年と一九六〇年度分については保留とした。総裁ブラックは、一九五九年三月一六～一七日に第二回コンソーシアム会議をワシントンでふたたび開催し、一九五八年度と同額の三億五〇〇〇万ドルを承認しようとしたが、各国代表は、アメリカ合衆国を除いて一億七五〇〇万ドルを提示するにとどまった。そこで、ブラックは、一九六〇年二月、「三賢人の使節団」と呼ばれるドイチェバンク頭取アブス、ロイズ銀行頭取フランクス、元ニューヨーク準備銀行総裁スプロールをインドおよびパキスタンに派遣した。彼らは、インド経済の低迷や国民の低所得状態から開発に利用できる財源確保が難しい状況を確認し、贈与か条件の緩やかな政府借款の供与が必要不可欠であり、しかも可能な限りアンタイド援助を目指した援助の額、形態、条件について援助国間相互で協力すべきであると、開発推進のための積極的な対外援助政策の必要性を進言した(9)。

一九六〇年九月の第三回コンソーシアム会議は、この進言を踏まえて、第二次五ヵ年計画の最終年度の援助額のみならず、第三次五ヵ年計画に向けた長期対外援助問題を検討することを目指した。会議の目的が、為替危機救済から開発援助計画支援へと転換したのである。その後、一九六一年の第四回会議からフランス、一九六二年の第六回会議からオランダ、オーストリア、イタリア、ベルギーがメンバーに加わり、オブザーバーとしてＩＭＦ（国際

表3－1　インド援助コンソーシアム諸国の援助承認額

（100万ドル）

年度	1961	1962	1963	1964	1965	1966	1967	1968	1969	1970	1971	1972
オーストリア		5	7	0.85	5	4.7	3.6	1.4	1.6	2	0.9	2.9
ベルギー		10	10		4	1.2	2.5	12.5	3	13.5	4	5
カナダ	28	33	30.5	41.2	41.2	82.7	57.5	34.2	65.9	35.9	52.2	67.4
フランス	15	45	20	20	20	28	27.1	27.2	27.5	28.4	32	88.8
西ドイツ	225	139	99.5	95	85.9	64.3	65	65.4	67.4	73.8	73.8	86.9
イタリア		53	45	36	36	31		5.5	23.4	15.4	0	13.9
日本	50	55	65	60	60	44.4	52	45	45	57.8	121.3	81.2
オランダ		11	11	11.1	11.1	11.1	11.1	9.7	11.7	11.8	14.5	21
イギリス	182	84	84	84	84	104.7	79.2	86.4	112.8	131	133.3	149.8
アメリカ	545	435	435	435	435	446.4	288.7	305.7	206.7	240.6	56.1	29.1
世銀・IDA	250	200	245	245	245	307.7	40.2	140	248	147.9	506	274.2

出所：Government of Inida, *External Assistance for 1966/67, 1968/69, 1970/71 and 1972/73* より作成。

通貨基金）、開発援助委員会（Development Assistance Committee：DAC）、インドの代表も参加した。ただこの段階では、参加国に対する割当額が強制されることはまだなかった(10)。ケネディ大統領がアジア（とくに中国との関係からインドの役割の）重視への政策転換を図り、アメリカ合衆国の援助額を年当たり五億ドルと急増させたために、各国はその動向を見極めてから援助額を提示する傾向にあった(11)。

（2）第三次五ヵ年計画と為替危機の再来

一九六二年七月に勃発した中印国境紛争は、インドの経済開発に深刻な影響を及ぼした。インド政府は、非同盟政策の転換を促される危険をはらみながらも、アメリカ合衆国、イギリス、ソ連に軍事経済援助を求めていった(12)。国防費の増大は国際収支をいっそう悪化させ、第三次五ヵ年計画後半には、第二次五ヵ年計画以上に海外援助へ大きく依存せざるをえなくなった。民間セクターよりも公共セクターにおける国家主導型の基幹産業整備に力点が置かれていたからであった。第三次五ヵ年計画の当初の二年間に必要とされる援助国の総承認額が約二三億六五〇〇万ドルに拡大した。表3－1は、第

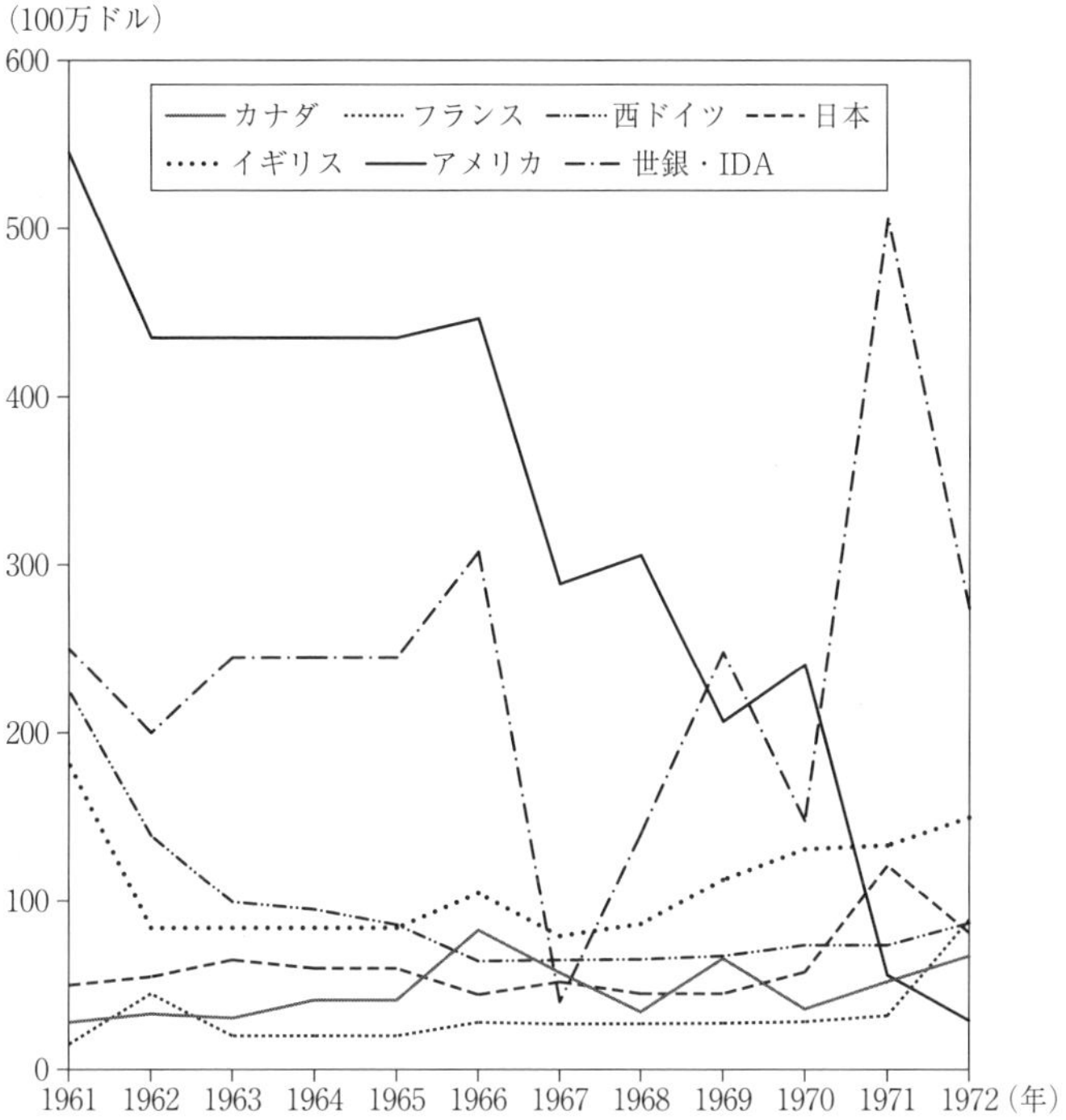

図3-1　インド援助コンソーシアム諸国の援助承諾額

三次五ヵ年計画期から一九七二年までの対外援助承認額を示したものであるが、アメリカ合衆国、世界銀行・ＩＤＡ、西ドイツ、イギリスを中心に援助国が多極化していることがわかる。ただ表3-1にもとづく図3-1をみると、一九六二年度からの援助額が停滞傾向を示しているのは、中印国境紛争の影響と思われる。また表3-2は、承認額と実際の支出額を示したものであるが、外国通貨で決済を求められるハードローンの場合、承認額と支出額との開きが第三次五ヵ年計画期間中により大きくなっていることがわかる。これは、支出が不十分であるというインド政府の認識を裏付けるものであるが、同時に、実際の援助が有効に活用されていないのではないかという世界銀行の疑問を引き起こしていた。世界銀行は、南アジア・中東部局長ライドの助言により、インド財務省経済問題担当部局長

表3-2　対外援助の承認額と支出額

（1000万ルピー）

	第1次五ヵ年計画		第2次五ヵ年計画		第3次五ヵ年計画		合計		1964年10月1日時点の未使用残高
	承認	支出	承認	支出	承認	支出	承認	支出	
外国通貨で返済される借款・クレジット	212.3	124.1	1057.7	613.1	1684.8	1017.2	2954.8	1754.4	1200.4
インド通貨で返済される借款・クレジット	14.6	2.3	230.4	116.8	49.6	137.9	294.6	257.0	37.7
贈与（PL480およびPL665を除く）	138.0	70.2	121.1	160.3	49.6	160.3	308.6	287.9	20.7
PL480およびPL665によるアメリカの援助	16.9	5.1	1130.7	545.1	259.9	503.1	1407.6	1053.3	338.2
総計	381.8	201.7	2540.0	1435.3	2043.9	1818.4	4965.7	3352.6	1597.0

出所：D. C. Vohra, 'Assistance from the Aid-India Consortium', *Economic & Political Weekly*, vol. xvii-18（1965.5.1）より作成。

官ジャーをコンソーシアムに招聘し、詳しい事情を聴くに至った(13)。

一九六三年六月四日のパリ・コンソーシアム会議で、一九六四年度分としてジャーが要請した一二億五〇〇〇万ドルに対して議長のウィルソンが提示した額は、一〇億ドルに留まった。しかし、各国が提示した総額はさらに少なく、九億一五〇〇万ドルであった。一ヵ月後の七月一八日から、中断したものの八月七日まで長期間開催されたワシントン・コンソーシアム会議で、ノン・プロジェクト援助をおよそ四〇%まで拡大することを約束して、ようやく一〇億五二〇〇万ドルで決着がついた(14)。

各国が援助の拡大に躊躇した背景には、自国経済の不安定さのみならず、非効率なタイド援助や債務返済の急増などによる第三次五ヵ年計画の進捗状況に不安を感じていたからに他ならない。当然ながら投資見返りにかなりの時間を要することが明白な状況のなかで、外貨獲得手段の第一次産品輸出動向はきわめて低迷する一方で、債務返済が一九六〇年度には五〇クローレ・ルピー（一クローレは一〇〇〇万）から一九六三年度には九五クローレ・ルピーへ拡大していた。懸念は的中して、一九六五年度には債務返済額がおよそ一六五クローレ・ルピーへと激増し、一九六〇年代半ばからふたたび国際収支危機に追い込まれていった⒂。

世界銀行は、コンソーシアムを主宰する立場からインド経済開発にますます関与せざるをえず、現地調査や情報収集を行ない、インド経済発展に関するさまざまな報告書を作成した。年一〇億ドルの資金援助の対投資費用効果が十分に現われなかったために、一九六四年秋に長年アメリカ国際開発局に勤務し、世界銀行上級エコノミストであったベルを団長とする調査団を派遣した⒃。一九六五年秋に提出された報告書は全一四巻と膨大であり、検討分野も農業政策、財政政策、輸送政策、社会政策、経済計画など多岐にわたっていた。第一巻は、総論として、ベル調査団の基本的考えが示されている。ここでは、本章との関係でつぎの点のみを確認しておきたい。インドの現状について、①公共部門における重化学工業重視の経済政策が複雑な行政手続きを生み出し、民間部門の発展を阻害し生産の停滞を生み出していること、②外貨危機を打開するために取られてきた輸出奨励金や輸入課徴金など輸出入政策が経済全体のひずみを生み出していることなどが指摘された。

そこで、インドと援助国それぞれが実施すべき対策について、以下のような内容を勧告する。インド側に対しては、①ルピーの切り下げ、②生産財輸入に対する行政による煩雑な輸入手続きの廃止、③農業生産拡大に対する財源の優先的配分、④防衛費の削減、⑤農村改革の促進、⑥均衡の取れた輸送システムの改善、⑦工業ライセンス制度の簡素化・廃止、⑧開発計画作成過程の簡素化、⑨公共セクターにおける現場監督の権限強化、⑩情報公開の促進、⑪金融改革の促進、⑫民間投資の促進、⑬国内生産拡大のための外国為替の積極的利用、⑭輸入代替政策の廃止、⑮国内生産や発展を阻害している複雑な政策体系の廃止、の一五項目である。他方、援助国側に対しては、①第四次五ヵ年計画に対する援助額の拡大と生産財輸入促進のためのノン・プロジェクト援助の拡大、②ルピー切り下げや輸入促進のためのＩＭＦの特別緊急基金の設置、③過剰な負担を求めない新規援助契約の締結、④インド政府が必要とする情報提供、の四項目を提示した⒄。これまで輸入代替産業の育成に力点が置かれ、輸出競争力のある輸出産業の育成がおろそかにされてきたという認識から、これらの項目は、ネルー政権が長年展開してきた「社会主義型路線」で生じた弊害を排除し、資本の流入や経済・企業活動の自由化を促進するという自由主義政策への転換を促したことを意味する。その結果、一九六六年一月に急死したシャストリを引き継ぎ新首相となったインデラ・ガンディーは、これらの勧告を実現することが有利な開発援助を引き出す条件となると認識するに至り、一九六六年六月に五七・五％という通貨の大幅切り下げ（一ドルを四・七六から七・五〇ルピーへ）や輸入ライセンス制度の合理化（輸入規制の緩和）などを実施した[18]。

ところで、コンソーシアムは、援助国の加盟を拡大し、第三次五ヵ年計画への本格的支援を展開していくが、新旧援助国間の援助条件の格差も生み出していた。旧援助国が条件緩和を志向したのに対して、新規加盟国はハードな条件での援助を行なったため、援助形態に不釣り合いが生じたのである。たとえば、カナダは贈与を中心した援助を行ない、イギリスは、利子率の緩和を目指して、一九六二年の五・八％から一九六四年には三・八％、一九六五年には三・三％に引き下げ、さらには一九六五年に無利子を決定した。国際開発協会ＩＤＡも無利子、返済期間五〇年（猶予一〇年）という非常に緩やかな条件で、援助額を急増させていた。しかし、新規加盟国は、一般に市場利子率にもとづく利子率六〜七％、返済期間一〇年と、高利子率および短期の返済期間を設定したハードな条件での援助を行なっていた。しかも、通常タイドローンであった。インドにとっては、安価な市場を選択する余地は残されていなかったのである。援助国は、被援助国の要求というよりも自らの経済発展に応じた物品リストを提示する傾向にあり、被援助国は、そのリストに従って輸入せざるをえないため、援助国の生産体系にリンクされがちであった。

2　開発援助の多極化と債務救済問題

（1）債務救済作業部会の設置

債務残高は、すでに一九六〇年の約四〇億ドルから一九六五年の六五億三五〇〇万ドルに急増し、一九六六年三月までに利子返済額も約一二億ドルに到達する勢いであった。輸出収益に対する債務返済率は、一九六一年度の一〇％から一九六五年に二〇％に拡大し、一九六七年度以降には二五％にまで上昇すると予測された。このような上昇の要因には、一九六五年の第二次印パ戦争に起因する軍事的緊張状態と二年連続の干ばつによる飢饉の発生があった。第二次印パ戦争のために、インドの防衛支出はGDPの二％から四％に急増して国家予算を圧迫していた。また、一九六〇年代半ばまでインドの農業生産は減少し、備蓄食糧は底をついていた。約四億ドルの食糧輸入を必要としていたインドは、世界銀行やアメリカ合衆国に対して緊急の食糧援助を要請した。しかし、アメリカ合衆国と世界銀行は、印パ戦争を理由に、一時的に資金援助の削減か停止という措置をとった（図3-1参照）。アメリカ合衆国は、インド・パキスタンの関係が改善されない限り、援助について議会の承認が得られないという考えを示した(19)。世界銀行もアメリカ合衆国に同調し、人道的立場からの食糧援助を除いて、開発援助の条件が整わない限り援助を削減しようとした(20)。

一九六六年二月、世界銀行は、インド政府から一九六六年度の債務救済を要請された際、次期コンソーシアム会議での審議を約束するに留まっただけでなく、インド政府によるルピー切り下げを条件に約束していたノン・プロジェクト用援助資金の九億ドルも調達できなかった。このため、一九六六年九月末、緊急事態に陥ったインド政府は、アメリカ合衆国、イギリス、ドイツなどに対し半年間の債務支払い停止を要請せざるをえなかったのである(21)。

一九六六年一一月七～八日、パリ・コンソーシアム会議で、カーギル議長は債務救済の検討と将来の援助条件を調整すべき時期が到来したと、はじめて公式に表明し、当該問題を検討する作業部会を設置した[22]。

一九六七年一月三一日付の世銀資料ＩＮＤ67-1として報告書を提出した作業部会は、インドは債務不履行に陥っていないという総裁ウッズの意向を踏まえて、援助国間の債務救済額の不平等性を解消しつつ、インド経済成長に見合った輸入水準と決済手段を確保することを目指した[23]。援助計画の一環として債務救済を検討するという立場は、今後の債務救済策を検討するうえで重要な意味を持っていた。作業部会は、一九六六年四月の時点でのインドの借款について、未支出分二二億ドルを含めて六九億ドルと見積もった。これは、民間部門に対する援助額も含んでいるが、一年未満のクレジットおよびノン・コンソーシアム諸国からの援助を除外した額であった。六九億ドルの約一〇％がサプライヤーズ・クレジットの形態による援助と想定されたが、その内訳はフランス、ドイツ、イタリア、日本で八〇％、オーストリア、ベルギー、オランダ、イギリス、アメリカ合衆国で一四％を占めた。単年度の元利返済額は、一九六六年度の四億五〇〇〇万ドルから一九六九年度には五億三〇〇〇万ドルに拡大すると予想された。

このような予想を踏まえて、報告書は、債務返済と新規援助の関連に絞って負担額をシミュレーションする。過去の援助額の多様性や援助条件（利子率や返済期間、猶予期間）の継続を前提にして算出すると、新規援助よりも元利返済額が大きくなる国家があれば、その逆になる国家も出てくるため、将来の援助に関する条件緩和は必須とされた。債務返済分を差し引いた援助残高こそが、純粋の援助額として輸入を可能にするためであった。作業部会が具体的に検討したのは、第四次五ヵ年計画中に返済されるべき総額二五億ドル（元本返済一四億ドル、利子八億ドル、サプライヤーズ・クレジット返済三億ドル）の取り扱い、さらには、ノン・コンソーシアム諸国への返済分六億ドルの取り扱いについてであった。換言すると、問題は、援助国間の負担の割合をどうするのか、援助条件の緩和によってコンソーシアム諸国に平等の負担を求めるのか、その際、ハードな条件を付与する国に対するいっそうの緩和を求めるのかどうか、それに新規の援助条件をどう決定するかであった。

世界銀行は、この報告書の内容を踏まえつつ、インドに対する食糧援助と関連して債務問題を検討しようとした。一九六六年一二月、ジョンソン大統領はＰＬ４８０にもとづく食糧輸出を再開しつつ、各国に対しても食糧支援を要請するが、インドの要求する一〇〇〇万トンを確保できなかったからであった(24)。カーギルは、ジョンソン大統領の特使ロストウの楽観的な報告書に不満を抱き、コンソーシアム会議において食糧援助を検討し、すでに贈与を検討していたアメリカ合衆国とカナダを除く他の参加国に対して応分の追加負担（matching）として一億二〇〇〇万ドルを求めるつもりでいた(25)。しかし各国の対応はまちまちであった。たとえば事前に相談を受けたイギリスは、コンソーシアムでの議論には反対しなかったものの、要求された現物援助を拒否した。イギリスは、一九六五年度の対インド援助三〇〇〇万ポンドのうち、五〇〇〇万ポンドを世界銀行と同じ条件の七年間の返済猶予付きの二五年満期、利子率三・五％としたが、残り二五〇〇万ポンドについては無利子とすれば世界銀行の要求に十分に応えることになると強調し(26)、一九六七年度分についても、いち早く援助額四五〇〇万ポンドを明示し、そのうち新借款九〇〇万ポンドをノン・プロジェクト援助として利用可能であると返答した。食糧支援ではなく資金援助によって世界銀行との協力関係を維持しようとしたイギリスの対応は、各国に対する多様な債務救済と将来の援助条件の緩和の方法を促した(27)。

一方、インド政府は、ＩＮＤ67-1を評価しつつも、短期的救済と長期的救済を分けて検討することを要請した。一九六七年度には三億ドルの国際収支の赤字が予想され、この不足分に早急に対応しないとインドの輸入自由化を促進できなくなる恐れがあったためであった。長期債務の救済にあたっては、繰り延べ方式ではなく、元本および利子一体の借り換え方式を希望して、援助国間における援助の平等性には否定的であった(28)。

（2）債務救済の基本方針

世界銀行は、一九六七年三月八～九日の作業部会の検討会議にあたって、ＩＮＤ67-1の修正案ＩＮＤ67-8を新たに提示した。債務救済方法に関して、借り換え方式と繰り延べ方式の二つを取り上げ、前者の場合は、利子率〇～六％、返済期間を一〇年、二五年、五〇年を想定して、それぞれのパターンをシミュレーションした。後者の場合は、一九六六年三月までの既存の負債額四六億ドルと一九六六～七〇年のおよそ二二億ドルの合計六八億ドルが繰り延べられることを想定し、非常に緩やかな条件を求めた。結果としてこの会議は、双方の方式を考慮しつつ、以下の二つの原則を確認するにとどまった。すなわち、第一に、債務問題は少なくとも一〇～一五年の期間を想定して長期的に検討すべきであること、第二に債務返済額は、これまでのハードな援助条件が続く限り、援助額の半分を占め輸出収益の二〇％を超過すると見込まれるため、総援助額の増大を図りつつ既存の債務返済額を削減し、さらには新規の援助条件を緩和すべきであること、であった[29]。カーギルは、債務返済額と純援助要求額の合計を援助総額とみなし、改めて債務救済を援助の一環と捉える方針を示した。借り換えと繰り延べのいずれの方式であれ、自由為替を留保するためにはアンタイド・ローンが望ましく、債務の上限を輸出収益に対する債務（元利返済）総額の二〇％以内に抑えるべきであることを勧告した[30]。ＤＡＣの基準である返済猶予期間七年を含む返済期間二五年、利子率三％以下とするという考えを反映していた。一九六五年七月のＤＡＣは、援助条件を低開発国の債務返済能力に適応させるため、グラント率が八〇％以上となるように勧告していた[31]。会議参加者の間でインド債務救済の必要性に対する共通認識ができたものの、その具体的方法については意見がまとまらずさらなる協議が必要であった。世界銀行は一九六七年度の元本返済の延期を提案せざるをえなかったのである。

その後参加国間で紛糾した問題は、元本および利子の取り扱い、サプライヤーズ・クレジットの範囲など、長期債務救済の範疇や援助条件をめぐってであった。カナダ、イギリス、アメリカ合衆国は、コンソーシアム会議で決議した債務救済の総額を前提にして、個別負担額については、各国の事情に即してかつ債務の種類に応じて、平等に負担することを要求した。とくにイギリスは、短期輸出信用としてのサプライヤーズ・クレジットを援助対象から除外することを強く要請していた。一方、オーストリア、フランス、ドイツ、イタリア、日本は、元本と利子の取り扱いを区別し、元本は政府借款（クレジット）とサプライヤーズ・クレジットを区別し、利子は債務救済から除外することを要求した。これらの主張にはできるだけ有利な条件を確保しようと各国の思惑が隠されていた。

さて、このサプライヤーズ・クレジットの取り扱いについては、とくに紛糾した。問題は、サプライヤーズ・クレジットをコンソーシアム援助の対象とすべきかどうか、もし援助の対象とする場合には、中・長期輸出信用のみならず短期輸出信用まで含めるのかどうか、さらにはソ連などノン・コンソーシアム諸国の信用を含めるのかどうかであった。コンソーシアム参加国の一部には、世界銀行の要求額に可能な限り応じる姿勢を示すために、八〜一〇年間の満期の輸出信用を援助とみなそうとした国もあったからである。この問題は、ＤＡＣや国際輸出信用保険機構であるベルン・ユニオン（Berne Union）においても議論されていた。一九六六年度ＤＡＣ決議をまとめた議長報告によると[32]、保証付き民間輸出信用は、通常の貿易金融として返済期限五年が一般的に利用されてきたが、弁済された信用がその後の輸入に関する新規借款に置き換えられ、五年以上に利用されるケースが急増したことが認識された。当初は、おもに消費財や原料など短期に処理されやすい物品のための短期輸出信用と資本財など回収が比較的長期となる投資信用とを区別するのが一般的であったが、後年になると民間企業の競争激化によって、輸出信用の返済期間を長く設定する傾向があり、両者の区別がつきにくくなっていた。半官半民の性格を持つ商業信用保証機関によって処理されている場合には、民間信用か公的信用の区別は非常に難しく、また信用供与国間での競争を制御することは困難であるために、有効な解決策は、借り手が輸出信用の総額を制限することであると進言していた。ベルン・ユニオンも同じような認識をしていた[33]。すなわち、一部の援助国は輸出信用を開発援助として長期の返済期間を認めているけれども、輸出信用は開発援助の手段ではなく、純粋に商業的手段であり、輸出業者に対して輸入国が指定日までに支払いをできるような信頼関係において実施されるものである。債務超過に陥った国家に対する政府の支援は、これまで時折生じたが、世界銀行が主張しているような常態化はないというものであった。過剰な債務増大のおもな責任は、借り手政府側の返済能力に関する見通しの甘さにあるという見解であった。両機関は、あくまで輸出国側に立った国際的な自由貿易促進のための手段という見解を堅持していたのである。

イギリスは、これらの見解にもとづいて自らの主張を展開したと考えられる。世界銀行に対して、輸出信用を開発援助とみなすことには反対した。[34] あくまで輸出促進の手段にすぎないのであり、信用保証の条件が不当に押しつけられると、輸出収益に悪影響を及ぼし、ひいては援助能力を小さくしてしまい、決して長期援助の代用とはならないと強く主張した。要するに、輸出信用保証は、一般の商業基準にもとづいた輸出促進手段であり、それに対する制限はあくまで被援助国の返済能力にかかっているというものだった。また、商業信用を援助として扱うことはないので、繰り延べはありえなかった。しかし、世界銀行は、被援助国への保証付き流入資金すべてを把握するために、一年以上のクレジットを含めてすべての公的援助を開発のための資金としてみなそうとした。援助国側による開発援助を総体的に管理できる体制を目指していたのである。

3　債務救済論争と債務調査団の派遣

(1) 債務救済とコンソーシアム会議

一九六七年四月四～六日のパリ・コンソーシアム会議は、第四次五ヵ年計画に向けてのベル調査報告書にもとづく食糧援助と、作業部会の債務救済報告書にもとづく債務問題を検討するセッションに分かれた。債務問題を取り扱うセッションでは意見がまとまらず、数週間後ワシントンで再度会議を開き、一九六七年度に関する各国の割当額を検討することになった[35]。世界銀行と密接に関係を持ってきたイギリスは、一九六七年度分について、ノン・プロジェクトの一般目的用として一二〇〇万ポンドを拠出することを宣言し、債務救済を求められればそれに充当することを繰り返し述べつつ、世界銀行が提案する一九六七年度分の元本返済猶予よりも、無利子、二五年返済（猶予期間七年を含む）の借り換えが望ましいことを強調していた[36]。こうした積極的な対応は、態度を保留する参加国が多いなかで、オピニオンリーダーとしての役割をアピールするに十分な効果を持った。

一九六七年四月二五日のワシントン会議において、各国が援助額を提案した。イギリスは一九六七年度前半に満期となる元利三二〇〇万ドルの借り換えを、ドイツは一五〇〇万ドルの債務救済の実施を、日本は食糧支援のための七〇〇万ドルの他、一九六七年度の元本借り換え分としての六〇〇万ドルの供与を、カナダは七〇万ドルの元本帳消し（贈与）と一〇〇万ドル以上の残額の繰り延べを、オーストリアは一九六七年度満期の元本の半分四〇万ドルの借り換えを、それぞれ提案した。しかし、アメリカ合衆国は、債務救済の詳細を示さず、世界銀行も利子付きでの繰り延べの提示にとどまっていた。

こうした提案でも、インド政府の要求を満たすには十分ではなく、世界銀行は、緊急の支援策を打ち出さざるをえなかった。総裁ウッズは、一九六七年七月二〇日の世界銀行理事会において、インドが債務不履行に陥っていない現状を強調しつつ、世界銀行に返済される債務返済金（元本）を一時的にインド準備銀行に預託させ、インド側にその使用を認める動議を提出した[37]。フランスは、世界銀行の規定に反するとして強硬に反対したが、今回を前例としないことや預託金に対する利子の付加などを条件として、ノルウェー、ベルギー、イタリア、ドイツ、カナダ、アメリカ合衆国、日本が支持を表明したため、世界銀行案がほぼ原案どおりに採択された[38]。翌二一日、一九六八年三月三一日までに世界銀行に返済される元本に相当する五〇〇〇万ドルを上限にインド準備銀行に預託し（預託期間に対する利子付加を条件）、インド側にその預託金の自由裁量を認めることが決定された。これは、インド債務決済危機に対する緊急措置としてきわめて有効な手段であった。(39)

その後、一九六七年九月七～八日のパリ・コンソーシアム会議では、七月一三日付で加筆修正された報告書をもとに、三年間の債務救済総額と各国に対するその割当額が検討された。世界銀行は、債務全体を把握するために、一年未満を除くすべての外債を検討対象とすることを表明した。(40)一年未満を除外したことは、少なからずイギリスに対する譲歩であった。参加国は、債務問題の検討はもはや避けられないという共通の認識に至り、債務返済率を輸出収益の約二〇％以内に制限し、債務救済期間を世界銀行の提案する八年ではなくドイツ提案の三年間（一八六八年四月一日から一九七一年三月三一日）で妥協した。また、既存の債務処理を今後の開発援助の一環として検討することを条件に、旧債務の元利返済については、一九六八年から一九七五年までの八年間に年当たり八〇〇〇万ドルを援助していくか、あるいは一〇年間無利子での返済延期または完全帳消しで対応すれば、とりあえず三年間で二億四〇〇〇万ドルの救済によって債務総額の二〇％を実現できるとした。また、新規援助契約については、返済期間三〇年（返済猶予一〇年）、利子率を最初の二年間は無利子、その後は三％の利子付加を最低条件とするという内容を提案した。

このような見通しに立って、世界銀行が各国の債務負担を割り出す際に、「債務返済額の調整（Harmonization）」という原則を明示し、各国別の具体的債務救済額に関する四つのパターンを事例として提示したことで、各国はより真剣な議論を求められた。当然のことながら、負担額が少なかったカナダとイギリス、オーストリアは好意的であったものの、負担率が大きいフランス、イタリア、日本は提示案を拒否した。(41)そのため、その後各国の負担率をめぐって紛糾していく。会議は、インドの債務状況と援助条件の緩和の必要性について共通の認識に達したものの、具体的な方策をとりまとめることができなかったため、その原因を探るべく調査団を任命することを全会一致で了承した。

(2) グウィンディ調査団の派遣(42)

調査団に任命されたのは、フランスの有名な銀行頭取で元国際決済銀行の頭取でもあったグウィンディと世界銀行アジア部門スタッフのグッドマンとダンの三名であった。彼らの調査目的は、世界銀行が七月一三日に提案した原則――各国の不公平感を解消するために、完全な債務帳消しか一〇年間無利子での元本返済猶予によってグラント(贈与)率を六〇%以上とすること――を実現できるかどうかを確認するためであって、決して具体的な援助割当額の確定交渉ではなかった。あくまで援助国側における「援助調整」の可能性を探るためであった。しかしこの調査情報は、結果的には、条件を満たさない国家に対する援助条件の改善や援助額の増額を求めることにつながっていったことはいうまでもない。

一九六七年一〇月一七〜一八日の日程で彼らが最初に訪問したのは、イギリスであった。世界銀行にもっとも協力的で、つねにコンソーシアム会議をリードしてきたイギリスとの協調関係を踏まえて他国との調査を有利に進めたいという意図が働いたためと考えられる。会議には、イギリス側から海外開発省の代表六名のほか関係省庁の八名が参加した。席上、イギリスは、コンソーシアムの一員としてこれまでいかに積極的に協力したかを強調し、インドに二つの条件を求めるよう訴えた。それは、中期・長期輸出信用の総額に上限を設けることと、ノン・コンソーシアム諸国に対しても同様の債務救済に参加させることであった(43)。イギリスの最大の関心事は、これまでの議論で明らかなように、サプライヤーズ・クレジットの取り扱いにあった。世界銀行が、輸出信用による債務もすべて対象とすることを求めたのに対して、イギリスは、債務救済として取り扱うのは、あくまでコンソーシアムの援助として援助国が認めた貸付に限られるべきであり、イギリスの輸出信用は、貿易推進のための手段であり援助の範疇に入らないと、これまでの主張を繰り返した。通常の輸出信用は、援助とは異なった基準にもとづくため、繰り延べや借り換えといった方法と相容れないためであった。ただ他の参加国が、援助として一〜五年の輸出信用取引を利用していたため、中・長期の輸出信用取引総額に対する制限を設けることには同調した。イギリス貿易と競合する要因を排除する狙いがあった[44]。

調査団は、その後もつぎつぎに精力的に参加国を訪問したが、世界銀行の意向に積極的に賛同した国家は、オーストリア、カナダ、オランダであり、最低限の保証に応じたのがベルギー、ドイツ、アメリカ合衆国であり、フランス、イタリア、日本は拒否した[45]。とくに日本とイタリアは、世界銀行の要求する借款条件の「調整」には反対で、強硬に改善を求めてくる場合にはコンソーシアムを脱退する意向さえ示した。そのため、世界銀行は、引き続き彼らの脱退を避けるために漸次的に譲歩できる可能性を探らざるをえなかった。

調査団は、イタリアとの交渉と並行して、一一月二七〜三〇日の三日間、東京で大蔵省、外務省、通産省、輸出入銀行の代表と会談した[46]。日本は、対インド貿易の減少を改善するために援助を実施するという見解を強調し、改めて世界銀行案に反対を表明した。債務救済については、日本独自の方法で次の三年間日本輸出入銀行に返済予定の元本四三〇〇万ドルを援助の一部として処理することを提案した。また、調査団は、数日前の一一月二〇〜二四日にニューデリーも訪問している[47]。インド側は、財務大臣のジャガナタンと特別顧問のパテル、インド準備銀行のジャーが応談した。インド側は、事前に相談がなかったことへの不満を表明しながら、債務救済期間の三年に同意しつつも、救済総額三億ドルについては少なすぎるとして拒否した。インドの見積もりは四億六〇〇〇万ドルであった。また、ノン・コンソーシアムからの債務救済については、そもそも同国からの援助がルピー決済のため、債務の範疇にないとして取り合わなかった。いうまでもなく共産諸国からの援助は、欧米諸国と比べて有利な取引条件で行なわれていたからである。

すべてのコンソーシアム諸国の訪問を終えた調査団は、一九六八年一月一八日付で調査報告書をカーギル議長に提出した(48)。報告書は、インドは債務不履行に陥っていないこと、および輸出収益の二〇%を上限とした債務救済を新規開発援助と一体で検討すべきことを確認して勧告を行なった。その要点は、以下の四点である。第一に、返済額負担の平等性の確保について、債務救済額が少なく債務救済の条件を緩和できない場合には、新規援助額を増額するというものである。世界銀行案は、当初はハードな条件での援助を行なった国に対する債務救済額の負担を多く求めていたが、多様な債務の形態から個別の対応が困難であることを認め、元利返済額の総額に応じた負担を要求するに至った。第二は、サプライヤーズ・クレジットの取り扱いについてである。将来コンソーシアムの援助手段としてサプライヤーズ・クレジットを利用しなくなることも考えられるが、とりあえず援助国側ではなく借り手のインド側で、返済可能な枠内にその総額を制限することを求めている。第三は、ノン・コンソーシアムからの債務救済についてである。外国為替の赤字はインドの富流出と同じであるため、インド政府がルピー決済国とも債務救済を交渉すべきことを求めている。インドの貿易拡大を阻害しているという懸念が示されていたからである。第四は、債務救済の期間と総額についてである。世界銀行の要求する最長八年間を念頭に置きつつも、とりあえず最初の三年間について、インドの債務返済額を輸出収益の二〇%以内に抑えるべく、救済総額を約三億ドルと見積もった（表3-3を参照）。

以上のような原則に立って、つぎに参加国の救済方法が具体的に明示される。債務返済額と過去の援助条件を考慮して、各メンバーに対して返済方法の統一性よりも報告書で示された見積もり額以上の救済額の提示が求められた。そのため、帳消し、繰り延べ、借り換えの組み合わせ、新規援助額の増額などの対応が容認されることになった。各国の詳しい対応については後述するが、フランスは、援助額の増額で対応し、イタリア、日本は提案を拒否した(49)。この報告書は、援助国側の基本的な救済と開発援助の方針を確認するとともに、コンソーシアムとしての結

表3－3　1965年時点のインド債務返済予想額

（100万ドル）

年度		1965	1966	1967	1968	1969	1970	計
世銀/IDA	元本	45	50	53	49	51	51	254
	利子	36	36	30	27	25	22	140
	計	80	85	84	76	76	73	393
イギリス	元本	28	33	31	26	27	26	152
	利子	28	28	27	24	23	22	123
	計	56	61	57	50	49	48	275
西ドイツ	元本	33	22	21	30	30	34	136
	利子	21	21	20	19	17	15	92
	計	54	43	41	49	47	49	228
アメリカ	元本	24	29	33	36	35	34	167
	利子	19	19	20	20	18	17	93
	計	43	48	53	55	53	51	259
カナダ	元本	4	5	2	1	1	1	10
	利子	1	1	1	1	1	1	5
	計	6	6	3	2	2	2	15
イタリア	元本	2	3	3	3	3	3	17
	利子	1	2	2	2	2	1	8
	計	3	5	5	5	5	5	25
フランス	元本	2	3	4	4	4	4	17
	利子	1	2	2	2	2	2	11
	計	3	5	6	6	6	6	28
ベルギー	元本	0	0	0	0	0	0	2
	利子	0	0	0	0	0		0
	計	0	0	0	0	0	0	2
オランダ	元本	0	0	0	0	0	0	1
	利子	1	1	1	1	1	1	5
	計	1	1	1	1	1	1	6
日本	元本	13	16	20	20	20	17	93
	利子	9	9	8	7	6	4	33
	計	22	25	28	27	26	21	127
オーストリア	元本	0	1	1	1	1	1	5
	利子	1	1	0	0	0	0	2
	計	1	1	1	1	1	1	6
コンソーシアム諸国の小計	元本	151	163	168	180	172	171	853
	利子	117	119	111	103	94	85	512
	計	268	281	279	283	266	256	1,365
ルピー決済圏	元本	26	50	53	53	53	46	255
	利子	13	12	11	10	9	7	49
	計	39	62	65	63	61	53	303

出所：TNA, DO189/554, f. 63E より作成。

束力を確認する意味を持っていた。全員一致の体制をとるためにはフランスのほかイタリアと日本との交渉を成功させることがきわめて重要であった。

4　債務救済問題の決着

（1）コンソーシアム諸国の債務救済額

世界銀行は、一九六八年三月四～五日のパリ・コンソーシアム会議でグウィンディの調査報告について最終決着を図ろうとした。カーギル議長は、おもにグラント率六〇％を基準とした救済援助方法の緩和、サプライヤーズ・クレジットの制限、ノン・コンソーシアム諸国からの救済確保を問題にした。初日の第一セッションにおいて、カーギルとグウィンディによる経過説明があった後、各国代表は一九六八年度から三年間の救済案として、具体的な援助額とその条件を求められた。それに対する提示額は以下のとおりであった[50]。

オーストリアは、要求額二九〇万ドルに対して二八三万ドルを提示した。内訳は、一五〇万ドルを、利子率の五・五％から三％への引き下げによる帳消し（贈与）、一三三万ドルを、返済期間一五年（猶予五年）、五・五％の利子率での元本返済の繰り延べとすることによって、グラント率六五％を確保する。ベルギーは、要求額どおりに、二八〇万ドルを二五年（猶予七年の）返済期間、利子率三％での借り換えによって、グラント率五四％を確保する。カナダは、要求額どおりに、二五〇万ドルについて返済期間一〇年、利子率六％で繰り延べを行なう。ただし利子相殺分として一一六万ドルを追加贈与し、グラント率七三％を確保する。オランダは、要求額二五〇万ドルのうち、利子率引き下げ分一七五万ドルを贈与として取り扱い、グラント率六〇％超を確保する。ドイツは、要求額八二〇〇万ドルを承認し、予算制度の制約から単年度ごとの負担分二七五〇万ドルについて、一四六〇万ドルを返済期間一〇年（三年猶予）、利子率三％の条件で繰り延べ、八〇〇万ドルを二五年間アンタイドの輸出信用供与によって、四九〇万ドルを利子率の五・五五％から三％への引き下げ分の帳消しで、グラント率五二％を確保する。イギリスは、要求額を承認し、五四二〇万ドルを返済期間二五年（猶予七年）、無利子の借り換えを行ない、グラント率七七％を確保する。[51]アメリカ合衆国も、要求額を承認し、二六二〇万ドルを一〇年間、無利子で繰り延べを行ない、グラント率六〇％を確保する。世界銀行は、制度上、無利子での繰り延べはできないとしつつ、原案の二九三〇万ドルに対して、三年間四五〇〇万ドルを一九六七年度から溯って四年間として、合計六〇〇〇万ドルを通常の利子率で繰り延べを行なうと主張した。これは、インド準備銀行に元本返済分の預託の継続を想定した提案であった。[52]

これに対して、フランス、イタリア、日本は、独自の案を提示した。フランスは、原案の一五六〇万ドルに対して一四〇〇万ドルに減額して返答した。これは、フランスが受け取る返済額の約二五％にあたり、インドネシアに提示した条件（返済期間一二年（猶予三年）、利子率四％）を念頭に置いていた。グラント率三六％のため、今後追加援助を求められることになる。イタリアは、インドからの返済額に応じた救済援助を主張し、「調整」という原則には反対した。年あたり三〇〇万ドルの借り換えは、グラント率三一％となる。日本も、グウィンディ案の「調整」には反対し、返済期間一八年、利子率五・五％の繰り延べに固執した。カーギルは、翌日に再度新規援助条件の緩和を求めたが、前日の提示した条件が変更されることはなかった。

その後の世界銀行との交渉の結果、日本政府は、具体的な救済案として、一九六八年度分一〇八〇万ドル、一九六九年度分一五二〇万ドル、一九七〇年度分一七〇〇万ドルの合計額四三〇〇万ドルを提示するに至った。これは、日本輸出入銀行が供与した円借款の元本に相当する額で、返済期間一五年（猶予五年）、利子率五・五％と、依然ハードな条件のままであった。[53]この提示は、要求額六二〇〇万ドルに及ばず、返済条件も依然としてハードであったため、一九六八年三月後半に東京でふたたび交渉が行なわれたが、日本は、コンソーシアムの債務救済への参加継続表明にとどまり、依然として妥協しなかった。

では、イタリアと日本の強気の要因はどこにあったのであろうか。交渉の過程を見る限り、イタリアは、インドに対する援助額が少なく、むしろ中東のオイル開発やアフリカとの連携を重視していた(54)。また、日本の場合、経済成長に裏付けされた東南アジアの市場開拓に対する確かな見通しがあったことが考えられる。東南アジア市場開拓と借款政策が一体化して展開していた。一例を挙げれば、インドネシアと台湾の関係である。スハルト大統領は、初めての外遊先に日本を選び、一九六八年三月に佐藤栄作首相との会談を実現した。日本もジャカルタでの新政権誕生に注目しており、前年一〇月に佐藤栄作がインドネシアを訪問していた。日本は、インドネシアに対して、輸出入銀行によって返済期間二〇年（猶予七年）、利子率五％での五〇〇〇万ドルと一九六八年度の一〇〇〇万ドルの贈与を約束した。これは、インドネシアが必要とする援助の三分の一にあたる。将来は日本の海外経済協力基金を通じて三～五％の利子率で援助が行なわれる可能性を示唆していた。台湾との関係も同様である。台湾は、これまで圧倒的にアメリカ合衆国の援助に依存していたとはいえ、日本からの技術援助にも大きく依存するようになっていた。一九六五年のアメリカ合衆国の台湾援助の停止によって、日本の役割がますます重要になり、技術援助協定にもとづいて、タイドローンで日本からの資材輸出が急増していたのである(55)。

フランス、イタリアは、最終的には妥協したが、日本は、最後まで自国の方針にこだわった。そのため、世界銀行は、日本説得を継続して、日本の提案した三年間で四三〇〇万ドルについて、返済利子率を五・二五％から三％までの引き下げと返済猶予期間を五年から八～一〇年に拡大することを要請し、ようやく一九六八年四月九日付で、利子率四％、返済期間一二年（猶予三年を含む）で妥協するに至った(56)。表3-4は一九六九年度分の債務救済額を示したものであるが、グラント率六〇％以上の基準を満たしたのは、オーストリア、カナダ、オランダ、イギリス、アメリカ合衆国の五ヵ国であり、条件を満たさないのが、ベルギー、フランス、西ドイツ、イタリア、日本の五ヵ

表3-4　1969年度のインド援助コンソーシアムの債務救済額

	債務救済額（100万ドル）		債務救済方法	返済条件	グラント率（%）*
オーストリア	1.4	0.89	借り換え	24年満期（猶予期間7年含む），利子率3％	69.9
		0.51	贈与（利子削減分）	―	
ベルギー	1.1		キャッシュ・クレジット	25年満期（猶予期間7年含む），利子率3％	53.2
カナダ	1.98	0.91	繰り延べ	10年間返済延期，6％利子率	65.4
		1.07	現金贈与	―	
フランス	5.0		キャッシュ・クレジット	12年満期（猶予期間3.5年含む），利子率3.5％	33.5
西ドイツ	27.29	14.44	借り換え	10年満期（猶予期間3年含む），利子率3％	50.3
		8.00	キャッシュ・クレジット	25年満期（猶予期間7年含む），利子率3％	
		4.85	贈与（利子削減分）.	―	
イタリア	5.5		キャッシュ・クレジット	12年満期（猶予期間3年含む），利子率4％	30.1
日本	16.83		繰り延べ	12年満期（猶予期間3年含む），利子率4％	30.1
オランダ	0.58		贈与（利子削減分）	―	100
イギリス	18.0		借り換え	25年満期（猶予期間7年含む），無利子	76.1
アメリカ合衆国	8.73		繰り延べ	10年間返済延期，無利子	62.3
世界銀行	15.0		繰り延べ	10年間返済延期，借款規定にもとづく利子率	n. a.
総額	101.41				51.7

注：＊割引率10％が適用。
出所：House of Commons, *Hansards' Debates*, 12 May 1969, cols149-150より作成。

国であった。

（2）第四次五ヵ年計画に向けて

一九六八年五月二三、二四日両日のワシントン・コンソーシアム会議は、インドの農産物生産の回復を確認しつつ、インドに一九六八年度分として一〇億ドルのノン・プロジェクト援助、そのうち債務救済分として一億ドルを提供することを約束した（三年間で三億ドル）[57]。また、新規プロジェクト援助として四億五〇〇〇万ドル（うち半分は肥料と農業プロジェクト）を検討することにも同意し、新五ヵ年計画に向けての支援体制を示した[58]。いよいよ解決すべきは、サプライヤーズ・クレジットの取り扱いとなった。イギリスは、ドイツやアメリカ合衆国とともに、インド側にその取り扱い総額の設定を要求し、オランダは、援助と輸出信用に関する範疇の明確化を要求した。また、債務救済の限度額をインドの輸出収益の二〇％までとするということも再度確認した。インドの債務総額に占めるサプライヤーズ・クレジットは、一九六八年四月一日時点で、通常の輸出信用で三億二〇〇〇万ドル、東欧諸国を含めても三億四〇〇〇万ドル以下と想定された。世界銀行の提示資料によると、コンソーシアム借款協定での利用額を含めると七億二〇〇〇万ドルとなり、一九六八年度のそれに関する元利返済は八〇〇〇万ドル程度と見積もられた。この額は、世界銀行が債務救済額の根拠とした数字であった。

インド政府のスワミナタンは、すでに一九六四年以降のサプライヤーズ・クレジットの取り扱いに制限を加えてきた実績を紹介しつつ、新規の利用基準をさらに引き下げる用意があると返答し[59]、一九六八年五月二七日の世界銀行との交渉では、財務省のパテルも、コンソーシアム援助として利用されている分を含めて現在の保証付き輸出信用は、毎年三〇〇〇～五〇〇〇万ドル程度で、インドの未払い債務の六％程度にすぎず、かなりの制限を加えられてきた証であると、これまでのインド政府の対応を強調した。さらに踏み込んだ議論において、恒常的な支出経路であった既存設備の管理維持のための資金流入が不足して開発の遅れが生じてきたことから、援助国がプロジェクト援助の拡大を行なう際には、インド側の判断で援助と民間の輸出信用との比率を考慮してサプライヤーズ・クレジットに対する制限を緩和する意向を示した。かくして、この問題は、総額の規制について明確な決着をつけられることがなかったものの、これまでの議論を踏まえてインド側で処理する意向が示唆された。なお、ノン・コンソーシアム諸国の債務救済参加について、インド政府は、論外であるとしてつぎの内容を繰り返した。すなわち、ノン・コンソーシアムの取引は、通常二・五%、返済期間一二年のクレジット協定にもとづいて、援助国と被援助国とのすべてのルピー取引は均衡させるという相互の理解にたって、ルピー換算での物品輸出で返済された。被援助国の入超分は当該期間中に元利返済分を差し引いた残額が純援助とみなされ、ノン・プロジェクト援助として非常に重要な役割を果たしてきたというものであった。インドにとっては、為替危機を引き起こさないきわめて有効な資金確保手段であった。

かくして、世界銀行は、これまでの調整成果を踏まえ、インドの輸出動向などに関して一九六八年三月末時点でのデータをもとに作り直して、第四次五ヵ年計画に即した債務救済案をまとめ、一九七一年三月までの三年計画ではなく、一九六九年四月から開始される第四次五ヵ年計画での債務返済内容に組み替えた。一九六九年四月二五日のコンソーシアム会議は、既存の債務について、とりあえず二年間、毎年一億ドルずつ、帳消しないしは無利子での一〇年間元本の返済延期のいずれかで処理し、効果があればその後も同様の条件で実施すること、また、新規援助については、最初の二年間は無利子でその後三%の利子付加、および三〇年（猶予一〇年）で契約することが決定された。DACの基準に従って贈与率をおよそ六〇%とした。一九六八年度に対するフランス、イタリア、日本の債務救済は、コンソーシアムの要求より少額であったため、さらに負担を求められていったのである。(60)

5　インド援助コンソーシアムの歴史的役割と意義

以上、本章では、インド援助コンソーシアムの動向に焦点を合わせて、インドに対する開発援助とそれにともなって生じた債務の救済過程を検討してきた。最後に、つぎの三点に絞ってまとめておきたい。

第一は、一九六〇年代における対インド開発援助の特徴についてである。第三次インド五ヵ年計画は、積極的な外交交渉によって当初から公共部門の基幹産業の基盤形成に必要な公的資金を求めていた。一九五七年のスターリング・バランスの枯渇を契機に、一九六〇年代には世界銀行を中心に欧米諸国（日本を含む）による援助の多極化が著しく進展した。とくに、冷戦を背景にしたケネディ政権下の対インド援助が急速に拡大したことに注目しなければならない。しかし、一九六〇年代の半ばころから、アメリカ合衆国が開発援助の停止・削減へと向かい、対インド資金援助拡大政策の限界を示しはじめていたことにも留意すべきである。アメリカ合衆国は、第二次印パ戦争と飢饉を契機に、債務救済ではなく食糧援助による援助を優先した。代わりに、西ドイツや日本の役割が多くなり、共産諸国も含めてその他の諸国も援助を拡大しつつあったことから、多極化が進行した。スターリング・バランスに依存できなくなったイギリスは、アメリカ合衆国、西ドイツ、日本に次ぐ四番目の地位に追い込まれていったが、資本の輸出国として一定額を保った。量的側面では一九五〇年代のような影響力を行使することが困難になったとはいえ、長年の英印関係をもとに質的な関係維持を模索していたのである。コンソーシアムにおけるイギリスの役割を考えるに、イギリスは、つねに世界銀行との関係を意識しつつ、対インド市場拡大のために、サプライヤーズ・クレジットの機能維持を図ろうとしていた。

第二に、債務問題についてである。一九六〇年代の債務問題は、開発援助の一環として捉えられ、その点に一九九〇年代の構造調整期の債務問題との違いがあった。コンソーシアムの新加盟国が、非常にハードな借款条件を課したことと、インド側で元利返済に充てるべき一次産品輸出が停滞したことで、印パ戦争および一九六五～六六年の飢饉を契機としてインド経済発展の脆弱さが露呈し、ふたたび国際収支危機に追い込まれていった。コンソーシアムが、債務総額について輸出収益に占める債務負担率を二〇％以内とし、グラント率も六〇％以上という基準をインドに当てはめたことは、インド経済救済のためという点だけでなく、西側諸国による市場確保と債務保全策の一環であったということが考えられよう。インドを債務不履行国家と認識することなく、開発援助の一環として債務処理を行なったことが何よりもそれを物語っている。

こうした西側の援助は、あくまで冷戦体制下での自由主義経済体制の維持発展のためであったが、インド側からすれば、多角的援助を活用しながら非同盟主義にもとづく自立した計画経済の発展を目指していた。しかし、第三次五ヵ年計画の後半から生じた債務返済額の急増が、インド経済の発展を頓挫させてしまった。債務救済交渉がインドに対して社会主義型経済開発から自由主義経済型経済開発へと大きく政策転換を促したのである。インデラ・ガンジー政権が、債務返済計画において西側の条件を受け入れざるをえなかったとはいえ、コンソーシアムの支援体制がインドに新たな一歩を踏み出させたことは間違いない。

第三は、インド援助コンソーシアムの歴史的役割についてである。対インド開発援助政策という観点から、一九五七年のスターリング・バランスの枯渇は決定的に重要な意味を持っていることに改めて注目しなければならない。開発資金として機能したスターリング・バランスの枯渇が、資本援助から技術援助へとイギリス中心のコロンボ・プランの役割を変えていった。そして、その枯渇を穴埋めすべく結成されたインド援助コンソーシアムは、外貨危機救済から第三次五ヵ年計画のための資本援助の新たな機構へと転換し、一九六〇年代後半には債務救済機構としての役割を果たすようになったのである。イギリス・コモンウェルスから世界銀行、アメリカ合衆国へとアジアにおけるヘゲモニーの移転を加速したのである。インド援助コンソーシアムは、世界銀行中心の多角的交渉の場において、援助の実情と援助総額を話し合い、その具体的援助内容については双務的な交渉にまかせるという方法をとったが、コロンボ・プランの精神を継承するものであった。しかし、援助国間の協調性を重要視した点で大きな違いがあった。世界銀行は、コンソーシアムを通じて、これまでの統治経験豊かなイギリスと圧倒的な資金力を持ったアメリカ合衆国を誘導しつつ、その他の援助国をも巻き込んでの主導権を握った。アジア冷戦体制が緊張していく局面において、西側諸国との協議という方法を強化する形でイギリス・コモンウェルス－世界銀行－アメリカ合衆国のトライアングルな協調関係が初めて成立するに至った。西側諸国の自由主義体制維持にとって、インドの経済発展はもっとも重要な要素であった。イギリスおよびアメリカ合衆国の国際収支面での海外援助の拡大に限界が見えはじめた時、フランス、イタリアそして日本を執拗にコンソーシアムに踏みとどまらせようとした行動は、冷戦体制下での南アジア国際秩序の維持に向けた西側諸国の一体性を維持するうえで不可欠であったのである。しかし、援助交渉において、インド側に積極的な二国間外交交渉により有利な条件を引き出す機会が残されていたことは、インド側の自立性を閉ざすものではなかった。

注

（1）コロンボ・プランの詳細について、渡辺昭一編『コロンボ・プラン』法政大学出版局、二〇一四年を参照。

（2）インド経済開発は、国家が独占する公共部門、国家と民間企業が合同で生産する部門、そして、民間部門と三部門に分類され実施されたが、民間部門に対してもつねに国家が積極的に統制を図る体制をとった。しかし、ネルーの「社会主義型社会」構想は、完全な国有化を目指すものではなく、産業に対する国家の統制にとどまっていることに留意したい。なお、一九五六年産業政策決議の内容については、大杉一雄編『インド――経済と投資環境』アジア経済研究所、一九六八年、五八七～五九六頁を参照。当該時期のインド政治経済事情を知るうえで非常に示唆的な情報を与えてくれる。また、インド経済開発の段階的発展については、絵所秀紀『離陸したインド経済――開発の軌跡と展望』ミネルヴァ書房、二〇〇八年を参照。

(3) 世界銀行のインド開発に関する研究は、L. N. Dash, *World Bank and Economic Development of India*, New Dehli, 2000 が詳しい。

(4) 川田富久雄「西ドイツの低開発援助政策」『国民経済雑誌』一一二-二、一九六八年八月、五四頁。Ministry of Finance of India, *External Assistance for 1958*, pp. 3, 27.

(5) H. Hanson, *The Process of Planning*, London, 1966, pp. 152-155：「インドの第二次五ヵ年計画の優先プロジェクト」『海外調査資料（日本輸出入銀行）』一七巻、一九五九年一月。

(6) TNA, DO38/8540, f(olio) no. 267 'Telegraph to Secretary of State by H. Rumbold, 4 September 1958'

(7) この過程の詳細は、Shigeru Akita, 'The Aid-India Consortium, the World bank, and the International Order of Asia, 1958-1968', *Asian Review of World Histories*, 2-2 (July, 2014)：拙稿「一九六〇年代イギリスの対インド援助政策の展開」『社会経済史学』八一-三（二〇一五年一一月）を参照されたい。なお、援助の効率化を図るために、世界銀行のイニシアティブの下、パキスタン、ナイジェリア、タイ、スリランカ、フィリピン、バングラデシュ、インドネシアに関して、コンソーシアムや協議グループの形でつぎつぎと同様の組織が結成されている。

(8) World Bank, Working Group Paper No. 80480, p. 3. この報告書は、世界銀行ウェブページより閲覧可能。http://documents.worldbank.org/curated/en/164191468034447809/pdf/804800WP0India0m0Box379801B00OUO090.pdf.

(9) World Bank, Working Group Paper No. 80480, p. 8：吉田修「ヘゲモニー・ギャップとインド」渡辺昭一編『帝国の終焉とアメリカ』。

(10) World Bank, Working Group Paper No. 80480, pp. 11-12. コンソーシアム会議は、一九六一年四月の第四回会議以降、ワシントン本部とパリ支部において年二回開催されるのが恒例となる。一回目の会議でインドの経済発展と援助利用状況の確認を、二回目で当該年度のインドの援助要求額を検討することになっていた。世界銀行は、事前にインドの経済状況の報告と援助額目標に関する覚書を回覧し、参加国がインドの要求総額に関する世界銀行の原案に同意すると、援助の方法、条件、総額が示される。ただし援助額の調整は行なわれなかった。

(11) 一九六〇年代のアメリカ合衆国の対南アジア政策を問題にする際には、パキスタン、中国、ソ連との国際関係を視野に入れる必要がある。中印紛争でのパキスタンの中国傾斜が、アメリカ合衆国のインド援助を拡大するきっかけとなった。

菅英輝『冷戦と「アジアの二〇世紀」——アジアにおける「非公式帝国」の秩序形成』岩波書店、二〇一六年、第二章、澤田貴之『インド経済と開発』創成社、二〇〇二年、第三章を参照。

(12)　中印国境紛争は、インド国民会議派の左派グループに属していたメノンが国防相を解任されるなど、インド国政にも変化をもたらした。

(13)　B. Muirhead, 'Differing Perspectives : India, the World Bank and the 1963 Aid-India Negotiations', *Indian Review*, 4-1 (January, 2005), pp. 6-9.

(14)　B. Muirhead, 'Differing Perspectives', pp. 12-13, 16.

(15)　D. C. Vohra, 'Assistance from the Aid-India Consortium : A Review', *Economic Political Weekly*, xvii-18, 1965.5.1, pp. 751-752. 一九六七年に第二次ベル調査団が派遣されるが、それは、資本主義的農業経営や化学肥料工業への民間投資など促し、「緑の革命」を引き起こすきっかけをなしたとされる。

(16)　Ibid., p. 15.

(17)　*Report to the President of IBRD and IDA on India's Economic Development Effort*, vol. 1 Main Report (October, 1965), pp. 33-36.

(18)　Jason Kirk, *India and the World Bank*, Anthem Press, 2011, pp. 16-19 ; R. Mukherji, 'India's Aborted Liberalization-1966', *Foreign Affairs*, 73-3, 2000, p. 377. インドの産業統制の変遷については、下山瑛二・佐藤宏『インドにおける産業統制と産業許可制度』アジア経済研究所、一九八六年が有益である。一九六五年一月シャストリ政権は、外資導入を促進するために産業（開発・規制）法による産業認可の運用を緩和し、インデラ・ガンジー政権に継承されるものの、ルピー引き下げの効果があまり見られず、大衆批判と援助進展の停滞から印ソ協定の締結や、銀行の国有化の実施によって、自由化が後退していく。

(19)　World Bank Archives, no. 1850871 'Bank /IDA lending to India and Pakistan dated on 19 October, 1965': アメリカ合衆国のインドに対する不満は、ボカロ製鉄所建設や石油開発事業などに対する民間投資が停滞か頓挫していたことにも原因があった。立山杣彦「インドの第三次五ヵ年計画期における外資政策の展開過程」『東南アジア研究年報』二七、一九八五年。

(20)　ＰＬ４８０の下でのアメリカ合衆国の対インド食糧援助について、R. L. Parrlberg, *Food Trade and Foreign Policy*, Cornell University, 1985, chapter 5 ; 秋田茂「一九六〇年代米印経済関係」『社会経済史学』八一-三、二〇一五年一一月を参照。

(21) TNA, OD27/187, f. 28 'Appendix : standstill agreement on certain foreign debt obligations'.

(22) TNA, OD27/187, f. 33 'Indian Consortium Working Party (IND67-9)'.

(23) World Bank Archives, no. 1850868 'India Debt Relief and the terms of Aid : a Bank Staff Paper for Consideration by Working Party of India Consortium (IND67-1).

(24) R. Mukherji, 'India's Aborted Liberalization-1966', pp. 379-380.

(25) TNA, OD27/187, f. 12 'Note of a Meeting with Mr. Cargill on 21 Feb., 1967'.

(26) TNA, OD27/187, f. 14 'India : Debt Relief and the Terms of Aid by ODM, 1 March 1967'.

(27) TNA, OD27/187, f. 12 'Note of a Meeting with Mr. Cargill on 21 Feb., 1967'.

(28) TNA, OD27/187, f. 28 'Comment by Government of India on IND67-1 (IND67-5)'.

(29) TNA, OD27/187, f. 35 'A letter of A. Stevenson to R. E. Radford, 16 March, 1967'.

(30) TNA, OD27/187, f. 33 'Indian Consortium Working Party (IND67-9)'.

(31) TNA, OD27/187, f. 32 'India : Illustrative Debt tables and their consequences (IND67-8)'.

(32) DAC開発援助、一九六六年次決議、一二四〜一二八頁。

(33) TNA, OD27/189, f. 125 'Comments by the Berne Union on IBRD Study on Suppliers' Credits from Industrialized to Developing Countries'.

(34) TNA, OD27/188, f. 116 'Telegraph of J. C. Edwards (ODM) to G. B. Votaw (IBRD), dated on 11 October, 1967' ; f. 96 'Note on Aid and Commercial Credit for the discussion in Paris, 7-8 September 1967'.

(35) TNA, FCO11/17, f. 22 'Summary of All India Consortium in Paris, 4-5, April 1967'.

(36) TNA, OD27/187, f. 39 'Brief for the British Delegation to the Meeting of Aid India Consortium in Paris on 4-5, April, 1967'.

(37) TNA, OD27/188, f. 74 'Meeting of Executive Directors, dated on 11 July, 1967' ; World Bank Archives, no. 845057 'Document : M. 67-183, 11 July 1967'.

(38) TNA, OD27/188, f. 80 'IBRD/IDA Board Meeting, 20 July 1967'.

(39) TNA, OD27/187, f. 84 'R67-15/1 of IBRD, 24 July 1967'.

(40) TNA, OD27/189, f. 126 'the Chairman's Report of Proceedings of the Meeting of India Consortium held in Paris, 7-8 September 1967 (IND67-35)'.

(41) World Bank Archives, no. 1845057 'Memo of D. Dunn to G. Votaw : India-External Debt : Burden of Debt Relief Adjustment, 4 October 1967'.

(42) グウィンディ調査団については、拙稿「一九六〇年代イギリスの対インド援助政策の展開」一九～二〇頁も参照。

(43) TNA, OD27/188, f. 114 'India-Debt Relief : General Relief for the discussion with Mr. Guindey on 17-18 October, 1967' ; FCO37/167, f. 47 'Note of Meeting with M. Guindey held in E748, Ministry of Overseas Development, dated on 18 October, 1967'.

(44) TNA, FCO11/16, f. 61 'Note of Meeting with Mr. Cargill, 17 May 1967'.

(45) ドイツは、商業信用の取り扱いについては、あくまでコンソーシアム内の援助として援助国が承諾したもののみを対象とすることでイギリスと同意見であった。

(46) World Bank Archives, no. 1845056 'India : Debt Relief-Conversation with Japan, dated on 11 December 1967'.

(47) World Bank Archives, no. 1845056 'India : General Consortium-Guindey Mission'.

(48) TNA, FCO37/167, f. 49 'R68-21' ; World Bank Working Paper no. 8048, pp. 26-28. 世界銀行スタッフは、日本の債務返済方法を詳細に分析し、一二月の交渉後も日本との妥協点を探っている。World Bank Archives, no. 1850871 'Memo. of J. Baneth and D. Dun : Types of Japanese Aid and their Relevance to Possible Techniques of Debt Relief, 7 Feb. 1968'.

(49) World Bank Archives, no. 1850871 'India-Debt Relief : Remarks on Contributions indicated at Consortium Meeting, 4-5, March 1968'.

(50) TNA, OD27/189, f. 224 'Proceeding of the India Consortium in Paris, 4-5 March 1968' ; TNA, FCO37/167, f. 53 'a Paper for Executive Directors Meeting (R68-39)'.

(51) TNA, OD27/189, f. 185 'Brief for UK Delegation to the Indian Consortium Meeting in Paris, 4-8,March 1968' 債務救済総額を検討する際には、サプライヤーズ・クレジットを組み入れるが、実際の債務救済割当額を計上する際には、イギリスの主張を認めている。

(52) この提案は、三月二一日の世界銀行理事会で承認を得た。World Bank Archives, no. WB185057 'Memo of D. A. Dunn to Guindey, 5 April 1968'.

(53) TNA, OD27/189, f. 190 'Modev 65 : Washington to ODM, 19 March 1968'.
(54) TNA, FCO37/167, Telegraph of British Embassy to Foreign Office, 29 July 1967'.
(55) *Far Eastern Economic Review*, 21 March 1968, pp. 541-542. 本書の第9章および第11章を参照。
(56) World Bank Archives, paper no. WB185057 'Telegraph of G. Cargill to Hideo Suzuki, 15 March 1968' ; 'Telegraph of Hideo Suzuki to G. Cargill, 9 April, 1968'.
(57) TNA, OD27/190, f. 249 'India Consortium Meeting, 23-24 May 1968'.
(58) TNA, FCO-37/168, f. 28 'Report of Proceedings of Meeting of India Consortium in Washington, D. C., dated on 23-24 May 1968 (IND68-18)'.
(59) TNA, OD27/189, f. 167 'New Delhi to ODM, 23 Feb. 1968'.
(60) TNA, OD27/191, f. 346 'Second working paper on Debt and Future terms of Aid'.

第Ⅱ部　東南アジア

第4章　開発援助としての教育政策

――マラヤ・東アフリカの大学支援とその帰結――

都丸潤子

1　戦前から戦後の高等教育政策の転換

近代国家は銃やバター、重工業ではなく、教育への主たる投資によってしか、問題を解決することはできない。

（リチャード・オーステン・バトラー）[1]

開発途上の社会における大学は、立地する国家にただちに動因をもたらすような科目に重点を置くべきであり、国民と彼らの人間的な目標のために尽力しなければならない。

（ジュリアス・ニエレレ）[2]

本章では、一九五〇年年代から一九七〇年代初頭にイギリスの開発援助政策の一翼を担った海外大学支援政策に焦点を当てる。政策の意義と現地政府や住民の反応を検討し、大学支援が現地社会や国際援助の変容に果たした役割を考えたい。とくに、イギリスが第二次世界大戦後間もなくから力を注いだマラヤ大学と東アフリカ大学の設立・拡充政策を比較検討することによって、イギリスの東南アジア開発援助政策の特質も浮き彫りにしてみたい。

イギリスの大学支援政策についての先行研究には、戦前の帝国大学間ネットワークを扱った安原、自らが調査・監督業務にたずさわり一九六〇年までの各植民地大学の詳細な比較検討を行なったカー＝ソウンダース、アジアの大学の発展過程を分析したアルトバックとセルバラトナム、一九六二年までのマラヤ大学を扱ったストックウェル、インド工科大学への支援を扱った横井のものなどがある。(3) 本章では、一九七〇年代初頭までを扱って地域比較を行ない、また現地学生の反応も視野に入れる点で、新しい知見を付け加えたい。

（1）一九四〇年植民地開発福祉法と高等教育の重視

イギリスは、一九世紀後半のインドにおける高等教育が反英エリート育成につながった反省や住民の能力への軽視から、植民地においては、一九三〇年代初めまで初等・現地語・職業教育を中心に限定的な教育しか行なっていなかった。(4) ところが、一九三〇年代にアフリカ、西インド諸島の植民地各地で反乱やストライキが頻発し、独立の気運や統治への批判が高まると、イギリス政府は植民地の社会・経済についての各種調査団を現地に派遣し、それまでの間接統治では解決されない貧困の存在や、産業や交通機関などへの投資中心の経済開発政策の問題点を認識するに至った。その結果、教育・保健を含む住民の福祉や社会政策と経済開発とを結びつけて貧困を解消する広義の開発が必要とされた。そこで一九二九年の植民地開発法に代わって、一九四〇年に名称にも福祉が入った新しい植民地開発福祉法が制定され、教育や医療、公衆衛生、住宅政策などに手厚い補助が行なわれるようになった。とくに「教育」は一九四〇年法のもとではじめて登場した予算領域であった。(5) 一九四五年に修正法が制定された後、一九四六年から六二年までの計画タイプ別の補助金支出額では、道路建設や農林水産業、保健などと比べて「教育」の比率がもっとも高く、一九四六～五四年の一七・八％から、一九五九～六二年の二一・八％に少しずつ上昇していた(6)。

植民地大臣のマルコム・マクドナルドは、植民地開発促進のためのこの画期的な新法を制定すると同時に、英領各地における教育政策の見直しを行ない、植民地省に教育アドバイザーのポストを創り、クリストファー・コックスを任命した。マクドナルドと、後任の植民地大臣オリヴァー・スタンレーは、イギリスと植民地のパートナーシップのもとでの自治獲得支援と、そのための大学の役割の重さを認識し、戦争中にかけて、アフリカ、マラヤ、西インド諸島など英領各地に高等教育についての専門調査団を派遣した(7)。第二次世界大戦ただなかの一九四三年に全英領の高等教育の総合的調査を委託されたアスキス調査団は、終戦直前の一九四五年五月に報告書を提出した。そのなかでは、西インド諸島、西アフリカ、東アフリカ、マラヤをはじめとした英領各地に、自治の達成や経済・社会開発を担う人材を養成するための大学設立が急務とされた。同時にイギリスの大学が新設大学に学位授与等の協力を行なうために「植民地高等教育のための大学間評議会」（以下IUCと略称）設置提案も行なわれた。これらの提案は各地で続々と実現されることとなった。同報告書はまた、新設大学に英語教育の重視、歴史・地理・社会科学の教育を含めるべきこと、公開講座を通じたコミュニティへの貢献などを求め、すべての階級の男女に開かれた全寮制を要請していた。さらに、大学教育は、国民規模での政治体制づくりを阻害するような民族的差異や党派的対立に抗し、地域の伝統や文化の最良の部分を維持すると同時に、そのような文化で育った人々に世界の知的共同体に対等に参加できる手段を与えるべきとも主張していた(8)。

この間、東アフリカでは、ケニア総督ミッチェルが開発・高等教育支援をうちだし、その尽力で派遣されたデラウォー調査団が一九三七年にウガンダにあるマケレレ・カレッジをケニア、ウガンダ、タンガニーカとザンジバル（のちのタンザニア）からなる英領東アフリカの高等教育機関として拡充することを提案していた。アスキス提案を経て一九四九年に、マケレレ・カレッジはロンドン大学に学位授与を委託する東アフリカ・ユニヴァーシティ・カレッジへと昇格した。(9) 一方マラヤでは、一九三八年のマクリーン調査団の報告書が現地での高等教育へのマレー人とイギリス人の懐疑を指摘していたが、一九四六年からマラヤ総督となっていたマルコム・マクドナルドの肝いりで同年に調査を行なったプリーストリーがマラヤ全体にひとつの大学を提案していた。翌年には、アスキス調査団に参加したロンドン大学政治経済学院長のカー＝ソウンダースが団長となりマレー人、華人の官僚等も加わった調査団が、マラヤの高等教育をより詳しく調査した。(10) 一九四八年に公刊された報告書は、アスキス提案で示されたロンドン大学に学位授与を委託するユニヴァーシティ・カレッジという移行的地位を経ず、一足飛びに独立大学としてマラヤ大学を設立する提案を行なった。その理由は、母体となるシンガポールのラッフルズ・カレッジ（一九二九年設立）とエドワード七世医学カレッジ（一九〇五年設立）での高等教育は成熟しており、合わせれば分野の多様性と教員・学生の規模は充分であることや、独立大学のほうが多様な住民の熱意や協力を集めやすいことであった。また、マラヤ大学には専門性と総合性、職業的な面とリベラルな面のいずれもが必要であることも示された。(11) ソウンダースはまた、マラヤ大学設立がマレー人、華人、インド人などのマラヤの多様な人種の統合を促進するだけでなく、「東南アジア全体におけるマラヤの威信を高める」ことも期待していた。(12) これらの提案を受けてマラヤ大学は一九四九年一〇月に正式にシンガポールに設立された。一九五七年のマラヤ連邦独立に際してクアラルンプールにも対等な分校が作られて五九年に正式発足し、六五年のシンガポール分離独立にさきだつ一九六二年に、それぞれ独立のシンガポール大学とマラヤ大学に分かれた。(13) マラヤ大学設立時の初代総長には、植民地開発福祉法の生みの親で東南アジア総弁務官になっていたマクドナルド自身が就任した。彼は大学内での三民族の融和につとめ、マラヤからインドに転出した後の一九六一年までという長きにわたり留任することとなった。(14)

各報告書の提案内容からわかるように、イギリスの植民地における大学支援政策は、いずれも自治・独立に備えての人材育成と、多民族からなる住民の国民統合支援の意味を持っていた。したがって職業に直結する理系学部だけでなく、文系、とくに社会科学系の学部も重視され、この点は戦前とは異なっていた。また程度や規模の差はあれ、各英領にではなく、複数の近接する英領にひとつの拠点大学を設ける形の地域政策にもなっており、[15] 脱植民地化過程におけるイギリスの地域連合推進政策とも軌を一にするものであったと言えよう。

援助額の点でも、マラヤ大学とマケレレ・カレッジはイギリスに重視されていた。マラヤ大学には一九四五年と五〇年の植民地開発福祉法で全英領の高等教育向けに予算配分された七七五万ポンドのうち百万ポンドが設備投資費用として付与され、そのほかに英領マラヤ政府から他の植民地政府からは出されたことのない高額の二五〇万ポンドの補助金が給与等のために、さらに八一万六六六六ポンドが資本計画のために与えられた。[16] 一九四九年にマケレレが東アフリカ・ユニヴァーシティ・カレッジになった際には植民地開発福祉法にもとづく基金から百万ポンドが贈与された。[17] 一九四五年以降のイギリスから各植民地大学への設備投資補助金、植民地開発福祉基金の割り当てを記した表4-1からも、西インド諸島カレッジに次ぐマラヤ大学とマケレレ・カレッジの重要性が看取される。

もちろんこのような政策の背後には、加藤剛が指摘するような植民地政策の正当化としての開発と福祉の関連づけがあり、[18] 五十嵐元道が示すような「開発トラスティーシップ」による帝国再建のための非対称なままのアジア・アフリカの利用の側面があることは否定できない。[19] とくにアスキス報告でも推奨された高等教育機関での英語教育の重視や、教育援助の一環としての英語教材の浸透、イギリス人教員の派遣などには、イギリスの「投影」[20] と人材育成を通じての独立後への影響力強化、英連邦の結束強化の意図もあったと思われる。とくにシンガポールを含む英領マラヤについては、対日陥落の反省点として、イギリス支配が「現地の人々の生活にまったく根をおろしていなかった」ことや、イギリス人支配者層と植民地住民との人種的な隔たりと人的接触の欠如が指摘され、イギリス下院での議論や植民地省文書で取り上げられた。その結果、日本が占領下のマラヤや周辺の東南アジア地域に注ぎこんだ汎アジア主義のプロパガンダに対抗するためにも、戦後この地域へのイギリスの「投影」が重視され、イギ

表4－1　イギリスの各植民地大学への補助金

（ポンド）

大学名	1945～1955年３月末の設備資金補助額	1945～1960年のCD＆W*高等教育割り当て資金補助額
香港大学	250,000	650,000
王立マルタ大学	67,000	539,000
イバダン・カレッジ（ナイジェリア）	1,710,864	2,225,000
ゴールドコースト・カレッジ（現ガーナ）	400,000	400,000
マケレレ・東アフリカ・カレッジ（ウガンダ）	1,087,223	3,462,000
西インド諸島カレッジ	2,423,129	3,645,000
ナイジェリアン・芸術科学工科カレッジ	265,232	不明
フラー・ベイ・カレッジ（シエラレオネ）	99,853	45,000
東アフリカ王立工科カレッジ（ケニア）	150,000	525,000
マラヤ大学	未支出　1,019,000	1,410,380
クマシ工科カレッジ（現ガーナ）	未支出　350,000	不明

注：1960年までのマラヤ大学にはこの他に高等教育割り当て外からの補助金308,620ポンドが供与された。＊は植民地開発福祉基金。

出所：Hansard, HC Deb 06 December 1955 vol 547 cc49-51W の Lennox-Boyd 発言記録；A. M. Carr-Saunders, *New Universities Overseas*, London, 1961, p. 98より作成。

リスのマラヤ再支配や東南アジア地域への復帰の意義を強調するブリティッシュ・カウンシルのキャンペーンが行なわれた経緯があった[21]。

また一九五二年から五三年にかけて世界各地でイギリスの海外情報業務の調査・検討を行ない、イギリスの対外文化政策に大きな影響を与えたドロイーダ調査団の報告書が、ブリティッシュ・カウンシルに対して、文化協定より教育を、ヨーロッパよりもアジア・アフリカ諸国とイギリスの植民地を重視し、非政治分野で異民族どうしをまとめて人種偏見を打ち破る努力をするよう勧告していた[22]。このことも、英領各地の大学支援政策を方向づけたと考えられる。

このようにイギリスの政策には自国の「投影」を目指す功利主義的国益追求が依然として抜きがたくあった。しかし、英領各地での大学支援政策によって、それまで現地の小規模な高等教育機関にはごく一握りの特権階級の子弟しか入学できず、その後イギリスなど海外の大学に留学し帰国してはじめて現地のエリートになれた状況から、一般家庭の子弟も意欲と能力があり、奨学金などを得られれば、現地の大学への進学・卒業が可能になり、留学しなくても将来の国作りに参加できるようになったことは特筆すべきと考えられる。マラヤ大学の場合、後者の出世頭は、アブドラ・バダウィ第五代首相、アンワル・イブラヒム前副首相であり、マケレレ・カレッジの場合は、いずれも卒業後英国留学はしているが少数民族出身のジュリアス・ニエレレ初代タンザニア大統領や農民出身のムワイ・キバキ前ケニア大統領、ストライキ参加で中退したミルトン・オボテ元ウガンダ大統領らがいる。植民地における高等教育は単にイギリスの影響力行使の道具となっただけではなく、民主化・大衆化され、各植民地独自の国家建設にも一定程度役だったと考えることができよう。イギリスは、戦後は現地出身教員の養成を支援し、大学の自治も促進した[23]。

（2）イギリス国内、多国間での教育政策

さらに、戦中から戦後にかけてのイギリス政府の教育観や教育政策の変革は植民地のみに対して非対称的になされたのではなく、イギリス国内にも同様に向けられ、さらに国際協力の面にも及んでいた。詳しくは別稿で論じたが[24]、一九四一年に外務省政務次官から教育庁長官に転任したリチャード・オースティン・バトラーが、一九四四年に保守派を説得して施行した教育新法（通称バトラー教育法）は、中等教育を無償化し、学校での給食・ミルクの無料化も目指すことで女性や労働者階級への教育普及を図る画期的なものであった。バトラーは戦争中にもかかわらず、

教育庁を教育省に昇格させて予算拡大も行なった。彼が回顧録で改革の背景としたのは、階級差によってまだ「二つの国民」があるイギリスを教育上「一つの国民」にまとめて完全な民主主義を目指したいという信念と、「平和の基礎」としてすべての子供に平等な教育機会を与えたい、というキリスト教各宗派代表のタイムズ紙への連名投書であった。植民地行政官の息子としてインドで生まれ育ち、ケンブリッジ大学で教員となり、植民地大臣時代のマクドナルドを助けてパレスチナでの民族関係調整に関与したバトラーは、国際主義者として、(25)教育の民主化・大衆化を通じて国民統合と平和を目指したのではないか。この発想は前述のマラヤや東アフリカにおけるイギリスの高等教育支援の目的とも一致する。

バトラーの国際主義者としての側面は、ドイツ侵攻でロンドンに亡命政権を樹立していたヨーロッパ八ヵ国の政府に呼びかけて、ドイツ被占領地域の戦後教育復興を考えるための連合国教育大臣会議を開始したことにも看取される。ほぼ一月おきの定例会議とその間に協議が重ねられた専門委員会では、教材や図書館蔵書の補充、歴史教科書の作成、脱ナチ化などの国際協力が進展し、これが国際連合教育科学文化機関（略称ユネスコ）の起源のひとつとなった。バトラーの後任たち、とくにエレン・ウィルキンソンもバトラーの教育の民主化と国際主義の方針をひきついで中等・高等教育の普及を促進し、ユネスコ設立準備会議の議長をつとめた。この過程で教育庁の外交諮問会議では、イギリスの影響力拡大のための英語教育向け諸提案を重要としながらも、「現状をイギリス文化の宣伝目的に不当に利用することへの反対の声がある」とも自覚されていた。またバトラーは米仏のリーダーシップ獲得攻勢に対して、イギリス人に特別の地位や権利を求めないと明言するなど、自国の「投影」のみにとらわれず多国間協力を通して国際公益を追求する姿勢を示していた。

また各英領が続々独立へ向かい、英連邦のメンバーとなってゆくなかで、イギリスは一九五九年七月から、教育を通して民主主義的生活様式を広め、英連邦諸国間の協力をはかるためとして英連邦教育会議を二〜三年おきに開催した。そこでは英語教育、英連邦諸大学間の学生留学を促進するための英連邦スカラシップ、教員の派遣や養成、技術協力、教科書供給やカリキュラムなどの共通問題が協議された。会議での提案から第二言語としての英語教育についての英連邦会議も開かれて協力が推進された。これらの会議には旧英領独立国の教育大臣たちのみならず、ユネスコやアメリカ合衆国の代表もしばしば出席し、多国間協力がさらに進展した(26)。

英連邦教育会議等においても、たしかに新興独立国へのイギリスの影響力維持が目指され、また「民主主義的生活様式を広める」という目的からも看取されるとおり、冷戦を意識した反共政策の側面がみられた。この背景として、一九五六年のスエズ侵攻でイギリス政府がアメリカ合衆国はもちろんのこと国内外から非難をあび、国連やユネスコ内で英連邦諸国を含む新規加盟国との関係が悪化したことが挙げられる。とくにユネスコ内の多国間協力に失望したイギリスが一時脱退を考えながらも、関係省庁における議論の末、設立主導国としての立場や英連邦新加盟国との関係悪化、ユネスコの草の根世論への影響力、ソ連主導に至る可能性などへの配慮から、残留を決定していたことは重要と思われる(27)。英連邦教育会議等において、スエズ侵攻による外交面での関係悪化を何とか改善しようとしたことが推察される。折しも一九五八年六月に内閣府でまとめられた「世界政治におけるイギリスの位置」と題する報告書では、ソビエトの力に対抗するためにとくに「南・東南アジア（コロンボ・プラン）とアフリカ」への開発・技術援助が重要であり、英語教育が有効であること、英連邦をアジア・アフリカ諸国と西欧諸国の間やイギリスと植民地の間の連携役と、中立諸国をとりこむ枠組みとして重視していると記されていた(28)。また、一九五九年七月の外相セルウィン・ロイドによるメモランダム「アフリカ――今後一〇年」には、二国間の技術援助は従属の続行とみなされる可能性があるので、マルチラテラルな援助のほうが良い、とも記されていた(29)。英連邦教育会議を通しての多国間協力や援助はこれらの方針にも沿うものであった。

一九四〇年代から戦後にかけて、イギリスはその国際環境認識にあわせて、教育援助の方針を開発・技術援助、国家建設支援へと変え、自国の宣伝や支配の継続と見なされにくい多国間援助へも乗り出しつつあったことがわかる。

2　マラヤ大学支援の実態と限界

以下、このようなイギリスの援助政策のもとで、東南アジアのマラヤ大学と東アフリカのマケレレ・カレッジがどのように設立発展したか、事例分析を行ないたい。第二次世界大戦後のイギリスにとって、マラヤは、インド独立後の対南・東南アジア政策の軍事的拠点でもあり、また、経済的にもゴム・すず輸出をとおしたドル獲得源として、帝国の要であり、前述のように日本軍降伏後支配を復活させるなかで社会的・文化的関係の再構築も重視される場所であった。

イギリスのマラヤ重視は各種資金援助の多さからも明らかである。イギリスは戦争被害補償としてマラヤ連合とシンガポールに二〇〇〇万ポンドの供与と一五五〇万ポンドの無利子貸与を行なった[30]。また、佐藤滋が明らかにしたように、一九五九／六〇年度から一九六五／六六年度までのイギリス軍事援助の地理的配分をみると、マレーシアへの軍事援助額は全体の二二％を占め、英連邦諸国中最大の投下国となっている[31]。イギリスからの経済開発援助としては、植民地開発福祉法にもとづいて、一九五一年からマラヤ連邦独立の一九五七年まで、マラヤに道路・教育などのために三二〇万ポンドの援助供与がなされ、国策開発支援会社の英連邦開発公社（ＣＤＣ）からもマラヤの多様な開発プロジェクトのために独立までに約九三七万ポンドの投資が行なわれた。別途コロンボ・プランとしても、一九五一年から一九六一年六月末までに、マラヤとシンガポールには合わせて五七三三万ポンドの援助が供与され、コロンボ・プラン全参加国への供与額の三二・六％を占め、インドに対する九〇二〇万ポンドに次ぐ高額であった。さらに本来独立後は植民地開発福祉法による援助の対象外とされるところ、マラヤの場合には、独立前にこの援助に割り当てられて未使用であった四〇〇万ポンドも独立時に供与されるという特段の配慮がなされた[32]。

マラヤ大学設立当初のイギリスからの援助額の大きさはすでに述べたとおりであるが、一九五六年四月から一九六五年までの大学の資本支出の総額約四二三四万マラヤドルのうち、それまでのイギリス政府からの援助供与の未支出額を含めたマラヤ政府からの供与が約八五％を占めた。他にイギリスの英連邦関係省からが六・二％、ニュージーランド政府からが一九六〇年の農学部設立のためのコロンボ・プラン支援を含めて三・七％、利子配当が三・一％、国内からの寄付金が一％であった[33]。国家事業、英連邦事業としての性格の濃さが看取される。

マラヤ大学は当初、前述のように東アフリカ、西アフリカ、西インド諸島などと並ぶ地域の大学として構想された。総長マクドナルドは開校式典のスピーチで、時が経てばこの大学の影響が広がり「東南アジア全体の学問と文化・人間性啓発のより偉大な中心となる」ことを望むと述べた[34]。また確認できただけでも一九五四年までに五回は「東南アジア英領教育局長会議」が開かれ、マラヤ、シンガポールだけでなくブルネイや香港からも局長やマラヤ大学教育学教授らが集まり、初等教育から高等教育までの地域共通問題の議論を行なっていた[35]。初代マラヤ首相のラーマンも、回顧録のなかで、自分が首相として最初にしたことのひとつがマラヤ大学の医学部・大学病院の用地を確保することであり、東南アジアでもっとも大きく近代的な医学部のひとつにしたいと考えたと記している。また回顧録を記述した一九七八年の時点でも東南アジア最良の訓練可能な病院を目指すべきだとしている[36]。

ところが、学生数は急速に拡大して一九五二～五三年には八七五人とすでにイギリス植民地で最大になったものの、表4-2にみられるように、東アフリカの諸カレッジと比べてもマラヤ大学をはじめとしたマラヤの高等教育機関への外国人学生、とくに東南アジアの近隣地域からの入学生はごくわずかだった。また、表4-3が示すように、マラヤ出身大学生の留学先も、インド系とみられる学生のインド留学以外、アジア内はほとんどみられず、オ

表 4－2　マラヤおよび東アフリカ 3 国の外国人大学生受け入れ状況

出身国／在学国	自国	ウガンダ	タンガニーカ	ケニア	他のアフリカ	イギリス	アメリカ	他
マラヤ (1961/1962)	998							12
ウガンダ (1959/60)	284	／	167＋18*	400	8			
タンガニーカ (1961/62)	7	3	／	4				
ケニア (1959/60)	154		60＋8*	／	102	15		

注：*はザンジバル。

出所：Khoo Kay Kim, *100 Years of the University of Malaya*, Kuala Lumpur, 2005, Table 1, Kindle 1687/2479, *Report of the Conference on the Development of Higher Education in Africa*, Tananarive, 1962, Appendix B-1 (downloaded from UNESDOC) より作成。

表 4－3　マラヤおよび東アフリカ 3 国の大学生の留学先状況

留学先／出身国	イギリス	米・カナダ	他ヨーロッパ	AU・NZ	南・東南アジア	東アフリカ	他のアフリカ
マラヤ (1960)	288	259		1660 (オーストラリア)	220 (インド)		
ウガンダ (1959/60)						102 (ケニア)	
タンガニーカ (1961/62)	203	175	90 (ドイツなど)	5	30 (インド，パキスタン)	151	23
ケニア (1961/62)	215	326	13	6	120 (インド，パキスタン)	400 (1959/60 ウガンダ)	29

出所：UNESCO and International Association of Universities, *Higher Education and Development in South-East Asia* (Hayden Report) : volume 2 : Country Profiles, 1967 (downloaded from UNESDOC), p. 458 ; *Report of the Conference on the Development of Higher Education in Africa*, Tananarive, 1962, Appendix B-2 (downloaded from UNESDOC) より作成。

ーストラリア・イギリス・北米に向かい、大学生の東南アジア地域内交流はすすまなかった。むしろ大学の主眼は、開校式典でマクドナルドが述べたように「マラヤ国民のるつぼ」として、脱植民地化途上のマラヤ域内の国民形成におかれ、とくに地方居住者や低収入家庭出身者の割合の高いマレー人学生の入学促進などが図られることとなった[37]。総長マクドナルドは、就任当初から学生たちとの接触を重視し、在学生から新世代の「マラヤ人」リーダーが出てくることを期待していた[38]。大学当局が一九四九年中から学生の民族別夕食会を禁じ、多民族間で交流ができるように学生寮の部屋割りを行ない、一九五二年に学生の政治クラブ結成を承認した際には多民族であることを条件としたことにも、前述のカー＝ソウンダース報告の提案や総長マクドナルドの影響が濃厚である。(39) マクドナルドは、東南アジア総弁務官として一九四九年元旦に住民に向けて行なったラジオ放送で「分断して統治するのではなく、統合してしだいに統治を譲る(40)」方針をかかげて社会工学的政策をとっていた人物でもあった。

また、英領各地の新設大学では独立・国家建設に備える独自の人材育成が期待されていたことから、一般的に早急にイギリス人教員を減らし現地出身教員を増やすことが目指され、教育学科等での教員養成にも力が入れられた。マラヤ大学でも当初教員の現地化がすすみ、他の新設大学よりも現地出身教員の比率は早く上昇した。(41) しかしながら、イギリス人教員と現地出身教員の対立が生じたために一九五七年にマラヤ、シンガポール両政府がバーミンガム大学のエイトキン副総長に依頼した調査の報告書は、現地のリーダーや卒業生が多い大学評議会がすでに二回にわたり教員の性急な現地化は行なわないと宣言したと記していた。報告書はまた、イギリス人教員が「『植民地主義』から独立に自覚的に向かおうとしているこの東の多言語共同体においてあまりにも厳密に」「イギリス式大学を」再現しようとしていると批判した。そして、現地語学校からよい学生を集め、現地出身教員を増やすよう勧告しつつも、優秀な卒業生の多くが政府や民間産業に就職していることや、インブリーディングの閉鎖性を理由に、教員の完全なマラヤ化には反対し流動性を支持したのである。(42) 非イギリス人がはじめて副総長になったのは一九六八年で、マレー人卒業生として一九六六年から経済・公共政策学部長をつとめたウンク・アブドル・アジズ教授であった。(43)

当初の植民地大学設立方針とは矛盾するこれらの政策の背景としては、いくつかの要因が考えられる。ひとつは一九四八年から六〇年まで続いたマラヤ非常事態と呼ばれる、中国系共産ゲリラの反英闘争であった。イギリス軍残留が続き、イギリスの対マラヤ軍事援助が多額であったのはおもにこの反乱鎮圧のためであった。マラヤの華人住民のなかから共産ゲリラやその支援者が生じたことは、イギリス政府や戦後東南アジアに関心や影響力を強めていたアメリカ政府に重く受けとめられた。マラヤは東南アジアにおける冷戦の前線とみなされ、軍事戦略のみならず文化政策においても、住民への共産主義の浸透阻止と英米の影響力強化、穏健派華人住民のマラヤ政府への引きつけが図られた。イギリス政府にとっては、マラヤにおける自国の影響力維持の目的（帝国の論理）と反共の目的（冷戦の論理）が一致するに至った。(44) さらに、華語教育を受けた華人が英語教育のマラヤ大学に入りにくかったため、華人社会の寄付によって華語教育を行なう南洋大学が一九五五年にシンガポールに設立されたことも、英米政府やマレー人リーダーの警戒心をあおった。抑圧すれば反発を生むため、イギリス当局は私企業として南洋大学を認可し、マラヤ大学は中文学科の設置を急ぐなどの対応を行なった。(45)

マラヤ大学における民族混成計画や教員現地化の減速には反共と国民統合推進の意図があったと考えられる。また、クアラルンプール分校設立時に大学が得た民間からの最大の寄付は、ウイルス病研究のためのアメリカ合衆国、ロックフェラー基金からの二二万米ドル（当時の約七万八六〇〇ポンド）であったが、(46) この背景にもアメリカ合衆国の冷戦の論理が垣間みられる。

また、一九五五年には、戦後間もない一九四八年にイギリスから独立したビルマのラングーン大学の状況について、イギリスのビルマ大使ゴア＝ブースから本国へ報告が送られた。ロンドン大学から同大学に九ヵ月派遣されたヒュー・ティンカー博士の見解をもとにした分析であった。報告のなかでは、一九二〇年代にイギリス総督サー・ハーコート・バトラー（前述の教育大臣の叔父）の尽力で大学となったラングーン大学が、戦後急速にイギリス人教員のほとんどを排除し、それまでの少数精鋭教育をアメリカ合衆国の援助流入によってアメリカ式の開放的で質にこだわらない教育に変えたとされた。そして、学生や評議員メンバーへ共産主義の影響が及び、反政府ストライキやマルクス主義カリキュラムへの要求が生じたり、教育言語がビルマ語化しつつあることが記されていた。ゴア＝ブース大使の報告はラングーン大学からのイギリス人教員の消滅と教育レベルの低下、イギリスの影響力の減少を嘆く論調であった(47)。マラヤ大学における国民統合政策や現地化減速方針には、ラングーン大の二の舞を防ぎたいという意図も反映されていたのではないか。すなわち、非常事態などの特殊事情もあり、イギリス政府はマラヤ独立後も長期に渡って、マラヤ大学に対して自国の影響力の維持を図っていたことが看取される。マレー人や華人穏健派の大学評議員たちもまた、華人学生らへの共産主義の浸透を恐れてイギリスの影響力維持を容認していたようであった。現にマラヤ連邦、シンガポール独立時にも学生はおとなしく、さしたる役割は果たさなかった(48)。学部編成としては、前身の時代から医学、経済学教育は盛んで、社会研究学科は一九五六年に設けられていたが、教員養成学科は一九六二年、経済・政策学部は一九六六年の設立で、エイトキン報告でも社会科学分野の遅れが指摘されていた(49)。これも学生の政治化や共産主義浸透への大学本部の警戒のあらわれとみなすことができる。

ところが、肝心の学内からの国民統合、マラヤ人育成政策も不調であった。大学内にマレー人学生が増え、英語中心の教育に不満が生じてマラヤ大学マレー語協会がつくられるとともに、シンガポール華人の影響を受けて政治的に活性化していた英語校卒業の華人学生らとの対立が高まった(50)。一九六九年の選挙後にクアラルンプールを中心にマレー人と華人の間で人種暴動が起こり、その後の暫定政府は、マラヤ大学の学生生活を保健省計画研究局長のイスマイルに調査させた。マレーシアの多民族の官僚・教育者からなるイスマイル調査団の一九七一年の報告書は、マレーシア成立後、マレー人学生数が華人学生数に近づくほど急増しつつあることを示す一方で、学生がマレー人と非マレー人に二極化しており、人種を越えた統合が成功せずにマレーシア人意識が欠如していると指摘した。また世界の他地域の学生運動を伝えるメディアの影響でマレー語協会が活動を活発化させているとも述べた(51)。その後も、一九七四年にかけて大学内の中国語協会がマラヤ共産党の影響を受けて活性化し、マレー人学生を刺激して反政府デモに向かわせ、マラヤ内務省もこれを調査して白書を出す事態となった[52]。

また、一九六〇年代後半にマレーシア政府は将来の人材要請に応えるために高等教育計画委員会を設置し、委員会が一九六七年に高等教育の機会拡大、工学系、農学部の充実、マレー語を教授言語とする授業の開設を勧告した。これにしたがって、一九六九年にペナン大学、七〇年に既存のイスラムカレッジを合併したマレーシア国民大学が設立され、より現地のニーズに即したカリキュラムを採用した教育が進められた[53]。それだけマラヤ大学の教育だけでは現地政府や住民のニーズを満たせていなかったということになる。

少し前の一九六七年に、ユネスコがアメリカ合衆国のフォード財団の支援で東南アジアの高等教育調査を行なったが、その団長ヘイデンによる報告書では、コロンボ・プランの技術協力は評価するものの、東南アジアの地域的高等教育協力は、マレーシア結成をめぐるインドネシアやフィリピンとの対立などによって進んでいないと指摘された。報告は地域の諸大学を連携し情報と広報を集約する東南アジア高等教育開発機構の設置を提案すると同時に、その難しさを認めつつ、地域の旧英領三ヵ国の複数のカレッジを統合した東アフリカ大学の試みを希望の持てる例として挙げていた[54]。

戦後の政治・経済環境においてイギリスの多額の援助を得、アメリカ合衆国や国際機関の援助も得やすく、マラヤ、シンガポール政府が一人当たりの学生にかける高等教育費用が他の東南アジア諸国の約四倍[55]という教育重視のなか、当初から学位授与での独立性もあり地域の拠点大学育成にふさわしい環境があったはずのマラヤ大学で、地域協力も学生統合も進まず、東アフリカ大学に範を求めなければならないのは皮肉なことであった。

3　マケレレ・カレッジ、東アフリカ大学の設立支援とその後

それでは、東アフリカ大学にはどのような特徴があり、どの点が成功例とみなされ、どこに限界があったのだろうか。

その中心的母体となったマケレレ・カレッジ（以下マケレレと略称）[56]は、一九二三年に英領ウガンダの首都カンパラ郊外に土木・機械などの技術訓練校として設立された。マケレレは一九三〇年代から東アフリカの他の英領、すなわちケニア、タンガニーカ、ザンジバルからの学生を受け入れ、科目は文系・理系に広がり、すでに第二次世界大戦前に英領ウガンダ政府の管理から離れて全英領東アフリカからの代表で構成される評議会に所属し財政支援を受ける、独立のカレッジとなっていた[57]。前述のように一九四九年からロンドン大学と学位提携する東アフリカ・ユニヴァーシティ・カレッジになり、一九五四年に起源をもつケニア・ナイロビのロイヤル・カレッジと、タンガニーカのユニヴァーシティ・カレッジ・ダルエスサラームと、東アフリカ三英領の独立を機に、一九六三年六月から連合して東アフリカ大学となった。一九五四年の時点ですでに医学部、農学部、獣医学部、教育学部があり、そのほか科学・生物学などの理系の学科に加えて、英語、歴史、地理、社会研究の学科も存在していた。東アフリカ大学になった一九六三年時点では、さきの文系学科は教養学部（Faculty of Arts）に所属し、そのなかに社会研究学科の代わりに、経済学科、政治学・公共政策学科、社会学科、宗教学科が作られており、社会科学系科目の充実がみられた。その後、ウガンダのミルトン・オボテ政権からの国有大学化の圧力と他の二国政府の独自性要求のために一九七〇年六月に連合を解消して三大学に分立した[58]。

このようにまずマケレレ、東アフリカ大学の第一の特徴として、東アフリカ地域の拠点大学としての性格が早く

から確立されたことが挙げられる。既出の表4-2の一九六〇年前後の学生の出身地分布も東アフリカ全体であった。また、表4-3とあわせてみると、東アフリカ地域内の大学生交流は、マラヤを中心とした東南アジア内よりはるかに盛んであったとわかる。一九四六年から六五年まで教授、校長、副総長として奉職したドイツ系イギリス人のバーナード・デ・ブンセンが端的に記したように、「七〇の異なるアフリカの人々がそれぞれの部族衣装を着てマケレレにやってきて、共に出会いお互いから学ぶ」「学生のインターテリトリアリティ（領域際性）」[59]があったのである。一九五四年のマケレレの報告書では、学部生四四八名のうち、ウガンダ出身は一四八名、ケニア出身一六八名、タンガニーカ出身一一三名、ザンジバル出身一〇名など、むしろウガンダ外からの学生のほうが多数を占めていた。さらに、ニアサランドや北ローデシアなど南部アフリカからも合計一〇名の学生を受け入れていた。東アフリカ出身学生のなかには、「アジア人」と称されるインド系移民の子弟も含まれていた。分離直前の一九六九年には、学部生総計二二一七名のうち、ウガンダ出身一四八四、ケニア四五五、タンザニア二三三、他のアフリカ諸国二八、英米一四など、出身地はより広範になっていた[60]。連合した三校の間では教員の短期交換も行なわれ、六六年と七〇年の間には三九人が他校で二週間から一〇週間、教鞭をとった[61]。

このようなマケレレの地域性、学生・教員の領域際性の理由としては、各英領が多部族からなり、一部は領域を越えて居住していたことだけでなく、戦前から東アフリカには共通の通貨・経済圏が形成されていて、人々の移動・交流が行なわれていたことが考えられる。また、東アフリカ大学設立の背景として、イギリスが地域の大学を支援したのはもちろんのこと、タンガニーカ独立の際に高等弁務府に代わり公共サービス運営機関として東アフリカ共同役務機構が設立されたことがあった。しかしより大きな要因として、ケニア独立を前に東アフリカの首脳が共同で発した「ナイロビ宣言」での経済的協力関係の約束に始まり、一九六七年に東アフリカ共同体設立に結実した現地のリーダーたちによる主体的な地域経済協力の進展があったことは間違いなかろう[62]。実際に、マケレレの卒業生でもあるタンザニアの初代大統領ニエレレは一九六六年に、本章冒頭に引用した役割を地元大学に期待しただけでなく、別の場で、国境は自然なものではなくヨーロッパ人が引いたもので、その細分化を回避して国民意識を持つとともに善隣関係やアフリカのまとまりをつくる必要があると述べた。そして「われわれの諸大学の職員や学生たちでなくして、誰がナショナリズムをパンアフリカニズムに転ずる闘いにおいて、われわれを活気づけ続けてくれるだろうか」と、より大きな大学の役割や大学間の学生交換に期待を表明したのである。(63)

また東アフリカ大学設立による地域統合の推進は、多国間協力組織としてのユネスコが当時強力に支援、期待をしていた地域レベルの教育協力とも合致するものであった。ユネスコはその設立母体となった前述の連合国教育大臣会議同様に、六〇年代にそれぞれアジア、アフリカで地域ごとの教育大臣会議を開いて国際協力を推進しており、英連邦教育会議にもオブザーバーを派遣していた。一九六一年五月にアジスアベバでユネスコが主催した「アフリカの教育発展に関するアフリカ諸国会議」には各国の教育大臣が招かれ、諸国間の協力推進がうたわれて初等から高等に至る全レベルのアフリカの教育発展に関する二〇年計画が策定された。翌六二年九月には、同じくユネスコ主催で「アフリカの高等教育発展に関する会議」がマダガスカルのタナナリブで開かれた。事前にロンドン大学政治経済学院長でIUC議長であったカー＝ソウンダースをはじめ英米仏ソなど域外・域内混成のコンサルタントのパネルが作られて準備が行なわれた。本会議はアフリカ三一ヵ国の教育大臣・大学校長らに加えて域外一四ヵ国のオブザーバーやユニセフなど国連専門機関の代表、IUC、カーネギー財団、ロックフェラー財団など一一の非政府組織の代表も出席する大国際会議となった。会議では教育のアフリカ化を急がず長く続けることや英語・フランス語など共通教育言語の重視に加えて、不可欠な国際協力を効率的に受けるためにも域内協力が重要であると唱えられた。そして仏領中央アフリカにおける地域共同大学の計画とともに、マケレレ校長のデ・ブンセンが提出した東アフリカ大学設立計画の文書が検討され、支援が示されていた。(64) また、マケレレで一九六一年に英連邦の第二言語としての英語教育の会議が開かれたり、一九六五年に東アフリカ大学ダルエスサラーム校でユネスコ支援のアフリカ史に関する国際会議が開かれるなど[65]、大学事体が各種教育関連の国際協力、地域協力のフォーラムとして活用されていたことも大学メンバーへの刺激となっていたと言えよう。

マケレレ、東アフリカ大学の二つ目の特徴は、早期からの教員の現地化努力と教員・学生による大学自治へのコミットメントであった。一九三六年に職業教育以外での最初のアフリカ人教員が任命され、一九四五年には卒業生がはじめて常勤教員となった。一九六二年にはケニア出身のアリ・マズルイが政治学・公共政策学科に着任し六七年にアフリカ人初の社会科学部長になった。東アフリカ大学になった翌年の一九六四年には、ウガンダ人卒業生で教育学部講師を経たユスフ・K・ルレがアフリカ人としてはじめて校長に就任した[66]。一九六二年時点のマケレレ全教員一四五人中、イギリス人は九七人と依然として圧倒的に多く、現地出身者は二四人、一六・五％であり、ほどなく連合したケニアやタンザニアのカレッジは現地出身教員の比率はより少なく[67]、比率の面では前述のマラヤ大学の現地化のほうが早く進んでいた。また、マラヤと異なり、ほとんどの学部で学位授与はロンドン大学に委託していた。それにもかかわらずマケレレでは、学生たちと現地出身如何を問わず校長ほかおもな教授陣が、「アフリカ式教育」を重視し、現地政府からもイギリス政府からも自治を保つ努力をしたことが着目される。長くマケレレの運営担当教員の一員で在学生卒業生を知り尽くしていたイギリス人ケイリー・フランシスは、東アフリカの三悪の二つ目にロンドン大学との学位をめぐる特別な関係を重視したカー＝ソウンダースを挙げるほどであった[68]。

また、社会科学系の科目充実の影響もあると思われるが、マケレレの学生たちは政治的に活発であった。一九五二年には、南アフリカの人種差別に反対するデモと、大学の食事の改善を求めるデモを行なった。また、東アフリカ大学計画がはじまるとすぐに東アフリカ学生連合を結成した。一九六五年にはアメリカ大使館前でアメリカ合衆国による西ナイルの村爆撃に抗議するデモを行ない、一九六七〜六九年には世界的な学生運動の影響もあったと思われるが、運動を活発化させ、イギリスのローデシア政策に反対するデモを組織した。一九六八〜六九年には、学生主催ではじめてのアフリカ・デイを祝い、アフリカ・ウィークの行事なども行なわれ、マズルイら教員も講演をした。その一方で、学生たちは学内の対立を招きかねない政治活動には距離を置いたようだ。一九五二年から五五年にイギリス総督がブガンダ国王を追放した際や、ほぼ同時期にケニアでキクユ族中心の対英反乱（マウマウ反乱）が起こったときも、また三国の独立運動からも、あまり直接的な影響を受けることなく、イギリス人教員たちとの対立も生じなかった。校長たちは学生運動に対して概して冷静で、一九五〇年から六四年まで校長をつとめたデ・ブンセンは学生とのコミュニケーション改善につとめ、マウマウ反乱時に英領ケニア政府から嫌疑をかけられたキクユ族学生を守り、復学支援も行なった。一九六〇年代末の学生運動の活発化に対しては、アフリカ人校長ルレは大学当局の不介入を決め、むしろ学内行政に学生の参加を許す方向に舵を切ったのであった[69]。

このような学内対立の少なさと大学・学生自治重視の立場がなぜ可能になったのであろうか。理由として、まず、隣国からも含めて多種多様な民族の学生が集まっていたためにマラヤ大学においてのように民族構成上学生が二分される状況がなく、特定のイデオロギー浸透の恐れも少なかったことで、教授陣と学生間の一定の信頼関係があったことが挙げられよう。また、重要な時期に校長や連合大学の初代副総長をつとめたデ・ブンセン自身が、クウェーカーの親族の影響で平和主義者であり、一九四六年からパレスチナの教育局長をつとめた人物だったことも重要と思われる。パレスチナ赴任を彼に説得したのは、戦前の植民地大臣マクドナルドのもとで植民地省の教育アドバイザーをつとめアスキス調査団派遣にも関わった友人クリストファー・コックスであった。デ・ブンセンはその経歴から人々を対等に扱うことに熟練し、教育を受けたアフリカ人に不信感をもつ植民地行政官らとの対立を恐れなかった[70]。後任の校長ルレもその方針を引き継いだようであった。

また、一九六三年六月の東アフリカ大学設立式典列席者からもわかることがあった。開発援助・国家建設支援としての高等教育重視政策の先鞭をつけたマクドナルド本人がマラヤ大学の総長を辞して六三年初めから最後のケニア総督として着任しており、連合先のナイロビのロイヤル・カレッジの視学官として列席した。東アフリカ大学評議会議長としては、マラヤ高等弁務官経験者のドナルド・マギリヴレイが出席していた。(71) このことから、イギリスの影響を残しながらも、マラヤ大学の苦労を知る植民地高官らによって東アフリカ大学の自律的運営は一定の理解を得られていたとみることもできる。

さらに、大学自治の背景でもあり、マケレレ、東アフリカ大学の第三の特徴と考えられるのが、大学への資金援助のイギリス離れと多角化であった。マケレレへの資金援助において、当初はイギリスの植民地開発福祉法にもとづく援助やイギリスのナッフィールド財団からの寄付が主流であったが、一九五五年頃からアメリカ合衆国のフォード財団、ロックフェラー財団、カーネギー財団からの資金援助が増えはじめた。一九五八～五九年にはフォード、ロックフェラー財団からあわせて一〇万五〇〇〇ドル（当時の三万七五〇〇ポンド）、一九六〇～六一年には、ロックフェラー、カーネギー財団からあわせて八万ドル（当時の約二万八六〇〇ポンド）などの寄付があった。一九六四年には、前年に設立されたばかりの東アフリカ大学に対してフォード財団から四七万八〇〇〇ドル（当時の約一七万七〇〇ポンド）もの援助があった。五〇年代末からは、政治学科にアメリカ政府の資金でシカゴ大学から客員教授が派遣される制度も作られ、六〇年代末にはジョン・F・ケネディ奨学金も創設されるに至るなどアメリカ合衆国の影響は強くなった。(72) 六一年からは、訪米時のデ・ブンセンらの発案でイギリス人教員の帰国で生じた中等教育の教員不足を補充するために、米コロンビア大学による運営で米英などの大学新卒者をマケレレの教育学部で訓練したのち二年間東アフリカの中学校で教鞭をとってもらう、という東アフリカ教員養成（Teachers for East Africa）プログラムが実施された。その結果、毎年四〇人ほどがマケレレで学ぶことになり、さまざまな刺激や予想外の文化攻勢をマケレレに及ぼすこととなった。(73) 校長のデ・ブンセンは、このプログラムには擁護的ではあったが、回顧インタビューで、大学連合にも熱心なアメリカ合衆国の支援増全体については「致命的な（アメリカ合衆国への）治外法権付与」であったと、当時も危惧していたことを示唆している。(74)したがって一九六〇年代後半からは、大学も援助国の多角化を図るようになり、ドイツ、オランダ、ノルウェーなど北欧諸国からも資金や人員の援助を受けることになった。(75)このような資金・人材面でのイギリス離れとアメリカ接近、その後の多角化は、英米政府の多大な影響を排して大学運営の自律性を確保する助けになったと考えられる。

マケレレ、東アフリカ大学へのイギリス支援と大学の自律的反応をみてきたが、その最大の限界は、皮肉にも卒業生のオボテ大統領によるウガンダ国政の独裁化と国家利益優先の圧力の結果としての、東アフリカ大学の解体・分離であった。その後、より独裁的なアミン大統領によるマケレレ教員を含むイギリス人追放やウガンダ人副総長の粛清、学生運動の残虐な鎮圧が起こり、アメリカ合衆国の援助も打ち切られた。マケレレの復興支援を目的とした援助国の国際会議が開かれたのは、一九八〇年のことであった。(76)

4　大学教育支援結果の分岐

ほぼ同時期にイギリスが国家建設への開発援助の一環として大学設立支援をはじめたマラヤ大学とマケレレ・ユニヴァーシティ・カレッジであったが、これまで述べてきたようにその発展は異なる道筋をとった。マラヤ大学では、民族融合による国民形成を期待した総長マクドナルドらの意図に反して、マレー人学生と華人を中心にした非マレー人学生の統合は進まず、より大きな東南アジア地域の将来を担う学生としての意識はほとんど高まらなかった。むしろマレーシア結成に対するインドネシアやフィリピンによる対決政策で地域の他国への不信感は高まったと考えられる。またマラヤ政府によるマレー語の国語化政策がマレー人学生の大学における英語主導への不満を高めたのではないか。それに対して、マケレレには連合前から他の東アフリカ英領諸地域から多種多様な民族的出自をもつ学生たちが集まり、その多様性や「領域際性」ゆえに言語や民族をめぐる対立は生じず、共通語としての英語による連帯が維持され、むしろ東アフリカ人、アフリカ人としての地域主義の自覚や開発への認識が共有されたようだ。学生たちは、近隣諸国の人種差別やアメリカの爆撃への反対など、パンアフリカニズムにもつながる、いわば規範的・国際主義的な目的で団結したといえよう。一九六〇年代末には世界的な学生運動の高まりに共鳴した部分もみられた。学生のみならず教員も、デ・ブンセン校長やルレ校長、マズルイ学部長の影響もあり、独自に学位を授与でき独立性が高いはずのマラヤ大学のメンバーよりも、イギリス当局、現地政府双方からの独立性の高い、リベラルで自律的な大学運営や活動を行なったと考えられる。マズルイ教授が学部長になった年に書いた東アフリカ大学に関する共著論文では、東アフリカには「国家建設だけでなく規範建設の必要がある。そのような状況での大学は、『国民的価値』の植え付けよりも、制御された懐疑によって信条の成長を助ける」と述べている(77)。また、このような東アフリカ大学メンバーの地域認識や国際主義、規範重視は、前述のアジスアベバ会議やタナナリブ会議などにみられるように、ユネスコがアフリカにおける各種会議の招集で推進した教育関係者の相互接触や共通課題の討議を通して、さらに促進されたと考えられる。

これらの東アフリカ大学の特徴の背景には、すでに述べたように東アフリカ諸領域の戦前からの主体的経済統合の進展やそれにともなう移動と交流、タンザニアの初代大統領のニエレレらが推進した全般的な経済援助国の多角化と軌を一にする、東アフリカ大学援助のイギリス離れと援助国の多角化が考えられる。これに比べてマラヤ大学が、学位授与では独立性があったにもかかわらず、なぜイギリスや英連邦の援助を介したコントロールに頼らざるをえなかったかを考えると、やはり冷戦下での非常事態の存在ゆえに、反共政策の緊要性と華人住民・学生に対するイギリス、マレー人リーダー双方の不信感や脅威感の存在が浮かび上がる。現にマケレレのデ・ブンセンは、マラヤ大学設立を勧告しその後東アフリカ大学設立案についても調査や助言を行なったカー＝ソウンダースらについて、民族差を意識しすぎであり、マケレレにもアジア人（インド系学生）の求める工学や商業科目の飛び地を作ろうとしたが、われわれは連合大学を目指したのだ、と批判的に言及していた[78]。

また、ユネスコの教育大臣会議等による地域協力の推進と非政府組織も取り込む多国間の国際主義の普及政策は、冷戦と対決政策で分断の目立つ東南アジアより東アフリカでより功を奏したようである。前述のヘイデン報告にも東南アジアの高等教育のためのユネスコ関連組織がいくつか挙げられていた[79]が、十分機能していた様子ではなかった。しかしアフリカでのユネスコ関連会議は活発であった。諸会議の報告内容も、たとえば一九六二年のタナナリブ会議で、教育援助においては現地からの要請や対等な相互性を重視すべきとするなど先進的なものであった。タナナリブ会議には前述のようにオブザーバーとして域外から英仏独などの旧宗主国やアメリカ合衆国、さらにソ連、キューバ、チェコスロバキアなど東側諸国からの代表も出席しており、イギリスからは、植民地省の教育アドバイザーから一九六一年に設立された技術協力局の局長になっていたクリストファー・コックスも出席していた。そのような場で、ユネスコの副総裁アディセシアは、次のような閉会挨拶を行った。

他の三地域における一五年のユネスコの歴史には、いくつか、私が「威信」プロジェクトと呼ぶものの失敗が散らばっている。あなた方アフリカ人が独立しこの大陸でのあなた方の行く末に責任を持つようになってから二年間、あなた方が求めてユネスコ援助のもとで確立したもののなかには、ただのひとつも威信プロジェクトがなかったという事実を目にできたことを私は誇りに思います[80]。

援助を通した旧宗主国の影響力維持政策（帝国の論理）や米ソの冷戦両陣営への引きつけ政策（冷戦の論理）を指

すとおもわれる「威信プロジェクト」への批判は痛烈であった。他の三地域とは東南アジア、西インド諸島、中東であると推察されるが、英米による反共政策の強化とイギリスの影響力維持というまさに二重の「威信プロジェクト」が行なわれていた東南アジアとアフリカとの差は、ここでも指摘されていることになる。

総じてみれば、戦後イギリスの海外大学支援政策は、一九四〇年前後からの開発援助政策理念の変容とともにはじまり、全体として国家建設支援とドナーの多角化、多国間援助へと向かっていった。しかしマラヤと東アフリカにおいては、それぞれ現地の国際・国内政治を反映して援助の多角化や大学の自立化に差がみられた。戦前からの地域協力の進展や住民の多民族性が、東アフリカの大学教育においては地域協力と学生の連帯、英語教育への需要、大学運営の自律性を高め、援助の多角化をもたらした。前川一郎の指摘するようなイギリス援助全体のアフリカからの撤退[81]が大学援助の多角化を促進したともいえよう。それに対して、当初独立性の高かったはずのマラヤ大学では、冷戦波及のなかで国民統合促進を図ったイギリスの積極的な支援が大学のイギリスへの依存継続をもたらした。学生を通じた国民統合はコストに応じた成果をもたらさず、むしろ使用言語をめぐる学生の二分や国内政治上の民族対立の反映につながったことは皮肉なことであった。

注

（1）　Lord Butler of Saffron Walden, *Azad Memorial Lectures, 1970 : Survival Depends on Higher Education*, Indian Council for Cultural Relations and Vikas Publications, 1971, p. 9.

（2）　'The University's Role in the Development of the New Countries', Nyerere's opening address to the General Assembly of the World University Service held at Dar es Salaam University College, June 1966, in Julius K. Nyerere, *A Selection from Writings and Speeches, 1965–1967*, Oxford University Press, 1968, p. 183.

（3）　安原義仁「イギリス帝国大学間ネットワークの形成――一九一二年第一回帝国大学会議」秋田茂編著『イギリス帝国

と二〇世紀　第一巻　パクス・ブリタニカとイギリス帝国』ミネルヴァ書房、二〇〇四年。A. M. Carr-Saunders, *New Universities Overseas*, London, 1961. P・G・アルトバック、V・セルバラトナム編（馬越徹・大塚豊監訳）『アジアの大学』玉川大学出版部、一九九三年。A. J. Stockwell, '"The Crucible of the Malayan Nation": The University and the Making of a New Malaya, 1938-1962', *Modern Asian Studies*, vol. 43, no. 05, 2009, pp. 1149-1187. 横井勝彦「インド工科大学の創設と国際援助」渡辺昭一編著『コロンボ・プラン』法政大学出版局、二〇一四年、八五〜一一三頁。

（4）Stockwell, 'The Crucible of the Malayan Nation', pp. 1149, 1151.

（5）五十嵐元道『支配する人道主義——植民地統治から平和構築まで』岩波書店、二〇一六年、一四四〜一四九、一五四頁。

（6）The Overseas Development Institute（ODI）, *Colonial Development : a factual survey of the origins and history of British aid to developing countries*, London, 1964, p. 57.

（7）西アフリカにはエリオット調査団、マラヤにはマクリーン調査団、西インド諸島へはアーヴァイン調査団がそれぞれ派遣された（Stockwell, 'The Crucible', pp. 1152-1154, 1159）。

（8）Colonial Office（Justice Asquith as a Chairman）, *Report of the Commission on Higher Education in the Colonies*, London, 1945, pp. 3, 8-11, 103-114. IUCは一九四六年三月に第一回の会議が開かれた（Stockwell, 'The Crucible', p. 1161）。マラヤと東アフリカの大学設立拡充については後述するが、西アフリカではナイジェリアにイバダン大学が一九四八年に、西インド諸島大学も同年に設立された。

（9）Carol Sicherman, *Becoming an African University : Makerere, 1922-2000*, Africa World Press, 2005, Appendix II Selective Chronology, pp. 332-333.

（10）Stockwell, 'The Crucible', pp. 1154, 1161, 1163-1167.

（11）Government of Malaya, *Report of the Commission on university education in Malaya*（*Carr-Saunders Report*）, Kuala Lumpur, 1948, pp. 6-7, 11, 108-114.

（12）Stockwell, 'The Crucible', p. 1166.

（13）Malaysian Govrnment, *Report of the Committee Appointed by the National Operations Council to Study Campus Life of Students of the University of Malaya*（以下 *Ismail Report*）, Kuala Lumpur, 1971, p. 6. Stockwell, 'The Crucible', p. 1186.

（14）Clyde Sanger, *Malcolm MacDonald : Bringing an End to Empire*, Liverpool, 1995, p. 336. マクドナルドの大学外のコミュ

ニティー連携委員会やマラヤ大学内における三民族融和のための社会工学的努力や、その背景としての彼の経歴に関する詳細は、都丸潤子「脱植民地化過程における多文化統合の試み——英領マラヤでのマルコム・マクドナルドの社会工学」『日本国際文化学会年報　インターカルチュラル』第四号、二〇〇六年、一一九～一三六頁を参照されたい。

(15) Colonial Office, *Inter-University Council for Higher Education in the Colonies Report, 1946-1947, Presented by the Secretary of State for the Colonies to Parliament*, London, 1948, p. 6. にも、各種調査団の報告書が、マラヤ、東アフリカ、西アフリカ、西インド諸島のそれぞれに寄宿型の大学を設立する地域計画を提示したと記されている。

(16) Stockwell, 'The Crucible', p. 1170.

(17) Sicherman, *Becoming an African University*, p. 333.

(18) 加藤剛「『開発』概念の生成をめぐって」『アジア・アフリカ地域研究』第一三－二号（二〇一四年二月）、一一二～一四七頁。

(19) 五十嵐『支配する人道主義』一四八～一五三、二四三頁。

(20) 「投影」とは、一九三〇年代からイギリスの情報省官僚や文化広報を担ってきたブリティッシュ・カウンシルなどで使われはじめた表現で、「尊敬と威信を獲得するために一国の業績と価値を意図的に誇示する」ことで、次第に戦後イギリスの英領・非英領双方への対外文化政策のキーワードのひとつとなっていったものである。Rosaleen Smyth, 'Britain's African Colonies and the British Propaganda during the Second World War', *The Journal of Imperial and Commonwealth History*, vol. 13, no. 1, 1985, p. 65. 菅靖子『イギリスの社会とデザイン』彩流社、二〇〇五年、二三〇～二三一頁。J・M・ミッチェル（田中俊郎訳）『文化の国際関係』三嶺書房、一九九〇年、一二二頁（「　」内引用部分）。

(21) 詳しくは、都丸潤子「イギリスの対東南アジア文化政策の形成と変容（一九四二－一九六〇）」『国際政治』第一四六号、二〇〇六年、一二一～一三三頁を参照されたい。「　」内引用部分は、*The Times*, 18 February 1942.

(22) Frances Donaldson, *The British Council: The First Fifty Years*, London, 1984, pp. 179-187.

(23) *Annual Report of the Makerere (University) College*, 1954～1972, Kampala（京都大学図書館所蔵、以下、*Makerere Report*, 1954 などとして略記）. Manuscript Sources of Bernardo de Bunsen, MSS. Afr. s. 1825, IX (24), Rhodes House, Oxford（以下 RH de Bunsen papers）. Stockwell, 'The Crucible', p. 1186. 都丸「イギリスの対東南アジア文化政策」、一三〇頁。

(24) 都丸潤子「ユネスコ設立過程とイギリス、仙台——脱植民地化と平和のとりで」『（東北学院大学）ヨーロッパ文化史研究』第一七号、二〇一六年、三四～三八、四〇～四三。別途出典注のない限り、この段落と次の段落の記述は上記拙論に依拠している。

（25）　本章では国際主義を、マイケル・ピューが定義する、以下のような戦間期イギリスのリベラル国際主義の流れを汲むものとして使っている。ピューのリベラル国際主義の定義は、国際法、国家間の諸会議、集団的安全保障を通して紛争を乗り越え、世論の民主的制御を受けた「開かれた外交」によって国家間の誤解を防いで平和を獲得し維持しようとする考え方であり運動である、というものである（Michael Pugh, *Liberal Internationalism : The Interwar Movement for Peace in Britain*, Palgrave, 2012, pp. 2f.）。

（26）　Commonwealth Relations Office, *Report of the Commonwealth Education Conference*（1st～4th）, London, 1959-1968（京都大学図書館所蔵）. Foreign and Commonwealth Office, *Report of the Fifth Commonwealth Education Conference*, London, 1971（downloaded from the House of Commons Parliamentary Papers）.

（27）　ユネスコ脱退案と関連省庁の議論についての詳細は、都丸「イギリスの対東南アジア文化政策」一三三～一三四頁。

（28）　以下報告書の内容については、TNA, CAB130/153, GEN624/10, 'The Position of the UK in world affairs' : report by officials, 9 June 1958, in *The British Documents on the End of Empire A-4, Par I*,（以下同資料集シリーズについては *BDEE : A-4-I* などと略記）Document 5. 議事録は、TNA, CAB130/153, GEN659/1, 'The Position of the UK in world affairs' : minutes of a Cabinet committee meeting, *BDEE : A-4-I*, Document 6.

（29）　TNA, CAB129/98, C.（59）109, 'Africa : The Next Ten Years, Memorandum by the Secretary of State for Foreign Affairs', 8 Jul. 1959, p. 27.

（30）　Central Office of Information（COI）, *The Colombo Plan : Central Office of Information Reference Pamphlet 58*, London, 1963, p. 39.

（31）　佐藤滋「冷戦下イギリスの対マレーシア経済・軍事援助政策の展開」『（東北学院大学）ヨーロッパ文化史研究』第一七号、二〇一六年、五頁。

（32）　COI, *The Colombo Plan*, pp. 39, 77. この特例についての言及は TNA, CO927/734 にあり、佐藤滋氏にご教示いただいた。記して感謝申し上げたい。

（33）　University of Malaya, *Seventeenth Annual Report*（*University of Malaya Report*）, 1965-66, Kuala Lumpur, 1966, p. 119. *Ismail Report*, p. 7.

(34) Khoo Kay Kim, *100 Years of the University of Malaya*, Kuala Lumpur, 2005, Kindle 2458/2479.
(35) TNA, BW90/552, 'Exract of Fifth Conference of Directors of Education of U.K. Territories in South East Asia', Singapore, 13-15 Sep. 1954, and attached documents.
(36) Tunku Abdul Rahman, *Viewpoints*, Kuala Lumpur, 1978, p. 218.
(37) Stockwell, 'The Crucible', pp. 1167-1168. Khoo Kay Kim, *100 Years*, 814, 822, 1687, 1729/2479.
(38) TNA, CO537/5961, no. 25, 'Item1 of minutes of fifteenth commissioner-general's conference at Bukit Serene attended by Mr Griffiths', *BDEE, B-3-II*, Document218.
(39) Yeo Kim Wah, 'Student Politics in University of Malaya, 1949-51', *Journal of Southeast Asian Studies*, vol. 23, no. 2, 1992, pp. 372-373.
(40) Sanger, *Malcolm MacDonald*, p. 297.
(41) Stockwell, 'The Crucible', pp. 1163, 1168.
(42) TNA, BW90/627, *Report of the Commission of Enquiry on the University of Malaya 1957* (*Aitkin Commission Report*), 1957, pp. 20-21, 29. Khoo Khai Kim, *100 Years*, 1184-1196, 1236, 1241/2479. Stockwell, 'The Crucible', p. 1182. Edwin Lee, 'The Colonial Legacy', in Kernial Singh Sandhu and Paul Wheatley eds., *Management of Success : The Moulding of Modern Singapore*, Singapore, 1989, pp. 29-30. それでも実際に一九六五～六六年には、現地出身教員の比率は六七％と現地化は進んでいた（University of Malaya, *Seventeenth Annual Report*, 1965-66, p. 8）。
(43) マラヤ大学ウェブページ（二〇一六年八月三〇日アクセス）https://www.um.edu.my/about-um/administration/former-vice-chancellors
Khoo Khai Kim, *100 Years*, 1582, 1584/2479. University of Malaya, *Seventeenth Annual Report*, 1965-66, pp. 1,3.
(44) 都丸「イギリスの対東南アジア文化政策」一二五～一二七頁。
(45) 田村慶子『多民族国家シンガポールの政治と言語――「消滅」した南洋大学の二五年』明石書店、二〇一三年、四六～五〇頁。University of Malaya, *Seventeenth Annual Report*, 1955-56, pp. 3-4. Stockwell, 'The Crucible', pp. 1182-1183.
(46) Khoo Khai Kim, *100 Years*, 1092/2479.
(47) TNA, BW90/552, Despatch from Paul Gore-Booth, British Ambassador to Burma, to Sir Anthony Eden, Secretary of State for Foreign Affairs, 24 Mar. 1955.

(48) Stockwell, 'The Crucible', p. 1179.
(49) Sandhu and Wheatley, *Management of Success*, pp. 29–30. Khoo Khai Kim, 100 Years, 939, 1143/2479.
(50) Khoo Khai Kim, *100 Years*, 1697–1712/2479
(51) *Ismail Report*, pp. 30, 37, 121, 124.
(52) アジア経済研究所『動向分析資料　マレーシアの学生運動——マラヤ大学華文学会に関する内務省白書』一九七五年。
(53) アルトバック『アジアの大学』二六六～二六八頁。
(54) UNESCO and International Association of Universities, *Higher Education and Development in South-East Asia : volume 1 : Director's Report by Howard Hayden*, 1967（downloaded from UNESDOC）（*Hayden Report*）, pp. 402–405, 419–423, 426.
(55) *Hayden Report*, p. 470.
(56) 他に特記のない限り、以後のマケレレ・カレッジと東アフリカ大学の沿革については、以下の二つの資料にもとづいている。Sir Bernard de Bunsen, 'The University of East Africa（Plan for a regional university）, paper presented to the UNESCO Conference on the Development of Higher Education in Africa, Tananarive, 1962（UNESDOC de Bunsen Paper）; Sicherman, *Becoming an African University*, Appendix II.
(57) タンガニーカと沖合の島のザンジバルはそれぞれ一九六一年と一九六三年の独立後、一九六四年に連合してタンザニアとなった。
(58) RH de Bunsen papers, pp. 16–18. *Makerere Annual Report : 1954*, contents（list of departments and faculties）; *1962–63*, contents ; *1969–70*, p. 2.
(59) RH de Bunsen papers, p. 12.
(60) *Makerere Report : 1954*, Appendix II ; *1960–61*, p. 134 ; *1962–63*, p. 155 ; *1969–70*, p. 418. アジア人学生については、Sicherman, *Becoming an African University*, Appendix II, pp. 334–335.
(61) Sicherman, *Becoming an African University*, p. 71.
(62) 前川一郎「独立期アフリカにおける地域経済関係——東アフリカ共同体（ＥＡＣ）の経験」秋田茂編著『アジアからみたグローバル・ヒストリー——「長期の一八世紀」から「東アジアの経済的再興」へ』ミネルヴァ書房、二〇一三年、二二五～二五七頁。前川一郎「アフリカン・コモンウェルス諸国の台頭——一九六九年アルーシャ協定をめぐる貿易外交を中心に」山本正・細川道久編『コモンウェルスとは何か——ポスト帝国時代のソフトパワー』ミネルヴァ書房、二〇一四年、二九一〜三一一頁。

（63）'The Dilemma of the Pan-Africanist', Speech at the University of Zambia, 13 July 1966, in Julius K. Nyerere, *Freedom and Socialism : A Selection from Writings and Speeches, 1965–1967*, Oxford, 1968, pp. 207–217.

（64）UNESCO, *Conférence des Ministres de l'éducation et des Ministres chargés de la planification économique des Etas members d'Asie, La Situation de l'enseignement en Asie : Evolution passée et condition présente*, Bangkok, 1965 (downloaded from UNESDOC)（東京会議の説明も含む）. 日本ユネスコ国内委員会編『アジア地域ユネスコ加盟国文部大臣会議報告書』一九六三年。*Report of the Conference on the Development of Higher Education in Africa*, Tananarive, 1962 (downloaded from UNESDOC)（*Tananarive Report*）（アジスアベバ会議の説明も含む）. *Report of the Commonwealth Education Conference*, 2nd, 4th, 5th.

（65）*Report of the Commonwealth Conference on the Teaching of English as a Second Language*, London, 1961. Nyerere, *Freedom and Socialism*, p. 85.

（66）*Makerere Report 1962–63*, p. 21. Sicherman, *Becoming an African University*, Appendix II, pp. 335–336. ルレは一九七〇年にオボテ大統領に校長を解任され、アミン大統領時代にはイギリスに亡命していたが、アミン失脚後に短期だが大統領職をつとめた。（President Yusuf Kironde Lule, Past Presidents of Uganda, The State House of Uganda ウェブページ、二〇一七年四月一〇日アクセス）http://www.statehouse.go.ug/past-presidents/president-yusuf-kironde-lule

（67）'The Staffing of Higher Education in Africa', paper presented to the UNESCO Conference on the Development of Higher Education in Africa, Tananarive, 1962, p. 64.

（68）RH de Bunsen papers, p. 5. Sicherman, *Becoming an African University*, p. 21（フランシスは第一の悪を家父長主義的な大学礼拝堂の牧師、第三をマウマウ反乱とした）

（69）RH de Bunsen papers, pp. 6–11, 18. *Makerere Report : 1967–68*, pp. 3–4 ; *1968–69*, pp. 3, 59, 185, 239 ; *1969–70*, p. 66. T. M. Yesufu, ed., *Creating the African University : Emerging Issues in the 1970s*, Oxford, 1973, p. 96.

（70）RH de Bunsen papers, p. 4. S. J. Coleman, 'Bunsen, Sir Bernard de（1907–1990）, educationist', *Oxford Dictionary of National Biography*（以下 *ODNB*）, no. 55073. クリストファー・コックスについては Stockwell, 'The Crucible', p. 1152 ; Clive Whitehead, 'Cox, Sir Christopher William Machell', *ODNB*, no. 30977. RH de Bunsen papers に残るインタビュアーからの手紙には、デ・ブンセンが、もっとアフリカ化を進めたかったと後悔する発言をしていたことが記されている（p.

33)。

(71) *Makerere Report 1962-63*, front page photo and captions of the inauguration of the Universtiy of East Africa.

(72) *Makerere Report, 1955, 1958-63, 1967-68, 1969-70*. フォード財団から東アフリカ大学への援助については、Sicherman, *Becoming an African University*, p. 2.

(73) *Ibid*., pp. 68-71.

(74) *Ibid*., p. 70. RH Bunsen papers, p. 16.

(75) *Ibid*., p. 66.

(76) *Ibid*., pp. 337-338.

(77) Ali A. Mazrui and Yash Tandon, 'The University of East Africa as a Political Institution,' *Minerva*, vol. 5, no. 3, 1967, p. 385.

(78) RH de Bunsen papers, p. 13. Sicherman, *Becoming an African University*, Appendix II, p. 334.

(79) *Hayden Report*, pp. 407-409.

(80) *Tananarive Report*, pp. 68, 83, 335-336.

(81) 前川一郎「アフリカからの撤退——イギリスの開発援助政策の顛末」『国際政治　特集　戦後イギリス外交の多元重層化』第一七三号、二〇一三年、一五～二七頁。

第5章　アジア太平洋経済圏の胎動と援助をめぐる攻防
——一九六〇年代における対マレーシア援助政策の変容——

佐藤　滋

1　対マレーシア援助政策の概要

一九六〇年代のマレーシア(1)をめぐる情勢の変化は、きわめて目まぐるしく複雑な様相を呈していた。マラヤ共産党を中心とするゲリラ闘争（＝「非常事態」）が一九六〇年七月に一応の決着をみたと思ったのも束の間、「マレーシア」の形成にともなうインドネシアとの紛争勃発、シンガポールの離脱、サバ、サラワクの統合問題、一九六九年のマレー人と華人との対立など、この国は揺れに揺れていたからである。多人種からなるこの国の統合をいったいどのように達成していくのか。冷戦という大きな歴史的文脈に規定されつつ生じた諸々の出来事の舵取りを、この国はいかにしてこなしていくことができるのか。一九五七年に独立国家としての歩みをはじめたばかりのマレーシアには、きわめて深刻な課題が課せられていた。

他方、先進諸国や国際援助機関は、動揺するマレーシア、東南アジア地域の秩序をそれぞれの思惑をもって再構築しようと画策していた。そのための手段が援助であったのは言うまでもない。もちろん、援助の規模や形態、そ

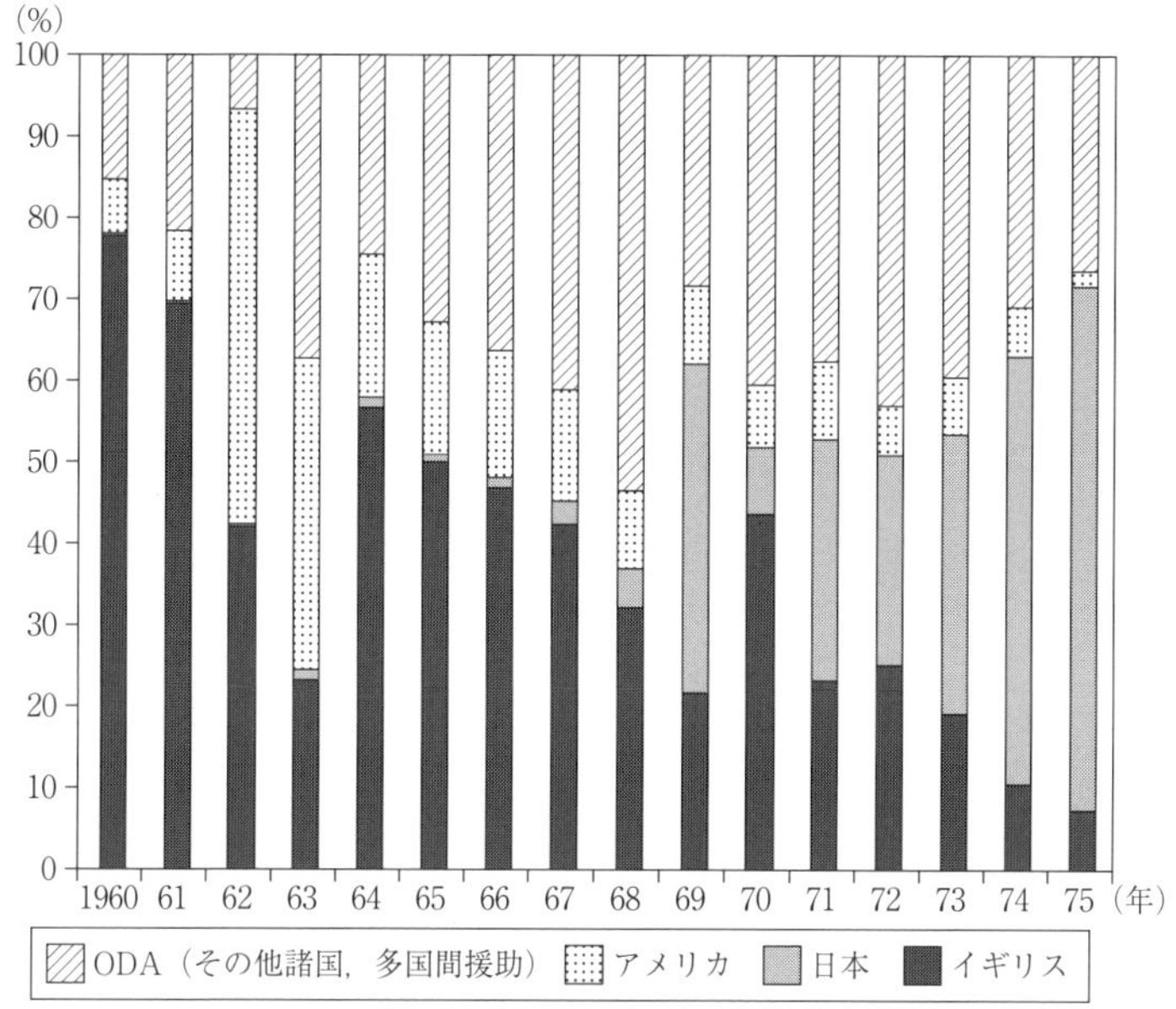

図5-1　マレーシアに対する経済援助の国別内訳とその動向
出所：OECD, *OECD. Stats, Geobook : Geographical flows of developing countries* より作成。

の使途についてはマレーシア側の、したがって被援助国側の主体性にも大きく規定されることになる。本章の課題は、こうした欧米諸国とマレーシアとの援助を通じた相互作用の動態を諸資料によって裏付け、これをもって一九六〇年代から七〇年代初頭にかけて生じたアジア国際秩序の変容の一端に迫ることにある。

まずは、本論の見通しを良くするために、対マレーシア援助の展開を概観するとともに、大まかな時期区分を示しておきたい。一九六〇年代半ばまでは、対マレーシア援助は主としてイギリスが一手に供与していたといってよい。たとえば経済援助についてみれば、一九六五年までは一国で五割以上の援助を行なっていた（図5-1）。加えて、イギリスの軍事援助の地理的配分を確認すれば、マレーシアにもっとも多くの資源が割り当てられていることがわかる（表5-1）。一九五七～六一年の間には、アングロ／マラヤ防衛協定のもとで総額二〇〇〇万ポンドの軍事援助が約束されたが、

表5-1　イギリス軍事援助の地理的配分

（100万ポンド）

	1959-60	1960-61	1961-62	1962-63	1963-64	1964-65	1965-66	合計額（1959-66）	割合（1959-66）
キプロス	7.2	1.8	―	―	―	―	―	9	5％
マラヤ／マレーシア	4.7	6.2	3.4	0.9	6.8	9	6.7	37.7	22％
アデン・南アラビア	2.6	2.5	3	3.1	3.6	3.6	4	22.4	13％
トルーシャル・オマン・スカウツ	0.4	0.6	0.6	0.8	1.1	1	1	5.5	3％
オマーン・スルタン	0.8	0.9	1.4	1.3	1.4	1.3	1.4	8.5	5％
スーダン	0.1	―	5	―	0.1	0.1	0.5	5.8	3％
リビア	0.1	―	0.1	―	―	―	―	0.2	0％
イラン	―	―	―	―	0.4	0.4	0.8	1.6	1％
ヨルダン	0.6	0.4	―	0.7	―	―	―	1.7	1％
ネパール	―	―	―	―	―	―	0.2	0.2	0％
ギリシャ	―	―	―	―	―	―	1	1	1％
トルコ	―	―	―	―	―	―	1.1	1.1	1％
インド	―	―	―	1.6	9	8.5	7.6	26.7	15％
ケニア	―	―	―	―	―	2.6	2.6	5.2	3％
タンザニア	―	―	―	―	―	―	0.3	0.3	0％
その他植民地（軍事演習）	2.5	4.8	4.9	4.6	5.5	1.8	0.9	25	14％
その他外国諸国（軍事訓練）	―	1.1	0.1	0.5	0.8	1.6	1.7	5.8	3％
国連軍	0.8	1.9	3.5	2.3	1.8	2.7	2.5	15.5	9％
						合計額（1959-1966）		173.2	100％

注：1965-66年度の数字は見積もり。

出所：TNA, CAB 134/2200, 'Official Committee on Military Aid: United Kingdom expenditure on Military Aid, Memorandum by HM Treasury', 14 June, 1965.

それが軍事支出に占める割合は一九六〇／六一会計年度において三〇％以上にものぼっていた(2)。これがどれだけの規模であったのかが理解できよう。

このようにイギリスの援助は、帝国と冷戦の論理を背景に、経済援助と軍事援助の両者が一体となって展開されていたことがひとつの特徴となる(3)。一九六〇年代は、こうした各国独自の援助概念がまだ強くみられた時期であるとともに、これらがDAC等の国際機関の見解と衝突しつつ徐々に変容を見せはじめていく時期でもあった。

こうしたイギリスとマレー

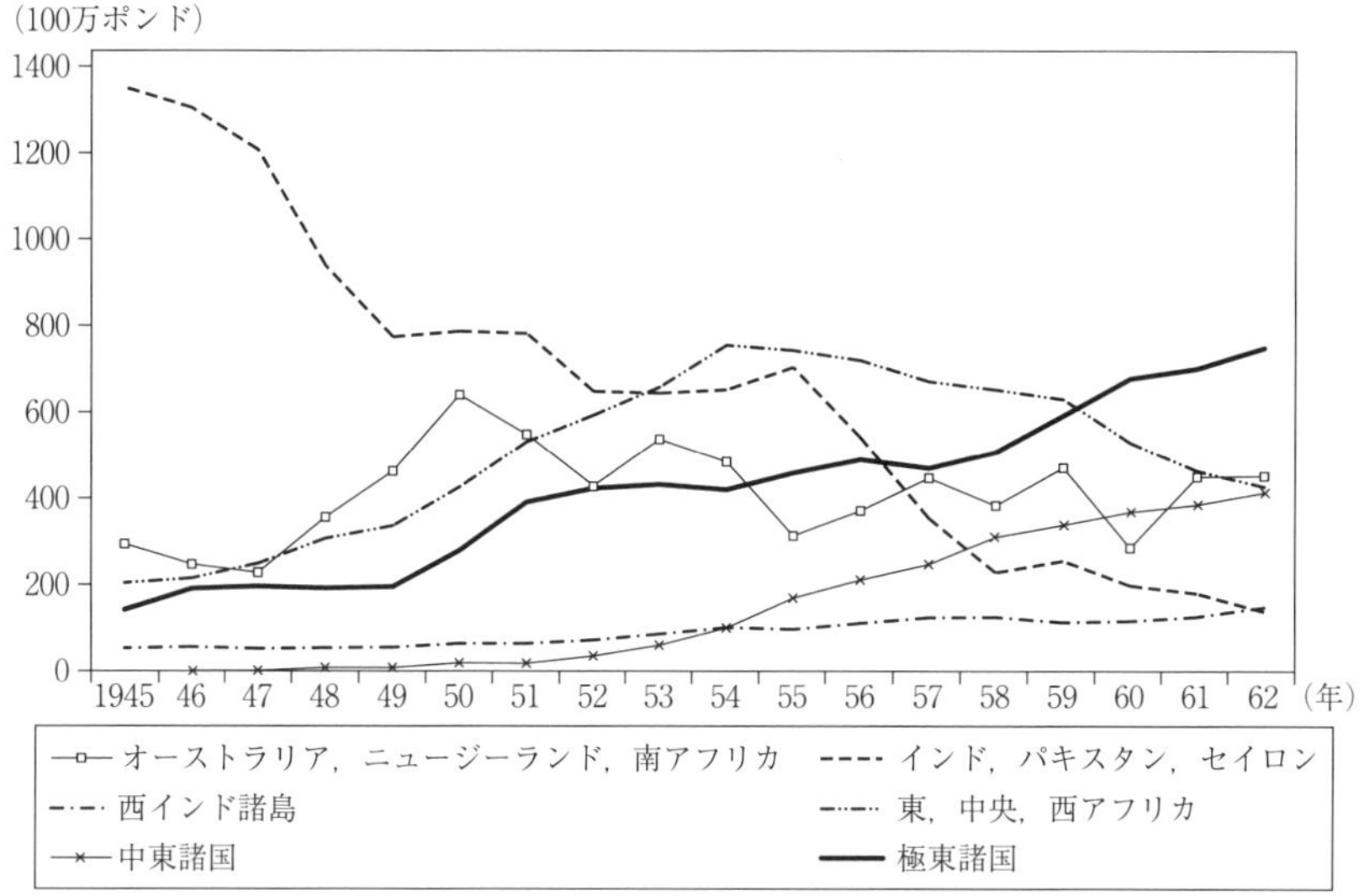

図5－2　スターリング残高の地域別推移

出所：TNA, CAB 139/671, 'OVERSEAS SERLING HOLDING', 15 November, 1963.

シアとの援助を通じた密接な関係は、両国の経済・金融上のつながりを考えればごく自然なことである。一九六〇年代初頭におけるイギリスとの貿易関係はきわめて大きなものであったし（後掲図5-4）、マレーシアの主力であるゴム産業におけるイギリス資本の割合は八割にのぼるともいわれ、その存在感は圧倒的なものがあったからである。[4] また、マレーシアが抱える巨額のスターリング残高の存在は無視できない。図5-2のとおり、戦後になってインド・パキスタンが開発支出のためにスターリング残高を取り崩していくなか、それは極東に大胆にシフトしていった。[5] このうち主要な部分を構成したのがマレーシアのスターリング残高であった。後述するようにこれが、援助交渉の場においてマレーシアの重要な武器となる。準備資産の「多様化」を脅しに、マレーシアは援助交渉を有利に進めることができたのである。ここに、被援助国側の自立化の論理を明確にみてとることができよう。

一九六〇年代中盤以降になると、イギリスとマレーシアとの援助を通じた関係は後景に退いていく（図5-1）。

後述するように、マレーシアと日本の密接化は、準賠償とその後の援助資金の供与に牽引されつつ生じたアジア太平洋経済圏の隆盛という事態とも関係している。帝国的な経済圏からアジア太平洋経済圏へ。東南アジアではインドネシア紛争が終結に向かい、徐々に「政治の季節」から「経済の季節」へと移り変わりつつあった(6)。軍事面において主体的な役割を果たすことができない日本にとって、そうしたアジア側の変遷は、自らが打って出る格好のタイミングであったといえよう。一九六〇年代は、そうした意味でも画期的な時代であった。

それでは、こうした転換がどのような力学に支えられて生じたのか。次節以降では、国家間関係はもとより各国政府内部の諸アクターの交錯に着目しつつ、その政治過程を詳細に明らかにしていこう。時期としてはとくに、援助面での転換が生じつつあったインドネシア紛争勃発後を取り上げる。

2　拒否と遅延——マレーシア－イギリス間関係の再編

(1)　転機としての一九六五年——マレーシア構想の破綻と援助の拒否

周知のように、一九六三年にマラヤ、ボルネオ、シンガポールが統合して「マレーシア」が形成されると、それを新植民地主義の表われとして警戒するスカルノ率いるインドネシアとの間に深刻な軋轢が生じ、紛争が勃発した。イギリスはこうした事態に対して、多額の軍事援助の供与を内容とした防衛協定を結ぶことになる(「一九六三年合意」)。それは、装備品の供与一四五〇万ポンド、人的支援・軍事訓練支援三〇〇万ポンド、軍事関連施設の移転費五〇〇万ポンド等から構成されている。また、これとは別に、サバ、サラワクへの経済援助が年五〇〇万ポンド供与されることになった(7)。イギリスが自らの権益確保のため、なんとしてでもマレーシア構想を成立させようとしていたことが読み取れよう。

しかし、こうした援助を通じた密接な関係も、徐々に軋みが見えはじめることになる。最初のきっかけは、多人種調和にもとづくリーの人民行動党と、マレー人優遇に傾くラーマンの統一マレー国民組織との間に緊張が生じた結果、一九六四年七月二一日にマレー人と華人が衝突したときに与えられた(8)。シンガポールで勃発し四日間継続したこの出来事は、二一人死亡、四六〇人の負傷という大規模なものであった。

とくに、これらの出来事を間近で経験していたマレーシアの高等弁務官ヘッドには強い衝撃を与えたようである。彼は、一九六四年八月にラーマンがロンドンを訪問することを見越し、援助を政策誘導に利用するようウィルソンに提言を行なっている(9)。ただし、このときウィルソンは、ラーマンに対してシンガポール、サバ、サラワクの人々の政治面での代表性確保を求めたにとどめ、援助政策の見直しには触れていない。むしろウィルソンは、インドネシアとの緊迫化を強調するラーマンに対して、「われわれはできるかぎりの手助けを行なう」とのメッセージを発し、マレーシアの支援を表明した(10)。

徐々にイギリス側の態度に変化が見えはじめていたとはいえ、マレーシア側は先のウィルソンの発言もあり、インドネシア紛争に関連し、さらなる軍事援助供与を要求した。イギリスのマレーシアに対する軍事援助は、一旦、一九六五年の初頭に援助レビューを行ない、その後改めて必要額等を算定することになっていたが、その際マレーシアからイギリスに通知された軍事援助要求額はなんと、一九七〇年までの五年間で約八四〇〇万ポンドというものであった(11)。一九六三年合意の際には年あたり六〇〇〜七〇〇万ポンドであったのに対して、今回のものは年あたり一七〇〇万ポンドである。両者を比較すれば、これがいかに巨額なものであるかが理解できるであろう。

当然、こうした要求額に対してはイギリス側から疑問が投げかけられることになったが、イギリスはそれでも防衛協定の更新のために、一九六五年四月にコモンウェルス関係省のモーガンを座長に据えた委員会を設立し、前向きに検討していった(12)。彼らは、防衛省のドリューに率いられたテクニカル・ミッションをクアラルンプールに派遣し、マレーシアの協力のもとで議論を深めてさえいる。(13) これらの結果、委員会は六月三〇日に報告書の草稿を完成させ、二八五〇万ポンド、二四〇〇万ポンド、二一〇〇万ポンド、一八〇〇万ポンドの四つの選択肢を示すことになる。これらの案のうち、「マレーシア政府の失望を買うかもしれないが、彼らの計画の主要部分を遂行でき、かつ、マレーシアとの関係に深刻なダメージは与えるようなあまりにも低い額ではない」第二案が彼らの有力候補であった。(14) ちなみに、第二案の年あたり八〇〇万ポンドという数字は、高等弁務官のヘッドによって示されていたものとほぼ同額である。(15)

これらの数字について大蔵省は、これまでの援助実績から高すぎると見ていたが、モーガンが大蔵省の見解を受けて二一〇〇万ポンド、すなわち年あたり七〇〇万ポンドという従来とさほど変わらない線で妥協の姿勢を見せていることを評価してもいた。(16) したがってこの時点で、高等弁務官、コモンウェルス関係省、防衛省、大蔵省という主要なアクターは大筋において軍事援助について合意をしていたといえる。このあとは即座に、マレーシア側との援助交渉に入っていたはずである。

しかし、事態は思わぬ方向に進んでいくことになる。報告書を内閣に提言する直前の一九六五年八月、シンガポールがマレーシアから離脱してしまったのである。マレーシア構想が破綻すれば、それを支えるために供与していた軍事援助の見直しも必至になる。「連邦からのシンガポールの離脱を考慮し、シンガポールとマレーシアとの将来の関係がいくらか明らかになるまで、この問題［＝軍事援助の問題：筆者注］について何か行動をおこすべきではないことが合意された」のである。(17)

マレーシアはイギリスから軍事援助を引き出す際に、自国が「冷戦」の舞台であることを事あるごとに訴えていた。たとえばインドネシアとの紛争の際にラーマンは、スカルノの行動と北ベトナムの出来事とを結びつけ、協働するコミュニストの存在についてウィルソンに対して注意を呼びかけている。イギリスがアメリカ合衆国と同盟国である以上、「冷戦」を持ち出すことが説得的であると考えたのであろう。しかしウィルソンは、北ベトナムとインドネシアとの「リンク」を否定し、マレーシア構想の成否により関心を示していた。[18] 同盟国と第三世界との間では「冷戦」の事実認識に食い違いがあり、そしてまたイギリスは、「冷戦」よりも帝国の成り行きを重要視していたことになる。[19]

以後、イギリスは軍事援助の供与を遅らせていくが、こうした態度はマレーシアの怒りを買い、両国の関係は急速に冷え込んでいくことになる。

（2）自立の模索

マレーシアはイギリスの援助供与の遅れを非難したうえ、シンガポール離脱にもかかわらず自らの防衛計画には何ら変更は必要なく、むしろシンガポールからの歳入が減少したことによって援助需要はこれまでよりも高まっていると強硬な態度に出てきた。[20] シンガポール離脱によってそのための支出も減少するのであるから、このような主張が成立しないことは明白である。それよりも重要なことは、こうした主張に表われているように、シンガポール離脱によって交渉過程が複雑化したことである。この点については、大蔵省が正しく認識していたように、「われわれは一国ではなく二国からの防衛援助の要求に直面しており、これはすなわち、他方への武器供与が他方への要求を生じさせるという危険の兆候が存在している」。[21] 複雑化した援助交渉の場をいかに乗り切っていくのか。イギリス側にはきわめて慎重な対応が求められていた。

軍事援助の供与についてはシンガポール離脱の影響を踏まえ、モーガンの委員会報告を修正する作業が一九六五年の後半を通じて重ねられていた。一一月には修正された報告書も提出されていたが、シンガポール離脱による軍事政策全体の見直しの影響はことのほか大きく、作業は遅々として進まなかった。とくに大蔵省は、これらの事態を目の当たりにした結果、これまで以上に軍事援助の効果に対して懐疑的になっており、軍事援助をたんなる「政治的なジェスチャー」にしかすぎないと考えるようになっていた。このとき、イギリスの予算統制は中期財政計画（PESC）のもとでフォワード・ルッキングな仕組みを導入・強化しつつあるところであったが、突発的な支出をともなう軍事援助がこうした財政計画としばしば矛盾するとして、大蔵省は支出官庁に強く圧力をかけていたところであった(22)。

こうした大蔵省の反対もあり、イギリス政府としての意思決定が大きく遅延させられていくなか、もはや次年度以降の予算に新たな軍事援助額を反映させることができない時期を迎えてしまった。結果として、一九六六年二月七日、新たな軍事援助供与を行なわず、一九六三年合意の未利用分二〇〇万ポンドを供与することだけを決めて当座をしのぐことになった(23)。さらにこのとき、ヘッドから代わったマレーシアの高等弁務官ウォーカーから、新たに軍事援助を供与する際には、マレーシアはシンガポールとの経済・防衛協定を構築しなければならないとする見解が示され、これが閣内の統一見解となっていく(24)。かつてヘッドが抱いていた援助を政策誘導に利用する案は、同じマレーシア高等弁務官の手によって現実化することになった。

こうしたイギリスからの援助提案の遅延に対して、マレーシアの財務大臣タンは、高等弁務官を通じて強い不満の意を表していた。これに対してイギリス側は、一九六六年三月末に控える選挙を理由に理解を求めたが、タンは、五月に世銀の援助協議がロンドンで控えているので、それを好機に改めて議論を交わしたいという意向を述べた(25)。しかし、シンガポールの離脱に加え、インドネシアとの紛争終結が現実味を帯びはじめたいま、軍事援助はイギリスの海外政策や極東政策全体の文脈のなかで議論されるべきとの見解が支配的になっており、タンが訪問する五月になっても、マレーシアへの軍事援助の規模や形態についてはまったく議論が進展していなかった。援助政策のレビューから一年以上経過し、しだいに態度を硬化させるマレーシアに対しては、「軍事援助は個別に論じられるべきではない」と伝えることのみしか決まっていなかった[26]。

もちろん、三億ポンドにのぼるスターリング残高を保有するマレーシアの動向については心配されていた。しかし、このときは、「マレーシアはスターリング圏から離脱しそうもない（そこから何の利益も得ないので）」「マレーシアは信頼に足るスターリング保有国であり、これまでほとんど金やその他通貨に準備資産を交換してこなかった」という記述にみられるように、イギリス側はマレーシアに対してきわめて楽観的な印象を持っていた。ポンドが主として長期政府証券に投資されていることもこうした見解を裏付けることになった。

無策にもかかわらず理解されるだろうとの一方的な希望は、結果として打ち砕かれることになる。五月一七日にタンがロンドンを訪問した際に伝えられた、シンガポールとの間に経済・軍事的な協力関係が構築されない限り新たな軍事援助を行なわないとする決断が、マレーシアをひどく狼狽させ、イギリスへの強い敵意を生み出す原因となったからである。タンはこのとき、「裏切り行為」「政治的な帰結は深刻である」「他に目を向けなければならない」「スターリング残高の交換を行なう」などとイギリス側への不満を隠さなかった[27]。

というのも、このときマレーシアとシンガポールの緊張関係は頂点に達していたことから、シンガポールがわざとマレーシアとの経済・軍事協定の妥結を遅らせるということも十分に想定できた。そうなれば、その分マレーシアを財政的に苦境に陥れることできたことから、タンはイギリスがシンガポールに政治上のイニシアティブを与えたものと捉えたようである[28]。さらにタンは、ロンドンからの帰国後、「われわれができることは他の手段によって資金を得ることを真剣に考えることだ」など、イギリスとの関係見直しを強く印象づける言葉を語っている[29]。

このロンドンでの会議以降、タンだけではなく、マレーシア副首相のラザクや、首相のラーマンもマレーシアの政策見直しをさまざまな場で語っている。ここでは、後に首相となり、マレー・ナショナリズムに彩られた新経済政策NEPを指揮することになるラザクの議会発言を引用しておこう[30]。

イギリスの閣僚によって述べられたように、イギリスがスエズ以東へのコミットメントやその政策を見直しつつあるということは明らかである。したがってマレーシアにいるわれわれもまた、ひとつの独立国家として、われわれ自身の利益と生存の道を求めるために、イギリスとの関係とわれわれの政策を見直すということは正しく、適切である。われわれの政策は、われわれと友好関係を結ぼうとするすべての国に対して友好的であり、われわれに思いやりを持って接し、われわれを支援しようとするすべての国と友好的であるべきというものである。

以上に明らかなように、マレーシアはイギリスの軍事援助の拒否によって、「イギリス依存」といってもよい状況を脱し、その他諸国との新しい関係を築こうとしていた。このことは、首相のラーマンが、イギリスとの密接な関係から「イギリスの犬」「新植民地主義者」「新帝国主義者」と名指されてきたこと、しかしマレーシアは現在、外国政策の見直しを行なっている最中であり、これが「その時々に起きる国民生活や国際関係の変化の結果なされる」と発言したことからも裏付けられる(31)。

財務省、経済企画局、商業・貿易省、統計省、バンク・ヌガラ（＝マレーシア中央銀行）による最高レベルの政府委員会による政策検討が進んだのもこうした文脈からであり、特恵関税措置の廃止、スターリング圏からの脱出、イギリス所有株の政府購入等の施策実施が、まことしやかに伝えられてくるようになる(32)。後の、マレーシアによるヨーロッパ諸国や日本への本格的な接触の契機は、このときに与えられたものとみてよいであろう。いずれにせよ、援助をシンガポールとの経済・防衛協定と結びつけるこのときの試みは、「破壊的な失敗に終わった」と総括されることになるほどの影響を、イギリスとマレーシアの政治的関係に与えた(33)。

はたして、暗礁に乗り上げた援助交渉にイギリスはいかに対処していったのか。つぎに問われるべきはこの問題である。

タンによるロンドン訪問後の六月、大蔵省はマレーシアへの軍事援助に関する政策文書を作成する最中であった[34]。このときコモンウェルス関係省が、マレーシアとシンガポールとの経済・防衛協定構築などの条件抜きに、改めて軍事援助の問題を議論すべきとする提言を行なっており、大蔵省側としての見解をまとめておく必要があったためである。コモンウェルス関係省は、マレーシアとの関係をどうにかして改善しようと考えていた。

(3) スターリング残高の「多様化」戦術の出現

しかし、新たな軍事援助供与に対する大蔵省の反対はきわめて強いものがあった。これは先述のとおり、この時期ＰＥＳＣによって全省庁的に財政支出の統制を行なっており、新たに軍事援助を認めてしまえば他省庁からの支出要請が噴出してしまう。そうなれば、これを抑制することが困難になり、財政統制の仕組みそのものが破綻してしまうと考えられたからである。

ただし大蔵省は、インドネシアとの紛争終結が見えはじめているとはいえ、この地域の情勢がまだ不安定であるということも認めていた。かりに海外軍事支出を抑制し、国際収支圧力の緩和を目指すためにスエズ以東からの撤退を行なうにしても、アメリカ合衆国、オーストラリア、マレーシアからの強い批判を招き、大きな政治的な困難をともなってしまう。そうであれば、マレーシア軍強化のために軍事援助を供与することには、極東の情勢安定化をもたらすとともに、スエズ以東からの撤退に対する各国からの批判を抑制する効果も認められる。

ここにあるように、大蔵省はすでに軍事援助をスエズ以東からの撤退と関連させて議論しているが、彼らが「妥協可能な」額として提示したのは、年三〇〇万ポンド、三年間で約一〇〇〇万ポンドというものであった。この金額の他にも、大蔵省は既存装備品をマレーシアに残しておく提案をしているとはいえ、これまでにコモンウェルス関係省や防衛省が提案していた年八〇〇万ポンド、三年間で二四〇〇万ポンドという線からは大きく引き下げられている。これまでの経緯をみればこれでマレーシアはもとよりイギリス政府の他省庁が納得するとは思えないが、それでも軍事援助供与を行なっていない現状よりはマシであろうというのが、大蔵省の見解であった。加えて、大蔵省は先述のマレーシアのタンらの発言に即座に反応すべきではない、援助供与の約束はシンガポールからの援助要求にもつながるので慎重になるべきものと考え、援助交渉をさらに遅らせようとしていた。(35)

こうしたなか、一九六三年合意時の未利用分二〇〇万ポンドのみの使用が許されただけで、新たな軍事援助供与の約束がイギリス側から何もなされないマレーシアは、徐々にスターリング圏からの撤退を示唆する戦略に出ていく。公式の場での大きな宣言としては、一〇月にワシントンにおいてなされた、「われわれはスターリングが強いうちになるべく早くスターリングからの転換を計画している」、というものである。(36)この年のＩＭＦとのコンサルテーションにおいて、マレーシアが準備資産の多様化について提言を受けたという「噂」もあり、この発言は深刻に受け止められた。事実としてはＩＭＦによるそのような助言は存在しなかったが、(37)イギリスはマレーシアの強硬な態度を沈めるため、ロンドンでのマーケット・ローン五〇〇万ポンドを提案し（後に七五〇万ポンドに修正）、タンは先の発言を撤回することになる。

こうして一旦は当座をしのぐことはできたが、タン訪問後からの一連の出来事を経験した結果、マレーシアに対するイギリス政府の認識は大きく変わることになる。それまでのマレーシアに対する楽観的な見方は消え、コモンウェルス省（一九六六年八月よりコモンウェルス関係省から改組）は、「われわれはマレーシアを信頼あるスターリング保有者としてみることをやめた」、と明言するまでになったのである。(38)とりわけ彼らが心配していたのは、翌年の六月に、バンク・ヌガラがカレンシーボードから通貨発行機能を引き継ぐことが予定されていたことである。

国民通貨の発行にポンドの裏付けを必要とするカレンシーボード制は、シンガポールとの統合を考慮して共通通貨発行機関として残存させられたものであった。これがインド・パキスタンとは逆に、開発需要があるなかでスターリング残高を蓄積させてきた理由であるが、(39)いまやマレーシア構想は雲散霧消してしまった。そうであれば、あえて植民地時代の遺制をそのままにしておく必要もなく、バンク・ヌガラによってスターリング資産を引き継ぎ、通貨発行機能を国家の手中に収めることが自然である。バンク・ヌガラがスターリング資産を引き継ぐことで、準備資産の選択の自由度を一挙に増大させることができるからである。

このとき、「準備資産の多様化」が現実味を増し、援助交渉においてマレーシアの交渉力が強まることが予感されつつあった。

（4）ポンド危機、スエズ以東からの撤退、特別援助

一九六六年の後半から六七年の前半にかけて、インドネシアとの紛争終結が確実なものとなったことで極東政策の見直しが進み、援助交渉の下地が徐々に整ってきた。そしてようやく、一九六七年四月二六日、防衛大臣のヒーリーはクアラルンプールを訪問し、スエズ以東からの撤退にともなって援助を行なうことを確約した。(40) この時点で援助レビューから二年が経過しており、きわめて長い道のりであったといえる。もっとも、イギリス側はこのときも、海外軍事政策全体について確定された見解を有していたわけではなく、援助の額や形態についてはまったく考えていなかった。実際に、翌月に経済派遣団が送られることのみがこのときマレーシア側に伝えられている。

経済派遣団はそれなりに詳細にイギリス軍とマレーシア経済との関連を調べている。(41) 彼らは、基地支出の直接的な貢献は対GDP比で一・六％、労働人口に占める割合にして〇・四％であったことから、基地の役割は限定的であると考えていた。こうした考慮のもと、あくまで目安ではあるが、撤退にともなう余剰労働力人口二万二〇〇〇人を吸収するために必要な数字として年あたり六〇〇万ポンドという数字を挙げた。

ただし、このときはまだ、スエズ以東からの撤退を一九七〇年代半ばまでに行なうという、最終的な決断と比べるとやや長期の目標が掲げられていたことから、総額にして四〇〇〇万ポンド強の援助が必要であるとしていた。

供与期間の違いがあるにせよ、これまでの供与総額と比べて大きなものであったからか、経済派遣団の報告書も即座に受け入れられることはなかった。事実、七月四日から一〇日にかけてのラーマン訪問というせっかくの機会においても、経済派遣団の報告書は検討中であるとし、またもや援助の規模や形態については一切触れられなかった(42)。

他方、ラーマン訪問に前後して、六月一二日にはすでに、バンク・ヌガラはカレンシーボードからの資産引き継ぎを開始しており、マレーシアによるスターリング残高の多様化戦略にどのように対処するのか迫られてもいた。実際に、ラーマンがロンドンを訪問した同じ七月、バンク・ヌガラはイングランド銀行に対して、資産引き継ぎにともなう準備資産の増額分のうち、三分の一をポンド以外の通貨へと今後三ヵ月間かけて交換することを通知してきている。ポンド保有を強制する術はないのであるから、イングランド銀行はこれに同意せざるを得なかった(43)。こうした現実をみこし、ラーマンとともに七月にイギリスを訪問したタンは、この地域に投資されている巨額のイギリス資本やスターリング残高の存在にふれ、これらに対するイギリス軍撤退による影響を強調し、暗に脅しをかけた(44)。

これらの結果、大蔵省においても、「防衛費削減は、もしも注意深く扱われないのであれば、報復手段によってさらなる多様化をもたらすリスクがある」という見解もみられるようになってきた(45)。ラーマンやタンの帰国後、即座に今後の援助に関する議論が持たれたのも当然であったといえるであろう。八月四日には当座をしのぐ資金として、シンガポールに一五〇〇万ポンド、マレーシアに一〇〇〇万ポンドを贈与で供与されることになったほか、海外開発省のダドリーに率いられた交渉チームを送ることがマレーシアとシンガポールに伝えられた(46)。

もっとも、一〇月にダドリーがマレーシアで予備交渉をもった際、彼らが直面したのはきわめて厳しい現実であった。というのも、マレーシア側はイギリス軍撤退の影響を七〇〇〇万ポンドから八〇〇〇万ポンドとする見積もりをイギリスに披露したからである。これは、先の経済派遣団が示した数字のほぼ倍であり、イギリスはまたもこうした両国の懸隔をどのように処理していくのかという、難しい局面を乗り越えねばならなくなった。

このことに加えて、イギリスの国際収支危機がいよいよ頂点に達し、ポンド切り下げに追い込まれたことが援助交渉を複雑にした。ポンド切り下げがマレーシアのポンド不信に拍車をかけたのである。実際に、マレーシアはポンド切り下げに合わせて自国通貨の切り下げをせず、為替政策においてついに独自の道を歩むことになった。さらに、シンガポールがポンド切り下げに対応して準備資産に占めるポンドの割合を五〇%に引き下げることを決めたことが、マレーシア側を大きく動揺させ、また一歩、イギリスとの距離をおくきっかけとなった。(47)

大蔵省は、この期に及んでもマレーシアの脅しに屈しないという姿勢を崩さなかった。(48)彼らは、「より多くの援助を引き出す手段」として多様化戦術がとられていること、「マレーシアとシンガポールは、彼らがそう望むのであればわれわれを深刻に傷つけるだけの力を持っている」ことを事実として認めつつも、それらが一部「こけおし」であると断定してやまなかったのである。むしろ大蔵省は、こうした恐怖に屈しないことさえ政府に求めていた。このとき、海外・コモンウェルス省（一九六八年一〇月にコモンウェルス省と外務省が統合・改組）は、マレーシアに一九七〇／七一会計年度までに二〇〇〇万ポンドを要求していたことがあり、こうした支出要求を牽制する意味もあったのだろう。この判断が、ポンド危機の再発回避のためにスエズ以東からの撤退スケジュールの見直しに追い込まれた、一九六八年一月になされていたことに驚かされる。

しかし、現実は大蔵省の想定を越えて進んでいった。一九六八年二月、バンク・ヌガラは副総裁をイングランド銀行に送り、準備通貨としてのポンドの割合を六六%から四〇%に引き下げる旨告げてきたのである。(49)これに対してイングランド銀行は、五〇%という対案を示し、これにバンク・ヌガラは同意した。ただし、こうした合意がとれたといってもポンド危機が起きたばかりのことである。イングランド銀行のモースは大蔵省のリケットに対して、「われわれはこれ［＝多様化：筆者注］に対しては最大限抵抗すべきである」と書き送り、強く同意を求めた。

以上のような事態の緊迫化もあり、政府内部の見解は急速に収束していく。イギリス政府は一九六八年二月二一日、マレーシアに五年間で二五〇〇万ポンドの援助を供与することをマレーシア政府に通知することになったのである。そして、この問題を議論するため、三月四日から八日の間にダドリーのチームがクアラルンプールで援助交渉を行なう手はずを整えた。大蔵省のマッケイが、ダドリーのチームに参加するフォーガティに対して、「援助交渉が来週行なわれる際、背景としてのこの問題［＝多様化：筆者注］をあなたは知っておくべき」とさえ伝えていたことは非常に興味深い(50)。

現実としては、三月の交渉時点でのイギリスの提案は金額的に低すぎるとしてマレーシア側は拒否することになった。しかし、その翌月、イギリスはこれまでになく柔軟に対応し、すぐに条件を変更した。マレーシア側が求めていた戦時補償債の権利放棄については認めなかったが、贈与部分を二五％まで認めたうえ、一〇〇万ポンド相当のボルネオのキャンプに関する権利放棄がなされた。さらに、二五〇〇万ポンドの援助とは別枠で、軍事技術援助も供与されることになった(51)。ローン部分については無利子、それも七年間の猶予期間が認められている。これまでとは異なり、交渉をまとめようとする強い意思がみられるだろう。援助の条件緩和が円滑に決定された背景のひとつには、マレーシアが、オーストラリア、ニュージーランド、イギリス、そしてシンガポールを含む共同防衛協定に主体的に関わるようになっていたこともある(52)。前年発足したアセアンにおける経験が、シンガポールとの関係改善に向けた下地となったこともあろう。

こうした援助条件の緩和提案を経て、ようやく六月一四日、ラーマンは厳しい財政危機の最中でのこうしたイギリス側の努力を受け止め、「両国が直面している深刻な金融・経済的困難の時に、あなたがたの計り知れない手助けに御礼と感謝の気持ちを述べたい」と書き送り、イギリスの援助提案に合意することにした(53)。この発言にも表われているが、一九六七年、六八年はゴム価格が戦後もっとも低落し一九六七年に国際収支赤字に陥るなど(54)、マレーシアはイギリスと同様、国際収支の脆弱性を抱えていた。一刻も早く援助資金を手に入れたいという事情が両国の合意に導いた一因でもあった。

3　「経済大国」日本の台頭と援助競争の熾烈化

(1) 援助をめぐる攻防

こうして合意に至った巨額の援助は「特別援助」と呼ばれ、経済・軍事・技術を総合的に組み込んだ贈与・無利子のプロジェクト・ローンを内容としていた。特別援助は、そのほとんどが経済援助として利用されたという点で、軍事援助を主体としていたこれまでの対マレーシア援助とは大きく異なっている(55)。また、金額や金利、期間の面で寛大なものであった一方、特別援助は産業の競争力強化が前面に打ち出されたものでもあった。実際に、援助額のうち七五%についてはひも付き部分とされ、クラウン・エージェンツを通じてイギリス製品が購入されるよう、厳格に統制がかけられていたのである(56)。「政治の季節から経済の季節へ」の移行に、イギリスなりに対応しようとしたことが伺える。

もっともマレーシアは、イギリスから援助を拒否されたり援助手続きを何度も遅延させられたりしたことで、他国とのより開かれた関係を模索しはじめていた。たとえばマレーシアは、フランス、ドイツ、オランダ、デンマーク等のヨーロッパ諸国と積極的に援助交渉をはじめている。特別援助交渉と並行して行なわれたラザクによるヨーロッパ訪問（＝ラザク・ミッション）は、コモンウェルスからの離脱の文脈で盛んに報道されたし、ラザク自身、そう受け止められる発言をした。ラザクが訪れたこれらの国々は「マレーシア援助クラブ」と呼ばれたが、これら諸国からそれなりに意味のある成果を引き出してもいる(57)。

こうしたなか、マレーシアにとってもっとも重要であったのは、一九六〇年代後半以降、「経済大国」化した日本との関係が徐々に強まっていったことである。他の主要先進国がつぎつぎと経済不況や通貨不安の波に飲み込まれていくなか、日本はひとり高度経済成長のただなかにいた。一九六七年以降には国際収支も恒常的な黒字として定着することになったが、このことが日本の「経済大国」意識を育てていくとともに、援助政策を強力に推進していく経済的な基盤となったのである。事実、一九六〇年から六二年における援助額の平均を六八年のものと比べると二・四倍となっていた。DAC諸国における日本の援助の伸び率は「最高」であり、一九六八年時点には世界で第四番目の規模となっていたのである(58)。他方でイギリスの伸び率はほぼ横ばいと、援助額ではすでに日本に追い越されてしまっていた。

こうしたなか、日本の援助政策の重点は東南アジアに置かれるようになる(59)。それは周知のごとく、戦後になって日本がとったはじめての外交的イニシアティブともいわれる「東南アジア開発閣僚会議」の開催に象徴されている。一九六六年四月に東京で開催されたこの会議には、日本のほか、ラオス、マレーシア、フィリピン、シンガポール、タイ、南ベトナム、インドネシア（オブザーバー）、カンボジア（オブザーバー）が参加し、東南アジアにおける地域協力の推進と地域的連帯感の醸成が謳われた。タイ、フィリピン、インドネシア等の東南アジア諸国に円借款が供与されたのもこうした文脈からである。マレーシアもまた、一九六六年一一月に第一次円借款が供与されている。順番は前後するようにも思えるが、翌年の九月にはマレーシアの「血債問題」を無償援助によって解決した。

もっとも、日本とマレーシアの関係の緊密化は、一直線には進まなかった。日本の援助体制がまだ十分に整っておらず、マレーシア側から不信を買うことになったからである。したがって、一九六〇年代後半以降の日本の躍進について強調することは誤っていないとはいえ、この時期にはまだ過渡的な性格が色濃く残っていたと言わねばならない。つぎに、この点についてみていこう。

第一次円借款の内容は、日本輸出入銀行（以降、輸銀）から一二〇億円、海外経済協力基金（以降、基金）から六〇億円を、それぞれ五・七五％、四・五％の金利で供与するというものであった。まず目につくのは、援助が輸銀と基金の両方から供与されている点である。[60]マレーシアとしては条件の有利な基金分の活用をはかりたいが、その分割基準が恣意的であるため、幾度も基金リストの計上を日本側に願い出ては断られる結果に陥ってしまった。それでは輸銀分の活用はどうかといえば、条件がより有利な他国の援助資金が複数存在するなかで、これを利用する動機は損なわれてしまう。基金分の割合が少ないことも原因のひとつである。

さらに、このときの援助協定は、「計画の全部又は主要部分につき必要とされる」日本の商品等の支払いにのみ資金の利用が許されるものであった。[61]この「全部又は主要部分」条項があるために、計画の一部分を構成する部品を購入するために資金を活用できないなど、日本の援助資金の利便性は著しく損なわれてしまった。これらの結果、マレーシア側に不満が蓄積され、その他の援助諸国との援助競争に敗北する結果がしばしば引き起こされることになったのである。

実際に、円借款の対象プロジェクトとして検討された、クチン港拡充計画、ペナン水道計画はフィージビリティ・スタディを済ませた段階であったのに、マレーシアはＡＤＢに援助申請をしてしまった。スウェッテンハム港建設計画もまた、フィージビリティ・スタディ完了後、西ドイツに入札で競り負けてしまっている。[62]ポート・ディクソン火力発電拡充計画や衛星通信計画もそうである。これらはマレーシア側からの協力がなかったからではない。むしろ、マレーシア財務省のラスタムやバドルーディンを中心として、日本の円借款を積極的に利用すべく日本の外務省に大使館を通じて繰り返し働きかけていたのにもかかわらず、援助条件の煩雑さや厳しさが原因となり援助競争に競り勝つことができなかったのである。

たとえばポート・ディクソン火力発電拡充計画について、ラスタムは日本側に基金リストに計上のうえ、設備別に細分化した形で円借款を利用したい旨、早くから打診をしてきていた。このときはラスタムから、細分化を認めないと円借款を利用できず、「全部英国等へ行く」ということも指摘されている[63]。日本側はポート・ディクソン計画について、基金枠に余裕がないため輸銀リストへ計上してはどうかと提案したが、特別援助をはじめ、他に援助資源が複数あるなかでマレーシア側の理解を得ることはできなかった[64]。

また、衛星通信計画については、ラスタムから「英は本件に対し、無利子借かん（四分の一はグラント）〔＝特別援助：筆者注〕という条件をオッファーしてきているが、基金移行が認められれば、現在では日本は客観情勢として最も有利となり、自分としては円借款利用促進を図るため日本への落札に最善をつくしたい」とまで言われていた。しかし、これに対して日本側はすでに、通信機械については「せいぜい輸銀案件」という態度を表明しており、これも結局は特別援助を活用できたイギリスのマルコニー社が落札することになる[65]。

クチン港についても同様である。この計画については、「日本の本件に対する相当の関心を考慮し、マレーシア政府に対し、まず日本と協議を行ない、日本からの融資がなされないとき改めてアジア開銀に対し融資申請を行なうよう要請する」と、ＡＤＢから保証まで得ていた。しかし、円借款はＡＤＢ融資に対して手続きがきわめて煩瑣で「融資実現まで時間がかかりすぎる」との理由で、結局は日本側に相談なくマレーシアはＡＤＢに融資申請を行なってしまった[66]。

東南アジア重視を掲げた一九六〇年代後半の日本。その実態はといえば、援助体制の問題からむしろ、被援助国側の不信を招くような事例をいくつも重ねてしまっていた。これらの議論がなされた同じ年の一九六九年、愛知揆一や福田赳夫が第四回東南アジア開発閣僚会議や、第二回アジア開発銀行総会などの場で、改めてアジア重視を鮮明に打ち出していく。日本がこのとき、「アジアの開発援助の課題に積極的に取り組まんとするわが国の姿勢[67]」をふたたび表明せねばならない事情とは、およそ以上のようなものであったと思われる。

首相を退任する直前の一九七〇年八月四日、ラーマンはストレイツ・タイムズで次のように日本を非難していた。「日本はアジア諸国援助に、もっと誠実な意図を示してほしい。現在の日本の援助は片手で与えながら他方の手でその二倍かせいでいるようなものである。日本は開発途上国援助に全面、積極的に乗り出すべきだが、これを十分には行なっていない……アジアでは日本のみがリーダーシップを示すことができるが、日本の現在のあり方は寛大さに欠ける」、と。(68)

（2）日本―マレーシア間の関係修復とアジア太平洋経済圏の隆盛

日本はこのあと、ぎこちなくなったマレーシアとの関係修復を図っていく。きっかけは、一九七一年一一月に、第一次円借款の期限到来が迫っていたときに与えられた。とりわけ外務省は、以前のものよりも「大はばに上まわる額を大はばにかんわされた条件で援助してほしい(69)」というマレーシア側の要望に対応し、第二次円借款供与の条件を各省との折衝のもと、積極的に取りまとめていった。

もちろん大蔵省からの反対はあったが、このとき外務省は「『八項目』の実施、DACの場における条件緩和の方針等(70)」を持ち出し、援助条件の大幅緩和を提案し大蔵省を大きく譲歩させている。「八項目」というのは周知のとおり、「円切り上げ絶対回避」の文脈で一九七一年六月に佐藤栄作政権下で提言された、「総合的対外経済対策」を構成する諸手段に他ならない(71)。これは、DAC等の国際機関による援助条件の緩和提言があったことに加え、アメリカ合衆国が日米経済摩擦を解決する手段として援助条件の緩和を日本側に強く求めていたという事実があった。

アメリカはこのとき、日本の一人勝ちともいえる状況のなかで、アメリカから行なわれる贈与や低利の援助が、日本の貿易を利する形で利用されていることを問題視していた。こうしたアメリカの援助が「食われている」事態に対しては、日本の援助条件が厳しく、ひも付きであることも要因のひとつであるとされ、よりソフトな援助を供

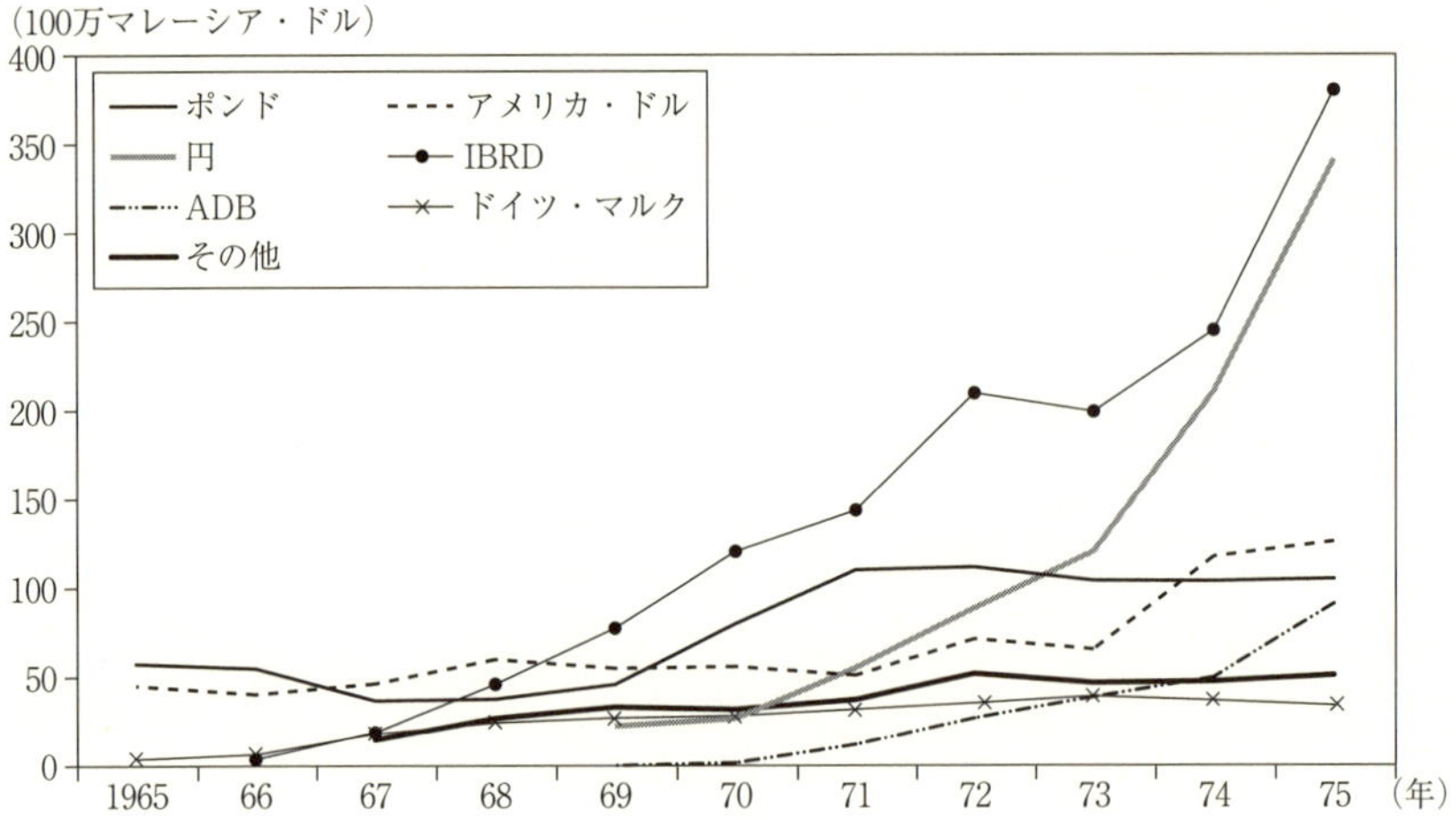

図5－3　マレーシアに対する国別貸付残高（プロジェクト・ローン）

出所：The Treasury of Malaysia, *Economic report 1972-73, 1975-76, 1977-78* より作成。

与するよう日本側に強硬に求めていたのである。[72] 外務省はこのような「国際圧力」を利用し、省庁間合意を取り付けていったのである。ちなみに、対外経済協力審議会では永野重雄が会長に就任していたが、彼ら財界人がこうした「デリケートな国際感情」に敏感に反応し、「アメリカを怒らせない方法」を模索するよう求めていたこともあった。[73]

結果として外務省が提示し、マレーシア側も同意したのは、次のような円借款の内容であった。規模としては第一次円借款の倍額、すなわち三六〇億円を供与し、そして輸銀と基金の資金比率を一対一とする、さらに、輸銀分の金利を五・五〇％、基金分を三・二五％に引き下げるというものであった。これらに加えて、援助手続きの簡素化のために「全部又は主要部分」条項を削除している。マレーシア側の強い不満のあった箇所を極力なくそうとする努力が見える。[74]「一九七〇年代は日・マ関係が英・マ関係より大きくなることは必死であるので、日本の援助も相応に増やしてほしい」[75]と援助交渉の場で述べたマレーシア側の期待にそれなりに応えたものであったといえよう。援助交渉後、日本・マレーシア共同声明が出されたが、そこには、両国の友好的な関係が引き続き発展していることが確認された

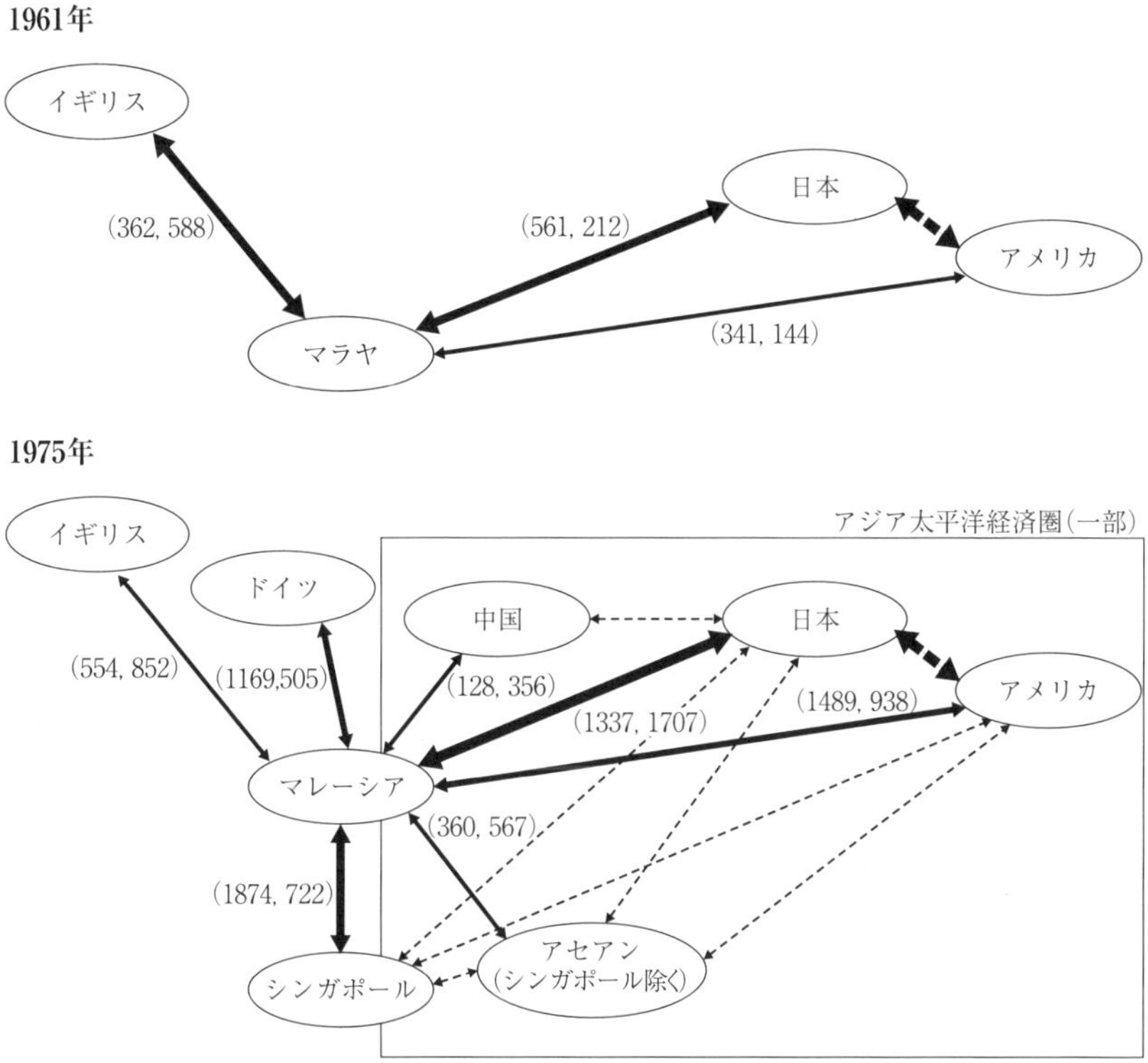

図5-4　マレーシアの主要貿易相手国の推移（100万マレーシア・ドル）
注：数字の左が輸出を，右が輸入を表わす。
出所：The Treasury of Malaysia, *Economic report 1972-73, 1975-76, 1977-78* より作成。

とともに、交互に毎年、両国で会合が持たれることになった。
一九六〇年代後半以降、各国が援助規模の抑制や条件悪化に走っていくのとは逆に、日本の援助条件の改善には目覚ましいものがあった。最後にこの点をマレーシア政府の決算文書によって確認しよう[76]。一九七五年にはマレーシアにプロジェクト・ローンという形で援助を供与していた国・国際機関数は一一ヵ国と相当程度多様化が進んでいたが、そのなかでも日本は援助総額の四四%を占め、他を圧倒していた。他方でイギリスはというと、一九七〇年には特別援助が援助総額の三〇%程度を占め、最大の供与国に一時的に返り咲いたが、一九七五年にはこれを使い切った結果、その割合は二％弱へと大きく落ち込んでしまった。金利については、一九七〇年時点では日本の金利は輸銀分を反映し他国と比べて決して優位に立つものではなかったが、一九七五年には基金分の増額を反映し四・三七五％となり、顕著な改善を示していた。日本以外の国では七％以上に金利は上昇していた。図5-3には、一九七〇年代における日本の躍進が見て取れよう。

こうして投下された日本の巨額の援助はインフラ整備のために用いられ、日本企業は以後、整備された経済環境を下地につぎつぎとマレーシアに進出を果たしていく。軍事援助主体であったイギリスも特別援助を手段に日本と援助競争を行なった瞬間もあったが、実態としてはすでにこのとき、アジア太平洋経済圏を構成する欠くべからざる項として、マレーシアは日本との関係を重視し、イギリスはその後景に退いていくことになるのである（図5-4）。

もっとも、日本の「成功」は「オーバープレゼンス」の問題を生じさせ、現地社会との摩擦を解決する必要に迫られていくことになる。[77]日本はこうして、不安定かつ流動的な契機をアジア諸地域に散りばめつつ、七〇年代を駆け抜けていくことになる。

注

（1）　マレーシアは戦後、国制の変更に応じて何度か国名を変えている。また、マレーシアを構成する地域の広狭にも変動がある。時期的に本章に関係があるのは、マラヤ連邦（一九四八～六三年）とマレーシア（一九六三年～現在）である。本章では、あえて明記する必要がある場合を除き、単にマレーシアと表記する。

（2）　アングロ／マラヤ協定については、TNA, T317/600, 'Defence Aid to Malaysia: Backgroud Brief,' 7 April, 1965 を、イギリスの軍事援助の統計については、佐藤滋「冷戦下イギリスの対マレーシア経済・軍事援助政策の展開」を参照のこと。

（3）　イギリスにおける経済援助と軍事援助との密接な関係については、ゲイロールト・クロゼウスキー「イギリスの対外援助政策の再編、一九五六～一九六四年」渡辺昭一編『コロンボ・プラン――戦後アジア国際秩序の形成』法政大学出版局、二〇一四年、一四五～一六七頁を参照のこと。イギリスの経済援助政策については、神戸史雄『イギリス対外援助政策の展開』アジア経済研究所、一九八一年が優れた研究である。しかし、「対外援助政策」としつつも軍事援助の観点が不在である。

（4）貝出昭『マレーシア・シンガポール――経済と投資環境』アジア経済研究所、一九七一年、四〇四頁。イギリスのマレーシアにおける投資実態については、N. J. White, *British Business in Post-Colonial Malaysia, 1950-70：'Neo-Colonialism' or 'disengagement'?*, Routledge, 2004, J. Saham, *British Industrial Investment in Malaysia*, Oxford, 1980、などもある。あくまでマレーシア側からの指摘であるが、財務大臣のタンは、こうした民間投資を通じたイギリスの利潤が二五%にのぼっていると指摘している。TNA, CAB 139/671, 'Visit of the Malaysian Finance MInister', dated on 12 July 1963.

（5）TNA, CAB 139/671, 'Overseas Sterling Holdings', dated on 15 November 1963. インドのスターリング残高取り崩しが開発を進める過程で進んだ点については、ブライアン・R・トムリンソン「衰退国家の武器――イギリスのスターリング・バランスと開発支援」渡辺昭一編『コロンボ・プラン――戦後アジア国際秩序の形成』法政大学出版局、二〇一四年、六一～八一頁が詳しい。また、スターリング残高をめぐるイギリスの政策については、C. Krozewski, *Money and the end of empire*, Palgrave, 2001、金井雄一『ポンドの譲位――ユーロダラーの発展とシティの復活』名古屋大学出版会、二〇一四年などがある。

（6）戦後日本のアジア外交史を体系的に扱った優れた研究書として、宮城大蔵編『戦後日本のアジア外交』ミネルヴァ書房、二〇一五年、がある。宮城は、一九六五年から一九七五年を「転換の一〇年」と捉え、これをもってアジアは「政治の季節から経済の季節へ」移行したとする。

（7）TNA, OD 35/56, 'Parliamentary Question', dated 22 June. 1966. 経済援助には、コロンボ・プランの下での教育等の技術援助やCDCを通じたローンも含まれるが、主として両地域への経済開発資金として贈与される二〇〇万ポンドが中心となる。

（8）TNA, PREM11/4904, 'Inward Telegram to Commonwealth Relations Office from Kuala Lumpur by Lord Head', dated 3 August, 1964, PREM 11/4904, 'Brief for the Prime Minister's Talk with the Tunku on Thursday, 6 August, 1964', 31 July, 1964.

（9）TNA, PREM11/4904, 'Inward Telegram to Commonwealth Relations Office from Kuala Lumpur by Lord Head', 22 July,

1964. ヘッドはつぎのように述べた。「私を動揺させたのは、連邦政府とシンガポール、サバ、サラワクとの関係が次第次第に悪化していったことであり、そしてそれがこの数週間顕著となってきたことである。私は、それらの不和軋轢や困難の多くは、連邦政府が政党政治にもとづくのではなく、首尾一貫し熟慮にもとづいた政策を採用してさえいれば回避できたものと考えている……われわれは、もはや事態を傍観し、放置したままではならないというのがこの電報の要点である。なすべき時がきたと私は考える……われわれは公平にいって、事態が誤った方向に向かっていると考えるのであれば、軍事、財政、その他の形態の援助をマレーシア政府に対する制裁措置として用いる強い理由を持っている」。

(10) TNA, PREM11/4904, 'Note by the Prime Minister of his private conversation with Tunku Abdul Rahman at No. 10 Downing Street on Thursday, August 6, 1964', 'Record of a conversation between the Prime Minister of Malaysia at lunch at 10, Downing Street on Thursday, August 6, 1964'. どちらも作成日不明。

(11) TNA, T317/777, 'Aid to Malaysia (and Singapore) for Defence Expansion. Report of the Working Party', 22 December, 1965. 以下の記述はこの資料にもとづく。

(12) TNA, T317/777, 'Aid to Malaysia (and Singapore) for Defence Expansion. Report of the Working Party', 22 December, 1965. 委員会の議論がヘッドの見解に強く影響を受けた点については、TNA, T317/600, 'From Miss K. Whalley to Mrs. Hedley-Miller', 14 April, 1965.

(13) TNA, T317/600, 'Malaysian Bid for defence aid report by the technical mission', 3 June, 1965. ドリューたちは、つぎつぎに拡充されるマレーシアの防衛計画に「恐怖させられた」という。彼らは、既存の軍事援助の未利用分二二五万ポンドを含む、三年間で総額二三七五万ポンドという数字を提示した。

(14) TNA, T317/601, 'Draft Paper for OPD Committee. Aid to Malaysia for Defence Expansion Memorandum by the Commonwealth Secretary', 30 June, 1965.

(15) TNA, T317/600, 'From the Right Honourable Visount Head', 12 March, 1965.

(16) TNA, T317/601, 'From Milner-Barry to Mrs. Hedley-Miller', 22 July, 1965.

(17) TNA, T317/601, 'From Miss K. Whalley to Mrs. Hedley-Miller', 15 October, 1965.

(18) TNA, PREM11/4904, 'Record of a conversation between the Prime Minister of Malaysia at lunch at 10, Downing Street on Thursday, August 6, 1964'. 作成日不明。

(19) 扱っている国・地域は違うが、同盟の不安定性の背後に相異なる「多様な脅威認識」があったことを強調するという点で、イギリス・マレーシア間の事例はマクマンの議論と共通する部分がある。ロバート・J・マクマン「ひ弱な同盟――冷戦下アジアにおけるアメリカの安全保障関係」菅英輝編『冷戦と同盟――冷戦終焉の視点から』松籟社、二〇一四年、一六九～二〇〇頁。

(20) TNA, T317/601, 'The Secession of Singapore', 21 October, 1965.

(21) TNA, T317/601, 'Defence Aid to Malaysia and Singapore', 9 November, 1965. 以下の記述はこの資料にもとづく。

(22) TNA, T317/778, 'Draft Memorandum by the Chancellor of the Exchequer. Defence Aid for Malaysia and Singapore', 14 January, 1966.

(23) TNA, T317/778, 'Defence Aid for Malaysia', 7 February, 1966.

(24) TNA, T317/778, 'From Kuala Lumpur to Commonwealth Relations Offece. Defence Aid', 15 February, 1966.

(25) TNA, T317/778, 'From R. L. Sutton to A. C. Maby', 14 March, 1966.

(26) TNA, T317/779, 'OPD (66)56. Note by the Commonwealth Secretary. Defence Aid to Malaysia', 12 May, 1966. 以下の記述はこの資料にもとづく。

(27) TNA, T317/779, 'From Commonwealth Relations Offece to Kuala Lumpur', 19 May, 1966.

(28) TNA, T317/779, 'Treasury Press Cutting Section. Daily Telegraph : Britain Puts Squeeze on Malaysia.', 18 June, 1966.

(29) TNA, T317/779, 'From Kuala Lumpur to Commonwealth Relations Offece', 24 May, 1966.

(30) TNA, T317/779, 'From Kuala Lumpur to Commonwealth Relations Offece', 24 June, 1966.

(31) TNA, T317/779, 'From Kuala Lumpur to Commonwealth Relations Offece : Anglo/Malaysian Relations', 24 June, 1966.

(32) TNA, T317/779, 'From Kuala Lumpur to Commonwealth Relations Offece', 2 June, 1966, 'From Kuala Lumpur to Commonwealth Relations Offece', 17 June, 1966.

(33) TNA, FCO11/82, 'Malaysia and Singapore : Defence Aid', 1967.（月日不明）

(34) TNA, T317/779, 'Draft. Military Aid to Malaysia', 17 June, 1966. 以下の大蔵省の見解に関する記述はこの文書にもとづく。

(35) TNA, T317/779, 'Defence Aid to Malaysia', 5 July, 1966.

(36) TNA, T312/1955, 'Malaysia, Singapore, and Sterling', 26 January, 1967.

(37) ＩＭＦは準備政策の慎重な運用をマレーシアに対して求めていたにすぎない。この点については、IMF Archive,

SM/66/61, 'MALAYSIA－1966 ARTICLE XIV CONSULTATION', 10 May, 1966 および、EBM/66/40, 'Minutes of Executive Meeting 66/40', 13 June, 1966.

(38) *Ibid.* この文章の続きはつぎのようなものであった。「われわれは、翌年の夏に控えているスターリングからの大規模な多様化というマレーシアの計画に適合するために何ができるのかを考えていかなければならない。それは、［ポンドの：筆者注］信用に深刻な影響を与えるであろう」。

(39) Bank Negara, *Annual Report and Statement Accounts*, 1959, p. 4, TNA, T312/1955, 'Malaysian Finance Ministers call on the Chancellor : Brief on Deversification', 7 July, 1967.

(40) TNA, FCO24/264, 'Visit of Malaysian Prime Minister', 3 July, 1967. 豊富に１次資料を用い、スエズ以東からの撤退を総合的に分析した近年の研究として、つぎのものが参考になる。P. L. Pham, *Ending 'East of Suez' : The British Decision to Withdraw from Malaysia and Singapore, 1964-1968*, Oxford, 2010.

(41) TNA, FCO11/84, 'Defence reduction : economic effects on Singapore and Malaysia', 31 May, 1967.

(42) TNA, FCO24/264, 'Visit of Malaysian Prime Minister', 3 July, 1967.

(43) TNA, T312/1956, 'Negotiating Brief 9 : Malaysia', 4 October, 1968.

(44) TNA, T312/1955, 'Note for the record. Visit of the Malaysian Finance Minister', 12 July, 1967.

(45) TNA, T312/1955, 'Diversification : background note', 7 July, 1967.

(46) TNA, FCO24/320, 'Commonwealth Office to Kuala Lumpur', 4 August, 1967. 以下の記述はこの資料にもとづく。

(47) TNA, T312/1956, 'Negotiating Brief 9 : Malaysia', 4 October, 1968.

(48) TNA, T312/1955, 'Defence cuts East of Suez and diversification', 10 Janauary, 1968.

(49) TNA, T312/1955, 'Diversification－Malaysia', 9 February, 1968. 以下の記述はこの資料にもとづく。

(50) TNA, T312/1955, 'Malaysia : Diversification', 29 February, 1968.

(51) TNA, FCO24/114, 'Visit of Tun Razak. Meetings with Ministers, 9 May, 1968. U. K. Aid offer to Malaysia', 7 May, 1968.

(52) TNA, FCO24/114, 'Times. Malaysia looking for arms supplies', 30 April, 1968.

(53) TNA, FCO24/115, 'Message dated 14th June, 1968, from the Hon'ble Tunku Rahman Putra Al-haj, Prime Minister of Malaysia to Rt. Hon'ble Harold Wilson, Prime Minister of Great Britain', 14 June, 1968.

(54) Bank Negara, *Annual Report and Statement Accounts, 1967*, p. 1.

(55)　特別援助のより詳細な内訳については、佐藤滋「冷戦下イギリスの対マレーシア経済・軍事援助政策の展開」を参照のこと。
(56)　TNA, FCO24/114, 'United Kingdom/Malaysia Defence Aid Arrangements 1968', 10 June, 1968.
(57)　TNA, FCO24/252, 'The Straits Times：Razak Mission,' 1 May, 1968.
(58)　「対外経済協力審議会第四回総会議事録」一九六九年一〇月三〇日（「対外経済協力審議会」2010-0459、外務省外交史料館所蔵）。
(59)　以下の記述は、通商産業省・通商産業政策史編纂委員会編『通商産業政策史　第九巻　第Ⅲ期　高度成長期（二）』通商産業調査会、一九八九年、本書二五七～二五八頁にもとづく。一九六〇年代後半以降の東南アジアへのコミットメントについては、その後の日本の経済援助政策の展開を方向づけたものとして強く意識されてもいた。この点については、内閣調査室大来主査「東南アジア諸国に対する経済援助の現状とわが国の立場」一九六九年七月二四日（「対外経済協力審議会」2010-0459、外務省外交史料館所蔵）。なお、日本は戦後直後、コロンボ・プランに参画することで、インド、パキスタン、セイロンといった南アジアのコモンウェルス諸国との貿易関係を積極的に構築しようとしていた。これは、東南アジア諸国の反日感情があまりにも大きく、戦後すぐの進出が難しかったためである。しかし、一九五〇年代後半以降、賠償・準賠償によって戦後処理が進んでいくにつれ、徐々に援助・貿易関係は南アジアから東南アジアへとシフトしていく。これらの点については、小林英夫『戦後アジアと日本企業』岩波書店、二〇〇一年、同『戦後日本資本主義と「東アジア経済圏」』御茶の水書房、一九八三年を参照のこと。
(60)　これは後に、輸銀と基金との業務分野の調整問題として議論されることになる。日本輸出入銀行『日本輸出入銀行史』国際協力銀行、二〇〇三年、一一〇頁。
(61)　「マレイシアに対する円借款の供与に関する書簡の交換に関する閣議決定（案）」一九六六年一一月一九日（「日・マレイシア円借款取極」2014-3388、外務省外交史料館所蔵）。
(62)　「マレーシア国円借款対象プロジェクトの概要と進捗状況」一九六九年一〇月（「円借款／対マレイシア」2012-2786、外務省外交史料館所蔵）。
(63)　小島大使「小島大使より外務大臣宛電報第四五号　ポートディクソン火力発電計画」一九六九年一月二一日（「円借款／対マレイシア」2012-2786、外務省外交史料館所蔵）。
(64)　小島大使「小島大使より外務大臣宛電報第七六号　円借取極」一九六九年二月五日（「円借款／対マレイシア」

2012-2786、外務省外交史料館所蔵)。
(65) 小島大使「小島大使より外務大臣宛電報第五九号　円借取極」一九六九年一月二八日および、外務大臣「外務大臣より安川大使宛電報第三一号　円借取極」一九六九年一月二四日(「円借款／対マレイシア」2012-2786、外務省外交史料館所蔵)。
(66) 安川大使「安川大使より外務大臣宛電報第一五〇号　クチン港建設計画」一九六九年四月二五日および、外務大臣「外務大臣より安川大使宛電報第三一号　クチン港建設計画」一九六九年四月二八日(「円借款／対マレイシア」2012-2786、外務省外交史料館所蔵)。
(67) 外務省「対アジア援助の基本構想」一九六九年七月一一日(「対外経済閣僚懇談会」2010-0474、外務省外交史料館所蔵)。
(68)「日本の対外経済協力に関するマレーシアのラーマン首相の発言」一九七〇年八月四日(「対外経済協力審議会」2010-0465　外務省外交史料館所蔵)。
(69) 広田大使「広田大使より外務大臣宛電報　ラ首相の訪日(会談議題)」一九七一年九月一五日(「円借款／対マレーシア」2012-2788、外務省外交史料館所蔵)。
(70) 外務省経済協力局「マレイシアに対する新規円借款の供与問題について」一九七一年一〇月一五日(「円借款／対マレーシア」2012-2788、外務省外交史料館所蔵)。
(71) 日本輸出入銀行『日本輸出入銀行史』九五頁。
(72) 調査部企画課「第一三回日米政策企画協議報告(一九七一年五月一九～二一日　於河口湖)」一九七一年六月一〇日(「日米政策企画協議(第一三回・一四回)」2012-2877、外務省外交史料館所蔵)。
(73)「対外経済協力審議会第十回総会速記録」一九七〇年九月七日(「対外経済協力審議会」二〇一〇-〇四六五　外務省外交史料館所蔵)。
(74) 外務省アジア局南東アジア第二課長「アジア太平洋大使会議要望事項(マレイシア)に対する回答」一九七一年八月二〇日(「円借款／対マレーシア」2012-2787、外務省外交史料館所蔵)。
(75) 経済協力一課「ラザク訪日における日・マ事務レヴェル会議議事要録(経済協力関係)」一九七一年一〇月一五日(「円借款／対マレーシア」2012-2788、外務省外交史料館所蔵)。
(76) これらの数字については、佐藤滋「冷戦下イギリスの対マレーシア経済・軍事援助政策の展開」を参照のこと。

(77) 外務省政策課「今後の経済協力の推進について」一九七五年三月一一日（「対外経済協力審議会」2010-0462、外務省外交史料館所蔵）。

第6章　援助の墓場？

――一九六〇年代オーストラリアのインドネシア援助政策――

木畑洋一

1　一九六〇年代オーストラリア―インドネシア関係の前提

「過去においてインドネシアは外国からの援助の墓場であった」。一九六六年六月、着任したばかりのオーストラリアの駐インドネシア大使マックス・ラヴデイは、こう記した[1]。その少し前までつづいていたスカルノ大統領による統治の下でインドネシア経済は混乱し、六三年からはマレーシア紛争（「対決」、コンフロンタシと呼ばれた[2]）がそれに拍車をかけていた。ラヴデイによれば、「外国からの援助プロジェクト要請の指標となる全体的な計画もプログラムもなければ、優先順位もつけられていなかった」のである。オランダからのインドネシア独立の立役者となり、初代大統領として強力な支配力をふるってきたスカルノは、五〇年代後半以降、大統領と軍に権力が集中する「指導される民主主義」と呼ばれる体制を作りあげた。その下で、すべての経済分野に対する国家の統制が強化されたが、経済活動は振るわず、財政は危機的状況に陥った。マレーシアとの「対決」は、そのような内政危機から国民の目をそらす働きももったが、莫大な軍事費を要する「対決」によって経済状況はますます悪化したのである。

しかし、こうした状況のもとでも、オーストラリア政府はインドネシアへの援助を継続していた。その姿勢は、マレーシアを助けてインドネシアと直接軍事的に対決したイギリスとも、冷戦の文脈のなかでインドネシアに敵対姿勢をとるようになったアメリカ合衆国とも、異なっていた。本章は、この時期における対インドネシア援助継続にみられるオーストラリア政府の思惑・意図を、主として政府文書に即しながら探っていくことを目的とする。

したがって本章の対象と、本書が全体として目指す、アジア諸国への開発援助の実態分析を通してアジアの自立的発展の前提を探るという課題との間には、ずれが存在することをお断りしておかなければならない。スカルノ体制下のインドネシアでは、一九六〇年に総合開発八ヵ年計画がはじまり、六四年には「ブルディカリ（自分の足で立つ）」計画が提唱されたが、実質的な経済発展に結びつくものではなかった(3)。インドネシア経済は、スカルノに取って代わったスハルトのもとで発展をはじめるが、開発独裁体制となったスハルト時代の初発期におけるオーストラリアの対インドネシア援助問題は、本書第七章のエング論文によって扱われており、本章は、その前史となる関係を扱うという位置づけになる。

ここではまず、一九六〇年代におけるオーストラリアの国際的な位置と、そのなかでインドネシアが占めた位置を概観しておきたい。

オーストラリアはイギリスを宗主国としてあおぎ、内政面で自治をえて以降も対外政策面では長くイギリスに追随する姿勢をとってきた。その関係は、第二次世界大戦期から戦後にかけて変化を見せはじめ、大戦期にオーストラリアが依存度を強めたアメリカ合衆国の影響力が強まった。それをよくあらわしたのが、五一年のアンザス条約締結である。対日講和条約と同時に結ばれたこの条約は、アメリカ合衆国とオーストラリア、ニュージーランド三国による安全保障条約で、イギリスは蚊帳の外に置かれた。

とはいえ、オーストラリアがイギリスに依存する状態は、五〇年代にはまだつづいていた。その関係にさらなる変化が見えたのは、六一年にイギリスがヨーロッパ経済共同体（五八年発足）への参加申請に踏み切ってからであった。五〇年代にヨーロッパ統合が具体的に動きはじめるに際して、イギリスはヨーロッパとの関係よりもイギリス帝国の枠組みをうけつぐコモンウェルスとの関係のほうを重視して統合参加に消極的な姿勢をとっていたが、その姿勢を大きく変えたのである。これは、オーストラリアにも大きな衝撃を与え、そのイギリス離れに拍車をかけることになった(4)。オーストラリア駐在のイギリス高等弁務官（通常の大使にあたる役職のコモンウェルス内での呼称）事務所は、六二年春に、「過去二年間のあいだに英豪関係は根本的に変化した。オーストラリアはイギリスがヨーロッパに接近すると考えている。オーストラリアがイギリスと独立してアメリカ合衆国を支援するような方向が強まるだろう」と観測している(5)。

オーストラリアは同時にアジアの国々との関係強化を目指すようになった。第二次世界大戦までのオーストラリアはいわば「アジアにおけるヨーロッパの出先」としての性格が強かったが、その状況は徐々に変わり、六〇年代には変化がかなりはっきりとした形をとってきた。四九年から長期にわたって政権を握ってきた、親英勢力の象徴ともいえるメンジーズ首相が六六年初めに辞任した時、イギリス高等弁務官チャールズ・ジョンソンは、「全般的にオーストラリアはますます東南アジアや極東へと舵をきっており、イギリスの遠く離れた前哨地としてではなく、地球のこちら側に存在の場がある国として自国のことを感じている」と、本国に書き送っている(6)。その前年、ジョンソンの前任者ウィリアム・オリヴァーは、高等弁務官離任に際しての報告のなかで、従来はイギリスに依存してきたオーストラリアが、東南アジアを重視するようになっていること、中国共産主義の南下に対していく必要性を感じているものの、その際の主要な同盟国はいまやアメリカ合衆国であってイギリスではなくなっている、と論じていたが(7)、これらのイギリス側からのオーストラリア観は、起こりつつあった変化をよく映し出していた。

一方、オランダ領東インドと呼ばれオランダの植民地であったインドネシアでは、第二次世界大戦中に日本軍によって占領されていたあいだ、スカルノやハッタなどの民族運動家が、日本への協力姿勢を取りながら独立達成の機会をうかがっていた。日本の敗戦が決定的になるや、彼らは独立に踏み切ることを決断し、それを妨げて支配権を回復しようとしたオランダと戦った末、四九年一二月に独立を最終的に達成した。

このインドネシアとオーストラリアの関係について、一九八〇年代末から九〇年代半ばにかけてオーストラリア外相をつとめたギャレス・エヴァンスは、インドネシアは「言語、文化、宗教、歴史、エスニシティ、人口規模、政治的・法的・社会的システム」すべてでオーストラリアと異なり、「世界半分を隔てた位の違いがある」国である、と表現した(8)。しかし、インドネシアはオーストラリアに最も近接したアジアの国であった。オーストラリアがアジア太平洋での自国の位置を模索し、東南アジアとの関係を探ろうとする時、そのインドネシアにどのように対していくかは、ひとつの鍵となった。そのため、インドネシアの独立戦争中四七年にオーストラリアはインドネシア独立政府を事実上承認し、インドネシアの独立達成後にはその国連加盟に際してスポンサー役を演じたのである。さらに五三年には、コロンボ・プランへのインドネシアの加盟を推進した。

注意すべきは、オーストラリア側からのこのようなインドネシアへの関心と、インドネシア側のオーストラリアに対する態度とのあいだにずれが見られたことである。オーストラリアの東南アジア研究者マッキーによると、「インドネシアはその全般的外交政策から離れたパラメーターをもつ『オーストラリア政策』を必要としないが、オーストラリアにはそのことはあてはまらず、何らかの『インドネシア政策』が必要となる。……両国関係は対称的なものでなく、相互のミラー・イメージではないのである(9)」。

以下、オーストラリア外交をめぐるこのような枠組みに留意しつつ、対インドネシア援助の様相を検討していきたい。

2　対インドネシア援助の模索

(1) コロンボ・プラン

一九五〇年代以降、オーストラリアの対外援助政策は、コロンボ・プランを中心として回っていた。[10] コロンボ・プランの発足に際しては、イギリスとならんでオーストラリアの役割が大きく、プランが滑り出した後もオーストラリアはそれに力を注いでいたのである。一九五三・五四年度(オーストラリアの会計年度は七月から六月)には、援助の七三%がコロンボ・プランによる二国間援助であり、その他が国連などを通しての援助であった。援助対象国をとってみると、前述したようにオーストラリアの後押しもあってインドネシアがコロンボ・プランに加入したばかりであったその時点では、コロンボ・プランでの援助の内、インド、パキスタン、セイロンを対象とする援助が約九〇%を占め、対インドネシア援助はそれに次ぐ額となってはいたものの、少なかった。[11] オーストラリアの対インドネシア援助はその後増加の道をたどるかにみえたが、五〇年代後半になると、すぐ後に述べる西イリアン問題やインドネシアの内政をめぐる懸念などのために、停滞していった。コロンボ・プランによるオーストラリアの援助に占めるインドネシアの割合は、一〇%前後を推移したのである。[12]

ただし、コロンボ・プランのもとで、技術援助の相手先、留学生受け入れ先としては、インドネシアが第一位の座を占めた。六〇年にコロンボ・プランの機関誌に寄せられた報告では、「プランの他のいかなる面も、[留学生受け入れほど]オーストラリア人の想像力をかりたて熱意をとらえているものはない」と評価されている。[13] 当時のオーストラリアでは、国を白人のものとして保っていこうとする白豪主義がつづいていた。そのため、五四年時点では、オーストラリアの人口の内、アジア人は〇・四%にすぎず、三三年時点とほとんど変わっていなかった。それが六一年段階になると〇・六％に拡大したが、その変化には、約五五〇〇人の留学生受け入れも貢献していた。コロンボ・プランによる留学生は三〇〇〇人を越え、「コロンボ・プランでの留学生受け入れは、オーストラリア人のアジア人認識を変える上で貢献」したという評価もなされている(14)。六〇年までにオーストラリアがインドネシアから受け入れた留学生は六〇〇人近くにのぼり（表6-1）、六〇年六月時点で滞在していたコロンボ・プラン留学生九二二人の内、二一〇人はインドネシア人であった(15)。

（2）西イリアン問題

コロンボ・プランを軸とするこのようなオーストラリアとインドネシアの関係は、一九五〇年代後半から六〇年代初めにかけて、西イリアン（西ニューギニア）問題によって、大きく左右されることとなった。西イリアン問題とは、インドネシアの独立に際してオランダ領として残されたニューギニア島西半分をめぐるインドネシアとオランダの間の争いである（後掲図6-1）。インドネシア独立後もその帰属をめぐって両国は交渉をつづけていたが、状況は五〇年代後半から悪化していった。しかし、脱植民地化の流れに抗してそ

表6-1　オーストラリアがコロンボ・プランで受け入れた留学生（1960年12月31日まで）

	訓練中	訓練終了	計
ブルネイ	4	13	17
ビルマ	53	250	303
カンボジア	1	8	9
セイロン	31	195	226
インド	50	362	412
インドネシア	202	385	587
ラオス	4	1	5
マラヤ	166	242	408
ネパール	3	10	13
北ボルネオ	46	65	111
パキスタン	31	263	294
フィリピン	56	137	193
サラワク	41	71	112
シンガポール	63	127	190
タイ	59	143	202
ベトナム	53	49	102
計	863	2321	3184

出所：*Australia in Facts and Figures*, No. 68より作成。

れまでの領土支配に固執するオランダの姿勢は結局国際社会の支持を得ることができず、西イリアンの施政権は、六二年に国連に移管され、さらに六三年にインドネシアに移管されることによって、一応の終息を見た（最終的には、六九年の住民投票でインドネシアに正式編入された）。

ニューギニア島はオーストラリアの真北に位置し、その東半分パプアニューギニアはオーストラリアの信託統治下にあったため、オーストラリア政府は、自国の安全保障のために枢要の地域とみて、この問題に強い関心を抱きつづけた。それに際し、オーストラリアはインドネシアの要求には冷淡で、オランダ側を支持する姿勢をとっていた。六〇年暮れ、駐インドネシア豪大使キース・シャンは、オーストラリアの思惑をつぎのように率直に述べている。

われわれの関心事は、わが国の安全保障である。われわれが西ニューギニアにオランダを留めておこうとするのは、その地がオーストラリアの防衛にとってある程度「死活的」ともいえる重要性をもっていると考えるからであり、それほど友好的でもなくあまり信頼できないインドネシア人の手にその地を委ねるよりも友好的なオランダ人の手に委ねる方がよいと思うからである。(16)

こうしたオーストラリアの姿勢にインドネシア側は当然強く反発し、スカルノ大統領もスバンドリオ外相も、西イリアン問題の解決を妨げているおもな障碍はオーストラリアであると述べることまであった。(17)

ただしインドネシアとの関係が緊張するなかでも、オーストラリアは、コロンボ・プランによる援助を推進する姿勢を示した。六〇年から六一年かけて、インドネシアの各空港間の通信を円滑にするネットワーク（航空固定テレコミュニケーションネットワーク、Aeronautical Fixed Telecommunications Network：AFTN）整備のための援助や、ティモール島での道路建設のための援助を開始したのである。これらは、その後オーストラリアによる対インドネシア資本援助の中心的プロジェクト援助となった[18]。これには、西イリアン問題をめぐる政治的対立を緩和しようとする思惑も働いていたと考えられる[19]。

その後、西イリアン問題自体をめぐるオーストラリア政府の立ち位置は変化していった。国際世論でオランダに批判的な声が強まり、それまで中立的な態度をとってきたアメリカ合衆国もオランダ批判の態度を明確にしはじめるなか、六一年一二月にオーストラリア外相に就任したガーフィールド・バーウィックが、それまでの政策を見直してオランダ支持をやめる方針をとったのである。こうして、インドネシアの要求にそった西イリアン問題の決着を、オーストラリアも推進していくことになった。

その後、西イリアン問題が片づいたことによって生まれた小康状態のもとで考えられていたのが、アメリカ合衆国が主導してインドネシア援助を行なって経済を安定化させ、インドネシアのエネルギーを国内の発展に振り向けさせるという方針であった。オーストラリアもそれに足並みをそろえようとしていたが、そこでインドネシアをめぐるつぎの大きな国際問題が持ち上がった。マレーシア紛争である。

3　マレーシア紛争下の苦悩

(1) マレーシア創設への道

マレーシア設立に向けた動きは、一九五七年に独立を達成していたマラヤ連邦のアブドゥル・ラーマン首相による六一年五月の演説からはじまった。この動きには、シンガポールとマラヤ連邦、さらにイギリスの思惑が交錯していた。五九年に内政上の自治権を獲得していたシンガポールを率いるリー・クアンユーは、単独で完全独立するには自国は小さすぎると考えていたし、力を伸ばしてきていた急進的な親共産主義勢力を抑えるためにも、マラヤ連邦との合同が必要である、と考えていた。ラーマンもシンガポールの状況に危機感を覚えており、合同によって共産主義勢力を抑え込めるものと考えた。すでに多くの中国系住民をかかえたマラヤのマレー系指導者にとって、中国系住民が圧倒的多数を占めるシンガポールとの合併は脅威となる可能性があったが、それはマレー系住民から成る北ボルネオ地域の同時合併で相殺されるはずであった[20]。またこの合同はイギリスにとっても、この地域における自国の影響力、とりわけ軍事的影響力を維持していくうえで望ましかった。イギリスの政策決定者のあいだには、もっとも重要な海外軍事基地が置かれているシンガポールをマレーシアに入れてしまうことで、基地使用をめぐるイギリスの自由度が減ることを危惧する人々もいたが、世界の趨勢として脱植民地化が進むなかでイギリスの力を保っていくためには、現地のイニシアティブを尊重しながら、イギリスとしても合同を積極的に推進していく方針がとられたのである[21]。

オーストラリア政府は、このマレーシア構想に最初から積極的な支持姿勢をみせた。マレーシアの設立は、オーストラリア自身の防衛にとってのみならず、当該地域の共産化阻止、イギリスの力の維持にとって積極的な意味をもつと考えられていたのである[22]。

一方インドネシアはといえば、六一年にマレーシア計画が浮上した当時は、西イリアン問題に集中していたこともあり、強い関心を向けないまま、むしろそれを支持する姿勢さえみせていた。しかし、その姿勢はすぐに変化した。六二年暮れには、北ボルネオのブルネイでマレーシア計画に反対する武装反乱が起こったが、インドネシア政府はその反乱を強く擁護した。そして六三年一月二〇日、スバンドリオ外相によって、「新帝国主義・新植民地主義の手先としてインドネシアに敵対的政策をとっている」マラヤに「対決」していくというインドネシア政府の方針が示された[23]。インドネシア政府は、マレーシア形成が東南アジアにおける帝国支配を新たな相貌のもとでつづけ

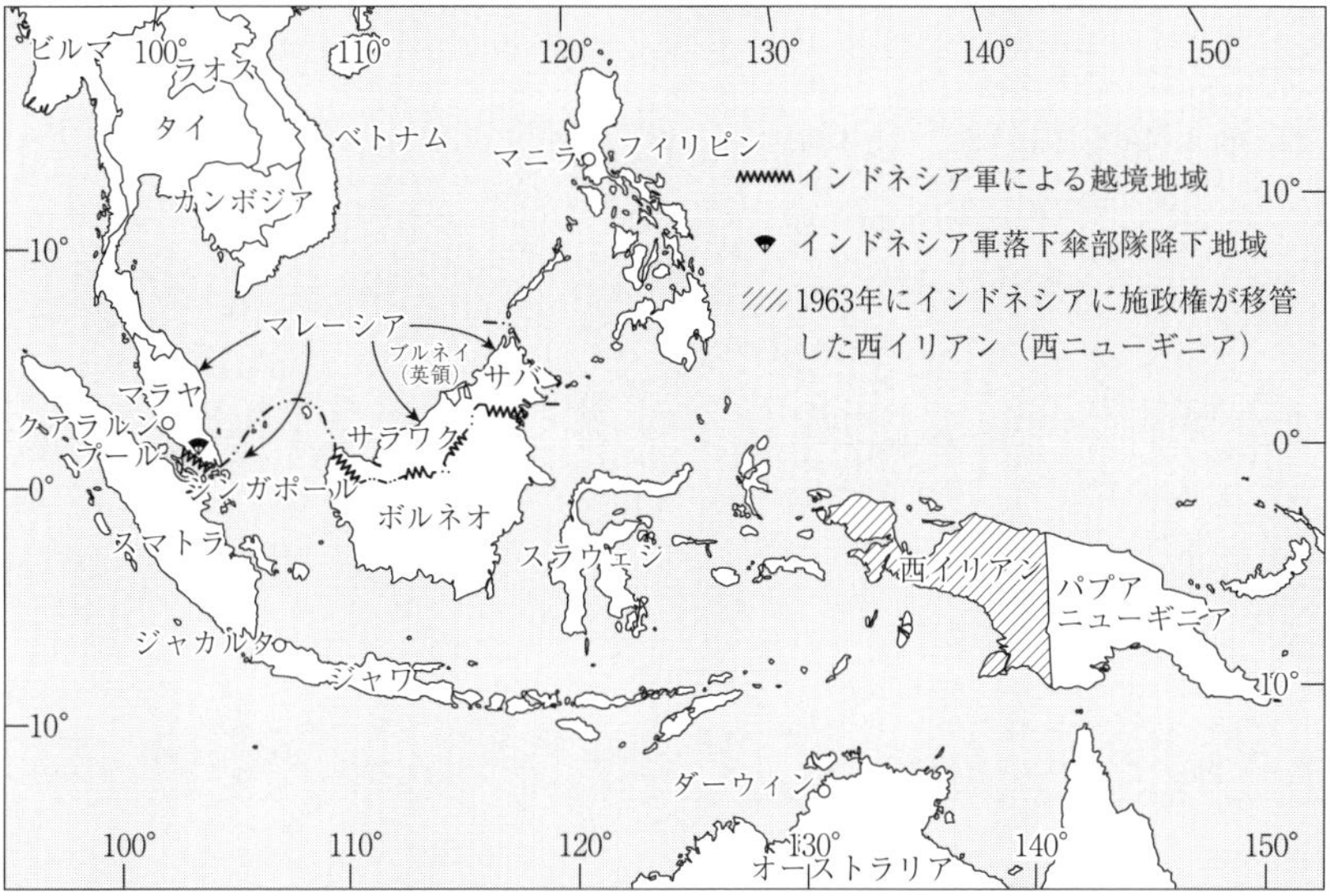

図6-1　マレーシア紛争

出所：David Goldsworthy, ed., *Facing North : A Century of Australian Engagement with Asia, Vol. 1, 1901 to the 1970s*, Melbourne, 2001, p. 274より作成。

ようとするイギリスの策謀であるとして、それを阻止する政策をはっきりと打ち出したのである。

それに対してイギリス側は、あくまでもマレーシア形成を後押ししようとした。その結果、インドネシア側とイギリス軍の武力衝突が、六三年四月にボルネオではじまった。マレーシア自体は、いくつかの曲折の後、ブルネイが加わらない形で六三年九月一六日に発足したが、その後もマレーシア防衛の任を負いつづけることになったイギリスは、インドネシアに対抗して大きな軍事力を送りこんだ。軍事的対決はボルネオをおもな舞台としたが、紛争が軍事的にもっとも緊迫した六四年夏には、マレー半島にも拡大することになった（図6-1）。

マレーシア形成をめぐるこのような事態の展開に、オーストラリア政府は強い懸念を抱いた。ただし、オーストラリア政府内の意見は、マレーシア形成を支持するという点では一致していても、インドネシアへの対応をめぐっては必ずしも一枚岩的ではなかった。外相バーウィックは、同じコモンウェルスのメンバーとしてマラヤとのあいだには特別の関係が存在するとしながらも、インドネシアとの関係も重視していた。彼はとくに「長期的目的として、一億人のインドネシア人が中国の拡大に対する貴重な遮蔽幕となるという事実を見失ってはならない」と考えていた[24]。外務省内では、インドネシア側もオーストラリアとの友好維持を望んでいるという見方が強かった。たとえば、六三年の春、キース・ウォラー首席次官補は外相宛ての覚書で、「インドネシアは、マレーシア問題でのオーストラリアの強固な態度にもかかわらず、オーストラリアと良好な関係を維持しようとしている。インドネシアは、オーストラリアが欧米とインドネシアの関係にとって特別の位置を占めていると見ている」と論じた[25]。それに対し、ロバート・メンジーズ首相や首相府は、インドネシアに対してはるかに厳しい見方をしていた[26]。

マレーシア紛争の開始に直面して、オーストラリア政府は対インドネシア援助の方針についての検討をはじめたが、対外援助政策を担当していたのは外務省であり、この検討も、外務省を中心として進められていった。六三年六月に外務省が作成して討議の基礎となった覚書では、たとえマレーシア形成問題をめぐる矛盾があっても、オーストラリアとしては援助に際してインドネシアを差別も厚遇もしないこと、そしてアメリカ合衆国と歩調を合わせるという方向性が提示された[27]。当時アメリカ合衆国政府は、インドネシアのスカルノ政権を冷戦下で西側陣営に引きつけておける可能性があると考え、むしろインドネシアに協力的な態度をとっていた[28]。そうしたアメリカ合衆国とオーストラリアの共同歩調は、翌七月に開かれた経済協力開発機構（Organization for Economic Cooperation and Development : OECD）開発援助委員会（Development Assistance Committee : DAC）の会議でもみられた。この会議でオーストラリア代表が、対外援助に支えられた断固たる国内努力なくしては、インドネシアはさらなる経済後退に陥り、秩序の崩壊、反乱、それに対する政府の弾圧行動などが生じる恐れがあるとして、援助の必要性を説いた時、その姿勢に同調したのは、アメリカ合衆国と国際通貨基金（International Monetary Fund : IMF）の代表だったのである。[29]

このＤＡＣ会議の結果をも踏まえて、八月に開かれた省間会議（外務省、財務省、貿易省および首相府代表による）では、やはりアメリカ合衆国の姿勢に留意しつつ、「インドネシアと共存する問題をもち、インドネシアについての知識を有するオーストラリアに期待」が寄せられているとして、対インドネシア援助継続の必要性が確認された。[30]

（2）マレーシア紛争の展開と援助問題

すでに述べたように、マレーシアは一九六三年九月一六日に成立した。インドネシアはただちにマレーシアと断交し、紛争はさらに拡大していった。イギリスはオーストラリアおよびニュージーランドに戦闘部隊の派遣を含む軍事的支援の要請を行なったが、両国はともに、マレーシアの形成自体を支持し、イギリスへの協力もする姿勢は示しつつ、当面は物資の支援に限って兵士は送らないという方針をとった。宗主国イギリスの要求にすぐに応じて兵士をイギリスの戦争のために送った両国の昔日の姿は、ここにはなかった。

紛争本格化当初のオーストラリア政府の対インドネシア援助政策の基本線は、「インドネシアの政策がそれを可能にする限り、平和と友好のもとにインドネシアと共存したい。……［ただし］生活向上のための援助のみ継続すべきである」というものであった。[31]そしてアメリカ合衆国の姿勢を注視する方針に変わりはなかった。イギリスからの軍事支援要請があってもアメリカ合衆国の支持なしに対インドネシア強硬策をとるつもりは、オーストラリア政府にはなかった。そのアメリカ合衆国は、オーストラリア側の見るところ、「インドネシアが共産化するのを防ぐことを第一義」として、インドネシアに対して寛容な姿勢をとっていた。[32]

こうして、対インドネシア援助の継続方針は決められたが、「生活向上のための援助」という基準に照らした場合に個々の援助計画がどうなるかについては、改めて検討が必要となった。そのため、六三年一二月に、インドネシアに対するコロンボ・プランによる援助をめぐる包括的な検討が外務省によってなされた。その結果、ＡＦＴＮについては援助を続行していくこととなった。ただしこの検討記録の欄外にはバーウィック外相が「ゆっくり行なうこと（Go slow）」というコメントを書きこんだ[33]。また道路建設については様子をみていくこととされたが、インドネシア人留学生の受け入れ、訓練についてはそれまでどおり継続されることになった[34]。その後の実際の経過を見ると、ＡＦＴＮを「ゆっくり行なう」方針は実施されたが、六四年八月にはその再考が提起され、さらに一〇月にはＡＦＴＮの軍事的意味が改めて検討された結果、そうした意味はあまりないとして援助が続行されることになった。また道路建設は、少しでも軍事目的のために利用されることになればオーストラリアが非難されることになるとの理由で、六四年半ばに建設作業地がティモール島からその可能性がないフロレス島に変更されて継続された[35]。

マレーシア紛争が終息の気配をみせないなか、六四年春、オーストラリア外務省は対外援助政策全般にわたる検討にとりかかった。外務省の覚書では、対外援助を全体として増やしていく方針が掲げられ、次のように援助の政治的目標が記された。

> 対外援助の広い政治的目標は国際的調和のために「持てる国」と「持たざる国」のあいだの格差を減少させることである。オーストラリアの援助規模は小さく、この目標に目立った貢献はできないが、アジアの縁辺にある白人の「持てる国」として、発展の遅れた隣国を支援するために義務を引き受けることを示すのは重要である。
> （強調は原文）[36]

そしてこの覚書をもとに、六四年秋から海外出先機関、国内の関係各省からの意見収集が行なわれ、省間会議の結果として最終的に六五年三月二五日付で「オーストラリアの対外援助」という報告書が作成された。そこに盛り込まれた主な内容は以下のようなものであった。
・軍事的、政治的、経済的手段で東南アジアへの共産主義の拡大を防ぐことの重要性。
・経済発展支援は軍事的支援よりも効果的になりうること。
・コロンボ・プランや東南アジア条約機構を通しての援助でタイやベトナムとの関係が緊密化したこと。
・技術訓練生の帰国後の役割が大きいこと。
・オーストラリアの貿易、投資にとって、南アジアや東南アジアの経済発展を加速化させることが重要であること。
・援助の大幅増加が必要な国はタイ、ベトナム、ラオス、カンボジアであり、またインド、パキスタンにも援助増加が必要な政治的、戦略的理由があること。また「対決」がつづく限りマレーシアも優先されるべきこと。
・二国間援助のおもな手段となるのはコロンボ・プランであること。
・南太平洋地域でのイギリス領についての責任はあくまでイギリスにあり、地理的近接性という理由のみでイギリスがオーストラリアに負担を押し付けることには抵抗すべきこと。
・オーストラリアの援助額増大はつづいていくが、それに対し、米英は国際収支の問題から援助額を増大させるのは困難であろうこと。(37)

ここでひとつ注意すべき点は、援助増加が必要な国として、インドネシアが言及されていないことである。オーストラリア政府はマレーシア紛争中の対インドネシア援助の位置づけをいわばペンディング状態にしておいたのである。

この検討が行なわれていたあいだに、マレーシア紛争の情勢は変化を見せていた。六四年八月にはインドネシアの軍事行動がボルネオからマレー半島に拡大するなど、紛争の泥沼化がみられるとともに、スカルノ政権は中国への接近姿勢を強めたのである。それはインドネシア国内におけるインドネシア共産党の影響力の拡大と連動していた。さらに六五年一月にインドネシアは国連からの脱退を発表した。こうした状況のなかで、スカルノ政権を共産主義陣営から引き離していこうとしていた従来の政策が失敗したと見たアメリカ合衆国は、スカルノ体制に対してはっきりした敵対姿勢をとるようになり、六四年八月には米上院で対インドネシア援助停止を求める修正動議が可決されるという事態も生じた。その後アメリカ合衆国は対インドネシア援助から完全に手を引いてしまうということこそなかったものの、主要な援助プログラムは停止されたのである[38]。

オーストラリアでも、メディアの論調や世論のなかでは、インドネシアへの援助継続に対する批判の声が強まった。インドネシアに批判的な基本姿勢をとりながらもそれまで援助継続には反対していなかった『シドニー・モーニング・ヘラルド』紙は、六五年初頭に、インドネシアの国連への敵対的な態度をとくに非難しつつ、「オーストラリアが防衛を約束しているコモンウェルスの国を武力で滅ぼそうとする国に経済的・技術的援助を与えつづけること」は適切でない、との主張をしはじめた[39]。ただし、メディアのなかには、メルボルンの『エイジ』紙のように、マレーシア紛争を批判する一方、「人類愛と利益の双方から、オーストラリアは、インドネシアの人々の問題に実際的な共感の手を差し伸べるために、いかなる機会をも捉えるべきである」とあくまで援助継続を主張するものもあり、世論は分かれていた[40]。

そのような状況のもとで、六五年一月二二日、ポール・ハズラック外相（六四年四月にバーウィックの後任として外相に就任）は、ＡＦＴＮと道路建設および留学生受け入れという内容の対インドネシア援助については可能な限り現状維持をしていくが新規プロジェクトにはとりかからない、という方針を改めて確認し、その方針は一月二六日の閣議で了承された[41]。その決定に際してハズラックは、「オーストラリアでのインドネシア人学生滞在を含むインドネシアとの接触を維持し、可能なところでは実際的でビジネスライクな関係をつづけていくことが、わが国の利益になる」と説明していた。

インドネシアへの援助をこのように継続していくことが確認された時期は、オーストラリアがそれまで繰り返しなされてきたイギリスの要請に応えてボルネオに戦闘部隊を派遣することを公表した時期（二月三日にジョン・マッキュエン首相代理が公表）と重なっていた。マレーシア紛争でインドネシアと軍事的に対峙していたイギリスは、前述したように当初からオーストラリアに兵士の派遣を要請していたが、オーストラリアはそれに応じようとせず、この時期になってようやくそれに踏み切ったのである。オーストラリアの援助継続姿勢は、こうした変化によってもアメリカ合衆国のようにインドネシアと敵対する方向にオーストラリアが完全に舵を切ってしまったわけではないことを示す意味をもったといえよう。

インドネシア駐在オーストラリア大使シャンは、自国のこうした態度が、インドネシア側の対オーストラリア姿勢に影響して、イギリスやアメリカ合衆国に対する態度よりも抑制されたものにしていると観察していた。彼によれば、インドネシアは、英米と違ってオーストラリアを新植民地主義国家であるとは見ておらず、「わが国がイギリスとかヨーロッパとは少々異なる存在であり、独自の平等を重んずる民主的アイデンティティをもち、われわれが住む地域とよい関係を保とうとしている、と考えつづけている可能性が高」かったのである。インドネシア情勢に通じたシャン大使は、そのような前提のもとでオーストラリアはインドネシアへの援助をつづけるのがよいが、それはインドネシアにおもねるわけではなく、「この地域における地理的事実といえる人間である一方、もし挑発されるようなことがあれば相手に不快なこともやれる分別ある人間としての役割を「オーストラリア人が」演ずる」べきである、とメンジーズ首相に提言した(42)。

4　九・三〇事件からマレーシア紛争終息へ

（1）九・三〇事件への対応

インドネシア情勢を大きく変える出来事が、一九六五年秋に起こった。いわゆる九月三〇日事件（九・三〇事件）である。その日の深夜に、陸軍によるクーデターを防ぐためと称して大統領の親衛隊長がインドネシア軍の首脳を拉致し殺害したが、すぐにスハルトの率いる軍によって鎮圧された。その後、軍は、この事件の背景にインドネシア共産党が存在していたとして、共産党員などへの大弾圧を開始し、五〇万人にも及ぶといわれる人々を虐殺していった。インドネシア共産党はスカルノ体制を支えていた政治勢力であり、スカルノはこの事件によってすぐに失脚することこそなかったものの、力を急速に失っていった。[43]

この事件が起こると、オーストラリア政府は、イギリスやアメリカ合衆国同様インドネシア軍の動きを支持する姿勢をとり、事件にはインドネシア共産党が関与しておりそれを中国が後押ししていた、とする見方を積極的に広めようとした。[44] シャン大使はオーストラリアのＡＢＣ放送に対し、インドネシア共産党の関与と中国の役割を強調しつつも事件を直接それらのせいにはしないような形で報道してほしいと要請したりしている。[45]

インドネシアの政治情勢がこうしてきわめて流動的になるなかで、新たな状況のもとでのインドネシア援助をめぐる方針はなかなか決まらなかった。この頃は、アメリカ合衆国とのあいだの協議がそれまで以上に目立つようになり、六五年暮れにはシャン大使が、アメリカ合衆国の駐インドネシア大使マーシャル・グリーンとの会談で、インドネシアで根本的な変化が生じたとの観察で意見の一致をみたこと、アメリカ合衆国がインドネシアのために何かをする用意をしはじめているようであるが、「長期的な援助の場に飛び込んでいくことを勧めるつもりは二人ともなかったこと」を報告している[46]。

インドネシア援助をめぐるオーストラリア政府の姿勢と米豪関係の様相を示すひとつの動きが六六年二月に生じた。アメリカ合衆国のヒューバート・ハンフリー副大統領とアヴェレル・ハリマン無任所大使がオーストラリアを訪れた際、ナスチオンとスハルトのもとにあるインドネシア軍が出してきたタイからのコメ供給要求への対応をアメリカ合衆国は考えているとして、オーストラリア政府の見解を求めたのである。オーストラリア側は次のような条件が満たされるとアメリカ合衆国が考えているなら、コメ五万トンを試みに援助することに賛成するという姿勢を示した。その条件とは、①援助をナスチオンとスハルトが真に望んでいる、②アメリカ合衆国の関与が公にならない、③援助したコメがスカルノやスバンドリオの側に有利に使われることがない、という三点であった。ハンフリーは、これらの条件は満たされると答えた。オーストラリア側としては、インドネシアの「役に立つ勢力」に親西欧というラベルをはってしまうことになるのは望ましくないため、大規模援助計画には消極的であるとしつつも、ナスチオンやスハルトがそれを望んでいるということから、この要求を重視する姿勢を示した。こうしてこの問題は動くかと思われたが、ハンフリーたちが国務省の姿勢を反映していないこと、これらの条件が満たされるかどうか、とりわけアメリカ合衆国の関与が秘密裡に保たれるかどうかに国務省が疑念を抱いていることが判明し、この時点では具体化はしなかった[47]。

ここには、スハルトなどへの援助を志向しながらも、未だスカルノが大統領の座についている状況下で援助がいずれの勢力を利するかについて確信がもてていない様相がよくあらわれていた。

（2）スハルト体制の成立とインドネシア援助の国際化

インドネシアの内政は、六六年三月一一日にスハルトが最終的に権力を掌握することによって、大きく変化した。

それから約一週間後の三月一九日には、スハルトがオーストラリアからの新規援助を求めているとのアプローチがシャン大使に対してあった。シャン大使は、この動きが本当にスハルトの意を体したものかどうかはわからないとしつつも、本国外務省に宛てて、「成功する側に立つ機会はかすかなものであれ逃すべきではない」との意向を伝えた。コメの緊急援助を必要とするとのインドネシア側の要請は三月二二日にも伝えられ、シャンはマレーシア紛争を終結させる保証をスハルトが与えることが必要であるが「新しい体制は支援に値する」と考えた(48)。このような動きの結果、三月二四日にオーストラリア政府は閣議において、ジャワでの洪水被害救済という理由で二〇万ドル相当のコメを援助することを決定した(49)。この決定の背後の動機を、オーストラリア外務省の事務次官代理ローレンス・マッキンタイアは次のように説明している。こうした緊急援助が本当に必要かどうかは疑問だが、「現在の時点で、スハルトやマリクといった面々を助ける用意があることを示し、できるだけ早くインドネシアの人々に彼らの新政府が経済的改善をもたらしているのだと感じさせることには、相当のメリットがある」としたのだ、と(50)。

オーストラリア政府としては、スハルト政権の可能性は未知数である状態のまま、スカルノの権力失墜という機会をとらえて、援助を通じてインドネシアとの関係深化を図ろうとしたのである。その姿勢は、六月一日の閣議で承認されたインドネシア経済援助方針案に明らかであった。そこでは、マレーシア紛争がつづいていてもインドネシア援助を積極化すべきであり、コロンボ・プランによる新規援助も考えられるという方針が打ち出されたのである(51)。

ここで改めて注意すべきは、こうしたインドネシアへの援助積極姿勢が、オーストラリアの政治的な動機に根ざしていた側面が強かったという点である。すぐ後に述べるインドネシアの債務返済をめぐる会議へのオーストラリアの参加如何が議論される過程で、シャンの後任として駐インドネシア大使となっていたラヴデイは、以下のように述べた。

わが国が参加しようとしまいと、インドネシアの将来について下される決定はわが国にとって直接の関心事である。戦略的・政治的観点から計ってみた場合には、おそらく他のどの国にも増してそれがいえるのである。（強調は原文）[52]

また、八月にハズラック外相はジャカルタを訪問し、スペアパーツなどの緊急援助を約束したが、それに備えて外務省が作った覚書は次のように論じていた。

いくつかの点でインドネシアは前近代的国家である。……これから長いあいだインドネシアへの援助については、より強固な経済を生んだり、顕著な経済的改善をえたりするといった観点からではなく、政治的観点から、われわれが助けたいと思う人々を支援し支えていくという観点から、考えていかなければならないであろう[53]。

一方他の多くの国にとっては、それまでのインドネシアへの債権をいかに回収するかということが、当面の大きな問題であった。オーストラリアの場合には、それまでの援助はすべてグラントであったため、その問題はなかったが、それだけにスハルト政権への援助が他国への債務返済にあてられてしまうことへの危惧も強かった[54]。そのため、新規援助の取り決めの前には、債務返済計画の整備が必要であると考えられた。しかし、インドネシアの債務問題を中心とする東京での会議が九月に開かれた際には、外務省、ハズラック外相が正式メンバーとしての参加を希望したのに対し、財務省はオブザーバー参加を主張し、結局オブザーバーとしての参加にとどまることになった。

マレーシア紛争は、この間、六六年八月一一日に終結し、インドネシアとマレーシアは国交を回復した。その状況のもとで開かれた九月のインドネシア債権国会議準備会議では、それから先の援助問題とそれまでの債務履行問題とが切り離されるという決定がなされた[55]。さらにこの会議で決着がつかなかった債務処理問題については、同年一二月にパリで開かれた第二回会議（オーストラリアはやはりオブザーバー参加）で、債権国は六七年末までに返済期限がくる中長期債務の返済を繰り延べることで合意をみた。

こうして当面のインドネシア債務返済問題に決着がついたところで、オランダ政府が中心となってインドネシア支援に関心がある国による会議が六七年二月にアムステルダムで開かれることになった。インドネシア援助国会議（Inter-Governmental Group on Indonesia : IGGI）の発足である。オーストラリアはこの会議に正式のメンバーとして参加して、インドネシア援助を継続していくことにした。その場合の基本姿勢は、アムステルダム会議にむけた準備文書によると、「あまりに早くあまりに多くを与えるとインドネシアの決意に悪影響を及ぼすし、あまりに遅くあまりに少なく与えるとインドネシアの士気と国内政治状況に悪影響を及ぼすことになるので、その中間を注意深くさぐっていく」というものであった[56]。そしてオーストラリアは、同年六月にオランダのスヘフェニンゲンで開かれた第二回ＩＧＧＩ会議において、それまでつづけてきたコロンボ・プランによる援助に加えて五〇〇万ドルの援助供与を表明した。インドネシアの政治変動のなかで、援助継続の姿勢を維持してきたオーストラリアは、こうして国際化したインドネシア援助体制の重要な一環を占めることになったのである。

5　オーストラリアとインドネシアの変容

インドネシアの指導者がスカルノからスハルトに交代する少し前の一九六六年一月二六日（建国記念日といえるオーストラリア・デイにあたる）、オーストラリアでは、四九年以来長きにわたって政権をにぎってきたメンジーズが自らの意思で首相を辞任し、自由党の党首と首相の座はハロルド・ホルトによって受け継がれた。メンジーズの辞任は、オーストラリアがそれまで堅持してきた白豪主義の変化をもたらすきっかけとなった。すでにオーストラリア政府内部、とりわけ移民省においては、白豪主義見直しの動きが進んできていたが、メンジーズはそれまでそうした動きを抑えていたのである。それに対しホルトは、白豪主義政策をある程度修正する方向に合意し、「すぐれた能力をもつ」非ヨーロッパ人には五年間の滞在後は無制限の滞在許可を与えるという方針が取られることになった。白豪主義自体はこれ以降も継続していったが（完全な廃止は労働党のゴフ・ホイットラム政権成立後の七三年）、これはその廃止に向かう道の一里塚となった。

六六年三月、首相就任後初の議会における所信表明演説のなかで、ホルトは移民受け入れ政策の修正を行なう方針を示しつつ、以下のように述べた。

アジアの発展へのオーストラリアの関与の増大、アジア諸国との貿易の急速な伸び、増加するアジアでの援助プロジェクトへのわが国の参加規模の拡大、相当数のアジア人学生……がオーストラリアで教育を受けていること、わが国の軍事努力の拡張、外交的接触の規模、アジア諸国とのあいだでのツーリズム、これらが相まって「移民政策の」見直しをわれわれの眼にとって好ましいものとしているのです。(57)

スカルノ政権のもとで、経済的に混乱し、政治的には西イリアン問題、マレーシア紛争と相次いで紛争を引き起こしていたインドネシアに対して、オーストラリアが小規模ではあれ援助を与えつづけたことは、この白豪主義をめぐる政策変化に示されたようなアジアのなかでのオーストラリアの位置の模索過程の重要な一環であった。

オーストラリアは、マレーシア紛争に際してインドネシアに対する援助をつづけながら、イギリスによる兵員支援の要請になかなか応じようとしなかった。そうしたオーストラリアの姿勢はまた、主要な対インドネシア援助を停止したアメリカ合衆国のそれとも異なっていた。マレーシア紛争と同時進行的に展開していたベトナム戦争にオーストラリアは軍隊を派遣し（ボルネオへの戦闘部隊派遣決定の少し後、六五年四月に決定）、イギリスに代わっていわば新しい庇護者となったアメリカ合衆国への追随姿勢をみせていたし、インドネシア援助に関してもアメリカ合衆国側とは情報交換を欠かしていなかったが、援助政策自体については独自の姿勢を貫いたのである。それは、アジアのなかでの位置を探る自国にとっての重要性をインドネシアに見出していたからに他ならなかった。

本書で議論されている開発援助政策をめぐる論理に即してみれば、帝国の論理を軸としてマレーシア形成を促進しインドネシアに対した旧宗主国イギリスとも、もっぱら冷戦の論理にしたがって対インドネシア姿勢を変化させたアメリカ合衆国とも異なる形で、自国のアイデンティティに関わる地域関係の論理が、オーストラリアの対インドネシア援助政策の背景に存在したのである。

その後インドネシアにおいては、スハルト政権が国際通貨基金や世界銀行などをも含むＩＧＧＩを通して外国資金に広く門戸を開きつつ、六九年から第一次開発五ヵ年計画に着手していった。そのなかでインドネシアはパプアニューギニアを除けばオーストラリアによる最大の援助対象国となった（第7章図7-1）。本書第7章のエング論文が指摘するように、一九六七年から九〇年まで、オーストラリアによる総援助額（対パプアニューギニア援助を含む）のうち対インドネシア援助は平均七％（最高時は七二年で一一％）を占めることになった。本章で扱った困難な時期にも断ち切られることがなかった対インドネシア援助は、アジアとの関係を深めていくオーストラリアにとって重要性を増しながら持続していったのである。

注

（1）　National Archives of Australia（以下 NAA と略記）, A1838 2036/5 Part8, 'Memorandum on "The Economic Future in

Indonesia'', enclosed in Loveday to Secretary, 3 June 1966.

（2）本文中でも後述するように、マラヤのラーマン首相が推進しイギリス政府も支援した、マラヤ連邦とシンガポール、北ボルネオ三地域（サバ、サラワク、ブルネイ）を統合してマレーシアという国を作ろうとする計画を、スカルノがイギリスの「新植民地主義」のあらわれであると非難し、武力を用いてでもその形成を妨害しようとしたことによって起こった紛争である。一九六三年一月のスバンドリオ外相による「対決」意志の表明ではじまり、同年九月のマレーシア発足（ブルネイは不参加）後も継続した。六五年秋には実質的に終息の方向に向かったが、マレーシア、インドネシア両国の国交正常化で正式に終結したのは、六六年八月である。

（3）宮本謙介『概説インドネシア経済史』有斐閣、二〇〇三年、二二一～二二五頁。

（4）Andrea Benvenuti, *Anglo-Australian Relations and the 'Turn to Europe' 1961-1972*, Woodbridge, 2008, Ch. 2.

（5）The National Archives（以下 TNA と略記）, DO169/2, 'Visit of the High Commissioner to London, 1962, Steering Brief, Anglo-Australian Relations', March 1962.

（6）TNA, DO169/354, British High Commissioner to Secretary of State for Commonwealth Relations, 26 Jan. 1966.

（7）TNA, DO169/354, British High Commissioner to Secretary of State for Commonwealth Relations, 17 June 1965.

（8）Bob Catley and Vinsensio Dugis, *Australian Indonesian Relations since 1945*, Aldershot, 1998, p. 1.

（9）NAA, A1838 3034/10/1 Part33, Paper by J. A. C. Mackie at the conference on ''Australia and Indonesia'', 18-21 May 1970.

（10）コロンボ・プランについては、渡辺昭一編『コロンボ・プラン——戦後アジア国際秩序の形成』法政大学出版局、二〇一四年。オーストラリアとコロンボ・プランの関係全般については、Daniel Oakman, *Facing Asia : A History of the Colombo Plan*, Canberra, 2004.

（11）Alan E. Wilkinson, 'The Politics of Australian Foreign Aid Policy 1950-1972', Ph. D. Thesis（Australian National University）, 1976, p. 77. パプアニューギニアへの援助額はこれらをはるかに上回ったが、同地はオーストラリアの信託統治下にあった地域であるため、除外して考えている。

（12）H. W. Arndt, 'Australian Economic Aid to Indonesia', *Australian Outlook*, Vol. 24, No. 2, 1970, p. 126.

（13）'Australia and the Colombo Plan', *The Colombo Plan*, Vol. 5, No. 9, 1960, p. 1.

（14）Daniel Oakman, '"Young Asians in Our Homes" : Colombo Plan Students and White Australia', *Journal of Australian Studies*, Vol. 72, No. 1, 2002. コロンボ・プランでのアジアからの留学生をめぐる問題全般については、Oakman, *Facing

Asia, Ch. 6.

(15) 'Australia and the Colombo Plan', pp. 1, 3. 一九七〇年までには、オーストラリアはインドネシアから約一五〇〇人の留学生を受け入れた。Oakman, *Facing Asia*, p. 243.

(16) NAA, A1838 3034/10/1 Pt.10, Shann to Menzies, 10 Dec. 1960.

(17) Hilman Adil, *Australia's Policy towards Indonesia during Confrontation, 1962–66*, Singapore, 1977, p. 18

(18) Arndt, 'Australian Economic Aid to Indonesia', p. 128.

(19) Adil, *Australia's Policy towards Indonesia*, p. 72.

(20) Matthew Jones, *Conflict and Confrontation in South East Asia 1961–1965*, Cambridge, 2002, Chs. 2, 3.

(21) A. J. Stockwell, 'Introduction', in : *British Documents on the End of Empire*, Series B, Vol. 8, *Malaysia*, London, 2004. 鈴木陽一「グレーター・マレーシア」『国際政治　一二六　冷戦の終焉と一九六〇年代性』有斐閣、二〇〇一年.

(22) 'Submission from Menzies to Cabinet', 11 August 1961, in : *Documents on Australian Foreign Policy : Australia and the Formation of Malaysia 1961–1966*（以下 *DAFP* と略記）, Canberra, 2005, Doc. 1 ; 'Submission from Tange to Barwick', 4 Feb. 1963, in : *DAFP*, Doc. 22.

(23) Jones, *Conflict and Confrontation*, p. 126.

(24) NAA, A1838 3034/10/1 Part12, Barwick to Shann, 9 Jan. 1963.

(25) NAA, A1838 3034/10/1 Part12, Waller to Barwick, 9 March 1963.

(26) Catley and Dugis, *Australian Indonesian Relations since 1945*, p. 79 ; J. Subritzky, *Confronting Sukarno : British, American, Australian and New Zealand Diplomacy in the Malaysian-Indonesian Confrontation, 1961–5*, Basingstoke and London, 2000, pp. 48, 67. マレーシア紛争に際してのオーストラリア外務省の姿勢とバーウィック外相の役割を高く評価した研究として、Gary Woodward, 'Best Practice in Australia's Foreign Policy : 'Konfrontasi'（1963–66）', *Australian Journal of Political Science*, Vol. 33, No. 1, 1998.

(27) NAA, A1838 752/1/17 Part1, 'Australian Economic Policy towards Indonesia', 27 June 1963.

(28) この時期のアメリカ合衆国とインドネシアの関係については、Bradley R. Simpson, *Economists with Guns : Authoritarian Development and U. S. -Indonesian Relations, 1960–1968*, Stanford, 2008, Ch. 4. さらに参照、永野隆行「「対決政策」と英米豪同盟関係――脱植民地化と冷戦の交錯」『Cosmopolis＝コスモポリス』八、二〇一四年。

(29) NAA, A1209 1962/817 Part1, 'Notes on D. A. C. Meeting on Aid to Indonesia', 26 July 1963. この会議でフランスは消極姿勢をとり、日本もフランスに同調しつつ急ぐ必要なしとした。また、インドネシアと紛争中のイギリスはインドネシアのプライオリティは低いとした。

(30) NAA, A1838 752/1/17 Part1, 'Record of Inter-departmental meeting : Aid to Indonesia', 6 and 9 August 1963.

(31) NAA, A1838 2036/5/16/1 Part1, Department of External Affairs (DEA) to Djakarta, etc, 26 Sep. 1963.

(32) 'Department brief for Tange', 11 Nov. 1963, in : *DAFP*, Doc. 133. オーストラリアの対東南アジア政策についての正史を書いたエドワーズによると、この頃「キャンベラはジャカルタに対して、ワシントンより強い態度、そしてロンドンほど挑発的でない」姿勢を取っていた。Peter Edwards, *Crises and Commitments : The Politics and Diplomacy of Australia's Involvement in Southeast Asian Conflicts 1948-1965*, North Sydney, 1992, p. 262.

(33) このコメントには、ＡＦＴＮを軸としてマレーシア紛争期の援助について検討したファン・デル・エングも注目している。Pierre van der Eng, 'Konfrontasi and Australia's Aid to Indonesia during the 1960s', *Australian Journal of Politics and History*, Vol. 55, No. 1, 2009, p. 56.

(34) NAA, A1838 2036/5/16/1 Part1, 'Colombo Plan : Aid to Indonesia', 9 Dec. 1963.

(35) NAA, A1838 2036/5 Part6, 'Memorandum by Waller on Colombo Plan', 22 May 1964 ; A1838 2036/5/16/1 Part1, 'Memorandum by Joint Intelligence Committee', 15 Oct. 1964.

(36) NAA, A1838 2020/1/2/Annex, 'Future of Australian Economic Aid', 1 April 1964.

(37) NAA, A4311 147/1, 'Australian External Aid. Report to the Minister for External Affairs by the Inter-departmental Committee to Review Australian External Aid', 25 March 1965.

(38) NAA, A1838 3034/10/15 Part7, Jockel to Hasluck, 8 March 1965 ; Simpson, *Economists with Guns*, Ch. 6.

(39) NAA, A1838 2036/5 Part. 6, 'Aid to Indonesia : Press Opinion', 11 Jan. 1965.

(40) NAA, A1838 3034/10/15 Part7, Newspaper cutting from *The Age*, 18 Feb. 1965.

(41) NAA, A4940 C4095, Cabinet Submission No. 597, 'Australian Colombo Plan Aid to Indonesia', 22 Jan. 1965 ; A1838 2036/5 Part6, Cabinet Minute, Decision No. 695, 26 Jan. 1965.

(42) NAA, A1838 3034/10/1 Part25, Shann to Menzies, 12 May 1965.

(43) 九月三〇日事件についての最新のすぐれた研究として、倉沢愛子『9・30 世界を震撼させた日――インドネシア政変の真相と波紋』岩波書店、二〇一四年。

(44)　Bradley R. Simpson, 'International Dimensions of the 1965–68 Violence in Indonesia', in : Douglas Kammen and Katherine McGregor, eds., *The Contours of Mass Violence in Indonesia, 1965–68*, Canberra, 2012, p. 58

(45)　Drew Cottle and Narim Najjarine, 'The Department of External Affairs, the ABC and Reporting of the Indonesian Crisis, 1965–1969', *Australian Journal of Politics and History*, Vol. 49, No. 1, 2003.

(46)　NAA, A1838 2036/5 Part7, Shann to DEA, 19 Dec. 1965.

(47)　NAA, A1838 3034/7/7, DEA to Washington etc., 20 Feb. 1966 ; A1838 3034/7/7, Waller to Plimsoll, 21 Feb. 1966 ; A1838 3034/7/7, Waller to Plimsoll, 28 Feb. 1966 ; Telegram from the Department of State to the Embassy in Thailand, 15 Feb. 1966, *Foreign Relations of the United States, 1964–1968*, Vol. XXVI, *Indonesia ; Malaysia-Singapore ; Philippines*, Washington, 2000, Doc. 195.

(48)　NAA, A1838 3034/10/1 Part27, Djakarta to DEA, 19 March 1965 ; A1838 3034/10/15 Part9, Djakarata to DEA, 22 March 1965.

(49)　NAA, A1838 3034/10/15 Part9, Cabinet Minute, 24 March 1966.

(50)　NAA, A1838 3034/7/7 Part3, McIntyre to Hicks, 5 April 1966.

(51)　NAA, A4940 C4095, Cabinet submission, 'Economic Assistance to Indonesi', 26 May 1966.

(52)　NAA, A1209 1962/817 Part4, Djakarta to DEA, 24 July 1966.

(53)　NAA, A1838 3034/10/1 Part28, 'Indonesia : Working Paper on Australian Policy', dated in August 1966.

(54)　一九六六年当時のインドネシアの債務は二五億ドルに達し、同年中に返済期限のくる債務の元利合計は、輸出目標とほぼ同額の四億七〇〇〇万ドルとなっていた。木村宏恒『インドネシア現代政治の構造』三一書房、一九八九年、二四八頁。それに対し外貨準備のほうは、九月の会議にスハルトが示した数字によると二〇〇〇万ドルしかなかった。Usha Hamajani, 'Indonesia's New Order and the Diplomacy of Aid', *Australian Outlook*, Vol. 21, No. 2, 1967, p. 226.

(55)　G. A. Posthumus, *The Intergovernmental Group on Indonesia (I. G. G. I.)*, Rotterdam, 1971, p. 13.

(56)　NAA, A4940 C4095, Cabinet submission, 'Aid to Indonesia and Amsterdam Meeting', 17 Feb. 1967.

(57)　Matthew Jordan, 'The Reappraisal of the White Australia Policy against the Background of a Changing Asia, 1945–67', *Australian Journal of Politics and History*, Vol. 52, No. 1, 2006, p. 241.

第7章　オーストラリアとアジア新国際秩序の形成

——一九六〇～七〇年代の対インドネシア食糧援助——

ピエール・ファン・デル・エング

1　脱イギリス、そして東南アジアへ

一九五〇年代、オーストラリアは、国際安全保障や経済関係について、しだいにイギリスから離れてアメリカやアジアに目を向け、東アジア地域、とりわけ東南アジアと日本に非常に大きな関心を寄せた(1)。その結果、オーストラリアは、アジアでもとくに隣接する東南アジアの新国際秩序形成過程に積極的に関与するようになったが(2)、その関わり方は、従来とは異なる形態をとった。たとえば東南アジアに対する関心は、当初、マラヤにおける非常事態の際、一九五〇年には、イギリスを軍事的に支援するにすぎなかったが、一九五四年になると東南アジア条約機構（SEATO）地域へと拡大し、当該地域——そのほとんどが少し前に独立国家となったばかりだった——との密接な二国間外交関係を展開するに至った。

対外援助は、戦略の一部であった。一九五〇年代のオーストラリアの対外援助計画は、まだ広く慈悲と道徳的支援の入り混じったものであった。プログラムは比較的小規模で、オーストラリア経済が対応可能な程度の控えめな

ものであった。加えて、オーストラリアのこの地域に対する援助手段であったコロンボ・プランは、プロジェクト援助に対する被援助諸国からの寄付の求めに応じる形であったので、政治的必要性に従って援助プログラムを拡大することは困難であった。

オーストラリアが国家の戦略的・経済的利害に沿って当該地域に対する援助計画をより効果的にするよう再検討したのは、一九六四年になってからであった。その頃までには、すでに主要大国がとりわけ東南アジアにおけるアジア新国際秩序を作り上げており、オーストラリアの見解が必ずしも考慮されていないことは明白であった。たとえば一九五〇年代末、オランダによる西ニューギニア植民地統治の継続を望んでいたオーストラリアの意に反して、当該地域における政策遂行へのインドネシアの支持を確保しようとの見誤った目論見から、アメリカがインドネシアと西ニューギニアの再統一を支持したため、パプアニューギニア（ＰＮＧ）におけるオーストラリア領は、一九六二年にインドネシアと国境を接するようになった。[3] 一九六〇年代初めまでに、オーストラリアはこの地域に積極的に関わるようになった。一九六三年のマレーシア国家成立以降、オーストラリアは、マレーシアに対するインドネシアの脅威を鎮静させるための外交努力もした。[4] さらに、オーストラリアは、一九六二年に南ベトナム支援のために軍事アドバイザーを派遣して以来、ベトナム戦争にもますます深く関わっていった。[5]

換言すれば、一九六〇年代のオーストラリアにとって、この地域に対する外交政策を強化し、その戦略的、経済的そして人道的要素をひとつにまとめ、東南アジアにおける国際秩序形成に積極的に関与することが、ますます急務となった。アジア諸国に対する対外援助は、この過程における一翼を成した。この地域に対する戦略的利害の観点から対外援助計画を実施するのは、オーストラリアに限ったことではなかったが、当時の問題点は、オーストラリアが期待どおりの影響力を作り出すためにいかにして援助計画を拡大できるかということにあった。

本章の目的は、一九六〇年代から八〇年代に急速に変化する東南アジアの主たる被援助国インドネシアとの関係において、オーストラリアの対外援助の果たした役割を分析することにある。間接的には、オーストラリアが新アジア国際秩序の形成過程において発言権を得るために、対インドネシア援助プログラムに影響力を持つことができたのかどうかも検証する。インドネシアに焦点を合わせるのは、オーストラリアにとって一番近い隣国で、一九六七年に創設されたアセアンのようなアジアにおける国際機関の最力のメンバーであり、そして、アジア新国際秩序の形成を促した多国間対話の潜在的な同盟国のひとつであったからである。

本章を読み進めるとわかるように、一九六〇年代および七〇年代のインドネシアに対するオーストラリアの対外援助の大部分が、物品援助、とくに食糧援助の形をとった。本章は、インドネシアに対する国際的食糧援助について発表した過去の論文を土台にして[6]、インドネシア・オーストラリア二国間関係における対外援助の果たした役割を、さらにはアジアの新国際秩序形成へのオーストラリアの参加について、食糧援助の視角から明らかにする。

2　対外援助プログラムと外交政策におけるその役割

経済面において、オーストラリアのアジアへの関与は、日本への一次産品の輸出が増加したことによって、一九五〇年以降急速に変化していた。しかし、マラヤ（一九六三年以降はマレーシア）の防衛に関して、イギリスに対するオーストラリアとニュージーランドの協力義務を規定した一九五七年イギリス・マラヤ防衛協定にもかかわらず、一九五七年にマラヤが独立してイギリスがこの地域から撤退すると、オーストラリアの安全保障政策は、大きくアメリカに依存するようになった。その他のすべての面においても、とくに、一九六〇年代初頭にイギリスが東南アジアにおける軍事的影響力を削減しようとしたことがより明白になった時に、オーストラリアは、一九五一年の太平洋安全保障条約（ＡＮＺＵＳ）に防衛を託した[7]。これが、一九六二年にアメリカが南ベトナムへの軍事援助増大

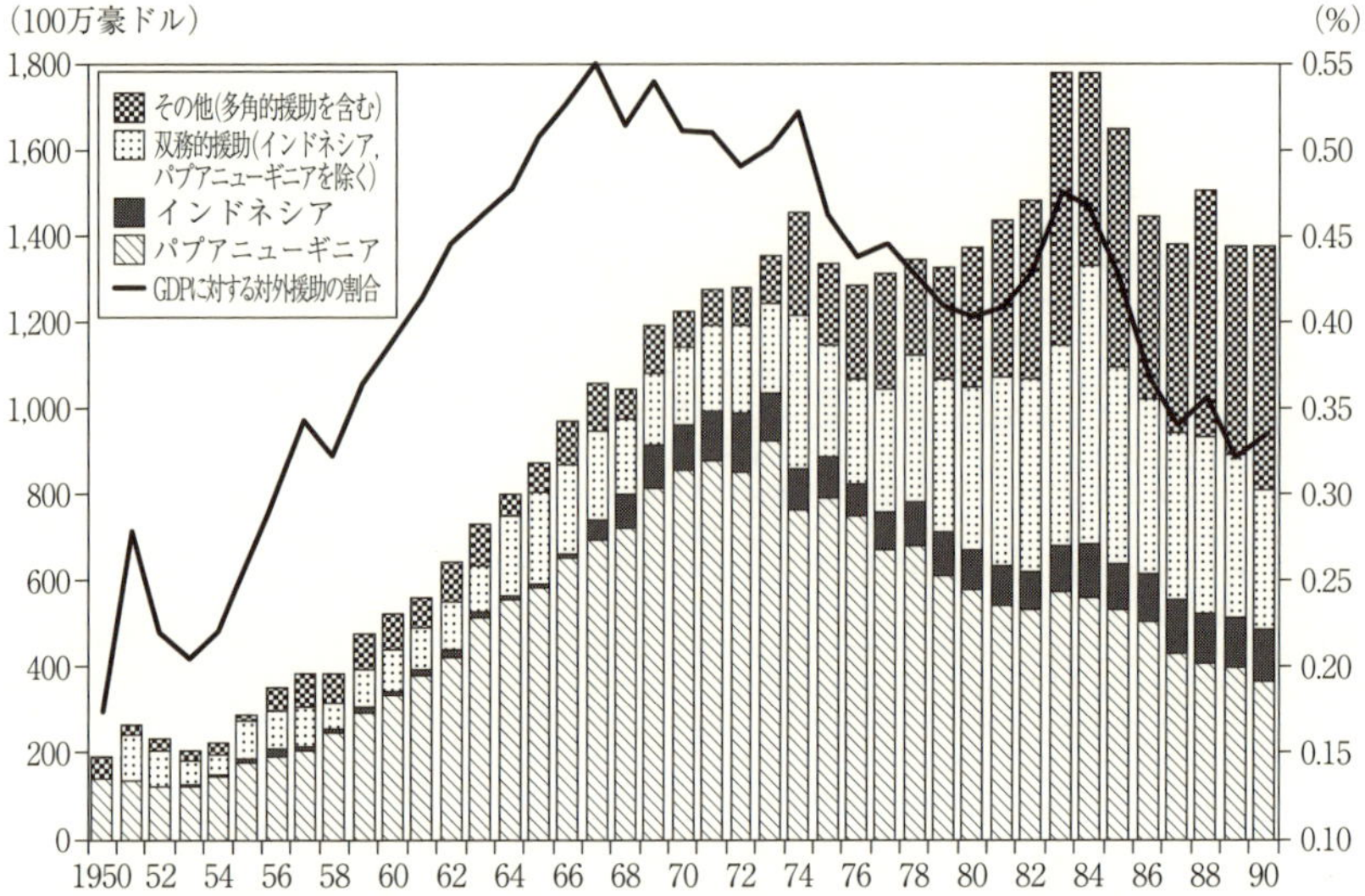

図7-1　1950～90年度のオーストラリア対外援助額とGDPに占める割合（1996年度の価格基準）

出所：ADAA（1975）*Australian Official Development Assistance : Financial Statistics 1945/46-1974/75.*（Canberra : Australian Development Assistance Agency）and *Australian Development Assistance, Annual Review*（1974-1990）より作成。統計は，オーストラリア国民所得勘定ABS 5206.0から見積もられたインプリシットデフレータ（GDP（E））で収縮された。1950～60年度の以下の報告書から見積もられたインプリシットデフレータ（GDP）に関しては、オンラインでアクセス可能。www.abs.gov.au, Noel G.（1984）'Selected Comparative Economic Statistics 1900-1940 : Australia', *Source Papers in Economic History No. 4.*, Canberra : ANU Economic History Program.

を決めた後、オーストラリア政府も同様の措置をとった主たる理由だった。

　オーストラリアの対外援助プログラムは、このような状況下で展開した。一九五〇年代、オーストラリアは、まだ小規模な対外援助国であった。一九五〇年のオーストラリアの人口は八三〇万でしかなく、生活水準は高いものの、経済規模の点で、ヨーロッパのおもな援助諸国やアメリカ、そして日本に比べると、多くを対外援助に向けられない状況にあった。とは言え、図7-1に示すとおり、一九五〇年代初頭のGDP〇・二%から、六〇年代初頭には〇・四%、七〇年代初頭には〇・五%へと、オーストラリアの援助プログラムは拡大しつつあった。

　オーストラリア援助の大部分は、一九七五年の独立までオーストラリア信託統治下にあったパプアニューギニアに投下されたが、それを除けば、一九五〇年代には、コロンボ・プランのもとでインド、パキスタン、スリランカに向けられた[8]。実際、被援助諸国への援助はプロジェクト援助であり、したがって比較的長い期間に及ぶ傾向があり、また、プロジェクトの調達資金については、まったくもって被援助諸国の要求に応じるままであった。つまるところ、長期的にみてよい関係を作ることは別として、オーストラリアが外交政策の目的のために対外援助を利用することは困難であったのである。

一九六〇年代初頭には、オーストラリアの批評家は、援助プログラムが合理的な原則に沿ったものではまったくないことに気づいており、その原則に沿った形で進める必要性を明言した。彼らは、ほとんどの対外援助が被援助諸国の将来への投資よりも、消費されてしまう物品の形をとっていたことを問題視した。一九六四～六五年のオーストラリア対外援助に関する省庁間レビューにおいて援助プログラムの原則が検討された時[9]、対外政策の主眼はプロジェクト選択の主導権を握ることにあり、オーストラリア貿易の利益確保を目指し、援助先を南および東南アジアに集中すべきことが主張された。

オーストラリアは、一九六六年に国際援助資金の流れをモニターしていた開発援助委員会（ＤＡＣ）に加盟したが[10]、それは、経験や理念を共有するために、西側主要援助国と密接な関係を築きたいという意図からであった。外務省（Department of External Affairs、一九七二年にDepartment of Foreign Affairs に改名）におけるオーストラリアの援助担当官僚の専門知識もかなり改善され、援助の供与に精通するようになった。当該地域の外交目的や安全保障の考察に関連させた援助プログラムの策定は、図7-1に示すように、一九六〇年代末に急速に増大したことがわかる。そこでは東南アジア、とりわけインドネシアが、さらには一九七五年まではベトナムもまた際立っていた。

一九七二年、オーストラリア対外援助に関する議会内合同委員会は、援助の質、とくにその社会的インパクトに大きな注意を払うよう勧告した。また、援助プログラムに関してより体系的に評価をし、さまざまな政府部門に分散していた援助供与を統一することも勧告した。[11] このことは、オーストラリアの対外援助の急速な増大に合わせて援助プログラムに一貫性をもたせるためのいっそうの努力につながった。それまで、援助行政はさまざまな政府部門で行なわれており、外務省がその調整を担っていた。また、外務省は、外交・戦略的考察に大きく左右される援助政策をも統制していたが、一九七三年には、援助の立案や供与を独立して行なう機関としてオーストラリア開発援助機関（Australian Development Assistance Agency : DAA）が設立され、外交官よりもむしろ援助供与に経験を積んだ専門家が担当することになった。[12]

図7-1は、一九七〇年代のオーストラリアの対外援助の伸びが経済規模に比べて低下したことを示している。援助プログラムは絶対額では増大し続けたが、その性質は大きく変化した。一九七〇年代半ばまで、多くの援助プロジェクトは被援助諸国の近代化促進に向けられ、インフラの発展を支えるものであった。しかし、一九七二年の勧告によって、社会福祉や農村の発展を促進する援助プログラムの方に重点が大きく置かれるようになった。

一九八〇年代初頭までに、オーストラリアの国際収支の悪化と財政の逼迫から、政府は援助供与先とその手段を再考せざるをえなくなった。これは、援助プロジェクトが、被援助・援助両国にとって利益のあるものでなければならないという考えを一層強くした。一九八四年オーストラリア対外援助プロジェクト検討委員会（1984 Committee to Review the Australian Overseas Aid Program）は、オーストラリアの援助プログラムをさらに専門化することを勧告し、援助プログラムの基本線に人道的関心を据えながら、経済的（商業的）および政治的（戦略的）利権をも重視する「トリプル任務」を提案した。[13] オーストラリアの援助プログラムが比較的小規模であったため、検討委員会は、援助を東南アジアや南太平洋のような緊急を要する地域へさらに集中させるよう勧告した。これらの勧告の結果、援助プログラムは、ますますオーストラリアの外交・貿易政策の不可欠要素となり、プロジェクト供与への民間企業の参入も期待された。また、プロジェクトの選択・企画そして経過観察により大きな注意が向けられるようになった。

3　対インドネシア援助

オーストラリアとインドネシアの関係は、援助プログラムと外交政策の目的が密接に関連すべきであるとの一九六四〜一九六五年の報告書勧告が取り入れられた最初の事例のひとつであった。地理的に近いにもかかわらず、その政治的・経済的関係は、長いこと希薄であった[14]。オーストラリアは、第二次世界大戦中の日本のインドネシア占領により日本を鋭く意識するようになり、一九四〇年代末のインドネシアの独立および一九五二年の同国のコロンボ・プランへの参加を支持するに至った。しかし、コロンボ・プランのもとでのオーストラリアの対インドネシア援助は、アメリカやソ連による援助[15]やパプアニューギニアや南アジアへのオーストラリアの援助のいずれと比べても、一九五〇年代において控えめなものであった。図7-1が示すように、対インドネシア援助は、一九五〇〜一九六六年には平均してわずか一・八％を占めるにすぎなかった。

オーストラリアの対インドネシア援助は、①食糧農業機関（FAO）や世界銀行のような多国間プログラム、②主としてインドネシア人留学生とオーストラリアの技術者に対する技術援助と訓練の形をとったコロンボ・プランによるプロジェクト、③コロンボ・プラン下でのオーストラリア製設備の政府間贈与、を通じて行なわれた。オーストラリアは、個々の課題別にインドネシアの援助プロジェクトを選んだ。実際は、プログラム援助の選択に関して、ジャカルタのオーストラリア大使館がインドネシア当局と対話を通して見極め、インドネシア政府に対してコロンボ・プラン年次総会にプロジェクト案を提出するよう促した。もっとも突出したプロジェクトは、一九五六〜六一年に贈与として、ジャカルタの公共交通のためインドネシア通信省に贈られたレイランド社製のバス二五〇台

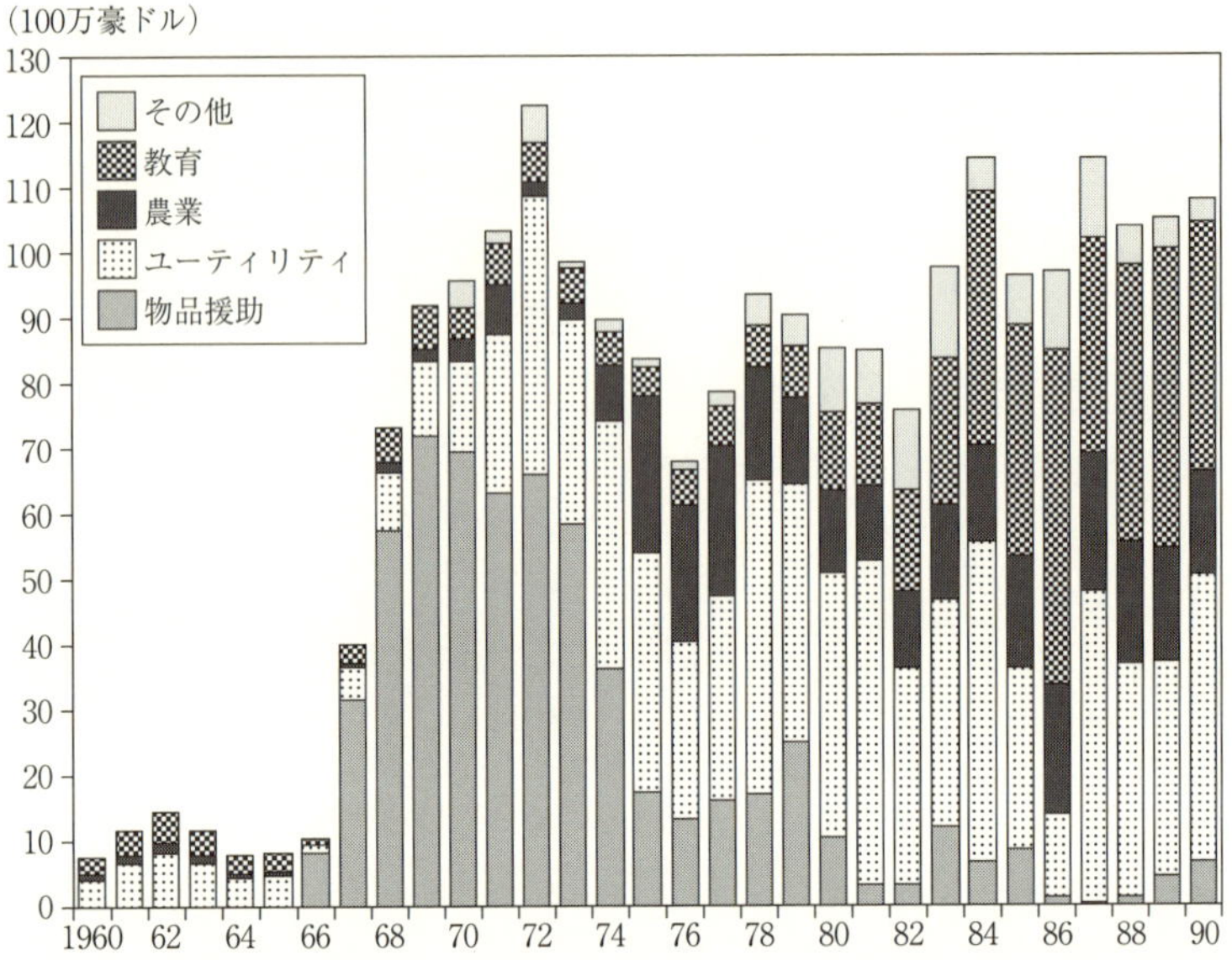

図7－2　1960～90年度のオーストラリアの対インドネシア援助（1996/97年度価格基準）

注：1960-69年度に関しては分離されていないが，1965-69年度支出は，1950-69年度の平均的割合にもとづいたカテゴリーに分割されている。データは贈与のみで，インフラ事業のための混合クレジットを除く。

出所：図7－1を参照し作成。

とそのスペアパーツであった（三四〇万（豪）ドル）。そのつぎは、国際航空固定通信網（Aeronautical Fixed Telecommunication Network：AFTN）プロジェクトであり、一九六二～六八年にインドネシア国内の主要空港間、およびシンガポールやオーストラリアの空港間の運輸改善に利用された（二八〇万（豪）ドル）(16)。

オーストラリアの援助が控えめであったのは、インドネシア政府によってコロンボ・プラン年次総会に提出された実施可能性のあるプロジェクト・リストにのみ援助を制限していたからであった。しかし、図7-1は、それが一九六六年以降変化したことを示している。この年、オーストラリアの援助プログラムにおけるインドネシアのシェアは急速に増加し、一九七二年の一一％をピークに一九六七～九〇年には平均七％を維持した。この数値は、一九六四〜六五年の対外援助に関する省庁間レビュー以降のオーストラリアの外交政策とその援助プログラムにおいて、明らかにインドネシアが優先されたことを示している。

図7-2のオーストラリアの対インドネシア援助を詳細に見てわかることは、一九六六〜七四年における援助で物品援助が平均して六四%を占めていたことであり、とりわけ食糧援助が多かった。かつて、オーストラリアは、インド、パキスタン、スリランカに対し、一九五〇〜六〇年代に年平均で約六六〇万（豪）ドルの食糧援助をしていた。そのほとんどが小麦であったが、粉ミルクも含まれていた。これらの諸国は食糧不足を経験していたけれども、ほとんどの食糧援助は、実際のところ、ⓐ一九五〇年代から六〇年代初期にかけてのオーストラリアの外貨不足により、オーストラリア産物品の形で対外援助を行なう必要があったこと、ⓑ被援助諸国も同様に食料品輸入を制限しなければならないほど外貨不足に陥っていたこと、そしてⓒ被援助諸国の複雑な為替規制を逃れるためであったこと、という三つの目的に対応したものであった。

オーストラリアの食糧援助は、現地当局の協力のもと現地の市場で売られるが、その収益は、現地の大使館経費、とくにオーストラリアのプロジェクト援助の現地報酬経費を賄うために、南アジアにあるオーストラリア高等弁務官事務所の勘定に預託された。たとえば、一九五二年のインド、スリランカへの小麦および小麦粉の贈与による収益は、ツンガバードラの灌漑・発電プロジェクト、結核診療所の設置のためにイア・マークされた。[17] 食糧援助によるこのような措置は、一九六六年までインドネシアではまったくなかった。

(1) 援助拡大の困難、一九六五〜六七年

一九六六〜七四年、オーストラリアの対インドネシア食糧援助は急増し、それ以前の南アジアへの援助をはるかに凌駕した。一九六六年以降、対インドネシア援助が増大した理由のひとつに、オーストラリアが一九六三年のマ

レーシア樹立を支持したことでインドネシアとの関係が悪化していたため、二国間の関係改善を重要視するようになったことがある。インドネシアがマレーシアを植民地への後戻りとみなし、一九六四～六五年、隣国との「対決政策（コンフロンタシ）」に舵を切ると、それは、マレーシアにおいてオーストラリア、ニュージーランド、イギリスの連合軍を巻き込む緊張状態に導いた。オーストラリアは、インドネシアに対する新たな援助を即座に停止したが、進行中の援助プロジェクトや外交関係は維持し続けた(18)。

一九六五～六七年、インドネシア経済は、一九五九年以来のスカルノ大統領下で続いた誤った経済政策のため、危機的状況にあった(19)。インドネシア政府のプロパガンダは、コメの需給率は目標達成に近いというスカルノの主張を繰り返すだけで、政府は食糧援助を求めようとしなかった。しかし、インドネシアにおける食糧援助は危機的状況になり、ジャーナリストが検閲を免れえた場合には、飢饉に関するニュースが国際的なメディアを通して急速に伝わった(20)。経済状況は、一九六五年のインフレ率が四〇〇％に近づき、そして一九六六年の一〇〇〇％以上に到達するまで悪化し続けた。その原因は、貨幣流通の膨張を引きおこした公共支出と借り入れの急増にあった。輸出による外貨獲得は、一九六六年、一九六七年とも減少した。これにより、インドネシア政府は、絶望的なほどに増やさなければならない輸入、とりわけ食糧輸入の支払いに充てるべくさらなる借り入れを確保するために、二三億（米）ドルの対外債務を緊急に繰り延べすることを迫られた。

同時に、インドネシアは、国内の政治的混乱の拡大も経験した。この混乱によって、インドネシア共産党は、一九六五年九月まで大衆の支持を得ていた。これは、左寄りのイデオロギーを歓迎するスカルノ大統領によって強められた。「対決政策」のみならずこのような政情不安は、オーストラリア政府を困惑させた。一九六五年のスカルノ大統領に対するクーデターの失敗は、クーデター後の一九六六年も流動的要素を残していたが、二国間関係のターニング・ポイントとなった(21)。結局、オーストラリアの対インドネシア援助は、一九六六年以降まで増加しなかった。オーストラリアがインドネシアの新たな援助プロジェクトを準備していなかったこともあるが、おもな理由は、政治的に不安定な状況で援助関係を広げることにオーストラリアが慎重であったためであった。

インドネシアに対する国際的援助の再開と拡大に向けた解決が秘密裏に行なわれた。一九六五年一〇月、インドネシア国内のいくつかの地域で生じた食糧不足についての報告書がジャカルタのオーストラリア大使館に届いた。一ヵ月後、インドネシア政府は、海外でのコメ購入のための緊急借款を求めて、ジャカルタの多くの大使館に接近した。(22) オーストラリア当局は、インドネシアへの食糧援助に共感を表明したものの、インドネシアが公式に「対決政策」の中止を宣言し、経済安定と改革のプログラムに向けてのステップを踏むまでは、新たな援助関係を持つことに消極的であった。

一九六六年三月、スカルノ大統領がスハルト将軍に大権を移譲すると、スハルト将軍は経済安定を目指した新政府を組織した。喫緊の課題は、地域のコメ不足解消と経済を安定させるための食糧確保だった（次節を参照）。二ヵ月後、インドネシア政府は、同国の不安定な為替状況を解決するために、対外債務を繰り延べし、海外から新たな借款と援助を呼び込むことに関して、援助の見込める援助国との議論再開を模索した。(23) まず、アメリカ代表に接近すると、二国間よりむしろ多国間でさらに議論するのが最善策であるとの返答があった。(24)

一九六六年五月、オーストラリア政府は、インドネシアへのコロンボ・プラン援助を原則として増額することを決めた。しかし、新たな援助条件として、経済安定のために国際通貨基金（ＩＭＦ）や世界銀行と協調することをインドネシアに求めた。(25) 一ヵ月後、オーストラリアは対インドネシア援助の調整をコンソーシアムが担うことを支持した。それは、援助国が対インド援助を調整するために一九五八年はじめて実施した方法であった。(26) この多国間アプローチは、インドネシア新政府との間で経済回復プロセスや援助諸国の役割について、継続的かつ建設的な対話を促進するものと期待された。また、それは、インドネシアの政治的・経済的変化のプロセスにオーストラリアが関わる機会にもなった。一九六六年九月に東京で開催された援助国コンソーシアム会議には、インドネシア政府、ＩＭＦ、世界銀行の代表も参加して、インドネシアの国際収支問題と必要な援助について議論した。

オーストラリアの対インドネシア援助に関するもうひとつの障害は、その一ヵ月前にすでに解消されていた。一九六六年八月一一日に外務大臣のポール・ハズラックは、「対決政策」を終結するためにジャカルタで行なわれたインドネシアとマレーシア間の協定調印に立ち会った。ハズラックはそれと並行する形で、暫定的緊急援助について行なわれた議論のなかで、コロンボ・プランの下での原料やスペアパーツの供給を申し出た。(27)しかし、オーストラリア政府は唐突に援助を拡大することを嫌った。経済的不安定が続いていたことはさておき、インドネシア新政府が未だに十分な政治統制ができておらず、新たな援助努力の成果を見通せないことを懸念した。オーストラリア政府は、インドネシア新政府への支持表明として、同国への援助を拡大するようにとの政策の助言を国内から受けた。これによって、短期間のうちにコロンボ・プラン以上の実質的金額を供与できるような援助形態が求められることになった。無論、援助が「無駄、あるいは破滅的な結果にならない」ことを条件としてではあるけれども。(28)

一九六六年後半、オーストラリアは、一二月パリでのインドネシア債務の繰り延べ返済に関する多国間会議に参加する前に、インドネシアとＩＭＦや世界銀行との間で経済を安定させるための正式な合意がなされるのを待っていた。会議の目的は、西側諸国の対インドネシア援助が、さもなければインドネシアの債務償還を通してソビエトや中央ヨーロッパ諸国を利することになってしまうのを恐れて、これらの諸国をインドネシアに対する多国間援助から除外することであった。(29)新たな援助誓約は、多国間援助グループが一九六七年二月にアムステルダムでインドネシア援助国会議（the Inter-Governmental Group for Indonesia : IGGI）として会合を開くまで待たなければならなかった。(30)第一次オーストラリア緊急援助は、一九六七年初頭にインドネシアに到着し、オーストラリアは一九六七年分として総額七〇万ドルの援助を約束した。オーストラリアは、道路設備の修理、戦艦や浚渫船の修理、鉄道枕木の供給など新しいプロジェクト援助を検討したが、そのような援助プロジェクトは効果が出るまで時間を要するために、二国間の緊急援助や商品援助のほうが当座のところ最善策であると結論付けた[31]。

一九六七年六月にスヘフェニンゲン（オランダ）で開催されたIGGIは、インドネシアに対するより実質的な援助計画を準備した。同会議メンバーは、インドネシアのプロジェクト「要望リスト」にもとづき、緊急の国際収支救済のクレジットとプロジェクト援助のための一括援助として一億八八〇〇万（米）ドルを承諾した。オーストラリアは、一九六七〜六八年に五〇〇万（米）ドルを承諾したが、コロンボ・プランでの一三〇万（豪）ドルよりはるかに高額だった[32]。同年オーストラリアは、総額で緊急援助五二〇万（豪）ドル、コロンボ・プラン援助五〇万七〇〇〇（豪）ドルを提供した。

図7-2は、これがオーストラリアの対インドネシア援助が急速に拡大するはじまりだったことを示している。一九六八年四月、ロッテルダムで開催されたIGGI会議で、インドネシアはふたたびプロジェクトに関する「要望リスト」を提出した。このリストは、とくに、緊急を要するジャカルタのバス用のスペアパーツ、電信手段の調査、バンジャマジン港の浚渫、鉄道設備などをオーストラリアに要望するものであった。オーストラリアは、この要望に沿って、一九六八年分として援助承諾額を二倍の一二七〇万（豪）ドルとし、一九六八〜七〇年には、四七〇〇万（豪）ドル近くまで拡大した。これは、一九五二〜六七年に支出された総額の二・五倍以上であった[33]。結局、一九六八〜六九年までに、インドネシアは、パプアニューギニアに次いで、オーストラリアの二国間援助の最大の被援助国インドに取って代わったのであった。

（2）一九六八年以降の援助拡大

図7-2は、増大したオーストラリアの対インドネシア援助が一九九〇年まで実質的には変化がなかったことを

示している。この増加の大半は、一九七五年まで食糧援助によるものであったが、それ以降プロジェクト援助が増えた(34)。インドネシアへの国際的援助が急増したため、IGGIの年次総会は、インドネシアの開発五ヵ年計画の優先事項に見合う対外援助プロジェクトを審議する国際フォーラムとして、コロンボ・プランのそれにすぐに取って代わった。

インドネシアの国際収支状況は、石油ブームのおかげで一九七五年までに著しく改善していた。食糧援助の形をとる緊急援助や輸入支援は、もはや援助プログラムの優先事項ではなくなった。加えて、インドネシア当局の開発プロジェクトの監督能力も向上していた。その結果、オーストラリアは、自国が確立した対外援助に関する新たな優先事項とインドネシアの開発五ヵ年計画に対する新たな開発野心に応じて、ますます広範囲のプロジェクトを支援しはじめた。

一九七〇年代、オーストラリアの対インドネシア援助プログラムは、同国の公共事業を構成するインフラや通信設備の復興を含むいくつかのプロジェクトに左右された。オーストラリア通信整備事業プロジェクトがその一例で、一九六〇年代の国際航空固定通信網（AFTN）プロジェクトの経験をもとに、それを拡大させたものであった。運輸や航海の主要なプロジェクトには、インドネシア鉄道の改良、チラキャプ地区における港湾・工業用地開発の準備、西カリマンタン地区の幹線道路建設が含まれていた。一九七〇年代末の別の主要プロジェクトは、一二〇〇万（豪）ドルを投じた、スマトラとカリマンタンの約二〇都市への送電網建設プロジェクトを含んでいた。これは、この分野で比較的大規模な商業企業にリンクするものであった。加えて、一九六〇年代にベトナムで二つの効果的な都市水道供給プロジェクトを行なった経験を生かして、同様のプロジェクトをボゴール、デンパサール、チラキャップ、タンジュン、カラング地区で実施した。

オーストラリアは、一九七〇年代および八〇年代を通してアメリカに次ぐ二番目に大きな対インドネシア食糧援助国であった。それは、全ＩＧＧＩ援助国による対インドネシア援助の約五％を占め、日本、オランダ、フランス、ドイツに次ぐ五番目の援助国の地位につけた。オーストラリアの対インドネシア開発援助は、グラント（贈与）と譲与的条件貸付（concessional loan）の混合というよりむしろグラントのみの形をとった。そのグラントをみると、オーストラリアは日本に次ぐ第二の援助国であった。

4　対インドネシア食糧援助

図7-2は、物品援助（おもに食糧援助）が一九六七～七四年にオーストラリアからインドネシアへ増大し続けた援助の最大要素であったことを示している。そして、一九七〇年代末までその地位を保ち続けた。表7-1は、オーストラリアがインドネシアに輸出したコメ、小麦、小麦粉の量および援助として輸出した割合を示したものである。一九六〇年代末、インドネシアに対するオーストラリアのコメと小麦粉は、すべて援助として送られたが、一九八〇年代末のコメを除いて七〇年代および八〇年代には減少した。問題は、なぜ一九六〇年代末から七〇年代初頭にかけてオーストラリアの対インドネシア食糧輸出の割合がそのように大きかったのかという点である。

（1）飢饉、栄養失調、アカウンタビリティ

その理由のひとつに、インドネシアにおける飢饉や広範に広がった栄養不良に対する人道的関心があった。インドネシア各地の飢饉に関する報告が一九五七年にはじめて増大し、オーストラリアのメディアにおいて、インドネシアにコメを送って緊急の食糧援助を行なうよう呼びかけがなされた[35]。その後インドネシア各地の飢饉に関する定期的ではあるが概略的な報告書が、そのような要望を繰り返すようになった。とくに、死者五万人とも見積もられ

表7-1　コメと小麦に関するオーストラリアの対インドネシア貿易と援助（1965-89年，五ヵ年平均）

	1965-69	1970-74	1975-79	1980-84	1985-89
オーストラリアの対インドネシア援助					
コメ援助（トン）	3,911	4,400	4,908	1,862	5,040
コメ輸出総額（トン）	3,911	7,611	33,321	12,701	3,770
コメ援助の割合	100％	58％	15％	15％	100％超
小麦と小麦粉援助（トン）	43,695	41,180	28,739	15,400	46,370
小麦と小麦粉援助の輸出総額（トン）	32,376	130,219	519,496	450,141	717,711
小麦と小麦粉援助の割合	100％超	32％	6％	3％	6％
インドネシアの輸入					
コメ（トン）	309,227	552,575	1,546,155	888,544	85,628
オーストラリアからの割合	1.3％	1.4％	2.2％	1.4％	4.4％
小麦と小麦粉（トン）	241,391	481,387	836,874	1,535,744	1,626,748
オーストラリアからの割合	13.4％	27.1％	62.1％	29.3％	44.1％

注：インドネシアの貿易統計が援助としてインドネシアが輸入した産品を除外しているため，1965-69年の援助は，オーストラリアによって報告された対インドネシア輸出とインドネシアによって報告されたオーストラリアからの輸入との差額として算出している。
出所：FAO 統計の1970-1989年の食糧援助データ http://apps.fao.org/default.htm（現在は利用不可）と Comtrade の1965-1989年の食糧貿易のデータ http://comtrade.un.org より作成。

た一九六六年のロンボク島での飢饉は、オーストラリアに大きな反響をもたらした[36]。

オーストラリア政府が対インドネシア食糧援助に消極的だった表向きの理由は、インドネシア政府からの要請がなかったからということであった。ロンボク飢饉の詳細とその原因がはっきりせず、必要とされるところに現地当局が食糧援助を届けられるかどうかの保証はまったくなかった。しかし、オーストラリア選挙民が飢饉および政府の消極的反応に対し人道的な観点から懸念を表わすと、オーストラリアの国会議員はこの問題に敏感にならざるをえなかった。

一九六〇年代初めのスカルノ政府は、ほんのわずかの緊急食糧援助を受け入れたにすぎなかったが、一九六五年のクーデター失敗を契機に、地域的な食糧不足を緩和するための食糧援助を、オーストラリアを含めて援助を見込める援助諸国に対して非公式に要請するに至った。たとえば、一九六五年一一月、インドネシア政府代表は海外からのコメ購入のための緊急借款を議論するため、ジャカルタ駐在の外国大使に接近した[37]。対応に当たったたオーストラリア官僚はインドネシアへの食糧供給に同情的であったが、オーストラリア政府はインドネシアがマレーシアに対して交戦中の「対決政策」をやめて、経済の安定と改革プログラムに向けてのステップを踏むまで援助の拡大を行なわなかった[38]。

一九六六年三月、インドネシア政府は、オーストラリアを含む食糧援助を見込めそうな援助国に対してさらに陳情を行なった。キース・シャン大使は、その理由を以下のように要約した。「インドネシア人の心にはっきりと意識されているのは、まさにこれ、すなわち食べるために、そして重要なことですが、物価を安定させるためにコメをすぐに供給してほしいことです。それがインドネシア経済の基礎となるコメ価格を安定させ続けることになります[39]」と。シャン大使は、オーストラリア政府がアメリカとともにタイからのコメの輸送経費一〇〇〇万（米）ドルの支払いを保証する形での援助をできるかどうかを非公式に尋ねられていた。単に保証だけとはいえ、オーストラリアの過去の援助レベルに比べて、これはかなりの高額であった。善意の証左として、オーストラリア政府は、代わりに一九六六年五月に洪水被害に見舞われた中央ジャワのために、タイからの一六〇〇トンのコメを購入する費用として二〇万（米）ドルの供与を申し出た[40]。日本も同様にタイ米一万トンを申し入れた[41]。

支援の条件は、コメの配送をインドネシア軍が負うということであった。他の援助国同様に、オーストラリア政府は、インドネシア政府からの公式要請を受けたうえでもっと大きな関わりを持とうとした。おもな問題点は、インドネシアへの食糧援助が適切かつ透明な方法で不正もなく配給されるのかどうかに関して、援助国がまだ確信を持てなかった点にあった。オーストラリア政府は、二〇万（豪）ドル以上の食糧援助に消極的だったので、ボランティアが、オーストラリアにおいて民間のレベルでロンボクのためのコメ調達を行なった[42]。

コメ配給についての援助諸国の不安を軽減するため、インドネシア政府は、一九六六年四月、インドネシア軍管轄下の組織として国家配給指令部（Komando Logistik Nasional）を創設した。それは、中央ジャワの飢饉被害地域へのコメの輸送と配給を担ったが、系統的かつ組織的能力を持ち合わせ、透明な方法で食料を配給できることを立証した。一年後、インドネシア政府は、この組織を食糧調達庁（Badan Urusan Logistik : Bulog）という新しい食糧配給組織に代えた。Bulog は、米価安定やコメ不足地域への配給のために、国内産コメ購入の仕事も担った。国内での購入目標額を定めるのは困難を極めたため、輸入米が国内でのコメのおもな配給源となり続けた。

一九六七年の二回のＩＧＧＩ会議後、援助国は、新たな食糧援助の輸送・配給の取り決めをするために Bulog と協力することに同意した。Bulog がインドネシア軍と提携したことは、食糧援助が必要なところにもたらされることになり、明白な方法で管理されることを援助諸国に保証するに至った。

（2）インドネシアの食糧輸入市場における競争

飢饉や栄養不良に関する人道的関心はさておき、オーストラリアが対インドネシア食糧援助を促進させたより重要な理由は、多分一九六六年にアメリカがインドネシアへの援助を再開したことにある[43]。この年、アメリカ政府は対インドネシア食糧援助として一〇万トンのタイ米をインドネシアへ輸送する手配をした。インドネシアに対してＰＬ４８０にもとづく船積みがすぐに再開されるものと思われた。このＰＬ４８０プログラムは、輸出助成金によってアメリカの余剰農産物のための海外市場を作り出した。被援助諸国は、アメリカ政府の譲与的条件貸付でこの余剰農産物を購入した。この販売から得られる現地通貨収入は、被援助国の国庫に入れられるか、あるいはアメリカの開発プロジェクトに関わる現地での支出に充てられた。

インドネシアは、一九五六〜六四年にＰＬ４８０の船荷を受け取っており、一九六三、六四年の緊急援助には、おもに原綿、タバコ、そして少量のコメが含まれていた[44]。オーストラリアはＰＬ４８０の船荷の影響を懸念した。たとえば、一九五六年にインドへのＰＬ４８０の船荷がはじまるや否や、オーストラリア政府は、七八％の市場シ

ェアを持つインドネシアへの小麦粉輸出に対するこのプログラムの潜在的影響を警戒したのである。(45)

一九五八年および一九五九年に、フランスとイタリアの輸出業者がインドネシア市場でオーストラリアの同業者より価格を引き下げて余剰小麦粉を投げ売りし、一九六〇年にアメリカの企業が、オーストラリアの対インドネシア小麦粉輸出に対抗して同様の形で挑戦した時、オーストラリアの懸念は高まった。(46) GATTの規則に従って、これらの事態に抗議しようとしたオーストラリアの思惑は、コロンボ・プランの下での対インドネシア小麦粉輸出を意図したインドネシア政府に対するロビー活動同様に水泡に帰した。(47) インドネシアは、一九六〇年代初めに暗黙裡に補助金によって支援されたPL４８０の小麦粉輸出とオーストラリアの小麦粉輸出を天秤にかけていたのである。

インドの事例はオーストラリアにとって不気味だった。インドは、一九五六年以降PL４８０の食糧援助、とりわけ小麦、小麦粉のおもな被援助国になっていた。三一億（米）ドル相当の物資が、一九六五年までPL４８０の下でインドに送られた。(48) この援助物資のほとんどはインドで販売され、そのルピー収益はインドのインフラ開発のためのアメリカの援助プロジェクトに充てられた。しかし、この援助により、インドの輸入業者とアメリカの輸出業者が、その後の商取引を有利にする関係を確立したことは、オーストラリアには明白であった。このように、アメリカの輸出業者は、オーストラリアを犠牲にしてインド市場における小麦と小麦粉の自らのシェアを拡大するために、一九五六〜六五年にインドへのPL４８０援助をうまく利用したのである。(49)

インドネシアは、一九五六〜六五年にPL４８０援助で一億一五〇〇万（米）ドルを受け取った。(50) 一九五〇年代には対インドネシア小麦・小麦粉輸出を取り仕切っていたオーストラリア輸出業者を犠牲にして、アメリカの輸出業者がPL食糧援助を拡大するのではないかというオーストラリアの懸念はますます大きくなっていた。しかし、これは、一九六一〜六五年中には起こらなかった。なぜなら、コメ自給量についてのインドネシア政府の話が緊急でありながらもはっきりしなかったことに加え、インドネシアが外貨不足により一九六五年の小麦輸入をちょうど三万二〇〇〇トンにまで減らさざるを得なかったからである。

オーストラリア代表は、他国もいずれ余剰農産物の輸出に対する補助金制度を取り入れるようになるのを恐れて、折々の機会を捉えてＰＬ４８０援助に反対した。それは、オーストラリアの経済と財政の規模が小さすぎて、自身では同様なことを実行できないからであった。そのためオーストラリアは、食糧援助を規制するための多国間のアプローチを強く支持したのである。これは、一九六七年国際穀物協定（International Grains Arrangement：IGA）の「食糧援助協約」の形に具体化した。実際この会議は、毎年食糧援助として最小限の小麦および雑穀を供給することを加盟国の義務とした。これは、他の援助諸国が一九六〇年代のＰＬ４８０プログラムの急速な成長に対抗できるような国際的な枠組みを作り出した。オーストラリアやカナダ同様にＥＥＣ諸国（とくにフランス、ドイツ、イタリア）が、農産物の援助国として現われた[51]。多角的国際穀物協定の調印は、インドネシアのような発展途上国での市場確保のために食糧援助の利用方法を模索すべきであるというオーストラリアの見解を助長することとなった。

こうした展開は、一九六七年のＩＧＧＩの設立や対インドネシア援助の国際協力と一致した。ＩＧＧＩが直面したおもな論点は、インドネシアが国際収支問題を緩和し、経済回復のために、どのような緊急援助を必要とするかであった。プロジェクト援助の形で国際援助を分担する型にはまった方法は、プロジェクトが長丁場になる傾向があったため、適切でなかった。

解決策は、援助諸国による対インドネシアへの外貨供与が、輸出補償外国為替（Bonus Ekspor：BE）を通じて行なわれることをＩＭＦが承認するという形をとった[52]。これは、インドネシアが国際収支問題に取り組み、為替安定のために迅速に利用しうる援助であった。インドネシア政府は、この「ひも付き」援助制度のもとで、インドネシア輸入業者にルピアと引き換えに特別輸出協定証書を販売した。証書保有者は、オーストラリアのような指定された援助国から食糧や備品用パーツなど特殊な基礎的物品を輸入するためにこれを利用することができた。特別輸出

郵便はがき

料金受取人払郵便

山科局承認

1447

差出有効期間
平成30年9月
30日まで

6 0 7 - 8 7 9 0

（受　取　人）
京都市山科区
日ノ岡堤谷町1番地

ミネルヴァ書房
読者アンケート係 行

◆ 以下のアンケートにお答え下さい。

お求めの
書店名＿＿＿＿＿＿＿＿＿市区町村＿＿＿＿＿＿＿＿＿＿＿＿＿＿＿書店

＊ この本をどのようにしてお知りになりましたか？ 以下の中から選び、3つで○をお付け下さい。

A.広告（　　　　）を見て　B.店頭で見て　C.知人・友人の薦め
D.著者ファン　E.図書館で借りて　F.教科書として
G.ミネルヴァ書房図書目録　H.ミネルヴァ通信
I.書評（　　　　）をみて　J.講演会など　K.テレビ・ラジオ
L.出版ダイジェスト　M.これから出る本　N.他の本を読んで
O.DM　P.ホームページ（　　　　　　　　）をみて
Q.書店の案内で　R.その他（　　　　　　　　）

書名　お買上の本のタイトルをご記入下さい。

◆上記の本に関するご感想、またはご意見・ご希望などをお書き下さい。
文章を採用させていただいた方には図書カードを贈呈いたします。

◆よく読む分野（ご専門）について、3つまで○をお付け下さい。
1. 哲学・思想　2. 世界史　3. 日本史　4. 政治・法律
5. 経済　6. 経営　7. 心理　8. 教育　9. 保育　10. 社会福祉
11. 社会　12. 自然科学　13. 文学・言語　14. 評論・評伝
15. 児童書　16. 資格・実用　17. その他（　　　　　）

〒 ご住所 Tel　（　　）
ふりがな お名前　　年齢　歳　　性別　男・女
ご職業・学校名 （所属・専門）
Eメール

協定証書の販売収益は、インドネシア政府の国庫に入れられた。このようにして食糧援助は、インドネシア債権国会議の援助諸国からインドネシアに供与される即効的な援助として重要な役割を果たした。

表7-1に示したように、オーストラリアの場合、新規の対インドネシア援助のほとんどが、食糧購入のための特別輸出協定援助と、とくにオーストラリア産小麦粉、小麦、コメの緊急食糧援助の形をとった。これは、一九六六～七五年のPL480による対インドネシア食糧援助の急増に対抗するためにオーストラリアが採った対策のひとつであった(53)。食糧援助がBE援助の形態をとる程度に、ルピア収入もまた、拡大し続けるオーストラリアの対インドネシア二国間プロジェクト援助に必要な現地での支出に利用された。

5　食糧援助と食糧輸入

一九六七年以来、IGGIは対インドネシア援助を調整するために毎年開催された。論点は、毎年インドネシアが要求する二国間および多国間プロジェクト援助の検討にあったが、食糧援助のあり方についても議論された。加えて、インドネシアは、時々発生する局地的飢饉に際しては、世界食糧支援プログラム（World Food Programme）から予定外の緊急食糧援助も受け取った。PL480食糧援助を除くと、インドネシアは、コメ、小麦粉、小麦のほとんどの食糧を二国間の贈与の形で受け取った。時折、援助諸国において食糧として生産されている他の産品も比較的少量ではあるが受け取った。たとえば食用として、ブルグル小麦（bulgur）、加工魚、乳児食、バター、スキムミルクや粉ミルク、他の乳製品、サラダ油、砂糖、豆類であり、飼料用としては、雑穀（とうもろこし（maize）、オート麦、大麦、モロコシ（sorghum））である。一九七〇年代および八〇年代の重要な対インドネシア食糧輸出国は、コメの場合はアメリカ、小麦・小麦粉の場合はアメリカ、オーストラリア、カナダ、ECであった。

(1) コメ援助と貿易

一九六七年以降、対インドネシア食糧援助が急速に拡大する背景に、Bulog の存在があった。Bulog は、民間セクターの輸出入業者同様に援助諸国が、コメ、そして一九七二年以降は他の食糧援助を手配できる唯一の非常に能率的な食糧配給機関だった。Bulog は、援助諸国に説明のつく方法で援助米をインドネシアに輸送する機関として設立されていた。しかし、Bulog は、援助国のコメ輸出業者とインドネシアの輸入業者の間の仲介役ともなった(54)。コメ輸出業者は、BE援助として融資される特定のコメ輸送プロセス策定に影響力を持つ援助諸国の陳情機関と(場合によっては)政治家との接触を利用した。一方、インドネシアでは、輸入業者は貿易省(一九七二年までは、小麦と小麦粉について)や Bulog(コメについて、一九七一年以後は小麦も)に対して、そのような船荷の輸入許可の割り振りについて陳情を行なった。食糧援助としてのコメの取り扱いをうまく処理したことで、援助国の輸出業者とインドネシアの輸入業者はその商取引関係を拡大できた。

PL480による船荷が、オーストラリアの小麦粉をインドネシア市場から追い出し、「小麦粉の商業ネットワーク」やインドネシアでの小麦粉の「ノーマルな取引」の回復を妨げることになるのではないかという当初のオーストラリアの懸念にもかかわらず、一九六七〜七二年の間に、とりわけPL480のコメ・小麦粉・小麦を取り扱うアメリカの対インドネシア輸出業者は、このBEシステムを徐々にうまく使うようになった(55)。オーストラリア代表は、民間の輸入業者がコストを無視した輸送での取引を手控えるようになり、BE以外の食糧援助は市場を攪乱するのではないかと懸念した。

オーストラリア当局は、インドネシアへのBE援助がオーストラリアの小麦輸出を支援する形で使われることを黙認したが、とりわけ援助実施機関の外務省は、これをコメにまで適用することを嫌った。オーストラリア産コメを援助米として利用すべきとの陳情は、オーストラリアがインドネシアへ送る緊急食糧援助米をタイで購入するというニュースが広がった一九六六年にすでに始まっていた。オーストラリアのコメ取扱業者は、すぐに自分たちがこの輸送入札から外された理由を尋ねた。外務省は、食糧援助としてのインドネシアへのコメ輸送について、国際穀物協定の食糧援助会議がコメを除外したからという議論を用いて、それを斥けた。オーストラリアのコメ生産者が、小麦生産者と違ってインドネシアに対して比較的大量のコメを輸出することが可能であり、そこでの市場シェアを作る必要性があることを、外務省は理解していなかったのである。

コメ取扱業者は抵抗した。オーストラリアのコメ生産高が、高い収穫と機械化の進展によって、一九六〇年の一一万八〇〇〇トンから一九六九年の二六万トンへと、一九六〇年代に著しく増大したことが背景にあった。ほとんどのオーストラリア産コメが国内で消費される一方で、一九六〇年代末まで、コメ生産者とその仲買業者は新たな輸出機会を探していた。というのも二つの輸出先が消滅しつつあったからである。イギリスはＥＣ加盟を目指し、琉球諸島は一九七二年に日本に返還されることになっていた。[56]さらに、一九六〇年代にはベトナム戦争、ビルマの革命、タイの干ばつによって、東南アジアの主要なコメ生産地域における伝統的な供給者からの供給が減少した。これが、とくにアメリカ、そして中国、オーストラリアなどの他のコメ輸出業者に進出機会を与えたのである。

オーストラリアのコメ生産者協同工場（Ricegrowers' Co-Operative Mills Ltd.: RCOM）は、一九六八年度にインドネシア市場参入の手立てを探した。その代表は、数回にわたって対インドネシア援助としてのコメ輸出についてBulogと議論した。[57]ＲＣＯＭは、対インドネシア食糧援助としてオーストラリアの余剰米を輸出する許可を求めて、農林水産大臣のアンソニーに何度か接触した。

オーストラリアの生産者がインドネシアへのコメ供給を担えるのかという疑念はさておき、外務省は、他国のこのような行動には反対するという立場から、援助と輸出の間の公然とした結びつきをも支持したがらなかった。外務省のシャンは、「われわれは世界でこのようなふるまいに対して他の人々――エジプトやフィリピンにおける、とくにアメリカ人、そして最近ではフランス人であるが——を強く批判してきた。もし政府がこの種の取引に関与しているのが公になった場合、今われわれが明らかに行なっているのと同じことで他の人々を非難しようとするなら、われわれはかなり難しい立場に置かれよう」と記した[58]。しかし、政治的な便宜から、外務省はインドネシアの公式要請に応じて六五〇〇トンのコメの援助を認めるに至った。インドネシアへの緊急のコメ輸送手配のために、ＲＣＯＭは入札手続きなしの援助契約を認められた。この認可後、ＲＣＯＭは、一万四〇〇〇トンのコメについてBulog承認済みの注文を受け取ったことを外務省に伝えた[59]。

こうして、外務省の消極性にもかかわらず、そのような仕組みは、オーストラリア政府がコメ輸出を支援するために食糧援助を利用する結果をもたらした。それでも表7-1が示すように、オーストラリアのコメ援助量はそれほど増えなかった。そのおもな理由は、輸出可能な余剰米を供給するＲＣＯＭの能力がオーストラリアのコメ生産の激しい変動に左右されたことにある。かくして、毎年の二国間援助活動とＩＧＡの食糧援助会議の後継会議による国際的な認知枠内ではあるが、食糧援助と通商上の食糧輸送を暗黙裡に結びつけることが一九七〇年までに確立し、それが七〇年代、八〇年代へと続いた[60]。

もちろんオーストラリアは、一九六七年にはじめたＢＥ援助としての小麦粉と小麦をインドネシアに送っていた。しかし、オーストラリア側は、これらの船荷が本質的に通商上の取り扱いであることをつねに主張してきた。なぜならＰＬ４８０の輸送とは違って、オーストラリアのＢＥ食糧援助には譲与的条件貸付を含まなかったからである。それは、交換可能な通貨ではなくルピア通貨であったけれども、輸送時点でも全額決済を求めた。いずれにせよ一九六七年以降七〇年代半ばまで、オーストラリアは、ＢＥ援助によって、インドネシアの小麦市場で主要な地位を回復することができた。

それにもかかわらず、この展開はオーストラリアにある自己省察をもたらした。なぜなら、Bulogは設立以来政治的影響力下にあったからである。すでに一九六八年、インドネシアの新貿易大臣スミトロ・ジョジョハディクスモは、Bulogの働きについての疑惑が解体の議論につながっていることを非公式にオーストラリア大使に伝えていた。[61] 一九六九年、コメ購入プログラムにおけるBulogの不法行為によって、この機関の解体動議がインドネシア議会に提案されるに至った。[62] しかし、Bulogでの腐敗に関するインドネシアのマス・メディア報告――オーストラリア大使館によって適時に外務省に報告された――がつぎつぎと公表されても、この機関は活動を継続した。[63] そして、インドネシアに対するコメ（一九七一年以降は小麦）援助について、オーストラリアや他の援助諸国も、万能機関であったBulogに協力していた。その背景には、オーストラリアのコメ、そして一九七一年以降は小麦も含めた通商取引量を最大限に拡大したい思惑があったからである。Bulogもまたコメ輸入拡大のためにできることをした。たとえば一九六九年、インドネシア農務省のコメ生産高についての楽観的な見積もりを過小評価することによって、対インドネシア米援助の必要性を誇張したのではないかとオーストラリア官僚は疑った。[64] Bulogは、コメの追加輸入の議論を正当化するためにあえて暗い見通しを用いたのであった。

（2）小麦援助と貿易

表7-1から明らかなように、援助と通商取引双方の形態において小麦粉と小麦の輸入が増大する傾向は、別の二つの展開によって助長された。第一に、Bulogを動揺させたところの、タイのコメ不作が一九七二～七三年に国際市場で大きなコメ不足を引き起こしたことであった。インドネシアの輸入要求に応じるために、海外のコメ供給者との契約を確保することは不可能であった。コメの国際価格が急騰した時、Bulogは食糧援助としてのコメの輸入増を要求したが、供給の見込める援助諸国からの十分な供給が難しいと知った。[65] このエピソードによって、コメ自給化を目指し、米作農業の「緑の革命」によって国際コメ市場への依存度を減じる決意をインドネシア政府が強

く持つことになった。インドネシアのオイル・ブームからの予想外の国庫収入が、この「緑の革命」を促進するための多額の補助金支給を可能にした[66]。インドネシアが一時的にコメ自給をはじめて達成できたのは一九八五年になってからであったが、この状況はインドネシアの輸入米、したがって食糧援助としてのコメへの依存を減じた。

第二は、インドネシアの小麦粉需要がかなり増加したことであった。一九六八年、インドネシア政府は、国際市場において小麦製品がコメの三分の二の価格で販売されていることを考慮して、コメから小麦製品へと国内消費パターンを長期的に転換させる方針を決めた[67]。一九六七年中の食糧価格の高騰を受けて、インドネシア政府は、それを抑制する手段として、小麦粉の輸入と小麦製品への依存度を高めた。

インドネシア政府は、国内製粉業の拡大をも決め、事業家リエン・ショウ・リオンにＰＴボガサリ製粉工場（PT Bogasari Flour Mills）の設立を認可した。同社の製粉工場は一九七一年に操業をはじめ、援助あるいは通商取引によるオーストラリア産小麦輸入に対するインドネシアの需要をかなり増大させた[68]。同年インドネシア政府は、小麦や小麦粉の輸入許可の割り当て権限をBulogに移管することを決めた。Bulogは、ＰＴボガサリ製粉工場に輸入小麦の製粉に関する独占権を与えた[69]。Bulogは、工場渡しでの小麦粉価格を設定したが、それはボガサリの製粉手数料などのさまざまな経費も含めたため、国際市場価格より平均で二五％高くなった。その結果、これが、長く国際市場価格を上回るインドネシア産小麦粉の小売価格となった。

ボガサリの小麦製粉業はさらに拡大し、小麦粉のインスタントヌードルや他の加工食品を生産する事業家リエンのＰＴ・インドフード・ＣＢＰ・スクセス・マクムール・Ｔｂｋ（PT Indofood CBP Sukses Makmur Tbk）コングロマリットへ統合された。インドネシア消費者の嗜好がしだいに小麦粉の加工品へ移行していったことが、表7-1の小麦輸入傾向から見て取れる。初期のオーストラリアのコメ卸売業者同様に、小麦卸売業者は一九七〇年代に小麦輸出増大の機会を探し求めていたし、食糧援助としての小麦輸出の輸送を一部手掛けたことは、インドネシアにおける彼らの目標達成に役立った[70]。一九七〇年代末までにはオーストラリアは、表7-1の示す如く、インドネシア小麦輸入において六二％のシェアを持ち、ふたたび首位の座を獲得した。

（3）食糧援助急増の要因

一九六七〜七四年のオーストラリアの対インドネシア援助における食糧援助の急増は、次のような要因が重なった結果であると説明できよう。ⓐオーストラリア政府が、新インドネシア政府に対して善意と支持を表明し、インドネシア経済の安定のために政府を支援することを望んだこと、ⓑインドネシアの小麦粉市場のシェアを失うかもしれないというオーストラリア輸出業者の恐怖感と結びついて、オーストラリアの食糧援助と食糧貿易が、アメリカがかつてPL480の下で作った土台と暗黙裡にリンクしていたこと、ⓒ食糧援助が、インドネシアの栄養不良や飢饉に対する人道的な配慮を表明するための解決策として提示されたこと、ⓓ食糧援助が、国際収支を改善するものとしてインドネシア経済によって容易に援用されたこと、ⓔオーストラリアは、商品生産者として、小麦粉、そしてそれほど多くはないがコメの供給を容易に準備できたこと、ⓕ一九六八年、インドネシア政府が、国内の食糧価格を統制するために、インドネシアの消費パターンをコメから小麦に最大限変えるよう決めたこと、であった。

6　援助、二国間関係、アジアの新国際秩序

対インドネシア国際援助を組織しようとするコンソーシアムのアプローチは、一九六六年以降のインドネシア経済の安定と回復に重要な役割を果したが、一九六七年以降のスハルトの大統領職権をも強化することとなった。そのアプローチはまた、インドネシアについて、および国際関係におけるインドネシアの果たすべき役割について、

意見交換をする機会になったとともに、インドネシアとオーストラリアを含めた援助国との関係改善を促した。食糧援助は、その過程における初期の局面において重要であった。なぜならオーストラリアのような援助諸国がすぐに輸送することができ、食糧不足のインドネシアが迅速にそれを摂取できたのは、この援助形態があったからである。

一九五八年から対インド国際援助を調整した国際コンソーシアムにおいて示した最低限度でかつ受け身な態度と違って、一九六七年のオーストラリアは、「気乗り薄の」潜在的援助諸国に加入を促すことで、ＩＧＧＩの設立に積極的な役割を果たし、(71)対インドネシア援助の割り当てを調整したＩＧＧＩの年次総会に参加し続けた。インドネシアが、共産主義や経済崩壊の危機からの脱出の方向を探る政府を持つ隣国であったことと、オーストラリアが潜在的に援助および輸出によるインドネシアへの主要な食糧供給国であったという事実が、支援動機であった。ＩＧＧＩにおけるオーストラリアの役割は、一九六四〜六五年と比較すると、インドネシアとの二国間関係の顕著な改善に向けたひとつの布石であった。一九六八年のジョン・ゴートン首相のインドネシア訪問と一九七二年のスハルト大統領のオーストラリア訪問は、この関係改善を象徴していた。

このような経緯で、オーストラリアは、この地域における国際関係をいかに形成するかの展望について、インドネシアに注意を向けさせる機会を得た。当初のオーストラリアは、食糧事情を緩和し、国際収支問題を克服しようとするインドネシアを支援する手段としての食糧援助を、他の債権国会議加盟国よりも有利に供与できる地位にあった。しかし、インドネシアが他国や国際機関から受け取った援助と比べると、一九七〇年代初めまでのオーストラリアの貢献度は小さかった。したがって、オーストラリアがインドネシアの政策に影響を与える目的で対インドネシア海外援助を公然と利用する機会は、わずかしかなかった。(72)

たとえば、マレーシアとシンガポールからの軍事的撤退を表明した一九六八年のイギリス宣言を受けて、オーストラリアは、同年にインドネシアとの相互不可侵条約の交渉を提案した。しかし、インドネシアは拒絶した。インドネシアはまた同年の後半に、ニュージーランド、マレーシア、シンガポールを含む地域防衛協定に参加することも拒絶し、代わりに防衛問題に関する定期的な二国間協議を提案した(73)。別の例として挙げられるのは、一九七五年にインドネシアが東ティモールを併合したことである。オーストラリア政府は、たとえこの併合に強い反対を表明したかったとしても、インドネシアで積み上げてきた善意と影響力を犠牲にし、さらにインドネシアの敵対心をあおってまで、インドネシアに東ティモール計画を変更させる説得方法をほとんど持ち合わせていなかったのであろう(74)。

他方で、インドネシアとの良好な二国間関係は、オーストラリアが一九七〇年代初期までインドネシアが主要な役割を演じた地域組織アセアンとの良好な関係を築くのに役立った(75)。一九七二年一二月の総選挙後、新政府首相のゴフ・ホイットラムはアセアンとの関係づくりに集中した。オーストラリアは、アセアン・オーストラリア・フォーラムの形で年次総会を導いた一九七四年にアセアン初の「対話パートナー」になり、また、オーストラリアとアセアン諸国との関係に関してさまざまな提言を行なった。インドネシアとの二国間関係は、一九七〇年代および八〇年代に浮き沈みがあった。しかし、この二国間関係によって、オーストラリアは、一九八九年には、アジア太平洋経済協力フォーラム（Asia Pacific Economic Cooperation Forum）の創設のためにインドネシアに協力することになり、二〇〇五年には、今度はインドネシアが東アジアサミット参加を申し出たオーストラリアを支援したのである(76)。

オーストラリアの対インドネシア食糧援助は、このような経過には直接は関係しなかったが、本章では、食糧援助の急激な拡大が、このような過程の最初の局面において重要な役割を果たしたことを強調した。加えてオーストラリアの対インドネシア食糧援助によって、オーストラリアの輸出業者は、さもなければアメリカ産小麦産品に取って代わられてしまったかもしれない急成長の小麦製品市場においてシェアを確保することができた。食糧の最大援助国であるアメリカとＥＣの政策によって引き起こされた食糧市場のゆがみに対する批判の高まりが国際食糧援助の規模を変える一九八〇年代半ばまで、この状況は続いたのである。(77)

注

（1） David Goldsworthy, *Facing North : A Century of Australian Engagement with Asia.* Carlton : Melbourne UP (2 vols.), 2001, 2003.

（2） オーストラリアでの共通認識は、政府は一九七〇年代初頭以降まで効果的な方法でアジアに介入しなかったということである。したがって、一九五〇年代と六〇年代にはそうした機会を失っていたということになるが、これは誤解である。つぎを参照のこと。David Martin Jones and Andrea Benvenuti, 'Menzies' Asia Policy and the Anachronistic Fallacy', *Australian Journal of International Affairs*, 66(2), 2012, pp. 206–222.

（3） Stuart Doran, 'Toeing the Line : Australia's Abandonment of 'Traditional' West New Guinea Policy', *Journal of Pacific History*, 36(1), 2001, pp. 5–18.

（4） Moreen Dee, *Not a Matter for Negotiation : Australia's Commitment to Malaysia 1961–1966.* Barton : DFAT, 2005.

（5） Garry Woodard, *Asian Alternatives : Australia's Vietnam Decision and Lessons on Going to War.* Carlton : Melbourne UP, 2004.

（6） Pierre Van der Eng, 'International Food Aid to Indonesia, 1950s–1970s' in Jeroen Touwen and Alicia Schrikker (eds.), *Promises and Predicaments : Trade and Entrepreneurship in Indonesia*, Singapore : Singapore UP, 2015, pp. 244–258.

（7） Andrea Benvenuti, 'Australian Reactions to Britain's Declining Presence in Southeast Asia, 1955–63', *Journal of Imperial and Commonwealth History*, 34(3), 2006, pp. 407–429.

（8） Daniel Oakman, *Facing Asia : A History of the Colombo Plan.* Canberra : Pandanus Books, 2004 ; David Lowe, 'The Colombo Plan and "Soft" Regionalism in the Asia-Pacific : Australian and New Zealand Cultural Diplomacy in the 1950s and 1960s', in Robert Frank ; Kumiko Haba ; Hiroshi Momose (eds.), *The End of the Cold War and the Regional Integration in Europe and Asia.* (Tokyo : Aoyama Gakuin), 2010, pp. 389–419.

（9） Alan E. Wilkinson, *The Politics of Australian Foreign Aid Policy.* (PhD Thesis, Australian National University,

Canberra), 1976, pp. 105 and 214–221; Thomas W. D. Davis, 'Foreign Aid in Australia's Relationship with the South: Institutional Narratives', *The Round Table: The Commonwealth Journal of International Affairs*, 100(415), 2011, p. 394.

(10) Wilkinson, *Politics of Australian Foreign Aid Policy*, pp. 221–230.

(11) Philip J. Eldridge, *Indonesia and Australia: The Politics of Aid and Development since 1966*. (Canberra: ANU Development Studies Centre), 1979, pp. 28–29.

(12) Davis, 'Foreign Aid in Australia's Relationship', pp. 396–397.

(13) Philip J. Eldridge *et al.* (eds.), *Australian Overseas Aid*. Sydney: Croom Helm; Davis, 'Foreign Aid in Australia's Relationship', 1986, p. 398.

(14) Heinz W. Arndt, 'Trade Relations between Australia and Indonesia', *Economic Record*, 44(2), 1968, pp. 168–193; Sandra Tweedie, *Trading Partners: Australia and Asia 1790–1993*, Sydney: UNSW Press, 1994, pp. 179–185.

(15) Alexander Shakow, *Foreign Economic Assistance in Indonesia 1950–1961*. Tokyo: Economic Cooperation Bureau, Ministry of Foreign Affairs, 1964.

(16) Pierre Van der Eng, '*Konfrontasi* and Australia's Foreign Aid Program in Indonesia during the 1960s', *Australian Journal of Politics and History*, 55(1), 2009, pp. 46–63.

(17) *Australia in Facts and Figures*. (Canberra: Australian News & Information Service, Department of the Interior), March and June 1953.

(18) Dee, *Not A Matter for Negotiation*; Pierre Van der Eng, '*Konfrontasi* and Australia's Foreign Aid'.

(19) Tjin Kee Tan, 'Indonesia's Guided Economy and Its Implementation, 1959-1965', *Australian Quarterly* 38(2), 1966, pp. 9–28; Heinz W. Arndt, and Jusuf Panglaykim, 'Indonesian Economic Problems in 1966', *Intereconomics* 9(1), 1966, pp. 22–26.

(20) Pierre Van der Eng, 'All Lies? Famines in Indonesia during the 1950s and 1960s." Unpublished paper, Asian Historical Economics Conference, Hitotsubashi University, Tokyo (Japan), 13–15 September 2012.

(21) David Easter, '"Keep the Indonesian Pot Boiling": Western Covert Intervention in Indonesia, October 1965–March 1966', *Cold War History*, 5(1), 2005, pp. 55–73; Karim Najjarine, 'Australian Perceptions of PKI Involvement in the 1965 Attempted Coup in Indonesia', *Australian Quarterly*, 76(5), 2004, pp. 26–34 and 40.

(22) David Easter, ' "Keep the Indonesian Pot Boiling" : Western Covert Intervention in Indonesia, October 1965–March 1966', *Cold War History*, 5 (1), 2005, pp. 55–73 ; Karim Najjarine, 'Australian Perceptions of PKI Involvement in the 1965 Attempted Coup in Indonesia', *Australian Quarterly*, 76(5), 2004, pp. 26–34 and 40.

(23) Jusuf Panglaykim and Kenneth Thomas, 'The Road to Amsterdam and Beyond : Aspects of Indonesia's Stabilization Program', *Asian Survey*, 7(10), 1967, pp. 689–702.

(24) NAA, A1838 3034/10/1 PART 27, Australian High Commission in London to DEA,19 May 1966, p. 241.

(25) NAA, A4940 C4095, documents in preparation of Cabinet Submission No. 215, 26 May 1966 ; NAA, A1838 2036/5 PART 8, cabinet submission 'Economic assistance to Indonesia', 16 May 1966.

(26) Shigeru Akita, 'The Aid-India Consortium, the World Bank, and the International Order of Asia, 1958–1968', *Asian Review of World Histories*, 2(2), 2014, pp. 217–248.

(27) NAA, A4311 692/10 'Colombo Plan Aid to Indonesia' L. Mcintyre to P. Hasluck, 2 August 1966 ; NAA, A4359 111/5/5A Embassy Jakarta to DEA, 13 September 1966.

(28) NAA, A1838 3034/10/1 PART 28, 'Indonesia : Working paper on Australian policy', G. A. Jockel to P. Hasluck, 25 August 1966, pp. 149–150.

(29) Usha Mahajani, *Soviet and American Aid to Indonesia 1949–1968*, Athens OH : Ohio University Center for International Studies, 1970, pp. 32–33.

(30) Godert Aart Posthumus, *The Inter-Governmental Group on Indonesia (I. G. G. I.)*. Rotterdam : Rotterdam UP., 1972.

(31) NAA, A4940 C4095, documents in preparation of Cabinet Submission No. 83, 14 February 1967.

(32) NAA, A4940 C4095, documents in preparation of Cabinet Submission No. 295, 14 June 1967.

(33) ADAA, *Australian Official Development Assistance : Financial Statistics 1945/46–1974/75*, Canberra : Australian Development Assistance Agency, 1975, p. 72.

(34) Wilkinson, *Politics of Australian Foreign Aid Policy*, pp. 253–264 ; Peter McCawley (1991) 'Australian Aid to Indonesia' in David Anderson (ed.), *Australia and Indonesia : A Partnership in the Making*. (Sydney : Pacific Research Institute), pp. 35–43.

(35) *The Age*, 30 December 1957.

(36) *e. g. Sunday Mail*, 28 August 1966 ; *The Times*, 29 August 1966 ; *The Herald*,13 September 1966 ; *Sydney Morning Herald*, 12 October 1966.

(37) NAA, A1838 2036/5 PART7, K. Shann to DEA, 16 December 1965.

(38) Pierre Van der Eng, '*Konfrontasi* and Australia's Foreign Aid'.

(39) NAA, A1838 3034/10/1 PART27, K. Shann to DEA, 22 March 1966, p. 109.

(40) NAA, A4940 C4341, Press statement by J. G. Gorton,（7 March 1966 ; NAA, A1838 555/7/14/2, Draft press statement, Australian embassy Jakarta, 5 May 1966. 同時に食糧購入のために、アメリカ政府は八二〇万（米）ドルクレジットを、イギリス政府は二八〇万（米）ドルを申し出た。Mahajani, 'Soviet and American Aid', p. 31.

(41) NAA, A1838 1585/1/23, Australian Embassy Tokyo to DEA, 30 March 1966.

(42) *E. g. Sydney Morning Herald*, 20 September 1966 ; *Canberra Times*, 26 September 1966 ; 5, 12, 13 and 15 October 1966 ; *Australian Women's Weekly*, 19 October 1966, p. 24.

(43) *Canberra Times*, 26 March 1964.

(44) Eleanor N. DeBlois, '12 Years of Achievement under Public Law 480.' *ERS-Foreign No. 202.*（Washington DC : Economic Research Service, US Department of Agriculture), 1967, p. 91 and 110.

(45) NAA, A1838 752/1/8 PART 1, P. C. Spender to J. McEwan, 26 April 1956.

(46) NAA, A1838 752/1/8 PART 2, J. Lurey to J. W. Cunes, 14 March 1960.

(47) NAA, A1838 752/1/8 PART 1, 'Colombo Plan : Flour for Indonesia', 7 May 1959.

(48) Akita, 'Aid-India Consortium', p. 238.

(49) Pierre Van der Eng, 'International Food Aid to Indonesia' がこの点を良く説明している。

(50) *US Overseas Loans & Grants* [The Greenbook], http://gbk.eads.usaidallnet.gov/.

(51) 一九六七年ＩＧＡ食糧援助協約の下での主要供給国は、アメリカ合衆国（一八〇万九〇〇〇トン)、ＥＣ（一〇三万五〇〇〇トン)、カナダ（四九万五〇〇〇トン)、そしてオーストラリア、イギリス、日本（それぞれ二三万五〇〇〇トン）であった。Jean Henri Parotte, 'The Food Aid Convention', *IDS Bulletin*, 14(2), 1983, p. 12.

(52) Ichizo Miyamoto, 'The Real Value of Tied Aid : The Case of Indonesia in 1967–69', *Economic Development and Cultural Change*, 22(3), 1974, pp. 436–452 ; McCawley, 'Australian Aid to Indonesia', p. 37.

(53) Donald G. McClelland *et al.*, 'Food Aid in Indonesia.' *USAID Impact Evaluation, No. 4.* Washington DC : United States Agency for International Development, 1997.

(54) Pierre Van der Eng, 'International Food Aid to Indonesia'.

(55) NAA, A4359 111/5/4 PART 1, M. Loveday to DEA, 11 July 1968, DEA to Embassy Washington, 13 July 1968, DEA to Embassy The Hague, 25 July 1968, DEA to Embassy Jakarta, 31 July 1968.

(56) Gary Lewis, *The Growers' Paddy : Land, Water and Co-operation in the Australian Rice Industry to the 1990s.* (Sydney : Cooperatives Research Group), 2012, pp. 238–244.

(57) NAA, A1838 2020/1/32/8 PART 1, G. Freeth to J. D. Anthony, 21 January 1969 and 10 July 1969, K. C. O. Shann to G. Freeth, 4 and 10 September 1969.

(58) NAA, A1838 2020/1/32/8 PART 1, K. C. O. Shann to N. Hope, 2 October 1969.

(59) NAA, A1838 2020/1/32/8 PART 1, Inward Savingram No. 56, 14 October 1969 ; *Canberra Times*, 24 October 1969.

(60) たとえば以下を参照。 A request from Bulog to defray the cost of a commercial shipment of rice from Australia with food aid. NAA, A4359 111/5/5 PART 12, Embassy Jakarta to DFA Aid Section (2 June 1976), and the combined arrangement of a commercial rice order and rice aid, R. C. Manning (ADAA) to Development Assistance Counsellor Jakarta Embassy (6 October 1976).

(61) NAA, A4359 111/5/4 PART 1, M. Loveday to DEA, 5 August 1968 ; Robert Rice, 'Sumitro's role in foreign trade policy', *Indonesia*, 8, 1969, pp. 183–211.

(62) NAA, A1838 2020/1/32/8 PART 1, F. R. Dalrymple to DEA, 23 July 1969.

(63) たとえば以下を参照。 *Suara Merdeka*, 15 June 1977, *Sinar Harapan*, 6 September 1977, *Kompas*, 8 September 1977.

(64) NAA, A1838 2020/1/32/8 PART 1, Inward Savingram No. 56, 14 October 1969, No. 57, 22 October 1969, No. 60, 7 November 1969.

(65) NAA, A1838 2020/16/1 PART 1, Inward Savingram No. 59, 20 July 1973 and 'Rice situation', R. McGovern to DFA, 6 November 1973.

(66) Pierre Van der Eng, *Agricultural Growth in Indonesia : Productivity Change and Policy Impact since 1880*, London : Macmillan, 1996, pp. 41–164.

(67) NAA, A1838 752/23 PART 3, Inward Savingram No. 33, 6 August 1968.

(68) NAA, A1838 2020/1/32/8 PART 2, 'Record of conversation with Colonel Arifin (Deputy Director of Bulog), Mr S. Yap Managing Director (PT Bogasari Flour Mill)', 3 June 1971, Memo 'Food and other commodity aid', 8 September 1971.

(69) Stephen L. Magiera, 'The Role of Wheat in the Indonesian Food Sector', *Bulletin of Indonesian Economic Studies*, 17 (3), 1981, pp. 52–53 ; Yuri Sato, 'The Salim Group in Indonesia : The Development and Behaviour of the Largest Conglomerate in Southeast Asia', *The Developing Economies*, 31 (4), 1993, pp. 414–415.

(70) Greg Whitwell and Diane Sydenham, *A Shared Harvest : The Australian Wheat Industry, 1939–1989*, South Melbourne : Macmillan Australia, 1991, pp. 229–285.

(71) J. A. C. Mackie, 'Australia's Relations with Indonesia : Principles and Policies', *Australian Outlook*, 28 (2), 1974, pp. 175–176.

(72) Mackie, 'Australia's Relations with Indonesia'pp. 169–171 and 174–175.

(73) *Canberra Times*, 17, 20 and 24 April 1968 ; 4, 14, 15 and 19 June 1968.

(74) Tomohiko Kimura, *Australian Foreign Policymaking towards the East Timor Question from April 1974 to January 1978 : A Re-examination*. (PhD Thesis, University of New South Wales, Canberra), 2012.

(75) Sue Thompson, 'Leadership and Dependency : Indonesia's Regional and Global Role, 1945–75', in Christopher B. Roberts ; Ahmad D. Habir and Leonard C. Sebastian (eds.), *Indonesia's Ascent : Power, Leadership, and the Regional Order*, London : Palgrave, 2015, pp. 30–33.

(76) Jamie Mackie, *Australia and Indonesia : Current Problems, Future Prospects*. Sydney : Lowy Institute for International Policy, 2007, pp. 55–64, 103 and 124.

(77) Edward J. Clay, 'Review of food aid policy changes since 1978' *WFP Occasional Papers No. 1*, Rome : World Food Programme, 1985.

（渡辺昭一訳）

第8章　アメリカ合衆国の経済援助とタイ
――「稲品種改良プログラム」からみた援助と自立――

宮田敏之

1　アメリカの経済援助とタイ農業

第二次世界大戦後、国連やアメリカ合衆国、さらに共産圏諸国も加わった開発援助競争のもと、欧米諸国がアジア諸国への実効支配を温存・拡大させようとした。そうしたなか、被援助国のアジア諸国は、その動きを逆手にとって、その援助を最大限利用しつつ政治経済的に自立してきたという側面がある。

本章では、こうした問題意識のもと、一九五〇年代から一九七〇年代における、アメリカ政府のタイに対する経済援助[1]の特徴を整理しつつ、アメリカ政府の経済援助を活用して、タイがどのように農業経済、とくに米経済の「自立」に向けて歩んだかについて検討する。

タイは、一九八〇年代から二〇一〇年まで世界第一位の米輸出国であり続けた。二〇一一年成立したインラック政権の籾米担保政策の影響で二〇一二年と二〇一三年は第三位に転落したものの、二〇一四年には第一位に返り咲き、世界有数の米輸出国として発展している。

そのタイは、一九七〇年代以降、タイ農業省が品種改良に成功した稲の高収量品種（ＲＤ品種）(2)の栽培が拡大したことによって、米の生産量が大幅に増え、一九八〇年代には米の輸出を飛躍的に拡大させ、米輸出世界第一位となった。他方、タイは米の輸出量だけでなく、インド・パキスタンの香り米バスマティ・ライスに並ぶ、高級香り米ジャスミン・ライスの生産と輸出で有名である。この高級香り米の輸出は、一九七〇年代以降増加し、タイは、米の品質の面でも世界米市場を主導してきた。

実は、この高収量品種の栽培とジャスミン・ライス栽培の拡大の背景には、一九五〇年代にアメリカ政府の経済援助のひとつとして、タイ国内で実施された「稲品種改良プログラム（Rice Improvement）」があった(3)。この「稲品種改良プログラム」では、アメリカのコーネル大学から農業専門家のハリー・Ｈ・ラブ教授がタイに派遣され、在来品種の収集・選抜方法、さらには品種改良技術をタイ農業省担当者に指導した(4)。このプログラムを契機に、一九五四年、タイ農業省の中に、稲の育種や品種改良を専門とする米穀局が設立された。かつてコーネル大学でラブ教授に指導を受けた担当官の所属する、この米穀局が、一九六〇年代以降、高収量品種のＲＤ品種を多数タイの農民に栽培奨励し、タイ版「緑の革命」を推進する原動力となった。

他方、ジャスミン・ライスは、この「稲品種改良プログラム」の下で行なわれた優良な稲の在来品種採取プロジェクトの過程で、タイ中部チャチュンサオ県で収集された。ジャスミン・ライスとは、この時収集された、良質の香り米品種カーオ・ドーク・マリ１０５（ジャスミン花のごとき白色の米）の通称である。この香り米品種カーオ・ドーク・マリ１０５は、栽培試験を経て、一九五九年にタイ政府の栽培奨励品種に認定され、タイ国内各地に紹介された。その後、土壌の条件が適合したタイ東北部で栽培が広まり、その米の品質が消費者に評価されて、高価格で取引されるようになると、一九八〇年代以降、作付けが一気に拡大した(5)。

このように、一九五〇年代のアメリカ政府の経済援助の一環として行なわれた「稲品種改良プログラム」は、品種改良を担当する米穀局設立の契機となり、一九六〇年代以降、高収量品種を多数生み出した、タイ版「緑の革命」を実現させる基盤を作った。また、同プログラムの下で行なわれた、優良な在来品種の採取プロジェクトと、品種の選抜・保存・普及活動を通じて、高級香り米のジャスミン・ライスを後世に残し、世界的に著名な高級香り米を世界市場に提供する基盤を作った。

しかしながら、従来の研究では、この「稲品種改良プログラム」それ自体に関する研究は十分にされておらず、さらに、その後のタイ版「緑の革命」との関連も検証されているとはいいがたい。また、同プログラムとジャスミン・ライスの関係に関しては、宮田敏之(6)が同プログラムでジャスミン・ライスの在来品種カーオ・ドーク・マリ105が採取された経緯を紹介しているが、アメリカ政府の経済援助という文脈で分析を行なってはいない。

そこで本章では、まず一九五〇年以降本格化するアメリカ政府のタイに対する経済援助について、一九七〇年までを対象にその概要を検証する。そのうえで、アメリカ政府の経済援助の一環として行なわれた「稲品種改良プログラム」の背景・経緯について分析を行なう。また、このプログラムを契機に設立されたタイ政府の稲作研究に関わる専門部局の米穀局の設立や稲の品種改良の内容について整理し、一九七〇年代のタイ版「緑の革命」の実施過程を検証する。さらに、同プログラム後の高級香り米ジャスミン・ライスの栽培拡大の過程について検討を加える。以上の検証を踏まえ、アメリカ政府の経済援助を契機としながら、タイがどのように米経済の発展に向けて取り組んだかをについて考察する。加えて、アメリカ政府の経済援助とアジア諸国の側の「自立」の多様性やその特徴の一端を明らかにする。

2　アメリカのタイに対する経済援助

(1) アメリカ政府の対タイ経済援助の概要

アメリカ政府は、一九四九年の中華人民共和国の成立を機に、対アジア政策や低開発地域政策に本格的に乗り出したとされる。同年、トルーマン大統領は、いわゆる「ポイント・フォー」を示した。さらに、その後のアメリカ政府の対外援助政策にきわめて重要な影響を与えたのは、末廣昭によれば、一九五二年にマサチューセッツ工科大学国際研究センターのなかに誕生した「低開発地域とアメリカの経済援助政策」に関する研究特別チームであった。この研究チームを主導したのは、ソ連経済研究者として知られ、CIA長官補佐を務めたばかりのミリカンとのち離陸の理論や経済発展段階説で有名となったロストウの二人であり、そのほかにローゼンシュタインローダンなど開発経済学者や近代化論者のそうそうたるメンバーが多数加わったとされる(7)。

ロストウたちは、四年間にわたる研究をまとめ、一九五七年に『提言　効果的な外交政策の鍵』と題する政策文書を刊行する。この文書で、彼らは、途上国地域が、国際共産主義運動と対決し、国内の暴力革命を回避するには、経済開発を軸とする内部からの社会変革が不可欠であることを力説した。そして、先進国ではなく途上国自身の指導層が、開発計画の遂行にイニシアティブをとることを重視した。同提言に特徴的な点は、欧米流の個人の自由や経済的自由主義の推進を主張せず、むしろ、開発に向けてあらゆる階層を糾合する国民的な努力と、経済政策における政府の主導性、上からの開発を強調した点である。のちに生まれる開発主義の基本的要件は、この提言がほぼ提示していたのである(8)。

このように一九五〇年代にアメリカ政府の経済援助政策が本格的な展開を見せるなか、タイに対するアメリカ政

表8-1　アメリカの地域・国別経済援助累計額（1946-86年）

地域・国	累積援助額（100万ドル）	東アジア域内割合（%）	タイとの比較（倍数）
東アジア	29,284	100.0	
南ベトナム	6,949	23.7	7.3
韓国	6,063	20.7	6.4
インドネシア	3,428	11.7	3.6
フィリピン	3,053	10.4	3.2
台湾	2,207	7.5	2.3
タイ	952	3.3	1.0
その他	6,632	22.6	7.0
東アジア以外の主要援助受入国			
エジプト	13,082		13.7
イスラエル	12,700		13.3
インド	11,415		12.0
トルコ	4,217		4.4
バングラデシュ	2,205		2.3
ケニア	667		0.7

出所：Robert Muscat, *Thailand and The United States: Development, Security, and Foreign Aid*, New York: Columbia University Press, 1990, p. 31をもとに作成。

府の援助も開始された。ただ、あらかじめ注意しておかねばならないのは、アメリカ政府の対外経済援助全体からみるとタイの割合は決して大きいとは言えなかったという点である。表8-1には、一九四六年から一九八六年までのアメリカの海外累積経済援助額が示されている。不安定な中東情勢のなかでエジプトやイスラエルの重要性が高かったことがわかる。また、ソ連との援助競争下にあったインドに対する経済援助額も大きかった。東アジアでは、実際に戦闘が繰り広げられた南ベトナムや韓国の大きさが顕著である。東アジアに対するアメリカ政府の累積経済援助額に着目してその動向を詳しくみると、東アジア最大の援助受入国南ベトナムの占める割合が二三・七%の六九億四九〇〇万ドル、韓国が二〇・七%、インドネシア一一・七%、フィリピン一〇・四%、台湾七・五%であった。これに対して、タイはわずかに三・三%の九億五二〇〇万ドルにすぎなかった。南ベトナムに対するアメリカ政府の援助額はタイの七・三倍、韓国六・四倍、インドネシ

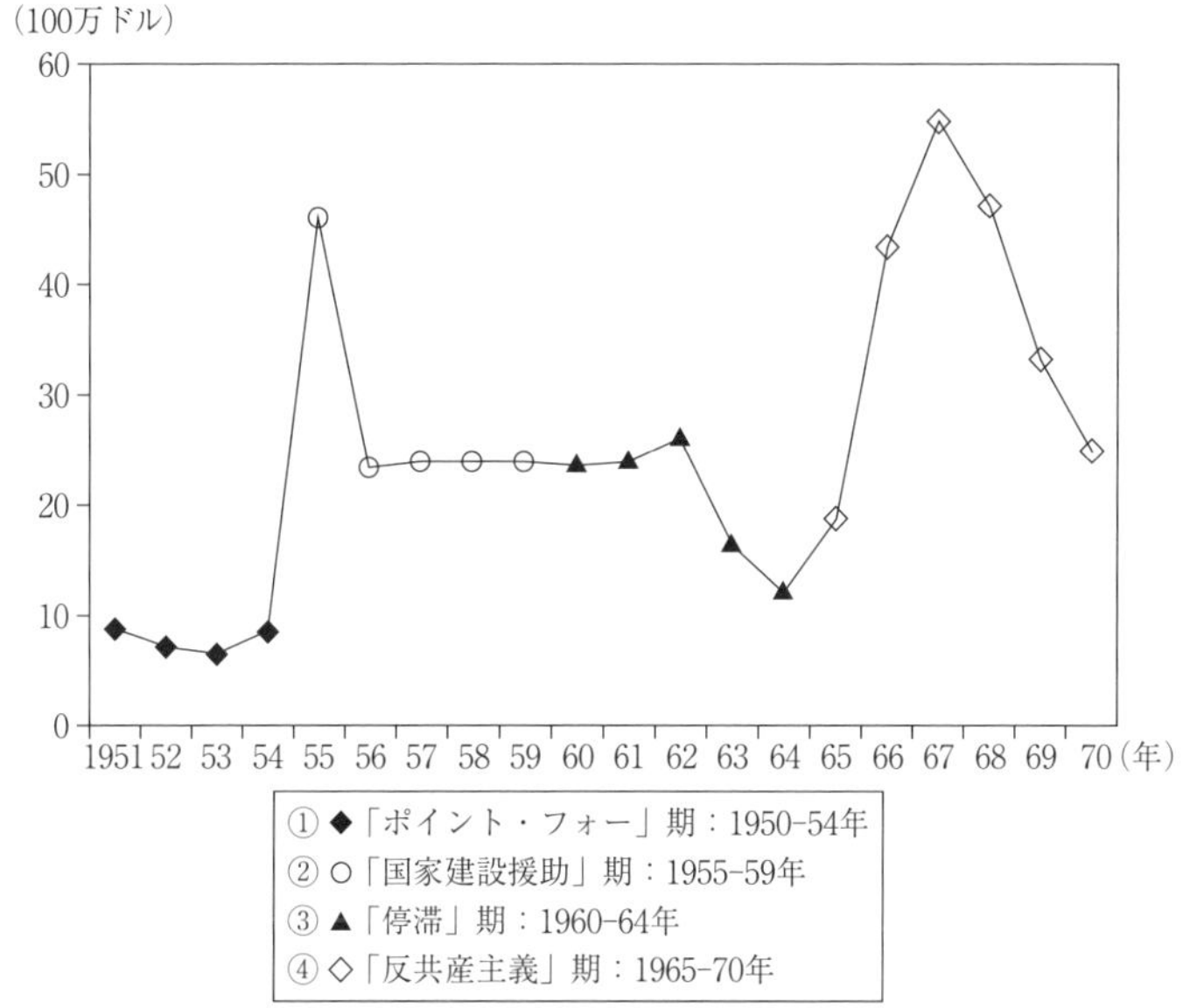

図8-1　タイへのアメリカ経済援助額の推移

出所：J. Alexander Caldwell, *American Economic Aid to Thailand*, Toronto & London: Lexington Books, 1974, pp. 31-62; Robert Muscat, *Thailand and The United States: Development, Security, and Foreign Aid*, New York: Colombia University Press, 1990, p. 295 をもとに作成。

ア三・六倍、フィリピンも三・二倍、台湾は二・三倍であった。タイは、冷戦下での戦争や紛争の直接の当事国ではなく、インドシナ半島での共産主義拡大の防波堤としてアメリカ軍への基地提供などの後方支援の役割を担った。そうしたタイの戦略上の地位が、相対的に経済援助額が少なかったことの背景にあろう。

しかし、タイにとってみれば、アメリカ政府のプレゼンスは、たいへん大きな重みをもつものであった。たとえば、一九五一年から一九七〇年にタイが受け入れた国連や諸外国からの無償資金援助でみると、アメリカ政府の存在は圧倒的に大きかった。この二〇年間の無償資金援助総額五億五三八〇万ドルのうち、アメリカ政府は、四億四八九〇万ドルを拠出しており、実に、全体の八一%を占めていた[9]。

また、アメリカ政府のタイに対する経済援

助をみても、一九五〇年代以降、六〇年代初頭に一時期やや停滞したものの、大きく拡大していった。図8-1は、コールドウェルの四つの時期区分に依拠し、アメリカ政府のタイに対する経済援助の拡大と変化を示したものである。コールドウェルは、一九五〇年代から一九七〇年代初頭のおよそ二〇年間を次の四つの時期に分類した。(10)第一の時期は、「ポイント・フォー」期（一九五〇〜五四年）である。この時期は、一九四九年のトルーマン大統領の演説、いわゆる「ポイント・フォー」(11)を契機に、タイに対するアメリカ経済援助も、他の開発途上の国々同様に開始された時期である。第二の時期は、「国家建設援助」期（一九五五〜五九年）とされる。アメリカ政府が道路や空港などのインフラストラクチャーの整備を支援し、タイの国家建設を支援した時期である。第三の時期は、「停滞」期（一九六〇〜六四年）である。この時期は、一九五〇年代に開始されたアメリカ政府の経済援助プログラムの多くが一旦終了し、新たな経済援助が一時的に見直された時期である。第四の時期は、「反共産主義」期（一九六五〜七〇年）である。この時期は、ベトナム戦争の激化にともなって拡大する。タイ国内における共産主義活動を防止するために、国境警備警察への訓練や装備の提供や地方開発などが拡大した時期である。この間のアメリカ政府のタイに対する援助額は、第一期「ポイント・フォー」期が年平均七八八万ドル、第二期の「国家建設援助」期が、年平均二八三八万ドル、第三の「停滞」期が年平均二〇六六万ドル、第四の「反共産主義」期が年平均三七二五万ドルと推移した。(12)

（2）アメリカ政府の経済援助とタイ――一九五〇年代

「ポイント・フォー」期（一九五〇〜五四年）

一九四九年一月のトルーマン大統領の就任演説では、アメリカ政府の外国援助政策が単なる復興から、経済開発や軍事力の強化を含む複合的なものとなることが示された。その演説の第四番目の論点、いわゆる「ポイント・フォー」は「低開発地域の改革と成長のために科学の進歩と産業の発展を活用するための新しいプログラムを、アメリカ政府が進める」というものであった。トルーマン大統領は、「われわれの目的は、世界の自由を享受する人々が、自らの努力によって、自らの重荷を軽減するために、より多くの衣服、住宅資材、さらに機械を生産することができるよう支援することにある」と述べた。これは、低開発国に対して、「成長し、永続的な、アメリカの技術」を移転することによって、可能になるとした(13)。

トルーマン大統領が、この「ポイント・フォー」を発表した後、一九五〇年以降、タイに対するアメリカ経済援助が本格化した。一九五〇年七月には、タイ国のピブーンソンクラーム首相が「ポイント・フォー計画実行委員会」の設立を閣議決定し、アメリカ政府の経済援助を受け入れる体制を整備しはじめた。同年九月には、タイ・アメリカ経済技術協力協定が締結された。この協定にもとづき、アメリカ政府は、「アメリカ特別技術経済ミッション（Special Technical and Economic Mission : STEM）」をタイに設立した。他方、タイ政府は、同年一一月アメリカの援助を受け入れるための機関として、「アメリカ経済技術協力計画実行委員会」を設立した。この組織は、一九五四年一一月「外国技術経済協力分析実行委員会」に組織変更され、コロンボ・プランや国連等からの国際技術援助の受入窓口機関となる(14)。

アメリカ政府の援助は、基本的に、タイ側の要請にもとづくものであった。タイ側は、農業、保健衛生、通信への援助を要請していた。稲やその他農作物の品種改良、東北タイの灌漑、漁業技術、マラリア対策、医療制度改革、輸送、電力、教育、衛生行政などの援助プログラムが実施された(15)。

タイに対するアメリカ政府の基本的な姿勢は、自由主義諸国として責任を持ってきた親アメリカのタイのピブーンソンクラーム政権を支援することにあった。アメリカ政府にとって、タイは、中国の共産党軍からそれほど遠くないにもかかわらず、国の安定を維持し、インドシナやビルマとの不安定な国境地域と接している友好国であった。

また、タイは世界の主要なコメの生産・輸出国であり、多くの自由主義諸国がタイの米に依存し、たくさんの重要な物資の生産拠点であると認識されていた。それゆえ、タイに対する経済援助はアジアにおけるアメリカの国益に沿うものとみなされていた(16)。

一九五一年一月までに、稲作、灌漑、公衆衛生、鉄道、港湾、マラリア対策に関わる三〇名の専門家がタイに到着した。また、三〇〇万ドル相当の物資が供与された。一九五一年から一九五三年までの援助額は二二四〇万ドルであった。その内、三〇％が農業、二九％が輸送・通信・電力であり、八・五％が工業・鉱業、五・五％が教育、一％が行政であった。この時期、アメリカ政府の農業分野の援助によって、タイ農業の生産増加と多様化の基盤形成が進められた。たとえば、後述するように、「稲品種改良プログラム」はこの時期に進められ、在来品種採取プロジェクトや品種改良が進められ、稲作の生産力のさらなる向上の基盤づくりがなされた。また、この時期、トウモロコシやケナフの生産と輸出の拡大が実現した。また、家畜部門への援助は一九五二年に開始され、牛疫が根絶され、家畜の疫病管理が向上した(17)。

公衆衛生面でも、マラリア対策や地方の医療サービスが改善された。たとえば、一九五〇年から一九五四年の間にマラリアによる死亡率は半分以上低下した。一九五四年には四七〇万人の国民、全人口の二一％に対して薬剤の噴霧が行われた。一九五五年までに地方の病院の数が二〇から七一ヵ所に増加した。各県にほぼ一ヵ所の公立病院が建設され、新しい医療器具が設置された。一九五〇年から一九五四年までの、いわゆる「ポイント・フォー」期は、大規模な経済インフラが建設されたわけではないが、農業や公衆衛生などの基盤を形成する、アメリカ政府の援助が、タイにもたらされた時期であった(18)。

「国家建設援助」期（一九五五～五九年）

一九五一年から一九五四年まで、アメリカ政府の援助は年平均七八八万ドルであった。その後、コールドウェルの分類に言う一九五五年から一九五九年の「国家建設援助」期のアメリカ政府のタイに対する援助額は、年平均二八三八万ドルに増加した。しかし、農業や公衆衛生に関する新しいプロジェクトは開始されず、交通部門の援助が急増した。一九五四年から一九六〇年にかけての交通部門に関わる援助は、アメリカ政府のタイに対する経済援助全体の四六・九％を占めた。道路が三三・三％、空港が九・八％などであった。さらに、工業部門が一七・七％、教育八・六％、農業八・四％、医療七・三％、行政三・五％、警察一・五％であった。[19]

たとえば、アメリカ政府の経済援助を統括する機関であったＵＳＯＭ（アメリカ海外事業庁）とタイ政府は、一九五七年「高速道路総合計画」を策定した。この計画では、八つの主要高速道路の建設が予定されており、その総延長は四七六〇キロにも及んだ。もっとも有名なものは、サラブリからコラートにつながるフレンドシップ・ハイウエイという高速道路である。一九五八年に開通したこの道路は、鉄道に加えて、バンコクからタイ東北部に向かう新たな高速陸上輸送を可能にした。タイ東北部と北部を連結する東西高速道も建設された。また、全国に一〇一三ヵ所の新しい橋が建設された。[20]

この時期の交通インフラ建設は、タイ政府にとって新しい方式によって実施された。民間企業への事業委託である。従来は、タイ政府が直接土木建設工事を行なっていたが、この時代には、事業が拡大し、民間建設企業にも橋や高速道路の工事に参入させる方向で、ＵＳＯＭと協議した。その結果、橋や高速道路の建設には、タイの地場建設企業が参入する機会が増え、一九五五年にはタイ国内の民間の建設業者は、わずか七社にすぎなかったが、一九六〇年代半ばには、七六の建設業者が橋や高速道路の建設に従事したという。[21]

空港も援助の重要な対象となった。管制システム、燃料供給、滑走路の整備、職員の訓練、通信および機器の整備などが援助の対象となった。コラート、ウドン、ピッサヌローク、チェンマイ、プーケットおよびドンムアンの空港が整備された。これらの空港の多くは、ベトナム戦争時のアメリカの軍事行動の拠点となった。

一九五九年までに、タイの交通インフラは大きく改善された。高速道路は総延長八一〇〇キロとなった。国内空港は一五都市に拡大し、定期便も増えた。こうしたインフラ整備は、民間の輸送業を飛躍的に発展させ、タイ全土の交通網の統合も促進した(22)。

水力発電所建設も援助の対象となった。ＩＢＲＤ（国際復興開発銀行）が、タイ北部のピン川のヤンヒー・ダム建設に融資した。一億ドルの総工費で五六〇メガワットの発電能力を持つダムを建設するために、ＩＢＲＤは、六六〇〇万ドル分を融資した。ＵＳＯＭは、このダム建設に関わり、タイ人技術者をアメリカで研修させたり、発電機材の調達も行なうなどした。この水力発電所ダム建設は、一九五〇年に始まり、一九六四年まで続いた(23)。

さらに、ＵＳＯＭが一九五四年以降行なった重要な援助案件は、行政改革である。一九五六年にはシカゴ行政サービスが、予算作成、会計、監査、金融に関わる行政の近代化の支援を担当した。ＵＳＯＭが契約したインディアナ大学によって、タマサート大学に行政学修士のためのカリキュラムがもうけられた。さらに、一九五七年以降、ＵＳＯＭが、タイ国家警察への支援を開始した。これ以前、アメリカ政府は、タイ国家警察への援助を、ＣＩＡを通じて行なっていた。一九五七年のサリット元帥のクーデターにより、サリット元帥のライバルであったパオ警察大将が率いていたタイ国家警察の力は低下した。新しいサリット政権は、アメリカ政府のタイ国家警察に対する援助は、武器も供与していたＣＩＡではなく、ＵＳＯＭを通じて行なわれるよう要請した。一九五七年から一九六一年まで、タイ国家警察への援助額は大幅に減額され、ＵＳＯＭの援助は、捜査、警察官の訓練などの警察の基本的な機能を改善するために行なわれた(24)。

(3) アメリカ政府の経済援助とタイ――一九六〇年代

「停滞」期(一九六〇～六四年)

一九六〇年から一九六四年の間、アメリカ政府の対タイ経済援助額は大きく低下した。この低下にはいくつかの理由があった。第一に、一九五〇年代の援助プロジェクトが一定の成果を収めたことがあげられる。たとえば、米をはじめとする農作物の品種改良の成功、道路や空港などのインフラ整備の拡大、マラリア対策の成功などである。さらに、第二に、一九五〇年代後半に開始された大型のインフラプログラムが一九六〇年代初頭に終了した(25)。

しかし、第三に、アメリカ政府からタイへの経済援助が減少した、より重要な要因は、一九五〇年代後半から一九六〇年代初頭にかけてアメリカ政府のなかで広まっていた東南アジア問題に対する楽観主義にあった。ベトナムの共産党軍のおもだった活動が弱まり、ジュネーブ会議におけるラオス危機の一時的な安定によって、東南アジア地域の事情に不案内な人々にとっては、東南アジアが深刻な問題を抱えているようには見えなかったのである。タイに関しても、たとえば、一九六四年半ば、「共産主義の脅威はすでに見当たらない。反政府活動は現実には起こりえない。タイ国内では、直接的かつ緊急の共産主義者の脅威はほとんど知られていない。少数の例外はあるが、タイ農民は共産主義者の反政府活動を支援するように脅迫を受けたり、強制されるようなことはない。タイの地方における治安の問題は、村人相互のいさかいであったり、地方役人との間のトラブルである」という内容の報告がアメリカ政府関係者に伝えられていた(26)。また、タイ訪問を終えた、海外事業に関する下院特別委員会の委員長オットー・パスマンは、一九六四年度予算公聴会の際、タイ訪問について「タイの回復は特筆すべきだ……タイへこれ以上の援助は必要ない。タイ側も必要としてない。経済援助は終わりだ」と語った(27)。

多くのアメリカ政府関係者は、一九五八年成立したサリット元帥の政権がタイの歴代政権のなかで、もっとも効率的で、かつ、有能であると理解していた。サリット首相は一九五九年国家経済開発庁を設立し、一九六二年三億ドルの予算を充てて、東北部の経済と社会を改善するプロジェクトを独自に開始した。サリットは国家建設のために精神的要素が重要であることをよく知っていた。サリット首相は、若きタイ国王ラーマ九世を国内外に行幸させ、国民にその姿を従来よりもはっきりと見える存在にした(28)。ただ、サリット自身は、アメリカの援助の重要性を強く認識しており、その増額を望んでいた。

アメリカ政府とタイ政府との間のこうした認識のすれ違いは、一九六二年三月六日のタナット外相の六日間のワシントン訪問の後、解消にむかった。アメリカ国務長官ラスクは、「アメリカ合衆国がタイの独立と統合の保持を、アメリカ合衆国の国益と世界平和にとって重要性を持つと再度確認する。共産党の攻撃に対して、アメリカ合衆国が憲法の手続きに則って共通の危険に対処するというＳＥＡＴＯ条約の義務を遂行するために最大限努力する」と約束した。この声明は、一九六〇年代半ば以降、アメリカ政府とタイが安全保障分野での協力を強化させる大きな転機となった(29)。

「反共産主義」期（一九六五～七〇年）

一九六〇年代後半、アメリカ政府のタイに対する経済援助の規模は、それ以前よりも大きくなった。一九六五年から七〇年までの援助総額の五五％は、反共産主義政策に支出された。さらに、そのなかの半分は警察のプログラムに支出された。残りが経済社会開発予算に割り当てられた。ＵＳＯＭの代表は、一九六九年アメリカ議会で次のように述べた。「タイに対するアメリカの援助プログラムの正当性は、タイ政府が行なう反共産主義政策を支援することにある。一九六九年のプログラムの三分の二は、直接、共産ゲリラ対策である。保健衛生、教育、農業に関わるプロジェクトも、共産ゲリラ対策を促進する目的を持つ。さらに、東北部と北部のプログラムを効果的に行なうためには、中央政府の支援システムが必要である。われわれの援助の一部は、このシステムの改善を目的としている」とした[30]。

タイはアメリカ政府の東南アジア戦略において大きな重要性を有していた。一九六〇年代末、駐タイ・アメリカ大使のレオナルド・ウンガーも、上院で、タイに対してアメリカ政府が関与する理由を次のように語っていた。「タイは、東南アジアにおいて、地政学上、とくに重要な意味を持っている。タイは共産主義中国から東南アジア地域を遮断している。タイは、長い間独立を維持し、安定した社会を有している。タイはベトナム戦争におけるわれわれアメリカの努力を支える施設を提供し、アメリカの安全保障と直接関係する重要な活動に従事している。タイは東南アジア、あるいはアジアにおける地域協力の具体的なプログラムを発展させるために、中心的な役割を果たしている。アジア諸国が経済発展と安全保障を実現しようとするその努力を支援することがアメリカの政策である[31]」。

反共産主義政策の重要な柱であるタイ国家警察に対する援助は、警察用の通信、教育、訓練プログラムの改善が重視された。一九六四年から一九七〇年までの間に、タイ国家警察の人員は五万人から七万四〇〇〇人に増加した。新任警察官は、一九六五年の一六〇〇〇人から一九六九年には一万二五〇〇人に増加した。また、地方にも警察署が多数設立された。タンボン（区）地域の警察署は一九六五年の一五〇ヵ所から一九七〇年には一〇〇四ヵ所に増加した。全国的に見れば、平均五つのタンボンにひとつの警察署が設置されたことになった[32]。

しかし、こうした努力はみられたものの、当初の計画は成功したとは言えないものだった。実は、USOMは一九六六年に一九七〇年までに九万人に警察の人員を増員するとしていた。しかし、現実には、一九七〇年には七万四〇〇〇人にとどまった。警察の人口比は、一九七〇年が一対四八五になり、一九五七年の一対三八〇よりも低下してしまった。他方、国境警備警察は増員された。その活動は一九五五年山岳民族に対する社会活動として始まった。人口のきわめて少ないラオスとの国境辺境地域が対象とされた。国境警備警察は、山深い地域に学校を建て、ごく簡易な医薬支援を行ない、農業改良のため村人とともに労働にも従事した。

このように、一九六五年以降の、タイ政府による反共産主義政策を支援するアメリカ政府の経済援助は、急激に増加し、共産主義のタイ国内への浸透を一定程度遅らせた。この時期の経済援助は、共産主義の浸透の危険性にさらされていた東北部や北部に集中した。一九六五年から一九六八年の間の経済援助の内、実に、六五％が東北タイに向けられた。しかし、一九六〇年から一九六九年の間に、東北タイがタイ全体のＧＤＰに占める割合は、一八・〇％から一六・七％に低下した。反共産主義政策を中心とした援助は必ずしもタイ東北部の成長とは結びつかなかった(33)。

3　「稲品種改良プログラム」とその影響

(1)「稲品種改良プログラム」

「稲品種改良プログラム（一九五〇〜五八年）」の目的は高品質かつ高収量の稲の新しい品種を開発するというものであった。実は、一九四九年一月のトルーマン大統領「ポイント・フォー」演説より前の一九四八年、アメリカを訪れていたインシー・ジャンプラヤータラサティット農業局長が、アメリカ農業省海外農業関係局（ＯＦＡＲ）に農業支援を申し出ていた。その際、元タイ農業省顧問でジョンズ・ホプキンズ大学の土壌学のペンドルトン教授、および、育種学のコーネル大学ラブ教授をタイに派遣するよう要請した。

この要請に応ずる形で、アメリカ農業省外国農業関係局は、タイへの農業支援の実施を決定した。一九五〇年三月には、ペンドルトン教授とラブ教授が来タイした。ラブ教授が主導して「稲品種改良プログラム」が開始されることになった。そのプログラムのなかで、稲の在来品種採取プロジェクトが実施されることとなった。

ちょうど、この時期、一九五〇年九月に、アメリカ政府とタイは「経済技術援助協定」を締結し、アメリカ経済協力庁（ＥＣＡ）が管轄する、タイに対する開発援助プログラムが本格的に開始されることとなった。この流れのなかで、タイにおけるアメリカ政府の開発援助プログラムの実施機関としてアメリカ特別技術経済ミッション（ＳＴＥＭ）が設立された。その後、一九五二年アメリカ政府は、被援助国におけるアメリカ政府の援助機関の一本化を決定したため、海外農業関係局が進めてきたラブ教授の「稲品種改良プログラム」は、アメリカ特別技術経済ミッションの下で実施されることになった。その特別技術経済ミッションは、一九五五年にはＵＳＯＭ（アメリカ海外事業庁）に改組された。そのため、「稲品種改良プログラム」は、一九五五年以降はこのＵＳＯＭの下で進められ、一九五八年まで実施された[34]。

なお、一九五〇年一月アメリカ国務省内部文書『技術協力（ポイント・フォー）タイ[35]』では、タイの稲作への農業技術支援が、極東地域の経済にとっても重要であると報告している。タイ側の農業技術支援要請だけでなく、アメリカ政府の極東政策の一環としてタイの稲作発展への期待があったとも考えられる。その報告書は以下のように記している。「タイの米増産と極東地域への輸出はきわめて重要である。マラヤ、インド、日本は引き続きタイ米を必要としている。ビルマやインドシナの米輸出が戦前並に回復しても、マラヤ、インド、日本地域にとってタイ米は重要である。日本は日本の製造業製品の輸出先としてタイが必要であり、タイは米を輸出することで日本からの輸入品の支払いが可能となる。そうすれば、食糧確保のために日本が支払うドル負担を軽減することになる」。アメリカ国務省は極東地域の経済全体の発展のなかでタイの米が持つ重要性を認識していたことも付け加えておかねばならない。

表8-2　コーネル大学農学部（米の育種・品種改良など）への農業関係タイ人留学生の派遣

コーネル大学卒業生	学位・取得年	大学時代の指導教官	農業省内の最終職位
プラヤー・ポーチャーゴーン	コーネル大学農学修士 1914年		1938年農業局米穀部長
インシー・ジャンプラヤータラサティット	コーネル大学農学修士 1923年	ウィガンズ教授	1948年農業局長
クルイ・ブンヤシン	コーネル大学農学修士 1940年 ドューク大学農学博士	ウィガンズ教授	1950年農業局所属 ラブ教授アシスタント
ジャクラパンペンシリ	コーネル大学農学修士 1941年	ハリー・H・ラブ教授	1954年米穀局局長
サラ・タサーノン	コーネル大学農学博士 1943年	ハリー・H・ラブ教授	1961年米穀局局長

出所：タイ農業省米穀局資料をもとに作成。

(2)「稲品種改良プログラム」の実施とその影響

「稲品種改良プログラム」は、一九五〇年、アメリカ農業省海外農業関係局（ＯＦＡＲ）とタイ農業省が共同で実施に当たった。このプログラムのリーダーは、コーネル大学のラブ教授であった。ラブ教授は、タイ農業省のタイ人担当官を率いて、プログラムを実施した。表8-2が示しているように、タイ農業省には、コーネル大学を卒業した多数の専門家がいた。とくに、写真8-1に示したように、ラブ教授の助手を務めたクルイ博士はコーネル大学大学院で農業修士を修了した人物であった。また、このプログラムが実施されているなか、一九五四年に米穀局が設立されたが、その初代米穀局局長に就任したジャクラパンペンシリは、ラブ教授の直接の教え子であった。米に関わるタイ農業省高官の多くがコーネル大学卒業であった。

プログラムのおもな内容は以下のとおりであった。①在来品種採取、評価（Evaluation）、純系選抜（Pure line selection）、交配（Hybridization）、②稲試験場の整備、③技術移転のための農業省担当官の訓練、であった。一九五〇年のプログラム開始以降、全国三五地域の九七八の圃場から約一二万の在来の稲のサンプルが採取された。純系選抜などの栽培実験が繰り返された。一九五四年まで、ラブ教授がこのプログラムの指揮を執った。この間、一九五四年一月には、米の品種改良を担当する独立した部局としてタイ農業省のなかに米穀局が設立された。米穀局の設置には、当時、農業大臣を務めていたピン・チュンハワン元帥の意向が強く働いたとされる。ピン農業大臣は、「稲品種改良プログラム」の成果を高く評価し、稲作に関わる研究がさらに必要とされるという認識をもち、強力にその設置を支援したという。(36) 一九五五年以降は、米穀局の主導で、一九五八年までこのプログラムは続けられた。一九五六年米穀局は、在来品種のなかから選抜したカーオ・タ・ヘーンといううるち米品種をはじめて栽培奨励品種に指定し、タイ農民に栽培を推奨した。(37) 表8-3は、米穀局が一九五六年から二〇一六年までの六〇年間に奨励品種としたものを示している。米穀局は一九五六年に、はじめての奨励品種を定めたが、この六〇年間に、実に、一三二もの奨励品種を選抜あるいは改良してきた。

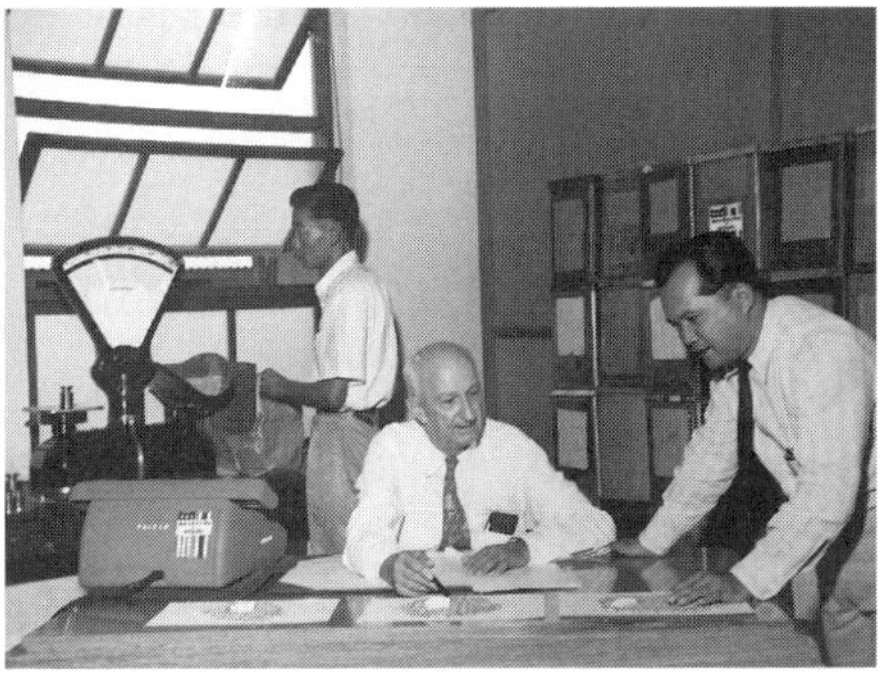

写真8-1　ラブ教授とコーネル大学大学院で学んだクルイ博士の打ち合わせの様子

出所：Harry H. Love, 'Rice Improvement in Thailand', *Foreign Agriculture*, Vol. XVIII, No. 2, 1954, p.25.

また、とくに注目すべきは、雨が基本的に降らず、日照が少ない乾季の栽培用に非感光性品種(38)を四五品種も改良し、奨励している点である。従来、稲作には不向きであった乾季の稲作の増産に大きく寄与し、タイの稲作に大きな変化をもたらした。

さらに、米穀局は、一九六〇年代には、いわゆるタイ版の「緑の革命」を積極的に推進し、タイの米増産の基盤を作った。一般に、「緑の革命」は、一九四〇年代から一九六〇年代に、アメリカのロックフェラー財団等の資金援助により、米や小麦などの高収量品種が研究・開発されて、発展途上国に紹介されたことを意味する。その結果、農業生産が飛躍的に拡大した成功例もみられた。米の高収量品種として有名なＩＲ８は、フィリピンにある国際稲研究所（Ｉ

表8-3　タイ農業・協同組合省米穀局奨励品種（1956-2016年）

(1)　感光性品種（雨季作・うるち米・もち米）	51品種
(2)　非感光性品種（乾季作・うるち米・もち米）	45品種
(3)　浮稲・感光性品種（雨季作・うるち米）	6品種
(4)　深水稲・感光性品種（雨季作・うるち米）	6品種
(5)　深水稲・非感光性品種（乾季作・うるち米）	1品種
(6)　陸稲・感光性品種（雨季作・うるち米・もち米）	9品種
(7)　陸稲・非感光性品種（乾季作・もち米）	1品種
(8)　赤米・感光性品種（雨季作・うるち米）	2品種
(9)　赤米・非感光性品種（乾季作・うるち米）	1品種
(10)　日本米品種	2品種
(11)　その他改良品種（大麦・小麦等）	8品種
合計	132品種

出所：タイ国米穀局資料にもとづき作成。http://brrd.in.th/rkb/Varieties：2016年10月13日確認。

ＲＲＩ）で開発された。ただし、こうした新しい品種の多収量を維持するためには、農薬や化学肥料を投入する必要があり、農業経営の持続性や生態環境保護の面では多くの課題や弊害も指摘されている[39]。タイの米穀局は、国際稲研究所の高収量品種ＩＲ８などを直接導入するのではなく、米穀局の稲試験場で、国際稲研究所と連携しつつ、独自の品種改良を継続的に行ってきた。その独自の品種改良によって得られたうるち米ともち米の高収量品種をＲＤ品種として、一九六九年からタイ農民に栽培奨励してきた。その概要が表８-４に示されている。一九六九年のＲＤ１から二〇一五年のＲＤ63までが登録されている。四六年間に六三の改良品種が登録されており、平均すれば毎年ひとつ以上の品種が改良されてきたことになる。タイは、国際稲研究所の改良品種を単に導入するだけではなく、ある種自立的な、タイ版の「緑の革命」といわれる品種改良の伝統を育んできた。こうした取り組みは、表８-５に示すように、タイ国全体の米の増産と米輸出拡大に大きな影響を及ぼした。

表８-５によれば、一九五〇年代の米生産量は七〇〇万トン強であったが、一九六〇年代には、一〇〇〇万トン、一九

七〇年代には一四五〇万トン、一九八〇年代には、一気に一九〇〇万トンに増加した。他方、米の輸出量も、一九五〇年代の一二〇万トンから一九八〇年代には四〇〇万トンを突破している。一九六九年以降はじまった、タイ版「緑の革命」は、一九七〇年代を通じて、米の増産と米の輸出増加の基盤を作り、一九八〇年代の大きな飛躍を準備したと考えられる。タイ版「緑の革命」は、一九五〇年代の「稲品種改良プログラム」の直接的な成果とは考えにくい。しかし、「稲品種改良プログラム」を契機に設立された米穀局が、このタイ版「緑の革命」を主導したことは間違いない。米穀局の稲の品種改良技術や病害虫対策など育種に関する専門的な知識と技術の基盤は、一九五

表8-4　タイ版「緑の革命」とRD品種の奨励（RD1～RD63）（1969-2015年）

RD1（Rice Department 1：タイ語名 Ko. Kho. 1）
うるち米 非感光性 IR8の改良品種 1966年改良 1969年12月栽培奨励
RD2（Rice Department 2：タイ語名 Ko. Kho. 2）
もち米 非感光性 IRRI 品種と台湾の品種を改良 1969年12月栽培奨励
RD3～RD62（略）
RD63（Rice Department 63）
うるち米 非感光性 2015年9月栽培奨励

注：RDの番号の奇数はうるち米，偶数はもち米を示す。
Ko. Kho.は，米穀局のタイ語 Krom Kan Khao の略称。
出所：タイ国米穀局資料にもとづき宮田作成。http://brrd.in.th/rkb/Varieties ：2016年10月13日確認。

表8-5　タイ米の生産と輸出の推移（1940-1989年）

（1000トン）

	米生産量（籾米）	米輸出量（精米）
1940年	4,923	1,123
1945年	3,699	191
1950-59年平均	7,168	1,282
1960-69年平均	10,973	1,426
1970-79年平均	14,553	1,651
1980-89年平均	19,090	4,110

出所：タイ国農業統計年鑑（1960年版）および USDA 統計をもとに作成。

〇年代のラブ教授が主導した「稲品種改良プログラム」の時代に固められた。一九五〇年代に実施されたアメリカ政府の経済援助の一環として実施された「稲品種改良プログラム」は、当初の予想を超えたインパクトを、次の時代のタイの稲作や農業に与えた可能性がある。

「稲品種改良プログラム」は、タイ版「緑の革命」の基盤形成に一定の影響を及ぼしたが、それは、米の生産量や輸出量の拡大、いわば、「量」の拡大をもたらしたといえる。ところが、「稲品種改良プログラム」は、その後のタイ米経済の発展にとって、重要な意味を持つ米の「質」の向上にも、「予期せざる」インパクトを残した。すなわち、「稲品種改良プログラム」のなかで実施された稲在来品種採集プロジェクトの過程で、偶然、採取されたのが、後に世界市場でジャスミン・ライスとして有名になる香り米のカーオ・ドーク・マリ105という品種であった。ラブ教授は、この米の品種を記録に残しているが、とくに、その将来性には触れていない(40)。いわば、ラブ教授も予想だにしなかったインパクトを、この香り米は、後に、タイの稲作に及ぼすことになった。香り米が世界商品となった背景には、競争の激しい、米をめぐるタイのビジネス環境があったとはいえ、「稲品種改良プログラム」がなければ、いまやタイを代表する世界商品となったこの香り米のサンプルは採取されず、日の目を見ることはなかった。以下、「稲品種改良プログラム」が、ジャスミン・ライスを通じて、米の「質」の向上にも関わったという点を検証する。

(3) ジャスミン・ライスの普及

タイにおいて香り米（Fragrant Rice：タイ語でカーオ・ホーム）という場合、それは独特の香りと風味を持つ多くのうるち米の総称として用いられる。国内各地で生産されてきた幾多の在来種があるが、代表的な香り米の品種は、カーオ・ドーク・マリ105であり、市場では、ジャスミン・ライスと一般に呼ばれている。この香り米は、タイ中部のチャチュンサオ県で採取された香りの良い在来種の稲である。「稲品種改良プログラム」の一環として行なわれていた稲の在来品種採取活動のなかで、タイ中央部のチャチュンサオ県とチョンブリ県の在来種収集を担当していたスントーン・シーハヌーンという農業省の係官が、チャチュンサオ県のバーンクラー郡において香りの良いいくつかの在来種を採取した。その採取した香りの良い稲のなかから選抜された品種が、カーオ・ドーク・マリ105である。(41)

スントーン・シーハヌーンは、一九五〇年から一九五六年の間に、チャチュンサオ県バーンクラー郡を担当し、計四回の在来品種の収集活動を行なったが、それぞれの調査地域で特性のある米、たとえば収量の高い米を収集しようとしており、はじめから香りの良い米だけを収集しようとしたわけではなかった。(42)

スントーン氏が採取した稲穂は、その都度、バンコクに送られ、そこから、香りの良いものだけがロップリー県コークサムローン郡稲品種改良研究所に送られ、そこで栽培実験にまわされた。そのなかで、一九五〇年スントーン氏の一回目の調査で採取した香り米の稲穂のなかに、香りと籾の細長い形状が良好だったものがあり、それが、一九五五年には純系選抜の対象となり、一九五七年には、タイ北部、中部、東北部での栽培実験に供された。やがて、一九五九年農業省の品種調査委員会は、この稲穂の内、純系選抜の対象となった一〇五番目の稲穂の籾の香りと形状がとくに良好だと判断し、その栽培普及を決定した。これがカーオ・ドーク・マリ105の由来である。(43)

一九六〇年代以降、タイ農業・協同組合省主導で農民に紹介され、徐々にその栽培が拡大していったが、それがただちに、急速な拡大を見せたわけではない。一九七〇年代になると、地方の精米所、バンコク近郊の大手精米所や輸出商社による取引が拡大し、東北タイでのカーオ・ドーク・マリ105の栽培の拡大はテンポを速めるが、その具体的なプロセスは更なる検証が必要とされている。ただし、一九七〇年代後半には、少なくとも香港において、タイ産ジャスミン・ライスの需要が拡大し、タイと香港の米貿易に占めるジャスミン・ライスの重要性は高まっていた。というのも、一九七九年香港の米輸入業者からタイ産の香り米に低級米が混入し、品質が低下しているとの苦情が寄せられ、タイ国商業省が、同年八月香港へタイの米輸出業者を含む交渉団を派遣したという記録が残されている。また、一九八〇年には、タイ商業省が、タイ側の香港向け米輸出業者を二四社に限定するという処置をとっている。また、同年には香港市場向けの香り米の品質を向上させるために、東北タイ農民を対象としたカーオ・ドーク・マリ１０５の品評会も開催されるようになった(44)。一九五九年に栽培奨励の対象になって以降、タイ政府は農民にこの香り米の栽培の奨励を行ない、一九七〇年代になって、ようやくバンコクの精米業者や輸出業者に認知されるようになり、香港に輸出され、シンガポールや欧米に販路を拡大した。その後、このカーオ・ドーク・マリ１０５は、一般にジャスミン・ライスとして、タイを代表する世界商品に成長した。

二〇一四年のタイ商業省の統計によれば、世界一を誇るタイの米輸出一〇〇〇万トンのうち、香り米の占める割合はおよそ一七%、米輸出額に対する割合は実に三〇%を占めるに至っている。タイの米経済を支える、いわば屋台骨となっているわけである。こうした発展の源を一九五〇年代の「稲品種改良プログラム」に求めるのは、このプログラムを過大評価することになり、やや早計であろう。しかし、「稲品種改良プログラム」のなかで行なわれた在来品種の採集活動が、タイの米生産や米輸出の「質」的な発展を実現する基盤形成に寄与したことも忘れることのできない事実であろう。

4　援助と自立をどう考えるか？

アメリカのタイに対する援助は一九六〇年代前半一時的に低下したものの、冷戦の激化とともに、一九六〇年代後半、一気に復活・拡大した。アメリカの援助は一九六〇年代冷戦期タイの開発体制を支える屋台骨となった。しかし、同時に、一九六〇年代は、一九五〇年代に始まったアメリカの援助を契機とした、やや地味ではあるが、さまざまなタイ側の経済社会の「自立」に向けた取り組みが整備され、内生化されていった時期でもあった。たとえば、本章で検討した「稲品種改良プログラム」は、一九五〇年代に開始されたが、このプログラムを契機に、タイ政府は一九五四年に米穀局を設立し、一九六〇年代を通じて、品種改良や栽培奨励に関わる技術や経験を蓄積した。これらは、一九七〇年代以降本格化する、タイ版「緑の革命」による新品種改良や栽培奨励、さらにはジャスミン・ライスの輸出商品化の基盤となった。冷戦や開発体制という文脈だけでは捉えきれない、タイ側の、派手さはないものの着実な「自立」へ向けた取り組みが進められたのも一九六〇年代であった。

「稲品種改良プログラム」の検証を通じて、欧米・国際機関の経済援助とアジア諸国の関係を分析するうえで、より複眼的な研究視角が必要であることが明らかとなった。冷戦の文脈はもとより、たとえば、「稲品種改良プログラム」におけるタイとアメリカを結ぶコーネル大学の人脈にみられるように、経済援助供与国と援助受入国をつなぐ「人的ネットワーク」、あるいはその「歴史的形成」という視点も重要である。また、援助供与国側の経済援助と、それに対する援助受入国側のプロジェクト内生化の努力、つまり、自立の道のりは、当然のことながら、時間差がある。この時間差と「ずれ」は援助と自立を議論する場合、とくに、強調されなければならない。タイの「稲品種改良プログラム」の事例は、援助がタイ側の長い努力を経て、当初の予想を超えて、予期せざる結果を生んだことを示している。援助と自立の分析には、援助の論理、援助国の競争や援助の側の時間軸だけでなく、援助受入国側の時間軸、つまり、内生化の努力とそのプロセスをも視野に入れる複眼的な視点が必要であると思われる。

注

(1)　第二次世界大戦後から一九七〇年代のアメリカ政府の対外政策とアジア諸国の対応を総合的に解説した研究として菅英

輝『冷戦と「アメリカの世紀」――アジアにおける「非公式帝国」の秩序形成』岩波書店、二〇一六年がある。また、アメリカ政府と東南アジアとの外交関係について第二次世界大戦後から一九六〇年代までを俯瞰した研究として、A・J・ロッター（山口育人訳）「交渉されたヘゲモニー――アメリカと東南アジア世界　一九四五年～一九六〇年」渡辺昭一編『帝国の終焉とアメリカ――アジア国際秩序の再編』山川出版社、二〇〇六年、一六八～一九五頁がある。また、アメリカ政府のタイに対する軍事援助に関しては、ピブーンソンクラーム政権下のアメリカ政府とタイの関係を分析した Daniel Fineman, *A Special Relationship : The United States and Military Government in Thailand, 1947-1958*, University of Hawaii Press, 1997 がある。

（2）　ＲＤとはタイ農業省米穀局の英語名称 Rice Department の略である。米穀局が選抜あるいは改良し、栽培奨励した品種をＲＤ品種という。

（3）　Robert Muscat, *Thailand and The United States : Development, Security, and Foreign Aid*, New York : Colombia University Press, 1990, pp. 72-73.

（4）　Harry H. Love, *Report of Rice Investigations, 1950-1954*, United States Operations Mission to Thailand, Agriculture Division and Thailand Ministry of Agriculture, 1955.

（5）　宮田敏之「タイ産高級米ジャスミン・ライスと東北タイ」『東洋文化』（東京大学東洋文化研究所）第八八号、二〇〇八年、九七～一〇〇頁。

（6）　同前。

（7）　末廣昭「発展途上国の開発主義」東京大学社会科学研究所編『二〇世紀システム　四　開発主義』東京大学出版会、一九九八年、二一頁。

（8）　同前、二二～二三頁。

（9）　J. Alexander Caldwell, *American Economic Aid to Thailand*, Toronto & London : Lexington Books, 1974., p. 170.

（10）　Caldwell, 1974, pp. 27-69. また、コールドウェルの分類に基本的に依拠しつつ、マスカットは一九七〇年代の援助内容も付け加えて、一九七五年から一九八四年までを貧困対策期（Focus on Poverty）としている（Robert Muscat, *Thailand and The United States : Development, Security, and Foreign Aid*, New York : Colombia University Press, 1990, pp. 71-184）。ただし、本章の対象を一九五〇年から一九七〇年とする。

（11）　西川秀和「ポイント・フォー計画の歴史的意義――冷戦戦略の一環としての発展途上国援助計画」『社学研論集』第八

号、二〇〇六年、二二七〜二二八頁。

(12) Caldwell, *American Economic Aid to Thailand*, Toronto & London : Lexington Books, 1974, p. 63.

(13) *Ibid*., p. 38.

(14) この組織は、その後、一九五九年九月　国家経済開発庁（NEDB：一九七二年国家経済社会開発庁NESDBに改組）設立に際し、「外国技術経済協力課」として編入された。さらに、一九六二年一〇月には国家経済開発庁の「外国技術経済協力部」に昇格となり、一九六三年五月　国家開発省（一九六三年五月〜一九七二年一〇月）の設立に際し、同省の「技術経済協力局 Krom Withetsahakan :（DTEC）Department of Technical and Economic Cooperation」に組織が変更されて編入された。一九七二年一〇月、再度、省庁再編のため、「技術経済協力局 Krom Withetsahakan」の名称のまま、首相府に移管された（『タイ国技術経済協力局三六年史』タイ国首相府技術経済協力局、一九九九年（タイ語）。二〇〇二年一〇月には、タクシン政権下の省庁再編により、首相府から外務省へ移管され、二年以内の廃止が決定され、二〇〇四年一〇月には、外務省傘下のタイ国家開発協力機構（Thai International Cooperation Agency : TICA）へと組織が変更された。

(15) Muscat, *Thailand and The United States : Development, Security, and Foreign Aid*, New York : Colombia University Press, 1990, p. 71.

(16) Caldwell, *American Economic Aid to Thailand*, Toronto & London : Lexington Books, 1974, p. 39.

(17) *Ibid*., p. 40.

(18) *Ibid*., p. 41.

(19) *Ibid*., p. 42.

(20) *Ibid*., p. 44.

(21) *Ibid*., p. 44.

(22) *Ibid*., p. 45

(23) *Ibid*., p. 45.

(24) *Ibid*., p. 46.

(25) *Ibid*., pp. 47–48.

(26) *Ibid*., p. 48.

(27) *Ibid.*, pp. 48–49.
(28) *Ibid.*, pp. 49–50.
(29) *Ibid.*, p. 50.
(30) *Ibid.*, pp. 50–51.
(31) *Ibid.*, p. 53.
(32) *Ibid.*, p. 54.
(33) *Ibid.*, p. 62.
(34) Love, *Report of Rice Investigations, 1950-1954*, United States Operations Mission to Thailand, Agriculture Division and Thailand Ministry of Agriculture, 1955, pp. 1-2. Muscat, *Thailand and The United States : Development, Security, and Foreign Aid*, New York : Colombia University Press, 1990, pp. 308-309.
(35) US Department of State, *Technical Cooperation (Point Four) Thailand*, [Confidential] US Department of State, 1950, p. 7.（コーネル大学図書館 Harry H. Love Collection 所蔵）
(36) Love, *Report of Rice Investigations, 1950-1954*, p. 144.
(37) タイ農業研究局『稲と良質な穀物――農業研究局三〇年』タイ農業・協同組合省、二〇〇三年、三九頁（タイ語）。
(38) 非感光性品種とは、出穂（しゅっすい）・開花の日長（にっちょう）反応性が弱い品種のことである。稲の在来種の多くは日が短くなる秋ごろに出穂・開花する性質（短日性）を持つ。そのため在来種の栽培は通常、雨季作のみに限定される。乾季作を行なうためには、日が長くなる季節でも収穫が可能となる非感光性品種の使用が必要となる（日本水土総合研究所ウェブページ：二〇一六年一〇月一三日確認（http://www.jiid.or.jp/ardec/ardec48/ard48_note3_tyu2.html））。
(39) 宮田敏之「米――世界食糧危機と米の国際価格形成」佐藤幸男編『国際政治モノ語り――グローバル政治経済学入門』法律文化社、二〇一一年、一〇四頁。
(40) Love, *Report of Rice Investigations, 1950-1954*, p. 118.
(41) ウォラウィット・パーニットパット「輸出用ジャスミン・ライスの生産」『ジャスミン・ライス』タイ商業省、一九八七年、三七～三八頁（タイ語）。
(42) 同前、三七頁（タイ語）。
(43) 同前、三八頁（タイ語）。

(44)　タイ国商業省国内商業局『ジャスミン・ライス』一九八七年、一～二頁（タイ語）。

第Ⅲ部　東アジア

第9章　アメリカ合衆国の援助と台湾

——経済自立化の途を辿って——

李　為楨

1　アメリカ合衆国の対台湾援助の由来とその推移

（1）一九四八年対外援助法から一九六一年国際開発法まで

アメリカ合衆国が中華民国に対する援助をはじめたのは、第二次世界大戦時のレンドリース法（Land-lease Acts）および戦後国連後始末救済計画からである。ただし前者は、終戦にともなって打ち切られ、後者も一九四七年五月に中止された。アメリカ合衆国国務長官であるJ・マーシャルが欧州復興計画を唱えて、一九四八年四月に議会を通過した対外援助法のなかには、第四編に中華民国への経済・軍事に関する援助法がある。一九四八年七月に、アメリカ合衆国と中華民国の両政府は、南京において米中経済援助協定を締結した。この協定により、アメリカ合衆国は、贈与と貸与の両方向から中華民国政府に対して資金・原材料・食糧などの物資を援助し、経済復興から自立発展、さらに防衛能力の強化に至るまでの援助の実施を承諾した(1)。一九四八年の対華援助金のなか、約一〇〇〇万ドルは台湾の経済建設のために供与された。この台湾への最初のアメリカ援助は、台湾糖業公司と台湾鉄道局およ

び台湾電力会社の復興のために使用されることとなる。(2)

アメリカ合衆国は、対外援助法の議会通過後、実施機関として経済協力局（Economic Cooperation Administration：ECA）を、被援助国にはＥＣＡ使節団（ECA Mission）を設置し、経済援助の執行・管理を担当させた。したがって、一九四八年七月に、ＥＣＡは中国に駐在する対華援助使節団（ECA Mission to China）を設立し、中華民国側は対華援助使節団の受入機関として、行政院に「美援運用委員会」（＝アメリカ援助運用委員会、以下美援会）を設置し、アメリカ援助の運用を任せた。(3) アメリカ政府は、一九四八年の財政年度には、中国経済援助に対して二億七五〇〇万ドルを許可している。(4)

しかし、国民党政権が国共内戦に敗れたため、一九四九年後半にはアメリカ合衆国は、中華民国への援助を中止することとする。一九四九年八月にアメリカ合衆国は「アメリカ合衆国の中国との関係――とくに一九四四～四九年の時期について」（中国白書）を発表するなかで、国共内戦に敗れた主因を、アメリカ援助の不足ではなく、国民党が政治的に腐敗し、民心を失ったことにあると指摘した。(5) その後一九五〇年の朝鮮戦争勃発まで、アメリカ合衆国は中国援助への支出が消極的になり、東南アジアの援助へと移行していったのである。(6)

一九四九年一二月に中華民国政府は台湾へと移した。一九五〇年六月の朝鮮戦争勃発以降、アメリカ合衆国は、台湾を西太平洋の封じ込め政策の一環として一九四八年の米中経済援助協定にもとづいた対中（台湾）援助の支出を再開する。(7) 一九五一年一〇月に、アメリカ合衆国では相互安全保障法が議会を通過し、一九四八年の対外援助法は廃止された。この相互安全保障法により、かつての欧州経済復興重視から軍事安全を重視する援助計画へと転換させたのである。そのため、軍事援助の割合が大幅に引き上げられ、(8) 台湾はその相互安全保障法の枠で、一九五一年から一九六五年にかけて年平均一億ドルの援助を受け入れることとなる（援助金と物資が最後に支払われたのは一九六八年である）。アメリカ合衆国は、相互安全保障法を数回にわたり改正し、一九五四年にはＰＬ４８０の通過後、一九五七年に開発借款基金（Development Loan Fund：DLF）が設立され、一九六一年には国際開発法（Act for International Development of 1961）が通過する。それに応じて、台湾が受け入れるアメリカ援助の性格も内訳も変化していった。

（2）アメリカ援助の種類と規模

台湾に対するアメリカ援助には軍事援助と経済援助とがあり、両者の比重の変化にともない、時期を二つに分けることができる。前期は一九五一～五七年で、後期は一九五八～六五年である。

前期（一九五一～五七）の援助項目は次の四種類に分けられるが、いずれも軍事的援助の色が濃い。第一は、直接軍事援助（Mutual Defense Assistance Program）――すなわち武器や軍事設備の直接援助である。第二は、軍事力支援（Direct Force Support）の援助である。これは主として軍事力を維持するため、たとえば軍事と民間ともに利用できる食料、服装、軍事用の消耗品などの物資を援助することをさしている。一九五六年以降、軍事力支援という項目が取り消され、それぞれが直接軍事援助と防衛的支援に属するようになる。第三は、防衛的支援（Defense Support）であるが、その援助の目的は、被援助国が経済的に復興し、人民の生活レベルが向上し、軍事的防衛能力を強化できるようになることである。第四は、技術協力（Technical Cooperation）である。以上の四種類において、第一類がアメリカ合衆国国防総省による取り扱いであり、他の三種類はいわゆる経済援助であり、相互安全保障庁によって取り扱われた(9)。

後期（一九五八～六五）において、アメリカ合衆国は台湾への援助を贈与から貸与へと転換させる。しかも台湾経済の自立化を考察しながら、援助金額も徐々に減少させていた。一九五〇年代後半になって、アメリカ政府の国際収支が悪化し、膨大な対外援助も財政負担を過大にしたため、アメリカ政府は民間の資金と他の資本主義先進国に対外援助を分担させようとする。一九五八年には、相互安全保障法を改正して、開発借款基金（Development Loan Fund : DLF）を設置した。それは防衛的支援における鉱工業発展のプログラムを貸付の形で開発借款基金に申請することである。開発借款基金の目的は、被援助国にして自由競争制度によって経済的な開発を行ない、私的企業の投資（アメリカ企業からの投資を含む）を促進し、国際貿易障害を減少する友好な投資環境を作らせることにあった。そのため、開発借款基金は国家対国家の贈与的援助ではなく、個人・私的企業・国家がプロジェクトで貸付を申請することであった。[10]アメリカ合衆国は開発借款基金の提供によって、被援助国に投資環境と自由競争制度を完備させて、アメリカ民間企業の対外投資を促進しようとした。一九六一年にアメリカ合衆国は国際開発法を通過させて、相互安全保障法を廃止し、経済援助と開発借款基金を開発借款（Development Loan）と開発贈与（Development Grant）という形に取り替えた。[11]こうしたアメリカ援助の性質の変更にともない、後述のように台湾は財政経済制度を改革しながら、アメリカ援助以外の外国資金を求めていくことになる。

一方、アメリカ援助のなかには、余剰物資の援助がある。これは主として二つの法律にもとづいたものである。ひとつは、相互安全保障法第四〇二項の規定にもとづいて一部の援助金に合わせて余剰農産物を配給する方法である。もうひとつは、一九五四年に通過したＰＬ４８０（「余剰生産物処理法」）である。前者は相互安全保障法の枠内で相互安全保障局によって取り扱われたもので、後者はアメリカ合衆国農務省が取り扱ったものである。ＰＬ４８０の余剰生産物の売り出しは、相互安全保障法の枠組みにおける経済援助ではなかったが、台湾においてＰＬ４８０の余剰生産物を売り出した対価がつぎに挙げる使途に利用できるため、アメリカ援助に含まれることになった。①アメリカ農産品市場の拡張を協力すること、②アメリカ合衆国の戦略または緊急物資を買うこと、③相互防衛の軍事設備および労務を買うこと、④他の友好な国家を支援すること、⑤国際貿易収支を平均すること、⑥アメリカ合衆国の外債を弁済すること、⑦多角的な貿易を促進すること、⑧国際文化交流事業を支援することであった。[12]一

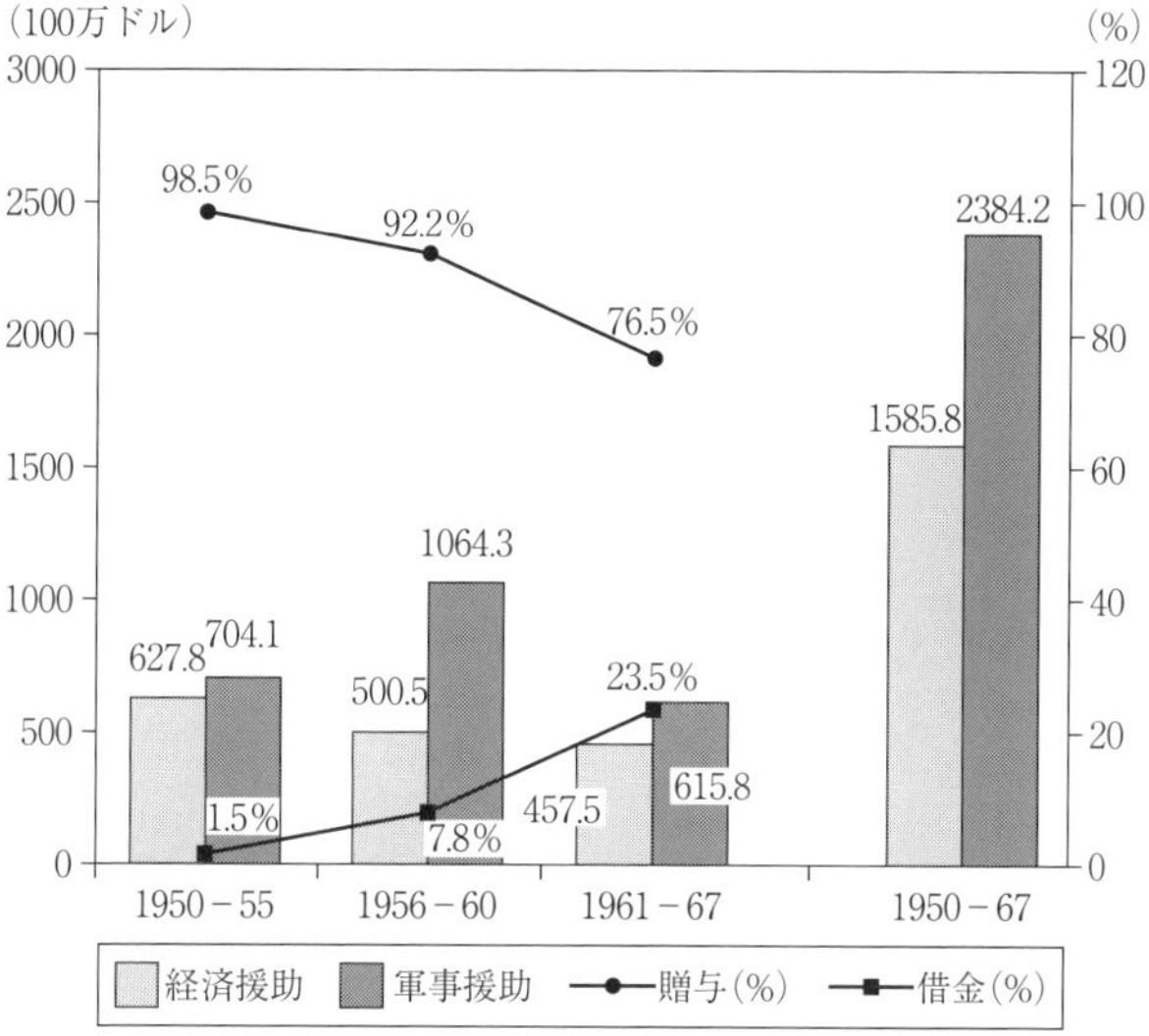

図9－1　1950-67年軍事援助と経済援助の推移

注：経済援助と軍事援助の金額はプログラム金額であり，到着量ではない。
出所：文馨瑩『経済奇跡の背後——台湾美援経験の政経分析（1951-1965）』自立晩報社文化出版部，1990年，91頁より作成。

九六五年にアメリカ援助が打ち切られた後もＰＬ４８０の援助は続けられていたにもかかわらず、台湾においては、ＰＬ４８０の余剰生産物の売上額の運用より相互安全保障法第四〇二項の運用のほうが有利であるといわれた[13]。

以上のような一九五一年から一九六五年のアメリカ援助の項目の枠組みの下で、台湾が受け入れたアメリカ援助の規模を図9-1に示す。総じて、軍事援助の規模は経済援助を上回り、贈与の形は借款の形を大幅に上回った。ただし、時間を経て援助の性質が徐々に変わっていく。一九五〇年代前半には軍事援助と経済援助の間には大きな差はなかったが、一九五〇年代後半に軍事援助が経済援助の倍になる。その理由は、前述のように一九五〇年代前半に軍事援助のある部分が経済援助の項目に編入されたからである。一九六〇年代になって、経済援助と軍事援助はともに減少したが、軍事援助の減少は経済援助よりもはるかに大きかった。

一方、援助の形から見ると、計画型援助（プロジ

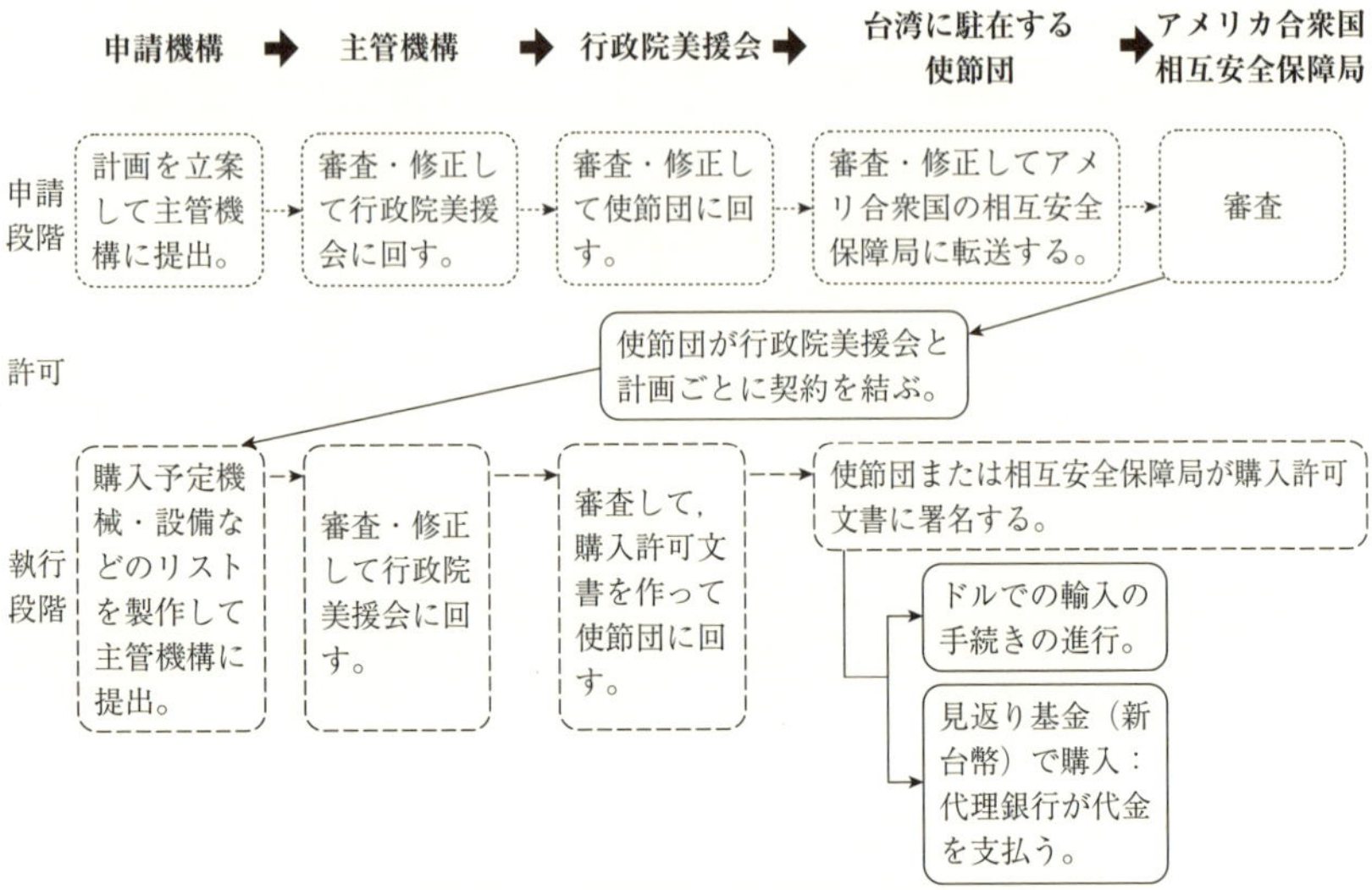

図9－2　計画型援助の実施プロセス

出所：行政院美援運用委員会編『中美合作経援概要』同編者，1960年，40頁より作成。

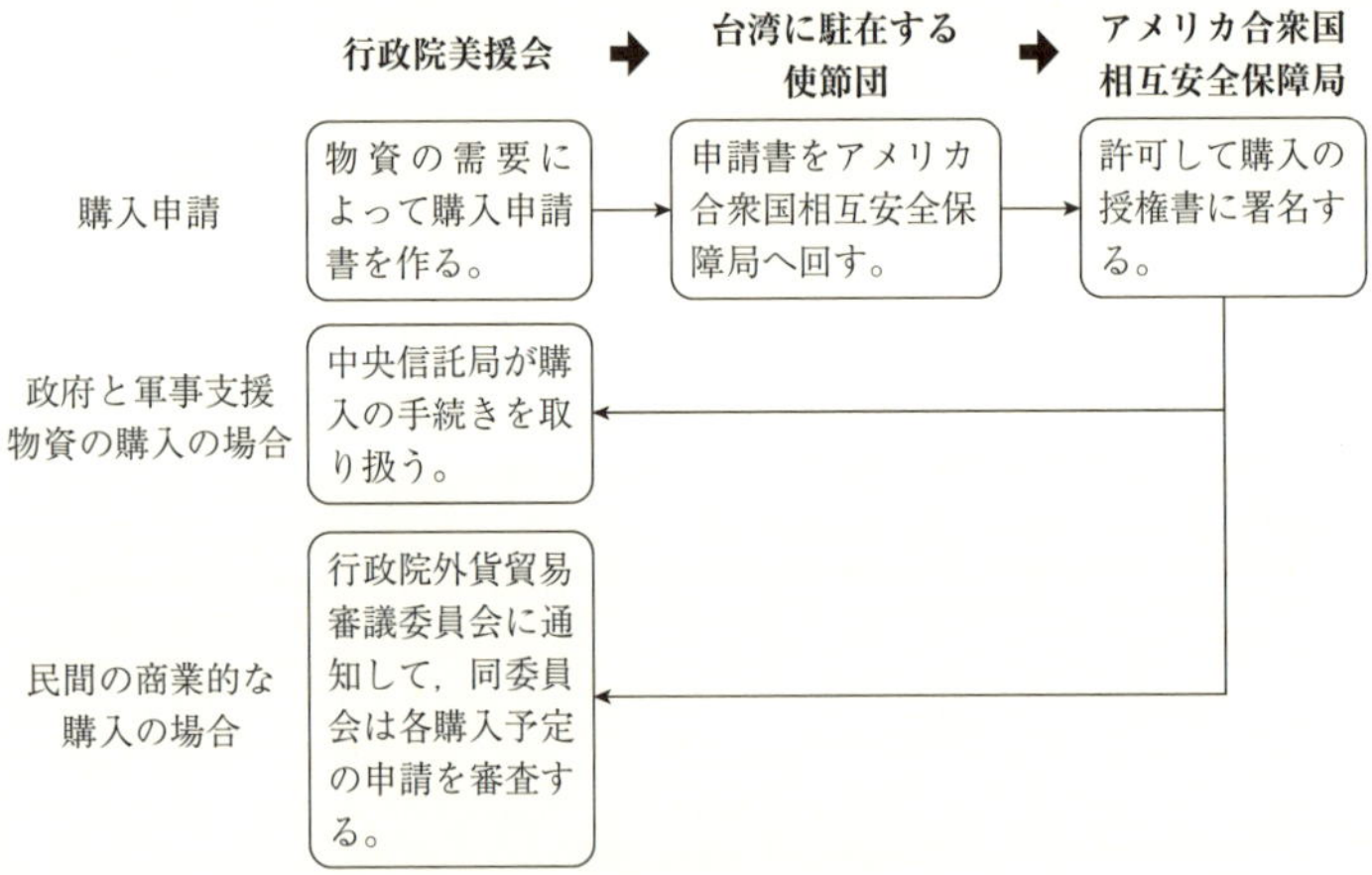

図9－3　非計画型援助の実施プロセス

出所：行政院美援運用委員会編『中美合作経援概要』同編者，1960年，42頁より作成。

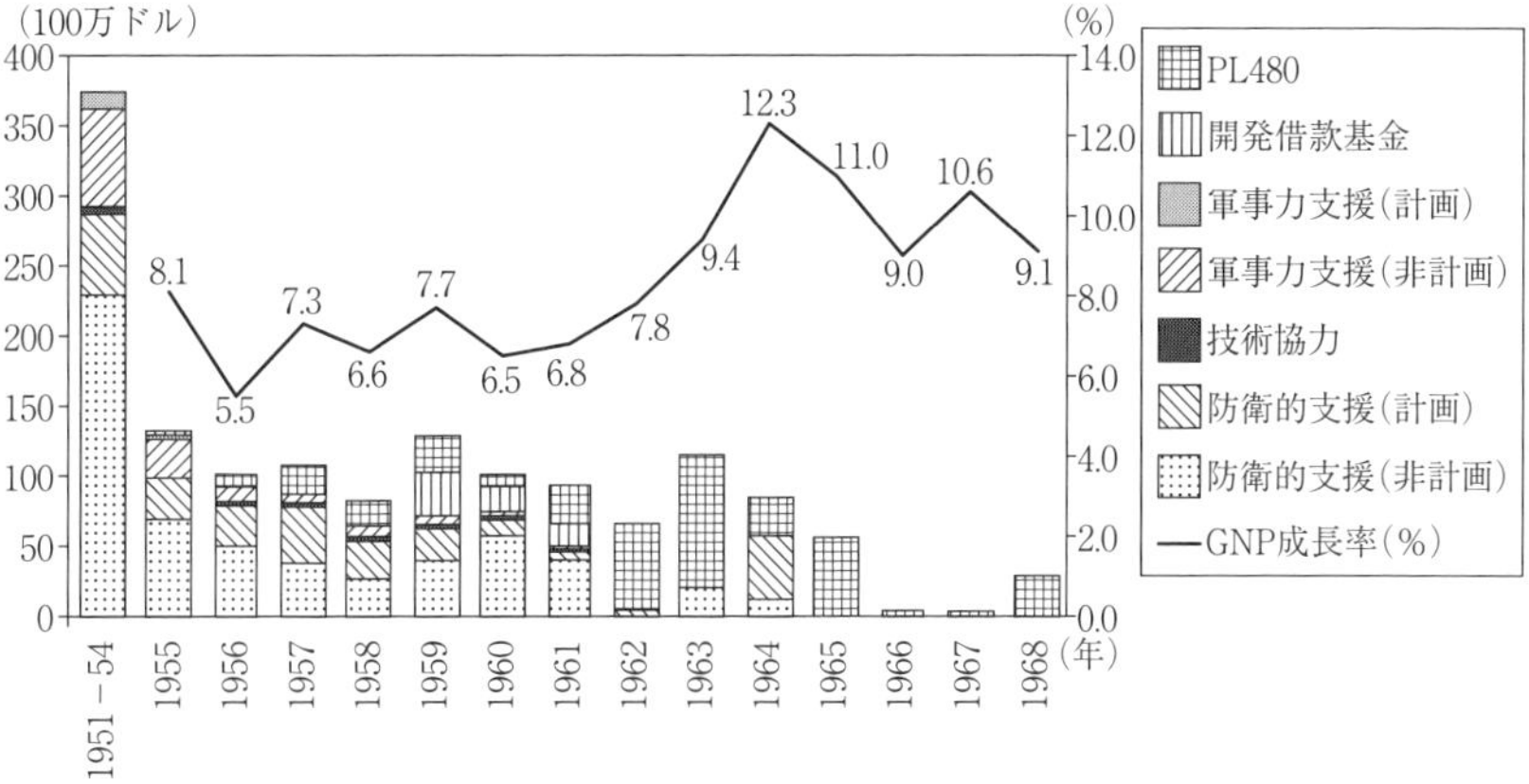

図9－4　経済援助の実際支援額と経済成長率の推移（1951-68年）

出所：Council for Economic Planning and Development Republic of China, *Taiwan Statistical Data Book*, 1984, pp. 2, 235より作成。

ェクト援助）と非計画型援助（ノン・プロジェクト援助）に分けられる。計画型は特定の計画（たとえば、台湾電力公司が発電所を建てること）を対象とする。図9-2の計画型援助のプロセスが示すように、被援助者は計画を美援会、アメリカ合衆国駐台使節団に申請して、アメリカ政府側が計画を同意すると、美援会がアメリカ合衆国駐台使節団とその計画に関して契約を結んだ。そして被援助者は計画どおりに器材・設備・物資・労務などを購入したのである。図9-3は非計画型アメリカ援助の実施プロセスである。非計画型はアメリカ合衆国の援助金によって一般物資または器材（たとえば、小麦、大豆、原綿、機器工具など）を輸入して台湾国内で販売したり、政府機構と軍隊の所要物資を供与するものであった。軍事援助と防衛的援助に計画型と非計画型があったが、技術援助と開発借款基金は計画型のみであった。PL480の余剰生産物の援助は非計画型である。[14] こうしてアメリカ援助の資金の運用は、美援会、駐台使節団、相互安全保障局へとつぎからつぎへと審査されることとなった。

図9-4では経済援助実際支援額合計の推移を示す。一九五一年から一九六八年にかけての経済援助の実際支援額合計は一四億八八二〇万余ドルであった。そのなかで防衛的援助（一九

六一年以降から開発借款に変更）、技術協力（一九六一年以降から開発贈与に変更）、軍事力支援、開発借款基金、PL480の余剰農産物がそれぞれ八億五一六〇万余ドル、三〇一〇万余ドル、一億四七七〇万余ドル、六五八〇万余ドル、三億八七〇〇万余ドルであった。計画型と非計画型からみると、計画型援助は三億八〇九〇万余ドルであり、非計画型援助は一一億一〇〇万余ドルであった。経済援助は一九五五年にピークに達し、一九六四年を除けば一九六五年までに減少する傾向があり、一九六五年には打ち切られた。一九五九年から一九六一年の開発借款基金の援助があったが、年々減少した。一九六〇年代になって、PL480の余剰生産物資援助は、経済援助を上回るが、経済援助が中止した一九六五年以降も、PL480の援助はまだ続いていた。

図9-4に示すように、一九五〇年半ば以降、台湾経済は年平均七％から八％以上の成長率で成長しており、一九六〇年代に入ると年平均二桁の成長率に達している。それは、アメリカ援助の減少が台湾経済の成長に大きな影響を及ぼさず、台湾経済が確かに自立してきたことを示している。では、つぎにアメリカ援助の運用を見ていく。

2　アメリカ援助の運用

（1）見返り資金の形成

アメリカ援助のなかで、見返り資金は相当重要な制度設計である。この制度は第二次世界大戦後のアメリカのギリシャ、トルコに対する援助に起因する。ギリシャに対する救済援助には、救済物資の販売を受け取った代金はギリシャ（自国）の貨幣で特別口座に預金して、さらにこの預金を他の復興計画に利用することができる制度であった[15]。一九四八年の米中経済援助協定には、中華民国政府はアメリカ援助と同額の本国貨幣を提出して見返り資金口座に預金しなければならないと規定されている。そして見返り資金は、アメリカ合衆国政府と中華民国政府が共同で管理し、中華民国の経済開発のために利用できるというものであった。

一九五一年以降の台湾の場合、見返り資金は、おもに第一、相互安全保障法の第四〇二項の他の農産物とアメリカの器材・労務の販売による資金、第二、第四〇二項の農産物と第五〇五項借金による資金、第三、PL480余剰農産物の販売による資金から構成された[16]。つまり、見返り資金は、アメリカ援助を運用する際に起きた新台幣の基金であった。しかし、最初は台湾政府が財政難のため、同額の見返り資金を拠出することができず、そのため、アメリカ援助の物資の販売で受け取った代金を見返り資金口座に預金する形でアメリカ当局と交渉し解決した。ただし、アメリカ援助が中止するまで、預金すべき金額としては満足していなかった[17]。

見返り資金はアメリカ援助の補助資金となっただけでなく、援助物資の販売の過程で通貨膨張への抑圧機能も果たした。政府はアメリカ援助の物資を販売して、市中に流通する貨幣を代金として回収して見返り資金口座に流入させた。さらに見返り資金を生産事業または基礎建設として賄ったので、生産を拡張することができた。そのため、一九五〇年代初期には財政赤字が高かったにもかかわらず、アメリカ援助とこの見返り資金の支援によって貨幣を過度に発行する必要がなかった[18]。この点は、一九四〇年代末の悪性通貨膨張を経験した台湾にとっては非常に重要な支援であったといえよう。アメリカ援助が中止された後、見返り資金口座の残高を中美経済社会発展基金に転換させることで、台湾政府の財源のひとつとなった。

(2) 経済援助の対象

では、前述のアメリカ援助と見返り資金はいかにして台湾社会に運用されたのだろうか。記述したように、計画型援助と非計画型援助とはそれぞれの使途が異なる。図9-5のように、非計画型援助による輸入項目は主として農産物と各産業の原材料や部品などであった。なかでも原綿、小麦、大豆はもっとも多かった。三者の合計は、非

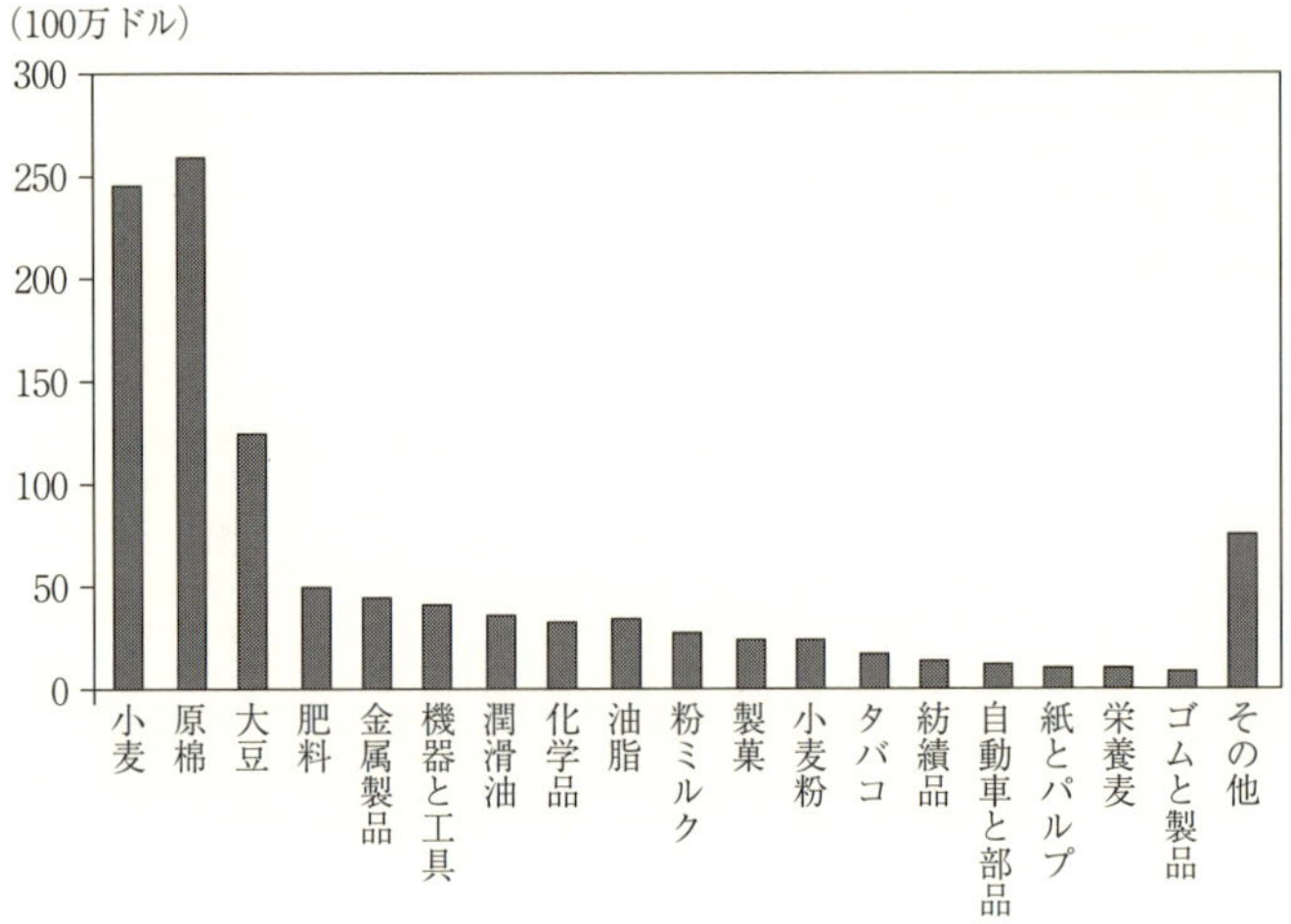

図9－5　1952-68年非計画型の到着量と項目

出所：Council for Economic Planning and Development Republic of China, *Taiwan Statistical Data Book*, 1984, pp. 236-237より作成。

計画型援助実際支援額の五七・三%以上を占めた。これらの経済発展に対する影響を見逃すことはできない。たとえば、原綿は紡織企業へ配分され、一九五〇年代の台湾における紡織業の国産化（輸入代替工業化）の進行を促進したのである。さらに、他の物資もまたそれぞれの民営企業の発展に役立った。

一方、計画型援助の実際支援額は三億八〇九〇万余ドルであり、運用部門においては、電力部門（三六・五%）、鉱工業部門（二四・二%）、運輸部門（一三・二%）、農業（九・〇%）、その他（一七・一%、衛生・教育・公共行政・軍事的協力・雑項目を含む）である。[19] ここで、公営企業・民営企業と、ドル計算ベース・新台幣計算ベースを区別して見てみよう。表9-1のように、一九五二年から一九六三年にかけて、ドル計算ベースで、アメリカ援助の貸付対象の九〇%以上は公営企業であり、民営企業は一〇%未満であった。公営企業のなかで、電力（三九・九%）、鉱工業（二五・七%）、運輸業（一七・〇%）はもっとも多い割合を占めた。さらに、公営の鉱工業のなかで、肥料と製糖業はもっとも多かった。一方、表9-2のように、見返り資金による新台幣

表9-1　1952-63年計画型援助の貸付対象と貸付総額（ドルベース）

（単位：100万ドル）

公営企業		民営企業	
1．鉱工業	73.2	1．鉱工業	14.6
(1)石炭	1.8	(1)石炭	1.6
(2)金属	1.6	(2)鉄鋼	1.6
(3)石油	4.7	(3)紡織・染色	1.0
(4)肥料	38.8	(4)セメント	3.8
(5)硫酸アンモニウム	4.4	(5)木業・合板	1.8
(6)紙業	1.0	(6)硝子	0.5
(7)ソーダ	1.0	(7)パルプ・紙業	2.8
(8)糖業	14.6	(8)プラスチック・ガム	0.8
(9)塩業	0.1	(9)化学工業	0.1
(10)アルミ	2.7	(10)印刷	0.7
(11)機械	2.5		
2．電力	113.7	2．農林漁業	3.0
3．石門ダム	17.5	3．中小型工業	7.6
4．運輸	48.4	4．その他	0.0
5．農林漁業	6.7	公営合計	284.8
6．給水計画	1.9	民営合計	25.2
7．アメリカ軍余剰建築器材	1.5	公営・民営合計	310.0
8．その他	21.8		

出所：行政院国際経済合作発展委員会編『美援貸款概況』同編者，1964年，1-3頁より作成。

計算ベースでは、貸付対象の六八・一%は公営企業であり、民営企業は三一・九%を占めた。この場合にも、公営の電力事業への貸付はもっとも大きな割合を占めていた。民営企業のなかで、農林漁業および中小型工業への貸付は多かった。李国鼎の回想によれば、アメリカ援助の貸付を受ける企業において、貸付計画に成功したのはおよそ九五%以上であり、しかもこれらの企業はおもに輸入代替的な企業であった。関税と輸入規制を加えて、輸入代替的工業にとっては有利であった[20]。

前述したように、新台幣計算ベースやドル計算ベース、いずれも公営企業への貸付ははるかに民営企業への貸付を上回った。その理由は、公営企業は戦後台湾経済の基幹部門を独占したからである。第二次世界大戦後、台湾省

表9-2　1952-63年計画型援助の貸付対象と貸付総額（新台幣ベース）

（単位：100万元）

公営企業		民営企業	
1．鉱工業合計	692.6	1．鉱工業合計	171.7
(1)石炭	51.8	(1)石炭	50.6
(2)金属	33.8	(2)鉄鋼	17.7
(3)石油	30.2	(3)アルミ	0.3
(4)肥料	235.0	(4)紡織・染色	20.0
(5)硫酸アンモニウム	41.6	(5)セメント	25.2
(6)紙業	5.6	(6)木業・合板	7.1
(7)ソーダ	10.4	(7)硝子	6.0
(8)糖業	193.5	(8)パルプ・紙業	26.2
(9)塩業	11.4	(9)プラスチック・ガム	0.9
(10)アルミ	72.0	(10)化学工業	11.0
(11)機械	7.3	(11)印刷	6.8
2．電力	2,591.3	2．運輸	12.8
3．石門ダム	304.1	3．農林漁業	1,182.8
4．運輸	560.3	4．中小型工業	489.0
5．農林漁業	17.7	5．民営工業手形割引貸付	140.0
6．給水計画	206.5	6．住宅	63.2
7．その他	43.8	7．その他	6.5
計	4,416.3	計	2,065.9
公営企業・民営企業合計		6,482.2	

出所：行政院国際経済合作発展委員会編『美援貸款概況』同編者，1964年，1-3頁より作成。

行政長官公署は植民地期の日本企業を接収・改組して膨大な公営企業に再編した。これらの公営企業は電力、鉄道、製糖、肥料、金融保険、石油などの基幹部門を独占し、戦後の台湾経済の出発点となった。一九五四年の台湾商工業センサスによれば、当時台湾において公営企業が五二社あり、民営企業が三万九六九六社あった。公営企業の資本額合計は新台幣二三億六九〇〇万余元であり、民営企業の資本額合計は新台幣一六億四九〇〇万余元にすぎなかった(21)。したがって戦後の台湾経済復興のため、これらの公営企業はアメリカ援助の優先的な対象となった。しかし、アメリカ援助の配分の大部分は台湾の安全の維持や公営の基幹産業の発展には役立ったが、実際に非計画型援助と民営企業に対する計画型援助の貸付は、新しい業種における民営企業の勃興を促進した。公営企業の工業生産額は一九五〇年代の初めに民営企業のそれを上回ったが、一九五〇年代末になって民営企業は公営企業を上回るようになっていた[22]。

こうして、電力、肥料、製糖業を重視したアメリカの配分は、一九五〇年代台湾における生産秩序を意味した。農業（米と製糖原料としてのサトウキビ）が経済基盤であった一九五〇年代において、農業生産力の向上はもっとも重要な課題であった。電力事業（＝台湾電力公司）は肥料と砂糖を生産するための動力源なので、もっとも多いアメリカ援助の配分を得た。肥料は米とサトウキビを増産するための要素で、米と砂糖は日本植民地期以来、台湾におけるもっとも重要な輸出品であるため、肥料（＝台湾肥料公司）と製糖業（＝台湾糖業公司）はそのつぎに多いアメリカ援助の配分を得ることになる。つまり、一九五〇年代は米と砂糖の輸出によって、年平均およそ一億ドルの外貨を儲けた[23]。一方、アメリカ援助はいかにして台湾経済に注がれたのだろうか。経済計画の策定と施行は大きな役割を果たしたのだろうか。つぎに、テクノクラートの形成、アメリカ援助の運用と経済建設四ヵ年計画の実施との関係から見てみよう。

3　テクノクラート、経済建設計画と経済設計機関

一九四八年一一月以降、台湾において悪性通貨膨張が発生し、経済が悪化した。国民党は国共内戦に漸次敗れていたので、蔣介石は腹心である陳誠を台湾省政府主席に担当させて、中央政府を台湾に移すための布石とした。陳誠は台湾省政府主席に就任してから、一九四九年二月に「三七五減租」（小作料を三七・五％にまで抑える）を実施して、戦後台湾における土地改革の始点とした[24]。同年六月五日、行政体制外に別途、台湾区生産事業管理委員会（以

表9－3　陳誠，尹仲容，厳家淦，李国鼎の経歴（1970年以前）

人物	陳誠	尹仲容
生歿年・出身地・学歴	1898-1965 中国浙江省 1922．保定軍校卒業	1903-1963 中国湖南省 1925．交通大学（前身は南洋大学）電機系卒業
台湾における経済設計機構の経歴	1948．台湾省政府主席 1949．台湾省警備総司令部総司令，台湾区生産事業管理委員会主任委員 1950．行政院長兼行政院美援会主任委員（1950-1954，1958-1963） 1954．副総統（2回・3回（1954-1965）） 1958．行政院行政院経済安定委員会主任委員 1963．行政院国際経済合作発展委員会主任委員	1949．生産事業管理委員会副主任委員 1950．中央信託局長 1953．行政院経済安定委員会下の工業委員会召集係 1954．経済部長 1957．行政院美援会委員，経済安定委員会秘書長 1958．行政院外貨貿易審議委員会主任委員 1958．行政院美援会副主任委員 1960．台湾銀行頭取
人物	厳家淦	李国鼎
生歿年・出身地・学歴	1905-1993 中国江蘇省 1926．上海セント・ジョーンズ大学卒業	1910-2001 中国南京市 1930．中央大学卒業 1934．ケンブリッジ大学・研究
台湾における経済設計機構の経歴	1945．台湾省行政長官公署交通処長 1948．台湾省財政庁長 1950．財政部長（1950-1954,1958-1963），行政院美援会副主任委員 1955．台湾省政府主席，行政院経済安定委員会主任委員 1957．行政院政務委員兼美援会主任委員 1963．行政院長（1963-1972）兼国際経済合作発展主任委員	1948．台湾造船公司総支配人 1953．行政院経済安定委員会工業委員会委員 1958．行政院美援会秘書長，経済部工鉱計画連繋組召集係 1963．行政院国際経済合作発展委員会秘書長 1965．経済部長 1969．財政部長

出所：張駿『創造財経奇跡』伝記文学出版社，1987年，1，21，24，35-36，39，40，42-45，199-200，205-206頁，李国鼎口述，劉素芬編『李国鼎　我的台湾経験——李国鼎談台湾財経決策的制定與思考』遠流出版社，2005年，580-581，667-668，730頁。

下、「生管会」という）を成立した。六月一五日、悪性通貨膨張を抑制するために幣制改革を断行した[25]。

生管会とは、台湾省政府主席が主任委員を兼任し、台湾における資金と資源の配分、貿易、公営事業の生産などを計画・把握する機構であった[26]。生管会が成立した頃、陳誠はさらに、台北に台湾省レベルの美援聯合委員会を成立させ、アメリカ合衆国経済協力局駐台湾弁事処、行政院美援運用委員会台湾弁事処、中国農村復興委員会台湾弁事処、台湾省政府（財政庁、糧食局、物資調節委員会）、アメリカのホワイト・エンジニアリング公司（J.G. White Engineering Co.）により組織した[27]。生管会と美援聯合委員会を基礎として、陳誠は財政経済専門家や技術者などを重用し、台湾における生産事業を計画的に配分して財政経済などの資源を握ったのである。一九四九年一二月に、中華民国政府は台湾に移ってきた。陳誠は台湾省主席を辞任し、翌年三月行政院長に就任して、さらに行政院美援運用委員会の主任委員を兼任した。一九六三年九月に、行政院美援委員会が改組され、国際経済合作発展委員会に再編されるまで、陳誠は長期にわたり、美援会の主任委員を任された。一方、一九五〇年代初期に行政機構の改造によって、経済設計機構は台湾において財政経済政策を企画する重要な機構となった。とくに、その機構に勤めていた尹仲容、厳家淦、李国鼎（表9-3）などは、戦後の台湾経済発展に重要な影響を及ぼしたテクノクラートになった。

行政機構組織の改造は、一九五〇年代の台湾の政治経済において重要な課題であった。中華民国中央政府が一九四九年末に台湾に移ってから、中央政府の管轄範囲は台湾省の範囲とほとんど同じになった。膨大な中央レベルの行政体系は台湾の一省のみとなり、多くの中央行政機構は運営の基盤を失ったので、経済政策の企画および策定は実際には省レベルの生産事業管理委員会によって行なわれていた[28]。アメリカ援助が再開してから、アメリカ援助の運用は、中央レベルの行政院美援会によって取り扱われ、財政経済の策定も生管会から行政院へと移行された[29]。このように入り組んだ中央政府と台湾省政府の組織は改めて調整しなければならなかった。その調整は、アメリカ援

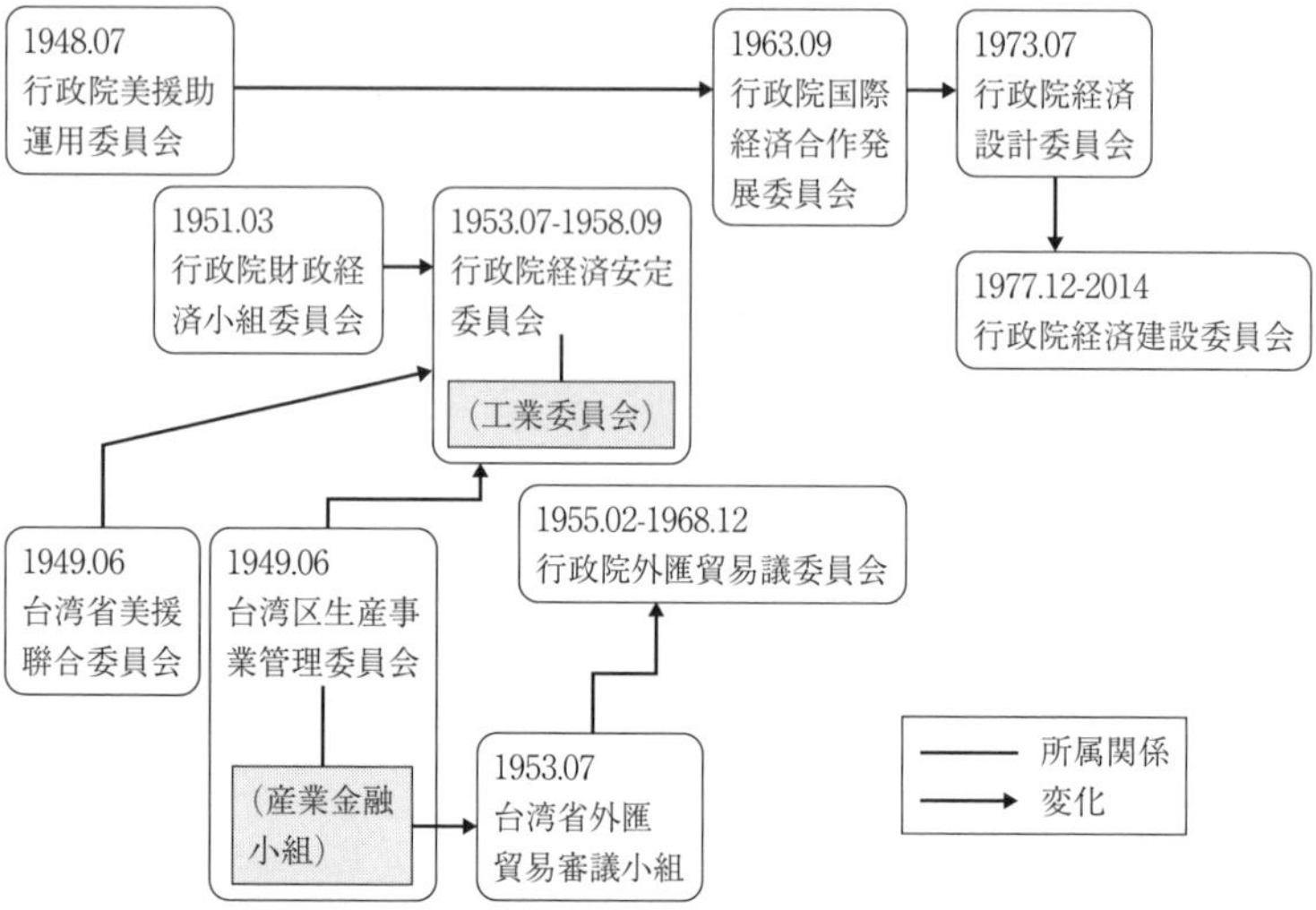

図９－６　戦後から1970年代までの台湾における経済設計機構の推移

出所：行政院外匯貿易委員会編『外貿会十四年』行政院外匯貿易委員会，1969年，55-61頁，台湾銀行経済研究室編『台湾之金融史料』台湾銀行，1953年，56頁，林満紅編『台湾所蔵中華民国経済档案』中央研究院近代史研究所，1995年，127-128頁，許瑞浩・周琇環・廖文碩編『厳家淦與国際経済合作』国史館，213年，674頁より作成。

助のための交渉と密接な関係にあった。

アメリカ側は、アメリカ援助を受け取るために経済の自立計画を立てなければならないと台湾に要求した。台湾の政府も経済が安定してから、つぎの段階で速やかな発展のための経済建設計画が必要だと考えていた[30]。アメリカが顧問として行政院美援運用委員会に雇わせたホワイト・エンジニアリング公司は、一九五一年に「一九五二から五五年度までの工業計画」草案を提出した。さらに、一九五二年一〇月に、台湾省政府はこの草案を添削して「台湾経済四年自給自足方案」を行政院に提出した[31]。つまり、台湾は一九五七年までに自給自足を達成させるため、アメリカ当局にいかなる援助を求めるかという計画であった[32]。同年の一一月に、行政院長兼美援会主任委員の陳誠はこの計画書をアメリカ駐台湾の使節団に提出した。同時に、陳誠は経済計画を施行する専門の機構を成立させるという旨を使節団に言及した[33]。さらに、一九五三年六月に行政院は「各項財政経済審議機構を整う実施弁法」を公布し、七月に行政院経済安定委員会を成立させて、経済計画を審議・修正・施行させた。さらに施行の過程において、各行政部門間に調整の責任を負わせた。図9-6のように、台湾省の生産事業管理委員会（生管会）と美援聯合委員会および行政院が一九五一年に設立させた財政経済小組委員会は経済安定委員会のなかにおいて再編された。経済安定委員会の下に四つの組と工業委員会を設置し、委員は財政部長、経済部長、交通部長、国防部長、参謀総長、農村復興委員会主任委員、台湾省財政庁長、中央信託局長、美援会秘書長から構成された。これは戦後の台湾においてはじめて経済計画を施行するために成立した経済設計機構であった。こうして経済安定委員会は、前述の台湾経済四年自給自足方案に手を加えて「台湾経済建設四ヵ年計画」を策定して、一九五三年を実施の開始年とした(34)。これはいわゆる第一次経済建設四ヵ年計画で、一九五三年から一九五六年の間を実施期間にした。計画の内容はおもにアメリカ援助に合わせて、農業と工業生産、交通建設などの個別計画をひとまとめにした(35)。さらに経済建設計画は続々と打ち出され、一九五三年から一九七六年にかけては、六回の経済建設四ヵ年計画の施行を実施した。前の三回（一九五三～六四）はアメリカ援助を受け入れる期間であり、輸入代替工業化の時期でもあった。後の三回（一九六五～七六）は、輸出志向型工業発展へと転換し、第四回経済建設四ヵ年計画の施行期間には、すでにアメリカ援助は中止されていたため、それに代わり円借款と国際組織借款の援助を受けることになる。

第二回の経済建設四ヵ年計画（一九五七～六〇）は、行政院経済安定委員会により企画され、その規模は第一回よりも大きくなり、農業と工業増産の計画以外に、財政、金融、外国為替貿易部門の協力方法が含まれた。一九五八年に、総統府臨時行政改革委員会（王雲五を代表として）はフーヴァー委員会（Hoover Commission）の報告書を研究し、行政組織改革の報告書を提出した。そのなかで、経済安定委員会は行政院の財政経済部門の機能と重なるため撤廃すべきだと指摘された(36)。同年に経済安定委員会は撤廃され、その一部の組織は美援会のなかに編入された。経済建設計画の企画は、行政院の各部会によって行われることになった。一方、台湾に対するアメリカ合衆国の援助は贈与の形から借款の形へと転換し、しかも援助量も減少したのである。アメリカ合衆国政府は、台湾に国内の投資環境を改善させて、アメリカの民間企業が台湾に投資できるように進めようとした。そのため、アメリカ合衆国国際協力庁の駐台湾使節団W・C・ハラルドソンは、一九五九年六月に台湾において講演した際に、「八項の財政・経済措置を実施し、さらにアメリカ援助を効率に利用して自立の実現を目指す」と建議した。この建議を基礎として、美援会は同年末に一九点財政経済改正措置を公布し、投資環境が整備されることを目指した(37)。これは第三回経済建設四ヵ年計画（一九六一〜六四）の根拠となったが、さらに一九六〇年に公布した投資奨励条例では、外国人による台湾への投資を免税とするなどの優遇措置を規定した。

第三回経済建設四ヵ年計画の施行期間において、台湾の政府はアメリカ合衆国が台湾に対する援助をいつか中止することを見込んで、当時財政部長に在任した厳家淦はアメリカ援助以外の資金援助を求めるために、専門の機構を成立させ、そして美援会を改組する必要があると考えた(38)。そのため、経済計画設計機構を中心に、国際資金や技術を取得し、人材を外国に派遣し研修させ、外国専門家を台湾に招聘するなど、すなわち外国援助の多角化を求めるため、一九六三年九月に行政院美援運用委員会が国際経済合作発展委員会に再編された。陳誠は最初の主任委員に就任し(39)、厳家淦と李国鼎らは、積極的に日本とその他の国際機構に借金援助を交渉した。

第四回経済建設四ヵ年計画（一九六五〜六八）を企画する際に、アメリカ援助が一九六五年に中止されることを見込んで、貯蓄を重視し、長期発展の目標を増加し、同時に政府部門のみならず、民間の商工業界もそれぞれの産業発展の計画に参与した。第四回経済建設四ヵ年計画を施行した結果、台湾の国民生産粗額の成長率四年平均は一〇%以上に達し、目標成長率の七%を上回った。国内資本形成の成長率四年平均は一九%以上に達し、目標の一〇%をさらに大きく上回って、国内貯蓄がおよそ九一%、外国資金が九%を占めた(40)。

このように、前の三回の経済建設計画は、アメリカ援助に応じて設計したものである。第三回の計画以降は、統計方法と統計資料が改善されたため、経済計画は全面的に計画され、独自の自立発展の需要に相応しい企画となる途を歩むと見られた。

4　援助の中止以降

(1) 外国援助の多角化

一九六二年美援会ははじめて日本に一〇〇〇万ドルの商業的貸付を申請した。そのうち、五〇〇万ドルは日本の機械や部品を購入するために利用された。たとえば、台湾糖業公司の設備、裕隆自動車公司の部品、鉄道局の器具と他の部品などが含まれた。この商業的貸付は日本が台湾の市場を開拓する目的であったが、台湾においてテレビの組み立てを行なう製造産業が促進された[41]。表9-4のように、アメリカ援助が中止した前後にあった他の国際援助は世界銀行、円借款、アメリカ輸出入銀行、アジア開発銀行などであった。一九六四年末に、当時の行政院長兼国際経済合

表9-4　1968年までのアメリカ援助以外の援助概況

（単位：100万ドル）

援助源	開始時期	援助額
国連開発計画技術協力	1952年	3.6
国連開発計画特別基金	1960年	9.9
国連通常計画	1963年	0.5
世界食糧計画	1964年	10.3
国連児童基金	1953年	7.0
国際開発協会	1961年	13.8
世界銀行	1963年	177.1
アジア開発銀行		10.7
アメリカ合衆国輸出入銀行	1967年	58.7
日本・円借款	1965年	127.4
日本・技術協力	1960年	0.9
ドイツ・技術協力		2.5
フランス・技術協力		0.1

注：1968年までの計画の金額の統計であり，必ずしも総括的な金額ではない。日本の円借款の協定額は1億5000万ドルであった。空欄は不明を示す。

出所：外務省経済協力局編『対中華民国経済協力調査報告書』外務省経済協力省，1971年，55-56頁より作成。

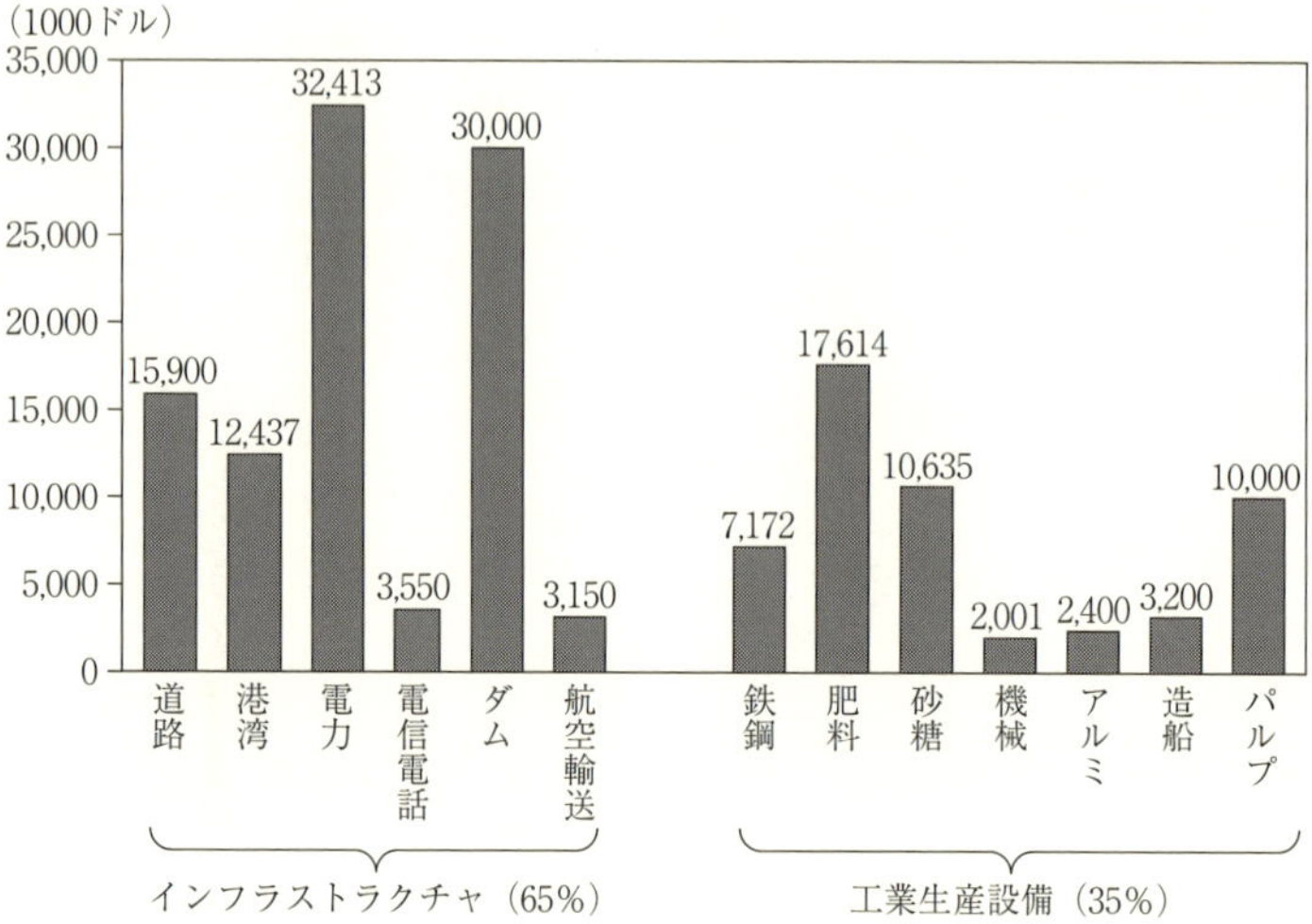

図9－7　円借款の使途の概況

注：金額は協定金額であった。
出所：外務省経済協力局編『対中華民国経済協力調査報告書』外務省経済協力局，1971年，67頁より作成。

作発展委員会主任委員であった厳家淦と同委員会の副主任委員李国鼎は日本に赴いて大蔵省と交渉して、日本が一九六五年から五年間、合計一億五〇〇〇万ドルの長期的開発借款を提供することに合意した。(42) 図9－7のように、この円借款の使途はおよそインフラ整備と工業生産設備にそれぞれ六五％と三五％の割合を占めており、第四回経済建設四ヵ年計画を支持した。一方、円借款により、日本の民間企業において台湾への投資に対する安心感が高まり、投資活動を側面から積極的に支える役割を果たしたとみられる。(43)

（2）中美経済社会発展基金の運用

アメリカ援助は一九六五年に中止したにもかかわらず、アメリカ援助期間に生じた新台幣資金は基金となって、その後の台湾社会において運用されていった。一九六五年七月一日に「中美経済社会発展基金」（以下、「中美基金」）はアメリカと台湾が合意したうえで成立した。基金の規模は新台幣一六四億四〇〇〇万余元であった。(44) 台湾において中美基金の使途は幅広く、主として国家経済建設と社会発展の需要に応じて、リードする計画や緊急の資金支援にあてられたのである。たとえば、九年国民義務教育、家庭生育計画、僻地の医療設備、水道水設備などのインフラ整備には、中美基金は初期の財源を提供した。(45) 李国鼎によれば、中美基金は、アメリカ援助時期のような統括的な資金援助ではなく、政策による必要な計画や建設に対して、構造的な財政予算を導入する前に、いわゆる「シード資金」や中長期資金を提供して、順調に動きはじめてから政府は正式的な予算を組んで続けていくといったものである。(46) こうして、中美基金は柔軟性と機動性をもって、一九九〇年代以前の比較的保守的な台湾の財政予算にとって、リスク分散ができる、財政予算に影響しない資金源を提供したのである。

中美基金は初期に台湾の財政に重要な役割を果たした。一九六八年まで、中美基金の運用は中央政府の歳出の一〇％以上を占めた。しかし、経済発展にともなって財政予算規模は大きくなっており、中美基金の割合は減り、一九七〇年代後半以降は二％以下を占めた。(47) 二〇〇四年一月、中美基金はアメリカ援助の借款の元利を弁償して、段階的任務を完成したわけで、二〇〇五年に行政院国家発展基金に編入された。(48)

総じて、一九五〇年以降、台湾は、冷戦体制下のアメリカ合衆国の封じ込め政策の一環を契機としてアメリカ援助を受け取った。アメリカ援助を受け入れる前に、台湾では悪性通貨膨張が一時的に抑制されたが、物資と外貨が不足し、財政が赤字で、産業復興の資金が欠けていたため、経済は依然として非常に厳しい状態にあった。そのため、アメリカ援助の到来はこの状態を助けることになった。軍事援助によって台湾の内外環境は安定した。経済援助の場合、電力、交通、糖業、肥料など当時台湾の基幹産業の復興と成長に役立った。なお、非計画型援助によって輸入された物資は民間における新型産業の発展を促進することができた。さらに見返り基金の運用によって物価の安定に機能した。一九五三年からはアメリカ援助の運用のため、徐々に経済建設計画を施行し、農業、鉱工業、公共建設ないし民営企業に対して計画的に支援した。さらに、アメリカ援助の変化にしたがって、民間企業の投資を促進するために、一九五九年には一九点の財政経済改革措置を打ち出して、投資環境を整備した。一九六〇年代になって、アメリカ援助の中止に応じて、他の外国援助を求める一方で、積極的に多角的な関係を打ち立てた。台湾は、アメリカ援助により経済を自立させて、最終的には援助借金を弁償したのである。この過程において、台湾経済は持続的に発展し、相隣の国家との多角的関係を展開してきた。したがって、国際援助にとって、台湾のアメリカ援助の経験は国際援助が高い効果を発揮して援助受入国が順調に成長を続ける例証を提供しているといえよう。

注

(1) 行政院中美経済社会発展基金管理委員会『中美経済社会発展基金之運用実録』同編者、二〇〇七年、二頁。(http://www.cepd.gov.tw/ml.aspx?sNo=0000277)
(2) 趙既昌『美援的運用』聯経出版社、一九八五年、六～七頁。
(3) 薛化元編『台湾貿易史』外貿協会、二〇〇八年、二四七頁。
(4) 行政院美援運用委員会編『中美合作経援発展概況』同編者、一九五七年、二頁。
(5) 頼亞欣「美国発表『中国白皮書』之決策過程」淡江大学美国研究所修士論文、二〇〇九年を参照。
(6) 行政院美援運用委員会編『中美合作経援発展概況』二頁。
(7) 同前。
(8) 周琇環『台湾光復美援資料　第一冊　軍協計画（一）』国史館、一九九五年、三頁。
(9) 行政院美援運用委員会編『中美合作経援概要』同編者、一九六〇年、六～九頁。
(10) 同前、一四頁。
(11) 趙『美援的運用』三五頁。
(12) 同前、三三頁。
(13) 行政院美援運用委員会編『中美合作経援概要』二〇～二一頁。
(14) 同前、四〇～四一頁。
(15) 西野照太郎『米国援助「見返り資金」特別勘定――その形成過程に関する資料』国立国会図書館調査立法考査局、一九四九年、二一～三頁。
(16) 行政院美援運用委員会編『中美合作経援概要』二四頁。
(17) 趙『美援的運用』四〇～四一頁。
(18) 呉聡敏「美援与台湾的経済発展」『台湾社会研究季刊』第一巻第一期、一四八～一四九頁。
(19) Council for Economic Planning and Development Republic of China, *Taiwan Statistical Data Book*, 1984, p. 238.
(20) 李国鼎口述、劉素芬編『李国鼎――我的台湾経験　李国鼎談台湾財経決策的制定与思考』遠流出版社、二〇〇五年、九八頁。
(21) 隅谷三喜男・劉進慶・凃照彦『台湾の経済――典型ＮＩＥＳの光と影』東京大学出版会、一九九二年、一〇〇頁。
(22) Council for Economic Planning and Development Republic of China, *Taiwan Statistical Data Book*, 1984. p. 81.
(23) 隅谷・劉・凃『台湾の経済』七八頁。
(24) 薛編『台湾貿易史』二一七頁。
(25) 幣制改革の内容は以下のようにまとめられる。一、旧台幣四万元対新台幣一元の兌換率で貨幣価値のデフレをした。二、為替レートは一ドル対五元新台幣で、固定為替レート制度を取った。三、最高発行限度は新台幣二億元に限られた。四、中国大陸の法幣との関係を切断した（薛編『台湾貿易史』二一七頁を参照）。
(26) 陳思宇『台湾區生産事業管理委員会与経済発展策略（一九四九―一九五三）――以公営事業為中心的探討』政大歴史系、二〇〇二年、九二頁。
(27) 葉惠芬編註『陳誠先生從政史料選輯――行政院美援運用委員会紀録（一）』国史館、二〇〇九年、九頁。
(28) 陳思宇「冷戦、国家建設与治理技術的転変――戦後台湾宏観経済治理体制的形成（一九四九―一九七三）」台湾大学歴史学系博士論文、二〇一一年、九三頁。
(29) 李国鼎・陳木在『我国経済発展策略総論　上』聯経出版社、一九八七年、一二〇頁。
(30) 同前、一二〇頁。
(31) 袁穎生『光復前後的台湾経済』聯経出版社、一九九八年、二五〇頁。
(32) 経済部『中華民国第一期至第四期台湾経済建設四年計画』経済部、一九七一年、二、六六頁。
(33) 林炳炎『保衛大台湾的美援（一九四九―一九五七）』三民書局、二〇〇四年、一六〇頁。
(34) 李・陳『我国経済発展策略総論　上』一二〇頁。

(35) 同前、一二一頁。
(36) 総統府臨時行政改革委員会『総統府臨時行政改革委員会総報告』同編者、一九五八年、一一六頁。しかし、当時経済安定委員会工業委員会委員に在任した李国鼎はその回想録のなかで、「経済安定委員会と美援会ともにアメリカ援助にかかわる機構であった。前者はアメリカ運用の際に国内における行政機構間に調和する機構であった。後者はアメリカ援助を執行し、アメリカ援助の台湾使節団と交渉する機構であった。経済安定委員会は無用の機構とはいえない」と指摘した(李口述、劉編『李国鼎』一九八頁を参照)。
(37) 李・陳『我国経済発展策略総論　上』一三七頁。
(38) 李口述、劉編『李国鼎』一九八頁。
(39) 李国鼎『経済計画与国際経済合作』出版不詳、一九六八年、一三頁。
(40) 経済部『中華民国第一期至第四期台湾経済建設四年計画』四九〇〜四九一頁。
(41) 李口述、劉編『李国鼎』一三四、一四七頁。
(42) 同前、三四頁。
(43) 外務省経済協力局編『対中華民国経済協力調査報告書』外務省経済協力省、一九七一年、六六頁。
(44) 行政院中美経済社会発展基金管理委員会『中美経済社会発展基金之運用実録』三〜四、一八頁。(http://www.cepd.gov.tw/ml.aspx?sNo=0000277)
(45) 行政院中美経済社会発展基金管理委員会『中美経済社会発展基金之運用実録』二五頁。
(46) 李口述、劉編『李国鼎』一七九頁。
(47) 行政院中美経済社会発展基金管理委員会『中美経済社会発展基金之運用実録』二七〜二八頁。
(48) 頼虹文「中美基金之運用及成果」『台湾経済論衡』第六巻第二期、行政院経済建設委員会、二〇〇八年二月、六〜七頁。

第10章　アメリカ合衆国の対韓援助政策と朴正熙政権の対応

——一九六四年〜一九七〇年代初頭——

菅　英輝

1　アジアの「開発独裁体制」国家と冷戦秩序の変容・再編

（1）「開発独裁体制」国家の歴史的役割

冷戦の変容・終焉、そして冷戦後の「新自由主義」主導のグローバリゼーションという脈絡のなかで考えたとき、六〇年代半ば以降、輸出志向型工業化戦略への移行によって目覚ましい経済成長を遂げることになったアジアの「開発独裁体制」国家は、「社会主義モデル」と「自由主義モデル」が競合するなかで、積極的な外資の導入を図る国家主導型発展モデルというオルタナティブを提示した。アジアにおいて、輸出志向型工業化戦略を特徴とする反共「開発独裁体制」国家は、七〇年代に急速な経済発展を遂げることになるが、このような流れは、六〇年代からアメリカ合衆国が推進する発展途上国向けの「近代化」論と一定の親和性をもっていたこともあり、冷戦の展開において西側陣営に有利にはたらき、「社会主義モデル」の失墜につながった。その意味で、国家主導型発展モデルは、八〇年代に登場するネオ・リベラルな流れと相まって、冷戦の終焉をもたらす一翼を担った。このような歴史的文脈のなかで考察したとき、アジアの「開発独裁体制」国家は、単なる米ソ冷戦の客体にとどまらず、この地域における冷戦秩序の変容・再編に主体的にかかわったといえるのではなかろうか。

本章では、自由主義モデルとは異なる、輸出志向型工業化戦略を採用し高い経済成長を維持することで、レーガン政権の新自由主義路線の登場より以前に、独自の成長モデルを提示したアジアの「開発独裁体制」国家の果たした歴史的役割に注目する。その成功モデルとしては、シンガポール、フィリピン、インドネシア、マレーシア、台湾などが挙げられるが、本章では、代表的事例として、韓国を分析対象に取り上げる。

六〇年代後半から七〇年代にかけて韓国が達成した目覚ましい経済成長に注目し、その工業化戦略を考察した研究については相当の蓄積がある。(1)だが、それはもっぱら、韓国の輸出志向型工業化戦略を中心に考察したものであり、アメリカ合衆国の冷戦政策や開発援助政策との関連で同国の成長戦略を考察した実証的研究は、まだ十分だとはいえない。

韓国の成長戦略を考察した近年の研究の特徴は、国際的文脈や対外的要因を重視するものと、韓国の主体性を重視するものとに分けられる。前者は、韓国の経済成長に及ぼした開発援助の重要性、国際経済の拡張基調、冷戦という国際政治状況の存在など、国際システムの文脈を重視する。(2)これに対して、韓国の主体的役割を重視する研究は、開発援助を引き出すために、韓国政府が冷戦を積極的に利用したことに注目し、韓国経済の自立化に向けた自助努力や主体的取り組みの重要性を強調する。(3)

本章は、こうした先行研究を踏まえながらも、冷戦秩序の変容に果たしたアジアの「開発独裁体制」国家の歴史的役割という文脈のなかで韓国の経済発展の事例を取り上げ、「韓国モデル」の形成過程を対外的要因と国内要因との相互作用に注目して、政治経済学的観点から検討する。(4)

韓国の経済発展は、最大の援助国であるアメリカ合衆国のヘゲモニーを頂点とし、ワシントンの冷戦政策を補完する役割を果たした日本、そして被援助国としての韓国、という三層構造のもとでの発展であった。この点を踏まえたうえで、さらに、ベトナム戦争の泥沼化と国際収支の悪化に苦しむアメリカ合衆国が、対韓援助削減を迫られるなか、同国の対韓援助を補完する形で韓国への経済・技術援助を行なった日本の役割を考察する。六五年の日韓国交正常化にともない、巨額の請求権資金が日本から韓国に支払われ、この資金と日本の経済協力資金が第二次経済五ヵ年計画に充当されたことで、その後の韓国の経済成長の基盤が形成されていったことに留意する。

また、従来の研究では、韓国の経済発展はもっぱら、経済・技術援助に焦点を当てて論じられてきたが、半面、経済発展に及ぼす軍事援助や安全保障の供与が果たす役割は、考察の外に置かれてきた。本章では、経済・技術援助と軍事援助・安全保障の供与は表裏一体の関係にあるとの問題意識に立脚し、アメリカ合衆国による軍事援助や安全の保証が韓国の開発援助政策において果たした役割にも注目する。

（2）自立と従属の狭間

本章はまた、自立と従属の狭間にあって、朴正煕政権が、アメリカ合衆国のコラボレーターとして、同国の冷戦政策に積極的に協力をすることによって、アメリカ合衆国から経済・軍事援助を引き出し、経済の分野では、徐々に自立を達成していったこと、しかし安全保障分野では、依然として、依存の構造を脱却できない状況が続いたことを明らかにする。

具体的には、韓国による経済の自立化と「自主国防」に向けた取り組みを促す要因を考察することで、援助国が開発に果たす役割のみならず、被援助国である韓国による、経済の自立化と「自主国防」の実現に向けた主体的取り組みに光を当てる。韓国の自立化を促進する対外的要因としては、アメリカ合衆国の対韓経済・軍事援助削減傾向への不安や在韓米軍と韓国軍の削減圧力の下での韓国の「見捨てられ」の不安に触発された、韓国軍の近代化および軍需産業の育成への取り組み、朴大統領のイニシアティブによる韓国軍のベトナム派兵の決断とベトナム特需への期待、日韓国交正常化に向けた朴政権の積極的対応と日本からの「経済協力資金」の活用を通した第二次経済開発五カ年計画の推進、ニクソン・ドクトリンと「見捨てられ」の不安、それに朝鮮半島の分断状況の下で発生した青瓦台襲撃事件ならびにプエブロ号拿捕事件をめぐる米韓双方の対応の違いと不信の相互作用が注目される。加えて、「自主国防と経済的自立」という朴政権の国家目標の持続性と一貫性は、韓国が分断国家であったことが大きいという点にも留意する。すなわち、共産主義中国やソ連の支援を受けた北朝鮮の脅威に常時晒されているなかで、朴正熙は、経済、安全保障の面で北朝鮮よりも優位に立たなければならないという強烈な使命感に駆られていた。この使命感に加えて、朴政権が長期政権となったことが、国家目標の一貫性と持続性を可能にし、韓国の自立化を促した点も考慮する必要がある。

2　ジョンソン政権のベトナム戦争拡大政策と朴政権の対応

(1) ケネディ政権と民政移管問題

一九六〇年五月一六日、朴正煕らを首謀者とする軍人たちによるクーデターが発生し、張勉内閣に代わって、「軍事革命委員会」（五月一九日に「国家再建最高会議」[Supreme Council for National Reconstruction : SCNR] に改称）が権力を掌握した。軍事政権は七月二二日、第一次経済開発五ヵ年計画（一九六二〜六六年）を発表し、韓国の経済の自立化を目指した。韓国の経済発展により、貧困に苦しむ民衆の不満を和らげることは、非民主的な手段で権力を掌握した政権の正当性を高めるために不可欠だとみなされた。経済の自立化はまた、軍事政権に対するワシントンの承認と支持を獲得するうえでも必要だと考えられた。

しかし、ケネディ政権内には、軍事クーデターで成立した政権に積極的な援助を供与することには躊躇があった。このため、ケネディ政権は、軍事政権に対して、早期の民政移管を迫った。これを受けて、六一年八月、軍事政権は民政移管計画を発表し、六三年五月に大統領選挙と国会議員選挙を実施する方針を示した。しかし、軍事政権内では、選挙に向けた準備が進むなか、金鍾泌韓国中央情報部長を中心とする金勢力と反金勢力との間で激しい権力闘争が繰り広げられた。このため、大統領選挙が実施されたのはクーデターから二年四ヵ月が経過した六三年一〇月一五日であった。続いて一一月に総選挙が行なわれ朴正煕を擁する民主共和党が圧勝したことで、一二月に入って、ようやく朴正煕を大統領とする文民政府がスタートした。この間、ケネディ大統領が、テキサス州ダラスで暗殺された。

軍事政権の下で、第一次経済五ヵ年計画の最初の三年間は、試行錯誤が繰り返された。クーデターによって成立した政権の中核を担ったのは軍人たちであり、経済運営には精通しておらず、また民間からの人材確保と養成には、時間を要することもあって、計画の実施過程は紆余曲折を辿った。民政移管が実現する六三年秋以前の軍事政権下の経済政策は輸入代替工業化戦略に力点が置かれたが、多くの先行研究が指摘するように、この戦略は六三年末には行き詰まりをみせていた。それゆえ、朴政権は六四年五月に輸出志向型工業化戦略に移行することになる。

一方、ワシントンでは、ケネディ大統領の暗殺で、副大統領のジョンソンが大統領に就任していたが、ジョンソン政権が直面した最大の試練は、悪化するベトナム戦争への対応であった。

(2) 援助削減の不安と韓国軍部隊のベトナム派兵

周知のようにベトナム戦争のエスカレーションは六五年春にはじまった。戦争の拡大はジョンソン政権内で、在韓米軍削減と韓国軍兵力の縮小に関する協議を再燃させた。この問題は、ケネディ政権の時にも議論されてきたが、結論を得るまでにはいたってなかった。ジョンソン政権の下では、在韓米軍二個師団のうち一個師団の海外配備の是非について改めて検討されたが、六五年五月のジョンソン・朴首脳会談（ワシントン）で、ジョンソン大統領が在韓米軍の削減を考えていないと述べたことで、政権内での兵力削減の議論は下火になった。[5] その最大の理由は、この時期に韓国軍部隊のベトナム派兵が本格化したことである。

ジョンソン政権は六四年四月、「自由世界援助計画」（"More Flags Program"）を発表したが、そのさい韓国にも支援を要請した。ワシントンによる援助削減圧力が強まるなか、朴政権は六四年九月一一日に一四〇人の医療班と一〇人の空手教官をベトナムに派遣した。続いて、同年一二月一九日にブラウン駐韓米大使が朴大統領に面会したさいに、朴正煕は二個師団の戦闘部隊を派兵する用意があると述べた。だが、同大使は、ジョンソン大統領が、戦闘部隊ではなく技師、医師、工兵部隊の派遣を望んでいると伝えたため、朴正煕は六五年二月に二〇〇〇人の医師・工兵部隊を追加派遣した。[6]

六五年三月になると、アメリカ政府内では、韓国軍戦闘部隊の派遣要請が検討されるようになった。そうしたなか、朴大統領は五月一七日からワシントンを訪問し、ジョンソン大統領と会談した。アメリカ側は首脳会談での朴大統領の最大の関心事は、日韓国交正常化後も引き続きワシントンからの援助が得られるとの確約を得ることだと見ていた。韓国内では、日韓国交正常化によって韓国経済が日本の支配下におかれるとの懸念が強く、そうした韓国側の懸念はまた、国交正常化後にアメリカ合衆国の対韓援助が削減されるのではないかとの不安と結びついていた。[7] そうした韓国国内の事情を考慮し、ジョンソン大統領は首脳会談で、日韓国交正常化実現に向けた朴大統領のリーダーシップおよびベトナムへの韓国軍部隊の派遣を高く評価すると同時に、開発借款基金（Development Loan Fund : DLF）一億五〇〇〇万ドルの供与、輸入必需品への融資、技術援助・訓練資金の継続、ＰＬ４８０援助を約束することで、韓国側の懸念の払拭を図った。[8]

にもかかわらず、首脳会談は以下の点で韓国側の不安を払拭できなかった。韓国政府は首脳会談開催前の事前折衝段階から米韓相互防衛条約（一九五三年）への「自動介入条項」の盛り込みを求めていたが、アメリカ側は、相互防衛条約の改訂には応じられないとの立場に終始した。韓国側はまた、韓国軍兵力六〇万人を維持するのに必要な支援の約束や在韓米軍兵力の現状維持を強く求めた。だが、ジョンソン大統領は、在韓米軍の削減は目下のところ念頭になく、もしそのような事態が生じたさいには韓国政府と事前に十分な協議を行なうと述べるにとどめ、将来の撤退の可能性を否定しなかった。このことは、韓国側に不安を残すことになった。(9)

朴大統領が韓国軍戦闘部隊の派遣に積極的な態度を示したことは、そうした不安の現われであった。ジョンソン大統領が首脳会談で、韓国軍戦闘部隊一個師団の派兵を要請したのに対して、朴大統領は個人的にはそうしたいと述べ、改めて、在韓国連軍部隊の撤退がないようにと念を押している。朴正熙は、そのような動きがあれば、韓国の安全保障に対する国民の不安を高め、韓国軍のベトナム派兵は「非常に難しくなる」と、暗に韓国軍部隊の派兵は在韓米軍の削減をしないことが前提であると示唆した。(10) 韓国議会は六五年八月一三日から韓国軍部隊一個師団のベトナム派兵の審議を開始し、同日、野党議員欠席のまま賛成一〇一、反対一、棄権二で派兵提案を承認した。これを受けて、朴大統領は同年一〇月、一個師団二万人の派兵を決定した。

(3) 追加派兵をめぐる米韓の葛藤

ところが、一二月七日には駐米韓国大使からW・バンディ国務次官補に対して、韓国軍の追加派兵の打診がなされたのを受けて、ジョンソン大統領もまた、この問題を最優先で扱うよう指示し、さらに一二月二九日には二九〇〇万ドルの開発借款を閣議決定した。ブラウン大使は、米軍をベトナムに一個師団派遣することに比べれば、韓国軍一個師団の派遣に見合った援助を行なうことは理に適っているとして、軍事援助計画（Military Assistance Program：MAP）移転の停止によって韓国側予算に生まれる余裕を韓国軍の給与待遇改善に充てるよう進言した。これを受けて、国務－国防－AID合同委員会は、韓国軍部隊がベトナムに駐留しつづけている間はMAP移転プログラムを停止する決定を行なった、とブラウン大使に通達した(11)。

ラスク国務長官は一月二七日付電報で、六六年四月までに韓国軍一個旅団と役務・施設部隊を、さらに同年七月までに、一個師団と役務・施設部隊をベトナムに派遣することを条件に、以下の援助を提供する旨、在韓米大使館に伝達した。ベトナムに派兵される追加部隊に必要な装備および費用、現在ベトナムで従軍中のタイガー師団に支払われている海外勤務手当の支払い（最近引き上げられた韓国軍兵士への手当の三〇倍およびベトナム軍兵士に支払われている手当の約四倍に相当）、ベトナムにおける戦闘での死亡者・負傷者・身体障害者への見舞金の支払い、韓国軍部隊専用の通信設備および4C－54航空機の供与、韓国軍部隊の近代化に必要な資材の今後数年間の提供など、追加派兵にともなう費用負担のすべてを支払う内容であった。その他にも、韓国経済への支援措置として、MAP移転プログラムの停止、ベトナムの韓国軍部隊に必要な役務、資材、物資の韓国での調達、ベトナムで国際開発庁（Agency for International Development：AID）が調達する資材の韓国での調達、ベトナムでアメリカ政府と同国の契約企業が実施する建設プロジェクトへの韓国の建設会社の参入の機会の増大、それにともなう韓国技術者のベトナムでの雇用、輸出振興の分野での韓国への技術支援の増大、六五年五月に合意した国際開発庁AID借款一・五億ドルを上回る援助、南ベトナムへの韓国の輸出および開発プロジェクト支援として六六年度に一・五億ドルのプログラム・ローン供与、などが含まれていた(12)。これらの支援内容は三月四日付ブラウン覚書として、三月七日に韓国外相に手交された(13)。

韓国政府が上記の提案を受け入れたことから、六六年二月二八日に韓国軍戦闘部隊三万人の追加派兵の決定が公表され、韓国議会は三月二〇日、賛成九五、反対二七、棄権三で承認した(14)。

韓国政府が六六年二月二八日に三万人の追加派兵の決定を公表する前後から、ワシントンでは、別途、約一万人の兵站・補給部隊の追加派遣を要請する検討が行なわれていた[15]。その背景には、南ベトナム政府を取り巻く政治情勢の混乱と戦況の急激な悪化があった。

しかし、ベトナムの戦況の悪化は、韓国軍の追加派兵に対する韓国世論や議会の態度を変化させ、追加派兵に反対する声が急激に高まった。このため、一万人の追加派兵の打診を行なう旨の訓令をワシントンから受け取ったブラウン大使は、そうした要請を行なう状況にないことを説明し、これに強く反対した[16]。だが、アメリカ側はあくまで戦闘部隊の派兵にこだわり、六七年末までに戦闘部隊一個師団の追加派兵が可能か否かを朴大統領に打診することの是非をブラウン大使に照会してきた[17]。だが、朴大統領は、北朝鮮の特殊工作要員による韓国への浸透活動がこのところ激化しているなか、韓国国民の不安が増大しているとして、難色を示した。ただし、後方支援部隊と技術者の派遣であれば、韓国議会の承認なしでも可能かもしれないとして、その検討を行なっていることを明らかにした[18]。

しかし、ラスク国務長官は一一月三〇日付在韓米大使館宛電文のなかで、ワシントンの首脳は韓国に一個師団の戦闘部隊派兵を改めて要請することになったと伝えた。この通達を受けて、ブラウン大使が一二月六日に朴大統領や閣僚と協議した結果、韓国側は一個師団相当（light division、民間人五〇〇〇人と六〇〇〇人の部隊、計一万一〇〇〇人）の派兵に同意した。その後、キャンベラで米韓両首脳が会談したさいに、ジョンソン大統領はウェストモーランド将軍から一〇万人の兵力増強を求められているとして、六八年三月一日までに韓国からの戦闘部隊の派兵を重ねて要望した。朴大統領はキムチを在ベトナム韓国軍部隊に届けてくれたことに対する謝意を表すると同時に、三月一日までの派兵に最善を尽くすと伝えた[19]。

(4) 派兵の見返りとしての対韓援助増大

韓国側は同時に、部隊派兵に対する見返りを強く求めた。朴大統領は、韓国軍部隊の派兵は、韓国の安全保障の確保を前提に行なわなければならないとして、北朝鮮の工作員やゲリラの浸透作戦の増大に対処するために必要な資材や設備(三二〇〇億ドル)の提供を求めた。ジョンソン大統領は、韓国側の要望をかなえるべく取り組んでいるところだと述べたうえで、さらに、以前から要望の出ていた駆逐艦二隻(六〇〇万ドル)の提供、すでに供給された一八機のヘリコプターに加えて、ヘリコプター三機(三〇〇万ドル)の追加支援、北朝鮮ゲリラに対抗する八個大隊へのMAP支援、一個大隊への八インチ砲(Howitzers)の六八年度中の受け渡し(三〇〇万ドル)、ベトナムに派遣される民間兵站部隊五万一〇〇〇人への給与支払い(五〇〇万から二〇〇〇万ドル)、それに三月一日までに派兵が予定されている一個師団(一万一〇〇〇人)への装備・報酬面での支援(六二〇〇万ドル)を約束した[20]。

しかし六八年一月二一日に青瓦台襲撃事件、その四八時間後に北朝鮮による米情報収集艦プエブロ号と乗組員の拿捕事件が発生したことで、韓国軍の追加派遣をめぐる米韓協議は一時棚上げされた。加えて、六八年一月の北ベトナムと南ベトナム解放民族戦線(NLF)によるテト攻勢と戦況の悪化に続き、三月三一日ジョンソン大統領が次期大統領選挙への不出馬を表明したことは、朴大統領に大きな衝撃を与えた。朴正熙はこれまでも、和平交渉やベトナムでの空爆作戦の停止には強く反対してきただけでなく、韓国軍部隊をベトナムに派兵したことで、朴政権内ではアメリカ合衆国の韓国を見る態度に変化が生じ、韓国史においてはじめてワシントンから「対等」に扱われるようになったとの思いを抱くようになっていた。それだけに、ジョンソン大統領の不出馬声明は、朴大統領にとっては、そうした首脳同士の信頼関係を損なうものと映った[21]。

同年四月一七日のホノルルでの首脳会談の内容は、朴大統領にとって、そうした不安を裏付けるものだと受け止められた。朴正熙はジョンソンの不出馬声明が韓国に相談なく発表されたことに強い不満を示し、さらにジョンソン大統領のリーダーシップなしでは、従来のベトナム戦争政策が放棄されるのではないかとの懸念を表明した[22]。

青瓦台襲撃事件、プエブロ号拿捕事件、ジョンソン大統領の不出馬声明の影響のため、六八年に入って、韓国軍部隊の追加派兵協議は棚上げ状態になった。それでも、ジョンソン政権期のベトナム戦争遂行における韓国の貢献度は大きかった。六八年六月の時点で、韓国軍総兵力五六万三四〇〇人のうち五万人がベトナムに派兵されていた[23]。対コラボレーターとしての朴政権の振る舞いに対する見返りは、アメリカ合衆国の対韓軍事援助の増大であった。対韓軍事援助は、六一年から六五年までは年間一・六三億ドルであったのが、六六年から七〇年の時期には年間三・三六億ドルに増大した。また、アメリカ合衆国の対韓経済援助もジョンソン政権期には年間平均二億ドルにのぼった。その他、ワシントン首脳は、ベトナム特需という形で韓国軍のベトナム派兵に報いた。

3　日韓国交正常化と日米の役割分担

(1)　難航する日韓国交正常化交渉

六〇年代末までの東アジア秩序は三層構造になっており、中心にアメリカ合衆国が位置し、準周辺に位置する日本はワシントンのコラボレーターとして、アメリカ合衆国の冷戦戦略を補完する役割を果たし、周辺に位置する韓国に援助を行なうという構図であった。ワシントンは日本に対して対韓援助の肩代わりを求めていたのではなく、あくまでコラボレーターとして、補完的役割を果たすことを期待していた。アメリカ合衆国はヘゲモニー国家として、東アジアでは、日本を対ソ・対中「封じ込め」政策の要石と位置づけていた。

一方、ワシントン首脳は韓国を冷戦の最前線基地として重視する観点からその安全を保証し、朴政権が目指す韓国経済の自立化と「自主国防」を支援するための軍事・経済援助を実施してきた。換言するならば、アメリカ合衆国の対ソ、対中「封じ込め」政策にとって、日米韓の安全保障協力が必要だと考えられていたこと、そうした文脈のなかでは、日本の対韓援助は安全保障上の含意を持っていたことに留意する必要がある。

日韓国交正常化が実現するまでには、請求権問題、漁業専管水域や漁業協力資金問題、在日韓国人問題など、多岐にわたる争点が存在し、交渉は難航した。請求権問題に関してはすでに先行研究で明らかになっているように、六二年八月二一日から日韓予備交渉が開始され、大平正芳外相と金鍾泌中央情報部長との間に二回の会談（一〇月二〇日、一一月一二日）が行なわれ、無償供与三億ドル、期間一〇年間、有償二億ドル（供与期間一〇年間、利率三・五％、返済期間二〇年、七年据え置き）、コマーシャル・ベースの信用供与一億ドル以上で合意した。[24] これを受けて、朴議長は、同年一二月二七日の記者会見で、「原則的合意成立」を発表した。

請求権問題は韓国側がもっとも重要だと主張してきた案件であった。それゆえ日本は、「原則的合意成立」で国交正常化問題の大きな山場を越えたと受け止め、日本側がもっとも重視していた漁業問題では、韓国側の弾力的な対応を期待していた。しかし、漁業問題でも交渉は難航した。当初領海三カイリに固執していた日本側は、その後漁業専管水域一二カイリに譲歩し、他方、李ラインにこだわっていた韓国側も、その後四〇カイリを漁業専管水域とし、その外側に共同規制水域を設ける案を提示したが、双方の溝は容易に埋まらなかった。最終的に漁業専管水域一二カイリと専管水域の外での漁獲量などに関して漁業協定の骨格が固まったのは、六四年一二月九日であった。韓国側が求める漁業協力資金についても、一億七八〇〇万ドルを提示する韓国側と金額に難色を示す日本側との間で交渉が難航し、九〇〇〇万ドルで決着をみたのは、六五年になってからであった。

以上の経過を経て、椎名悦三郎外相が訪韓して、最終的に日韓基本関係条約案にイニシアルしたのは六五年二月二〇日、また在日韓国人の待遇、請求権・経済協力、漁業に関する合意事項に日韓代表がイニシアルしたのは、四月三日であった。

（2）日韓国交正常化交渉とアメリカ合衆国の役割

注目されるのは、この間、アメリカ側が並行して、貴重な情報提供者ないしは触媒としての役割を果たしていたことだ。そこで、以下において、その経緯を検討しておきたい。

六一年一一月の池田勇人総理と朴正熙大統領との首脳会談を契機として、ようやく日韓国交正常化交渉が進展しはじめた。六二年二月金中央情報部長と池田総理との会談に続き、崔徳新外務部長官一行が三月一〇日に来日し、小坂善太郎外相との間で三月一二〜一七日にかけて五回にわたって会談を行なったが、請求権問題で、韓国側の七億ドルと日本側の七〇〇〇ドルとの開きは余りにも大きく、会談は失敗に終わった。(25)

会談の失敗はアメリカ側関係者を大いに失望させた。四月二一日にライシャワー駐日米大使は小坂外相と会談したさいに、今回の結果に対して「失望している」と述べたうえで、日本側が提示した「七〇〇〇万ドルというのはあまりにアンリアリスティックな数字であり。数億ドルは出さねば解決しないと考える」と苦情を述べた。(26)

ワシントンでは日韓交渉の停滞への懸念が高まるなか、六二年四月初めに作成された国務省の対日政策ガイドラインは、「日韓関係に横たわる相違点」の早期解決と日本による韓国への「大規模援助計画」の助長を改めて確認するものであった。(27) したがって、五月一七日に国務省が作成した覚書は、日韓双方ともワシントンが交渉に「介入」することを嫌っている状況の下で、「合衆国を仲介者の立場に置くことなく」、国交正常化交渉の促進を働きかけていく方針を確認した。そのさい、日本政府内にはアメリカ合衆国の肩代わりをさせられるのではないかとの懸念があり、韓国側には国交正常化によってアメリカ合衆国の援助が削減されるとの不安が強いことから、そうした不安を払拭する必要があるとされた。具体的には、韓国の対日請求額と日本の対案との開きが大きいことから、韓国側は七〇〇〇万ドルの引き下げを、日本側には補償額と経済協力資金のうちの贈与分を引き上げるよう働きかけていることが言及されている。(28)

以上の方針の下に、国務省はソウルと東京の大使館に政策指令案を送り、とるべき行動について両大使館の見解を求めた。打診の内容は、日韓国交正常化を促進するために、アメリカ合衆国が「斡旋」、「仲介」、「メッセージの内々の伝達」、交渉の推移や進め方に関する「内々の情報提供者」、「交渉の当事者として行動するのではなく交渉の触媒の役目を果たす」というものであった。[29] この政策指令に対して、ライシャワー大使は、日本に対する影響力の行使には限界があるとして、ワシントンが役割を拡大する場合のマイナス面を過小評価しているとの見解を寄せた。[30] それゆえ、ワシントンは、交渉への「干渉」と受け取られないように配慮しながらも、双方の考えを内々に伝達したり、交渉の促進を促すなどして、国交正常化交渉に重要な「触媒」の役割を果たすよう努めた。

六二年七月二四日の外務省幹部会議で新任の大平外相は、「日韓問題に対する米国の態度如何」と尋ねているが、これに対して、伊関佑二郎アジア局長は、「早くまとめてほしい。日本は少しケチすぎるというところだ」と答えている。大平はこれを受けて、「わかった。もうこれ以上、延ばすことはない。早急に総理と相談してきめよう」と決意を新たにしている。[31] この会談から一週間後の七月三一日、ライシャワー大使はエマーソン公使とともに大平外相を訪問し、「ここ数ヵ月の間に解決がみられなければ、今後多年にわたって解決をえないであろう。ここ数ヵ月が最後のチャンスである」と述べ、日韓双方の早期妥結を要望した。八月二三日には、ケネディ大統領が池田総理宛てに書簡を送り、「多くの障害があるのは承知しているが、解決（settlement）を実現するために全力を尽くされるであろうことを確信しています」と強い期待を表明した。池田総理は八月三一日の返書で、会談妥結に関する固い決意を述べている。[32]

六二年九月五日、ライシャワーは、竹内龍次事務次官に、バーガー駐韓米大使からの連絡として、「韓国側は無償三億ドル、有償二億ドルならば妥結にふみ切ることは確実」だと伝え、したがって日本側が二・五億ドルまで上げることが、「この際もっとも肝要」だと助言している。続いて、大平外相が国連総会出席のため訪米した機会を捉えて、ラスク国務長官は九月一五日に外相と会談したが、そのさい「問題の中心は無償供与の額」にあるとしたうえで、「三億ドルなら解決可能と思う」と述べた。さらに、九月二八日から一〇月六日の間に韓国に滞在中の後宮虎郎審議官はバーガー大使と会談したが、そのさい、大使から「無償三億ドル以下では満足しないことだけは絶対確実」だと告げられた(33)。こうした情報は、日本が妥協点を探るうえで有益だったと思われる。

日韓双方の交渉が膠着状態になると、その都度事態を打開するために、ワシントンが重要な役割を果たした。六三年二月から三月にかけて韓国政局が激動するなか、国務省やホワイト・ハウス内には、この機会を逃すと、正常化交渉は「予見可能な将来」、実現できなくなるとの懸念が広がった。フォレスタル国家安全保障会議（NSC）スタッフの意向を受けて、ハリマン極東担当国務次官補は、六三年二月一二日付で、正常化交渉を三月までに実現することの重要性を強調する電文をバーガー大使に送った。同時に、国務省もまた、在韓米大使館に正常化交渉を促進するよう「韓国側に強く働きかける」よう指示した(34)。

六四年一月にラスク国務長官が日韓両国を訪問することになった。日米貿易経済合同委員会に出席するために来日したラスクは、二六日に大平外相と会談し、協定の締結促進を促したが、大平は請求権問題が片付いたことで、目下の争点は、排他的水域の幅、排他的水域の外での規制、漁業協力だと指摘したうえで、「目下のところ、困難の原因は韓国側にあり、日本側にはない」と述べた。ライシャワー大使も一月三日の国務省宛電文で、「解決の障害は韓国側にある」との認識を示した(35)。

ラスクは一月二九日には韓国を訪問し、朴大統領と会談したが、事前に韓国政府から国務省に送られた一月二九日付覚書で、アメリカ合衆国の対韓援助削減への懸念と日本の経済的支配への恐れを強調していたこともあり、会談後に発表された共同声明では、「アメリカの対韓軍事経済援助についての根本政策は日韓国交正常によって影響されない」とうたわれた(36)。

日韓会談を妥結させようとするワシントンの積極的な努力は、その後も続けられた。六四年二月段階における交渉の重要な争点は、竹島問題を別とすれば、韓国の漁業産業の強化のための日本からの漁業協力資金額および一二カイリと李ライン海域における日本漁船の操業に焦点が絞られてきていた。在韓米大使館は、日本側が六〇〇〇〜七〇〇〇万ドルの漁業協力資金を提供すれば、韓国側のニーズを満たすとみていた。また、一二マイルの外の海域における日本の漁獲量を、韓国漁業の近代化が実現するのに要する数年間現行水準に抑制することができれば、韓国側としても一二カイリを事実上容認する用意があると分析していた。以上の観点から、在韓米大使館は、日本には、漁業協力資金七〇〇〇万ドル、排他的経済水域外の海域での日本の漁獲量を現行レベルに維持するよう働きかける一方、韓国側には、国際慣行に沿って一二カイリの幅を認め、新たな要求を持ち出すことをしないように働きかけることを慫慂した。(37)

しかし、韓国では六四年三月二四日に学生デモと野党の倒閣運動が激化した。朴政権は、六月三日ソウルに戒厳令を布き、戒厳令は七月二八日まで続いた。在韓米大使館は反対運動の背景には、①日本による経済的支配への広範な世論の懸念、②対韓援助の日本への肩代わりとアメリカ合衆国の「撤退」の不安がある、と観察した。国務省も認識を共有しており、「深刻な障害」の原因は韓国側にあると考えた。(38)それゆえ、ワシントンは、日本政府に韓国内の反対勢力の抵抗を乗り越えるのに役立つ寛大なアプローチをとるよう慫慂し、他方、韓国側の不安や懸念を払拭する努力を継続した。

コマー国家安全保障会議スタッフの大統領への進言にもとづき、コマーも同席するなか、ジョンソン大統領は、六四年七月三一日に、韓国に赴任するブラウン大使とホワイト・ハウスで面会し、交渉のすみやかな妥結を「最優先事項」とみなしていることを伝えた。同時に、ラスク国務長官は、朴大統領宛「口頭メッセージ」をブラウン大使に託するよう進言した。それによると、国交正常化は韓国にとって、経済的にも政治的にも「大きな利益」をもたらすものであることを指摘したうえで、「アジアにおける自由世界の立場」に悪影響を与えるため、「これ以上の遅滞は許されない」ことを強調するものであった。加えて、ラスクは、韓国側の懸念を緩和するために、国交正常化によって、対韓経済援助政策に影響が及ぶことはないと念を押すことも忘れなかった。(39)「口頭メッセージ」が、ジョンソン大統領は「これらの見解を強く抱いている」という文章で締めくくられていたことは、ベトナム戦争で国際収支が悪化するなか、同政権が対韓援助の負担分担を日本に期待していたこと、そのために、国交正常化の早期実現が不可欠だと考えていたことを示している。(40)

六四年八月一七日、新任のブラウン大使は李東元外務部長官と会談したが、この時の共同声明で、アメリカ合衆国は「日韓両国の懸案の早期妥結のため可能な限り支援する」、日韓国交正常化後もアメリカ合衆国は「韓国に対する経済、軍事援助を引き続き強化する」と述べ、韓国側の懸念を和らげるよう努めた。(41)

アメリカ政府はまた、朴大統領の訪米を検討することで、中断を余儀なくされていた会談の再開を後押しした。在韓米大使館は、国務省からの問い合わせに対して、朴訪米は有益だとしたうえで、日韓国交正常化の進捗状況と関連づけて行なわれるべきだと具申してきた。ブラウン大使は、六五年三月に交渉が妥結した場合、三月か四月の朴訪米が実現すれば、国交正常化への世論の支持を調達し、この困難な問題を克服するのに大いに資することになる一方、三月までに妥結しない場合でも、妥結を促進するうえで朴訪米を利用することが可能だと伝達してきた。これを受けて、ラスク国務長官はジョンソン大統領に三月か四月の朴訪米を勧告した。(42)

韓国内の反対運動が高揚し、戒厳令を出してでも反対派を抑え込み、残された争点を克服する覚悟を決めていた朴大統領にとって、朴訪米はワシントンが、日韓国交正常化を強く希望していることの現れであることを韓国世論に訴える意味で、朴政権を後押しすることになった。朴訪米は五月に実現し、一七日の首脳会談の席上、朴大統領は、交渉は六月に妥結すると述べた。この会談で、アメリカ政府は朴大統領に「おみやげ」を用意した。一八日の共同声明で、ジョンソン大統領は「日韓交渉の進展を歓迎し、国交正常化後の対韓軍事援助を続ける」と表明し、開発借款基金から一億五〇〇〇万ドルの借款を供与することを盛り込んだ。NSCのトンプソンからのM・バンディ大統領特別補佐官宛覚書（五月一四日）によると、この借款は、「日韓交渉の妥結を間近に控えるなか、わが国が対韓援助を継続することを韓国国民に得心させることを意図した」援助の一部であった。この支援はまた、韓国内の反対勢力と世論の多くが、アメリカ合衆国は韓国を見捨て日本の支配に委ねるのではないかという「強い恐怖感」に対処するのに朴大統領が必要としているものであった[43]。

一方、六四年一一月には佐藤栄作内閣が誕生したが、六五年一月には佐藤総理が訪米し、一二日のジョンソン大統領との会談で、「韓国の国内政治状況は理解しがたい」としながらも、交渉の妥結は遅らせることはできないと述べ、「日本政府は関係正常化を促進するために全力を尽くす」と誓った。佐藤はこの会談で、残された争点は、李ラインと竹島（独島）問題だと述べている[44]。

以上述べてきたように、日韓国交正常化交渉が膠着状況に陥るたびに、アメリカ合衆国は助言者やタイムリーな情報提供者として交渉の促進を後方から支援した。この間、ワシントンは、交渉に直接関与して仲介役を務めることは慎重に回避した。とくに、ライシャワー大使は、日本への圧力は逆効果を生み出すとして、一貫して慎重なアプローチを採るよう本国に進言し続けた。圧力に関する同大使の表現を使えば、日韓両国の国内状況は、「韓国における必要性と日本におけるリスクとの間の注意深いバランスをとる行動」が必要とされた[45]。ワシントンは基本的には、ライシャワー大使が進言したアプローチを採ることによって、日韓両国の正常化の実現に貢献した。

ワシントン首脳が、これほどまでに日韓正常化を重視した理由としては、三点を指摘できる。第一に、日韓正常化は、韓国の経済的発展と政治的安定にとって非常に重要だと考えていた。第二に、日韓関係の改善は、アジアにおける西側陣営の結束を強化するうえで不可欠だとの認識があった。第三に、ベトナム戦争の泥沼化と国際収支の悪化に喘ぐアメリカ政府にとって、同国の対韓援助の軽減を実現するための役割分担を引き受けられるのは日本だとの共通認識が政府内には形成されていた。

(3) 第二次経済五ヵ年計画と日本の経済・技術援助

日韓国交正常化後の日本は、アメリカ合衆国のコラボレーターとして、対韓援助に重要な役割を果たした。まず、対日請求権資金の無償三億ドル（一〇年間に均分）、有償二億ドル（一〇年間に均分）は、第二次五ヵ年計画の主要財源として使用された。六六年から七五年までの一〇年間に導入された請求権資金のうち、無償資金の使用実績は、農業、林業、水産業、役務、その他の資本財部門に全体の四〇・四％（一億二一三二万ドル）、原料供給のために原資材導入部門に四四・三％（一億三二八三万ドル）が、それぞれ使用された。また、有償二億ドルは、鉱工業部門に全体の五六・九％（一億一二七三万ドル）が重点的に使用された。なかでも、浦項総合製鉄所建設のために、四四・三％（八八六八万ドル）が配分され、無償資金からも三〇八〇万ドルが充当されたため、対日請求権資金の二三・九％が同製鉄所建設に振り向けられたことになる(46)。

以上の他に、日韓経済協力協定の締結にもとづき、別途三億ドルを超える商業ベースの民間信用供与が行なわれた。六七年八月の第一回日韓定期閣僚会議において、韓国側から一般プラント二億ドルの信用供与の要請があり、日本側は支払いの延べ払いを承認した。この種の民間商業ベースの供与額は六五～七〇年の六年間で四億四三〇〇万ドルに上り、これによって船舶、鉄道車両、電気機械、産業機械などの延べ払い方式での輸入が可能になった(47)。

韓国は、第一次五ヵ年計画が終わった段階でも資本設備や技術レベルではいまだ十分ではなく、これが経済発展の大きな制約になっていた。六六年までの韓国の輸出は年間二〇〇〇～五〇〇〇万ドルにすぎず、海外援助の大部分はＰＬ４８０による食料、消費財であったので、六五年までに導入した借款一億二〇〇〇万ドルを除けば、海外からの資本財導入資金が不足していた。対日請求権資金は資本財導入に大いに資するものであった。請求権資金による資本財導入総額は三億二一三二万ドルであったが、そのうち五一・六％は国内で生産できない一般機械であった[48]。

韓国の場合、海外資本の導入が経済成長に大きな役割を果たしたことを考えれば、第一次経済五ヵ年計画が終了し、資本財購入のための資金需要が増大する時期に、対日請求権資金が導入され、それにともない日本からの借款も増加したことは、第二次五ヵ年計画の遂行において重要な役割を果たしたと評価できよう。加えて、六〇年代後半の韓国の目覚ましい経済成長にともない、商業借款も急増した。借款導入実績で見た場合、五九〜七二年の政府借款は、日米二国で全体の八三・一％を占め、うちアメリカ合衆国六〇・六％、日本二二・五％であるが、その圧倒的部分は六六〜七二年の時期で占められている。商業借款は、日米二国で全体の六七・四％を占め、アメリカ合衆国四一・九％、日本二五・五％であったが、政府借款の場合と同様、六六〜七二年度に集中している[49]。

韓国経済は外資に大きく依存しながら発展をしてきただけでなく、輸出入の依存度も高かった。輸出に関しても、日米が果たした役割は大きく、韓国の輸出全体に占める日米の割合は六五年度六〇・三％（米三五・二％、日二五・一％）、六八年度七三・六％（米五一・七％、日二一・九％）、七三年度七〇・二％（米三一・七％、日三八・五％）を占めた。韓国経済の成長に占める輸出貢献度は、かなり高く、五五〜六八年度で二〇・二％、六〇〜六八年度では二二・四％となっている[50]。

ワシントン首脳は、日韓国交正常化は、アジアにおける西側陣営の立場を改善する意味で重要であるだけでなく、韓国の経済発展と政治的安定にも不可欠だと考え、交渉を後押しした。対日請求権資金とその後に続く商業ベースの借款は、韓国の第二次経済五ヵ年計画の実施期間と重なったことで、同計画が高い成長率を達成するのに少なからず貢献した。日米協力は第二次五ヵ年計画の成功に大きな役割を果たした。

4　ニクソン・ドクトリンと朴政権の「自立化」路線の加速化

(1) 朝鮮半島の危機と米韓軋轢の増大

六八年一月二一日の北朝鮮ゲリラによる青瓦台襲撃事件、その二日後に発生した米情報収集艦プエブロ号拿捕事件、六九年四月一五日の米偵察機EC-121撃墜事件は、朝鮮半島の緊張を一挙に激化させることになった。なかでも、青瓦台襲撃事件とプエブロ号拿捕事件は、米韓双方の思惑の違いから対応に食い違いが生じたため、両国関係を悪化させた。その結果、朴政権の対米不信は増幅され、「自立化」路線(韓国経済の自立化と自主国防の強化)はさらに加速されることになった。

朴大統領は一月二四日ポーター大使に対して、韓国としては、北朝鮮からの謝罪とプエブロ号の即時返還、今後この種の襲撃をしないという保証を要求すると述べたうえで、ワシントン首脳は北朝鮮から満足すべき対応を引き出す以上に韓国による北への報復を心配しているようだと憤慨した。朴正煕はさらに、在韓国連軍司令部の立場を尊重し、現時点で一方的な報復を行なわないとしながらも、北朝鮮からのさらなる攻撃があった場合には、反撃は不可避だと明言した。彼は、アメリカ合衆国がベトナム戦争への対応に追われ、朝鮮半島で挑発的な行動に出ても、報復する余裕はないと北朝鮮が考えているとみていた。それゆえ朴は、積極的で適切な対抗措置をとらなければ、北朝鮮の挑発行為を阻止することはできない、と危機感を露わにした[51]。

一方、ワシントン首脳は、韓国がアメリカ政府と協議なしで報復することには強く反対し、朴大統領からその保証を取り付けることを重視した。ポーター大使は、朴正煕の発言から、韓国が北朝鮮に侵攻した後に、在韓米軍が北朝鮮の反撃に備えることができるように、アメリカ政府に事後通告する可能性があるとして、韓国の北への侵攻には反対であるとの米側の考えを改めて伝達すべきだと勧告してきていた[52]。この進言を受けて、国務省は一月二三日、「とくにプエブロ号拿捕事件で緊張がさらに高まっていることに鑑み」、韓国による北朝鮮への報復攻撃には反対である旨、「最も強い言葉で」伝えるよう訓令した[53]。朴大統領が感情的になっていることに懸念を抱いた国務省は、さらにジョンソン大統領の意向を韓国側に伝達した。ジョンソンは、韓国側の自制を「多とする」としたうえで、米軍機二五〇〜三〇〇機を韓国と韓国周辺地域に緊急配備すると伝えた。ロストウ大統領補佐官は、この措置によって、「少なくとも、韓国側を落ち着かせる効果はあるだろう」と期待した。アメリカ政府はさらに念を押すべく、ジョンソン大統領から朴大統領宛に書簡を送り、北朝鮮の攻勢に対抗するために韓国軍の軍備強化支援策を検討していることを強調した。ジョンソンの書簡は、ポーター大使によると、朴大統領を「明らかに感動させた」という[54]。

しかし、韓国側の不満と懸念は容易に収まらなかった。韓国政府と世論の間では、アメリカ政府はプエブロ号拿捕問題に対しては徹底的に対処しているのに、青瓦台事件に対しては十分な対応を行なっていないとの不満が渦巻いていた[55]。韓国側にとくに不信感を与えたのは、アメリカ政府が板門店でプエブロ号の返還と乗組員の解放について北朝鮮側と秘密裏に折衝していることが明らかになったことだ。韓国側は、休戦協定違反を北朝鮮側が繰り返しているにもかかわらず、北によるゲリラ攻撃問題が秘密交渉では協議の対象になっておらず、しかも韓国側を排除する形で折衝が進められていたことに不信感を募らせた。韓国側が同席を求めると、アメリカ側は、韓国が同席すれば、プエブロ号返還と乗組員解放の交渉が頓挫するとして、あくまで北朝鮮との二国間協議にこだわった[56]。

国務・国防両省は、「アメリカは北朝鮮との間に裏取引をしているのではないかという疑惑」に早急に対処する必要があるとの観点から、青瓦台襲撃事件とプエブロ号拿捕事件は問題の性格が異なるものであり、したがって異なるアプローチが必要だと主張した。アメリカ政府は、後者の問題は内密の折衝によって解決される可能性があるが、北からの侵略の問題は、公の非難や長広舌で相手の行動を抑え込むことはできず、韓国の軍事態勢の目に見える形での強化と、浸透を撃退する能力にかかっているとして、そうした観点から韓国側を納得させようと腐心した。そのため、韓国政府と世論に「最大限の心理的、政治的インパクト」を与えるべく、一億ドルの支援を行なうことになった。この支援は、韓国統合参謀本部と在韓国連軍司令部が協議して決定した支援パッケージであり、北の浸透への対策費三二三〇万ドルに加え、韓国海軍への駆逐艦二隻、一砲兵大隊分の八ミリ砲、その他装備の供与を含んでいた。さらに、国務・国防両省は、在韓米軍司令官ボーンスティールに対して、F-4戦闘機一八機に加えて、F-5SAMミサイル、パトロール用舟艇と高速舟艇の供与が、韓国側の不安を緩和するうえで効果的か否かも検討するよう指示した[57]。

韓国側が、ベトナムからの韓国軍部隊の撤退をちらつかせたことも両国間に緊張をもたらした。韓国側からすれば、北朝鮮の侵攻に対してワシントン首脳が十分な対抗措置をとることを躊躇しているように見えるなか、韓国の安全への不安が国民の間に広がっており、ベトナムからの韓国軍部隊の撤退を示唆することは、アメリカ側から援助を引き出し、世論の不安を鎮めるために必要だと考えられた。しかしワシントンは、こうした韓国側の動きには強硬に反対した。アメリカ側は、北朝鮮による青瓦台襲撃事件や南への浸透・破壊活動のエスカレーションの背景に、まさに韓国軍部隊のベトナムからの撤退ないしは追加派兵の阻止があるとみていたからだ。したがって、韓国軍部隊のベトナムからの撤退は、金日成主席の思う壺であり、逆にここで朴政権がこの問題で踏ん張ることができれば、北朝鮮に打撃を与えることができるとの判断があった[58]。

それでも、韓国側の不安や不信は容易に払拭されなかったことから、二月一一日、ヴァンス前国防副長官が特使としてソウルに派遣された。ヴァンス特使は、韓国側が一方的に北への報復行動に出ることに対しては、明確に反対である旨繰り返した。これに対して、韓国側は、板門店で韓国不在のまま秘密の折衝が行なわれていることについて、韓国内に疑惑が生じている、と改めて指摘した。さらに、ベトナムから韓国軍部隊の撤退を求める圧力が高まっていると述べたのに対して、ヴァンスは、そういうことが行なわれれば、アメリカ政府は在韓米軍を引き上げると発言し、韓国側を驚愕させた。ヴァンスが後日、ジョンソン大統領に行なった報告では、特使派遣の目的（一方的報復行動をとらない、韓国世論の報復を求める声を宥める、北朝鮮との二国間の折衝を容認させる）を「基本的には達成した」と述べている。[59]

その一方で、ヴァンスは帰国後、アメリカ政府が、青瓦台襲撃事件に対する報復を認めなかったことは、韓国側に強い不満を残し、プエブロ号拿捕事件で対抗措置をとらなかったことで、韓国側は「面目を失った」と受け止めた、とも報告している。ヴァンスによると、韓国側が報復を思い止まったのは、在韓米軍司令官ボーンスティールが、韓国統合参謀本部首脳に対して、アメリカ側に相談なく一方的な報復行動に出た場合には、在韓米軍の撤退を勧告すると明言するなど、アメリカ側が強硬な反対を繰り返したからである。それでも、ヴァンスは、北による新たな襲撃事件や武装ゲリラの進攻が発生した場合には、韓国側としてアメリカ側の意向にかかわらず、必要な報復行動をとると朴大統領が発言したことを、「最も深刻な問題」だ、と大統領に報告している。[60]

(2) 増幅する対米不信と「自主国防」の強化

安全保障の不安は、対米不信感と相まって、朴大統領が「自主国防」路線をさらに強めることにつながった。六八年一月六日、朴正熙は韓国陸軍本部で、北朝鮮の浸透と武装ゲリラ鎮圧という課題に取り組むために、国内安全に関する緊急会議を招集し、新たに「市民防衛法」（Civil Defense Bill）の成立を目指す考えを明らかにした。二月に入って、朴大統領は自主国防力の構築の必要性を強調するようになった。[61] 同年四月、朴正熙は二五〇万人の予備役部隊の創設と兵器産業の育成・強化を発表、その後韓国議会は五月六日に同法を成立させ、「郷土予備軍」を創設した。続いて、七月五日、戦闘態勢完備三ヵ年計画（一九六八〜七〇年）と第一次防衛産業整備三ヵ年計画（一九六九〜七一年）を発表した。これらの計画を通して、朴正熙は、まずは郷土予備軍の武装化とそのための兵器の国産化を図り、長期的には、「自主国防」路線の基盤をなす国防産業の育成を目指した(62)。

一九六九年一月、新大統領に就任したニクソンは、ベトナムからの「名誉ある撤退」を掲げ、ベトナム戦争の主体を南ベトナム政府軍に移行させる政策を追求した。続いて、七月二五日にグアム・ドクトリン（以下、ニクソン・ドクトリン）が発表された。ニクソン・ドクトリンは、アメリカ合衆国は同盟国に対して拡大抑止力（「核の傘」）を提供するものの、同時に自助努力の必要性を強調し、地上兵力は自前でまかなうことを求めるものだったため、アメリカ合衆国の対外的コミットメントの縮小の流れを確認するものと韓国では受け止められた。

ニクソン・ドクトリンは、在韓米軍削減問題を両国の争点として再浮上させることになった。ニクソンと朴正熙の初の首脳会談は、ニクソン・ドクトリンの発表後であったため、ニクソンは、米韓同盟条約を順守すると述べたうえで、在外米軍の削減を求める声が米国内世論にあるが、削減はしないと明言した(63)。しかし、この間アメリカ政府内では、在韓米軍の削減に関する検討が行なわれており、ニクソンはその後、七〇年三月二〇日付国家安全保障決定覚書四八において、七一年六月までに二万人の在韓米軍兵力を削減する決定を行なった(64)。

金東祚駐米韓国大使は七〇年四月二三日、ニクソン大統領に朴大統領の書簡を手交したが、朴書簡は、先のサンフランシスコ首脳会談で、ニクソンが在韓米軍の削減は行なわないと約束していたことを取り上げ、このタイミングで削減の決定が行なわれたことに「深甚なるショック」を受けたと抗議した(65)。さらに朴大統領は五月二九日のポーター大使との会談で、在韓米軍の一部撤退は一九七五年まで待つべきであり、時期を早めるとすれば、韓国軍の近代化計画に対するワシントンの支援の規模と内容を具体的に明らかにすべきだと主張した。これに対して、ポーターは、軍の近代化計画は五年間で一〇億ドルあるいはそれ以上の規模の予算を必要とするものであることから、まず議会に説明し、原則的な了解を得ることが先決だと主張し譲らなかった。さらに注目されるのは、朴大統領が、在韓米軍の撤退には彼の同意が必要だと理解していると述べたのに対して、ポーターはこれをきっぱりと否定し、いま行なっているのは、協議であって、許可を求めているのではないと釘を刺した[66]。

同年八月四日、ミカエリス在韓国連軍総司令官も同席して行なわれた二時間半に及ぶ協議では、両国間の「信頼の欠如」をめぐるやり取りに発展した。朴正煕の頑なな態度に直面したポーター大使は、アメリカ政府首脳は韓国軍の近代化と韓国の安全に対するコミットメントを繰り返し保証する意図を表明してきたが、にもかかわらず納得できないというのなら、究極的には「信頼の問題」に帰すると発言した。朴正煕は両国間に信頼が欠けているというのはそのとおりかもしれないとしたうえで、一年前のサンフランシスコでの首脳会談で、ニクソン大統領がニクソン・ドクトリンについて説明したさいに、この原則は韓国には適用せず、むしろ在韓米軍を強化すると語ったこと、さらに韓国軍部隊をベトナムに派遣している間は、在韓米軍の削減は行なわないと言明したことに言及した[67]。

最終的には七一年二月五日、韓国側が二万人の兵力削減を容認する代わりに、アメリカ側は韓国軍の長期的な近代化計画を支援するとする合意文書が交わされた。ニクソン政権首脳は、韓国側の不満と不安を緩和するため、韓国軍の近代化五ヵ年計画に一〇億ドル、韓国空軍と海軍の近代化のために五〇〇〇万ドルを追加することにした。七一～七五財政年度で総計一五億ドルの支援が決定され、それは七一年二月六日の共同声明で発表された。この合意にもとづき、ニクソン政権は同年七月、第七歩兵旅団二万人の削減を実施した[68]。

二万人の在韓米軍削減は、朴大統領の強い反対を押し切る形で進められたことから、韓国側はこの措置に強い不満と不信感を抱いた。この問題は、朴正煕の「自主国防」ならびに「自立化」路線をいっそう加速化させることになった。朴大統領が核兵器の開発を決断したのは、その現われであった。その契機となったのは、七月の在韓米軍二万人の削減の実施だったとみられている。同年一一月、朴正煕は極秘に核開発計画の立案を命じた。その後、韓国政府はワシントンの強い圧力に直面し、最終的に核開発を放棄することになるが、七九年に朴大統領が暗殺されるまで、彼自身は核開発を断念するには至らなかった。(69)

（3）日本の「経済協力」と韓国の安全

そうした状況のなか、日本政府は、「経済協力」の形をとりながら、韓国の「自立化」の促進に重要な役割を果たすことになった。日本からの経済・技術援助は、アメリカ合衆国の対韓経済・軍事援助と同様に、政治経済学的意味合いを有していた。日韓両政府レベルにおいて、両者は相互に関連のあるものと理解されていた。

ニクソン・ドクトリンの発表は、アメリカ合衆国がアジアに対するコミットメントを縮小していく傾向を示すものとして、韓国政府内のみならず、日本政府内でも不安と懸念をもって受け止められた。しかし、分断国家として北朝鮮と対峙し、その背後に中ソの存在を意識せざるをえない韓国の立場と、日本の置かれている状況とでは、脅威認識と危機意識で相当な隔たりが存在した。このような地政学上の立ち位置の相違は、同時期に進行していた沖縄返還交渉をめぐる日米韓の認識の違いとして現出した。

六九年八月ニクソン・ドクトリンが発表された時点で、すでに沖縄返還交渉は重要な局面を迎えていた。周知のとおり、同年三月一一日佐藤首相は、参議院予算委員会で「核抜き・本土並み」発言を行ない、非核三原則の立場で沖縄返還交渉を行なうことを明らかにした。佐藤は、この発言以降、日本国民の反核感情に配慮しながら、野党の批判を封じ込めると同時に、日米安保条約の沖縄への適用によって、本土と沖縄の扱いにおいて法的一元化を目指した。(70)しかし、日本の内政上の立場を優先した論理は、韓国とアメリカ合衆国の安全保障上のニーズと相いれない側面を持ち、両国との調整が必要になった。

冷戦の論理を優先するアメリカ合衆国は、アジアの同盟国に提供する抑止力の低下を招かないような形での沖縄返還の実現を目指した。そのためには、沖縄からの核兵器の撤去は望ましくなかったし、それ以上に沖縄の基地の自由使用は不可欠だとみなされた。その一方で、アメリカ政府内では、沖縄返還が実現しなければ、日米安保条約の運用に重大な支障が生じると認識されるようになっており、沖縄を返還しないという選択肢は困難になりつつあった。そこで、ワシントンは、沖縄の基地の自由使用を最優先事項としながら、核兵器については、有事の持ち込みを日本に認めさせるという方針で返還交渉を進めた。

一方、韓国は、沖縄の在日米軍基地が、北朝鮮の挑発や侵略の危険を抑止するのに不可欠だとの認識を有しており、「核抜き・本土並み」返還はアメリカ合衆国の抑止力の低下を招くとして強く反対した。六九年四月八日、崔圭夏外務部長官は、ポーター大使に備忘録を手交し、北朝鮮の軍事挑発により沖縄の米軍基地の戦略的重要性は増大しているとの情勢認識を示したうえで、これらの基地は日本の安全のみならず、韓国およびアジア全域にとっても「不可欠である」として、基地の戦略的価値と機能が損なわれないようにすべきだと訴えた。覚書はまた、沖縄の地位になんらかの変化が生じた場合には、韓国政府と「十分協議する」よう求めていた。[71]

同長官はまた、四月九日、金山正英駐韓日本大使にも、ほぼ同内容の覚書を手交した。同覚書は、沖縄の戦略的価値を損なうようなことはすべきではないと強調し、さらに「韓国の安全と繁栄が日本のそれに重大な影響がある」とした第二回日韓定期閣僚会議（一九六八年八月二九日）の共同声明にも言及していた。これに対して、金山大使は、「沖縄返還は日米間で解決すべき問題だ」として、「第三者が介入するのは適切ではない」と反論している。続いて、四月一一日に愛知揆一外相が記者会見で、そのようなやり取りが双方で行なわれたことを明らかにした。[72]このことは、韓国の干渉による沖縄返還交渉の複雑化を懸念する日本政府が、そうした干渉を排除する姿勢を示したことを意味する。

アメリカ政府は、沖縄返還交渉において日本に与える「悪影響」を考慮して、韓国に「情報提供」は行なうが、

「協議」はしないとの立場を貫いた。四月末に国務省は、今後もこれまでどおり、「情報提供」と「協議」を区別して対応するよう在京、在ソウルのアメリカ大使館と申し合わせている(73)。

ニクソン政権は、六九年五月二八日の対日政策文書（National Security Decision Memorandum : NSDM 13）で、沖縄返還交渉に関する最終方針として、①基地の自由使用についての合意が六九年に成立することを条件に、七二年の返還に同意する、②朝鮮、台湾、ベトナムに関する基地使用が最大限自由であること、③沖縄に核兵器を保持することを希望するが、他の要件で満足のいく合意が成立するならば、「緊急時の核の貯蔵と通過権が維持されることを条件に、大統領は交渉の最終段階で核兵器の撤去を考慮する用意がある」と決定した(74)。その後、六九年一一月の佐藤訪米の際に発表された佐藤・ニクソン共同声明で、日米双方は、七二年までに沖縄を日本に返還することで合意したが、注目されるのは、この共同声明には、韓国の安全は日本にとって「緊要である」という「韓国条項」が盛り込まれたことである(75)。佐藤はさらに共同声明発表当日、ナショナル・プレスクラブで演説し、韓国に対する武力攻撃が発生した場合には、米軍が日本国内の施設・区域を戦闘作戦行動の発信基地として使用することを、日本政府としては、事前協議で、「前向きに、かつすみやかに態度を決定する方針である」と述べた。この文言は、「法律的な約束はしないけれども、政治的には、日本はアメリカ政府が事前協議してくれれば、ほとんど間違いなくイエスと言うでしょうという心証を与えるということによって、手を打った」という性格のものであった(76)。

日本政府が韓国の安全保障へのコミットメントを強めるなかで、日本の対韓経済協力もまた、安全保障上の含意を有するものとなった。六七年八月九日から一一日の三日間東京で開催された第一回日韓定期閣僚会議で、韓国側が第二次経済五ヵ年計画の遂行のために二億ドルの新規民間借款を求めたのに対して、日本政府は最終的に韓国側の要求に応じた。その後、青瓦台襲撃事件とプエブロ号拿捕事件を経て、六八年八月二七日から二八日にかけて、第二回日韓定期閣僚会議がソウルで開かれ、一般プラント分供与枠と漁業・船舶輸出分供与枠とを併せて九〇〇〇万ドルを供与することで合意された。注目されるのは、このとき発表された共同声明が、「韓国の安全と繁栄は日本のそれに重大な影響がある」と謳ったことである。(77) この文言は、元来、日本の対韓経済協力を正当化するために用いられたものだが、この時期の日本の援助は安全保障上の意味合いも含まれていたことが注目される。

（4）総合製鉄所建設と日本の経済・技術支援

第二回日韓定期閣僚会議開催時には、朴大統領の肝いりで開始された浦項総合製鉄所の建設事業が頓挫しかかっていた。総合製鉄所建設事業は蔚山の石油化学工業団地と並んで、第二次経済五ヵ年計画における重化学工業の二大重点事業であった。六六年一二月、米、英、西独、伊四ヵ国、七社による韓国国際製鉄借款団（ＫＩＳＡ）が発足したものの、世界銀行と米国輸出入銀行との借款交渉が遅々として進まない状況が続いていたため、韓国政府は対日請求権資金のうち未使用金の使用を認めてくれるよう日本の財界と日本政府に働きかけた。六九年八月二六日から三日間東京で開催された第三回日韓定期閣僚会議で、韓国側は正式に浦項総合製鉄所建設のための協力を日本側に要請した。会議後に発表された共同声明では、「両国の安全と繁栄が極めて密接な関係にある」ことがふたたび謳われた。さらに、韓国側は「総合製鉄所の建設につき日本の対韓経済協力における最優先計画として日本側の協力を要請した」のに対して、日本側はこれに深い理解を示し、調査団の派遣を約束した。六九年一二月三日には、浦項総合製鉄所の着工に関する日韓基本協約が締結され、一億二三七〇万ドルの資金と商業借款が供与されることになった。(78)

総合製鉄所建設に投入された資金は、内資約三億九二八三万ドル、外資五億一八九一万ドルという莫大な金額であった。全額施設資金に投入された外資の二三％に該当する一億一九四八万ドルが対日請求権資金によって充当された。借款全体からみれば大きいとはいえないかもしれないが、「対日請求権の流用と日本の鉄鋼業界の技術協力があったからこそ、浦項製鉄の創業が可能となった」[79]といえる。

この時期の朴正熙の最大の関心事は、「自主国防」の強化であったが、同時に留意すべきは、彼が、韓国軍の近代化計画の基盤は韓国の重化学工業の育成と発展であることを強く意識していたことだ。浦項製鉄所建設事業を彼が重視したのも、そのような動機にもとづいていた。朴正熙は、同鉄工所の起工式で、製鉄産業が「最も根幹となる産業」であるとしつつ、軍需産業の育成と発展のためにも、「製鉄産業を最も優先的に開発しなければなりません」と述べた。さらに朴は、七〇年一月九日の年頭記者会見において、「二〇〇余万の郷土予備軍」の早急な動員体制の確立と正規軍への転換を可能とする体制の整備の必要性を訴え、そのためには、「軍需産業を徐々に育成していかなければならない」と語った。そのさい、彼は、「国防イコール経済建設、経済建設イコール国防」という表現を使い、両者が不可分であることを明言した[80]。

七〇年五月二一日、丁一権国務総理は佐藤総理と会談し、七二年から開始される第三次経済五ヵ年計画（七二〜七六年）への支援を要請し、さらに同年六月二一日、黄秉泰経済企画院運営次官補は、第三次経済五ヵ年計画の期間中に建設する「重工業育成計画」（八つのプロジェクト）を日本側に提示した。この重工業育成計画のなかから、「四つのプロジェクト」（「四大核工場建設事業」）、すなわち鋳物銑工場、特殊鋼工場、重機械工場、造船所の建設を選定し、日本からの円借款で建設することになる[81]。韓国側の要請に対して、日本政府は、在韓米軍削減の肩代わりをしているかのような印象を与えることを慎重に回避しつつ、経済協力を進めていった。

第四回日韓定期閣僚会議（七〇年七月二一〜二三日）がソウルで開催されたさい、韓国側は日本の懸念への配慮から、表向きには、在韓米軍削減と日韓経済協力の関連性を否定したが、内々には、在韓米軍削減によって失うことになる外貨を輸出で補う他はないとして、輸出産業へ資本を投入する必要性を指摘し、五〇〇〇万ドル程度の現金借款の供与を求めた[82]。定期閣僚会議開催中の七月二二日、第七回日米安全保障高級事務レベル会議（ＳＳＣ）の事前会合で、安川壮外務審議官は、日本は在韓米軍削減と韓国からの経済的支援の圧力との間でどのような対応をすべきか決めかねているとしたうえで、「韓国側は在韓米軍の削減を補うために日本からの追加経済支援を強く求めてきている」と述べた。安川によると、朴大統領自ら、在韓日本大使を通じて、在韓米軍削減で失う国際収支の減少を補うために、九〇〇〇万ドルから一億ドルの現金借款を要請してきたという(83)。

第四回定期閣僚会議二日目、韓国側は「四つのプロジェクト」への資金協力として、計五九〇〇万ドルを要請したが、共同コミュニケで、日本側は、重工業育成が浦項総合製鉄所の効率的な活用と経済発展に緊要であるとの認識のもとに、必要な調査などの協力を行なう用意があると応じた。また、韓国側は、農業近代化、輸出産業育成および中小企業振興のために一億ドルの新規借款を要請したが、日本側はこれに前向きに対処すると約束した。その後、七一年八月一〇日に開催された第五回日韓定期閣僚会議で、日本側は「四つのプロジェクト」に対して、輸銀延べ払い方式にもとづき、金利六％、償還期限一二年の条件で融資する取り決めを結んだ(84)。

（5）韓国の経済発展と「日米協力」

日本による対韓経済・技術援助は、アメリカ合衆国の経済・軍事援助と同時並行して行なわれた。アメリカ合衆国の対韓経済援助は基本的に、国際開発庁（ＡＩＤ）プログラムとして行なわれたが、主として以下の三つから構成されていた。①原材料、機械、その他の重要な輸入物資の購入（維持援助プログラム）と食糧および綿花の購入（ＰＬ４８０）、②韓国経済の鍵を握るセクターへの主要な投資（開発借款）、③金融の安定と経済成長の促進、農工業生産の増大、経済成長の果実の公平な配分を実現するための政策とプログラムの発展（技術援助）(85)。

アメリカ合衆国の対韓経済援助総額は六八財政年度一億七八〇〇万ドル、六九財政年度二億二八〇〇万ドル（推定）、七〇財政年度一億一五〇〇万ドルと減少傾向にあり、韓国の急速な経済成長にともない、援助の性格も贈与から長期的な開発借款に変化した。贈与である維持援助は六八財政年度三六〇〇万ドル（実績）、七〇財政年度は一五〇〇万ドル（提示額）に減少し、七〇財政年度で終了することになった。同じく贈与である技術援助は、それぞれ六七〇万ドル（実績）から四八〇万ドル（提示額）に減少した。開発借款についてみると、六六財政年度をピークに、その後は減少し、六八財政年度は三二〇〇万ドル（実績）、六九財政年度は二〇〇〇万ドル（推定）、七〇財政年度は三〇〇〇万ドル（提示額）となっている。PL480については六八財政年度一億二九〇〇万ドルであったが、七〇財政年度は六五〇〇万ドルが提示されている。その他、PL480にもとづく援助として、六八財政年度一億二九〇〇万ドル、六九財政年度一億八二九〇万ドル（推定）、七〇財政年度六五五〇万ドルが供与された(86)。

ロジャース国務長官の東アジア歴訪用に作成された六九年七月の覚書によると、対韓軍援助プログラムの目的は、共産主義の侵略から防衛するのに必要な韓国軍への支援に加え、軍事援助で余裕ができる韓国の資源を経済的・社会的基盤の構築に振り向けることとされている点が注目される。六八財政年度MAP予算は一億六〇〇〇万ドルであったが、六九財政年度は、議会がMAP予算総額を削減した結果、対韓援助額は一億三九〇〇万ドルに減少した。しかしその他、必要に応じて追加援助が行なわれており、六七財政年度には韓国軍近代化のために一〇〇〇万ドル、六八財政年度の対北朝鮮ゲリラ対策予算三二三〇万ドル、青瓦台襲撃事件とプエブロ号拿捕事件発生後に組まれた六九財政年度予算では一億ドルが追加供与されている。六七財政年度から六九財政年度に韓国軍に供与された援助総額は一〇億九八〇〇万ドルで、さらに韓国軍部隊のベトナム派遣に対する援助として、同じく三年間で計一〇億九八〇〇万ドルが供与されている(87)。

アメリカ合衆国の対韓経済・軍事援助は、日本からの請求権資金や経済協力資金の導入と相まって、韓国経済が六〇年代半ば以降急速な成長を遂げるのに役立った。六九年七月に作成されたアメリカ政府文書は、大旱魃による農産物生産の落ち込みにもかかわらず、六八年の韓国のGNP伸び率は一三％を記録し、GNPの伸びに占める割合で製造業部門が農業部門をはじめて上回ることになったと記している。輸出も好調で、六八年度は四億八〇〇〇万ドルに達し、六九年度は七億ドルに達すると見込まれていた。このため、上記文書は、韓国は「離陸」段階にあると述べている。(88)

5　アメリカ合衆国のヘゲモニー、冷戦の論理、三層構造下の「日米協力」、そして、韓国のイニシアティブ

本章の主張は、冷戦という時代背景を踏まえたとき、経済援助と軍事援助は相互に密接な関連があり、韓国の経済発展を検討するさいにも、アメリカ合衆国の対韓軍事援助によって韓国の国防費の負担が軽減されたことで、経済発展のためにその資源を投入することができたこと、さらには外資の導入を可能とする政治の安定と安全保障環境を提供することにも寄与した点を考慮すべきだというものである。六〇年代を通して韓国の政治は現実には、必ずしも安定したものではなかったとしても、アメリカ合衆国の経済・軍事援助の支えがなければ、さらに悪化したことは間違いない。このような観点から、韓国の国防費に占めるアメリカ合衆国の軍事援助の割合を見ると、六六～七二年度平均で二六・六％を占めており、アメリカ合衆国の軍事援助なしで韓国の国防予算は成り立たない状況であった。また、韓国の歳出総額に占めるアメリカ合衆国の軍事援助総額は、六六～六八年度は四〇％を超えており、六九～七二年度においても二二～二四％を占めていた。(89) また、一九四九年から六八年までのアメリカ合衆国の東アジア諸国への軍事援助を見ると、最大の被援助国は韓国であり、ケネディ政権からジョンソン政権にかけて、五三～六一年平均で三〇・九％、四九～六八年平均で二七・二％を占めていた。(90)

アメリカ合衆国の軍事・経済援助とベトナム特需は、経済の自立化という観点からみれば、朴政権が力を入れて

いた経済発展にも益するところが大きかった。朴政権は、六四年五月に輸入代替工業化戦略から輸出志向型工業化戦略に移行したことで、一九六〇～六五年の期間に、韓国の工業製品の輸出は急速な伸びを示した。六三年度八六七九万ドルだった輸出が、六四年度一億一八八六万ドル、六五年度一億七四九九万ドルに増大した。とくに工業製品の伸びが顕著であり、六五年には輸出総額の四分の三を占めるにいたった(91)。また、六六年度二億四七六〇万ドル、六八年度四億五五二〇万ドル、七一年度一〇億六七六〇万ドルと増大した(92)。その結果韓国経済は、第一次経済五ヵ年計画で八・五%、第二次五ヵ年計画で一〇・五%の成長率をそれぞれ達成することになった。

この間、アメリカ合衆国が韓国の経済発展に果たした役割は非常に大きかった。冷戦の論理を優先するアメリカ合衆国は、冷戦の前哨地としての韓国を重視し、国際収支の赤字に苦しみながらも、対韓経済・軍事援助を継続した。ベトナム戦争が拡大していく六五年以降、援助は顕著な伸びを示した。アメリカ合衆国の対韓経済援助は、五六年をピークに、その後は漸減傾向にあったものの、ケネディ政権期からジョンソン政権期にかけて、全体平均で見ても、年間二億ドルを下回ることはなかった(93)。

一方、朴正熙による韓国軍兵士のベトナム派兵の決断によって、韓国はベトナム特需で優先的配分を受けることになった。韓国による六五年の輸出志向型工業化戦略への移行は、原材料や中間財の輸入の急増をもたらし、輸入代金支払いに必要な外貨獲得は急務となった。ベトナム特需は外貨獲得に大きく貢献した。韓国の外貨保有高に占めるベトナム特需総額の割合は六六～七一年度平均で三四・九%であった。また、輸出総額に占める割合も、六六年度二四・四%から六七年度四七・三%に急増、その後も六八年度三七・〇%、六九年度三二・二%、七〇年度二四・五%と高い割合を占めた(94)。

加えて、アメリカ合衆国の対韓援助が漸減される傾向のなかで、六五年の日韓国交正常化以降、ワシントンの強い要請に応える形で日本の請求権資金と経済協力資金が果たした役割も看過できない。韓国が急速な経済成長を遂げる六〇年代半ば以降から七〇年代にかけて、東アジアは米日韓の三層構造をなしており、日本はアメリカ合衆国のコラボレーターとして、対韓経済・技術援助を供与した。これら三者の関係がうまく機能したことが、韓国の経済成長を可能にした点にも注目したい。

六六年八月二六日、ブラウン大使からバンディ極東担当国務次官補に送付された書簡は、韓国国民の態度が「不安と依存」から「高まりつつある自信と希望」へと変化しつつあると述べているが、その一方で、同大使は、「われわれは韓国政府のすべての重要な経済的決定に参加している」こと、とくに重要な「経済企画委員会」(Economic Planning Board) にも常時アメリカ人が参画し、専門家として助言を行なってきていること、韓国の地方自治体はアメリカ人顧問を置いていること、米軍もまた、「韓国の国防予算の事実上あらゆる局面で審査をし、承認をしている」と指摘している。そのうえで、大使は、米韓関係はある意味で「非常に特殊な関係」にあり、「大韓民国はアメリカなしでは存在していないだろう、われわれは韓国軍の存在を可能にしている」と言明している。このことは、それまでの韓国は安全保障と経済成長において、アメリカ合衆国に大きく依存し、さらに経済の分野では、日本にも依存する関係にあったことを示している。その意味で、この時期の韓国の経済発展は、従属的発展であったといえよう。

その一方で、韓国の経済発展は、朴正煕政権の「自主国防」と経済の「自立化」路線の成果でもある。すでに検討してきたように、韓国の「自立化」路線を促す要因としては、アメリカ合衆国の経済・軍事援助の全般的削減傾向、在韓米軍削減圧力、韓国軍の削減圧力に加えて、分断国家の論理と力学が働いたことを指摘できる。朴正煕政権は、北朝鮮の脅威に対処すべく韓国軍の近代化を推進し、北朝鮮との体制の正当性をめぐる競争に打ち勝つために、民主化を犠牲にしながらも、一連の経済開発五ヵ年計画にもとづき輸出志向型工業化戦略を追求し、経済と国防の基盤の強化を進めた。

朴大統領はまた、アメリカ合衆国の援助削減傾向に歯止めをかけるために、韓国軍部隊をベトナムに派兵する決断を行ない、大きな人的犠牲の代価として韓国軍の近代化のための追加予算を獲得した。ベトナム派兵には、実戦体験を通した韓国軍の強化を目指すという狙いもあった。韓国軍のベトナム派兵によってもたらされたベトナム特需は、急増する輸入にともなう外貨不足を補うことに役立った。

朴大統領はまた、日韓国交正常化においてもイニシアティブを発揮した。朴正熙が、それまでなかなか進展しなかった国交正常化交渉を積極的に推進したのは、第二次経済五ヵ年計画で実現を目指した韓国経済の重化学工業化に必要な莫大な資金を、日本からの巨額の請求権資金と経済協力資金で賄うことを意図したものであった。ベトナム派兵と日韓国交正常化交渉で発揮した彼の政治決断とイニシアティブは、朴政権の国家目標である「自主国防」と経済の自立化を実現するために不可欠な外資を導入する必要性の認識にもとづく、主体的な取り組みであった。

注

（1）Alice Amsden, *Asia's Next Giant : South Korea and Late Industrialization*, Oxford : Oxford University Press, 1989. Anne Krueger, *The Developmental Role of the Foreign Sector and Aid*, Cambridge : Cambridge University Press, 1979. Seo Ichk-jin, 'Industrialization in South Korea : Accumulation and Regulation,' Lee Byeong-cheon（eds.）, *Developmental Dictatorship and the Park Chung-Hee Era : The Shaping of Modernity in the Republic of Korea*, Paramus, New Jersey : Homa & Sekey Books, 2003, pp. 51-79. Lee Sang-cheol, 'Industrial Policy in the Park Chung-hee Era,' *ibid*, pp. 80-107.

（2）Bruce Cumings, 'Webs with No Spiders, Spiders with No Webs : The Genealogy of the Developmental State,' Meredith Woo-Cumings（ed.）, *The Developmental State*, Ithaca : Cornell University Press, 1999, pp. 61-92.

（3）Gregg Brazinsky, *Nation Building in South Korea : Koreans, Americans, and the Making of a Democracy*, Chapel Hill : The University of North Carolina Press, 2007. Do, 'From Pupil to Model : South Korea and American Development Policy during the Early Park Chung Hee Ear,' *Diplomatic History*, Vol. 29, No. 1（January 2005）, pp 83-115. 木宮正史「韓国の『冷

戦型開発独裁』と民主化」古田元夫編『岩波講座世界歴史』二六巻（経済成長と国際緊張、一九五〇年代～七〇年代）岩波書店、一九九九年、一〇九～一三〇頁。末廣昭「開発体制論」和田春樹他編『東アジア近現代通史』第八巻（ベトナム戦争の時代一九六〇～一九七〇年）岩波書店、二〇一一年、七一～九六頁。本章では、韓国の輸出志向型工業化戦略は、抑圧装置と開発主義とが不可分の関係にある国家体制の下で展開されたことから、開発独裁体制という用語を使用する。

（4）　本章は、米ソ冷戦という国際システム要因と朴政権の政策対応のいずれか一方を強調するのではなく、両者の相互作用を統一的に把握する必要があるとの立場であるが、そうした観点から朴正熙政権期の米韓関係を検討した論考としては、以下がある。Taehun Kim and Chang Jae Baik, 'Taming and Tamed by the United States,' Byung-Kook Kim and Ezra F. Vogel（eds.）, *The Park Chung Hee Era : The Transformation of South Korea*, Cambridge, Massachusetts : Harvard University Press, 2011, pp. 58–84. Jung-En Woo, *Race to the Swift : State and Finance in Korean Industrialization*, New York : Columbia University Press, 1991.

（5）　*FRUS, 1964–1968*, XXIX, pp. 94–97.

（6）　*Ibid.*, pp. 15–16, 53–54, 59–61.

（7）　*Ibid.*, pp. 91, 94–95.

（8）　*Ibid.*, pp. 90, 94–95.

（9）　*Ibid.*, pp. 61–63, 81, 85–88, 96.

（10）　*Ibid.*, p. 98.

（11）　*Ibid.*, p. 140 note 2 and p. 143 note 2.

（12）　*Ibid.*, pp. 156–160.

（13）　ブラウン覚書全文については、以下を参照されたい。*The Investigation of Korean-American Relations, Hearing before the Committee on International Relations, 95th Congress, 2d Session, appendixes to the Report, vol. 1 : Background to the Investigation of Korean—American Relations and Conduct of the Investigation*, Washington D. C. : GPO, 1978, pp. 544–545.

（14）　*Ibid.*, pp. 171–172.

（15）　*Ibid.*, p. note 2.

（16）　*FRUS, 1964–1968*, XXIX, pp. 177–178, 199.

（17）　*Ibid.*, pp. 230–232.

(18) *Ibid.*, pp. 268-270.
(19) *Ibid.*, pp. 296-297, 301-304.
(20) *Ibid.* pp. 302-304, 305-306.
(21) *Ibid.*, pp. 409-410.
(22) *Ibid.*, pp. 411-421.
(23) *Ibid.*, pp. 432, 456.
(24) 「Ⅸ　日韓会談予備交渉――請求権処理大綱の決定と漁業問題等の進展」日本外務省公開日韓会談文書、七七～八三頁。
(25) 「日韓国交正常化交渉の記録　総説八」二七三～二七四、二八八～二八九頁。
(26) 同前、三〇一～三〇二頁。北東アジア課「日韓問題に関する小坂大臣・ライシャワー大使会談記録」一九六二年四月一七日、日本外務省公開日韓会談文書、六-一一七二-一八〇〇。
(27) *FRUS, 1961-1963*, XXII, p. 735.
(28) *Ibid.*, pp. 565-569.
(29) *Ibid.*, p. 579.
(30) *Ibid.*, p. 581 note 2.
(31) 「Ⅸ　日韓会談予備交渉――請求権処理大綱の決定と漁業問題等の進展」日本外務省公開日韓会談文書、九～一〇頁。
(32) 同前、六一～六四頁。
(33) 同前、六七～六九頁。
(34) *FRUS, 1961-1963*, XXII, pp. 620-621 and note 2, p. 621.
(35) *Ibid.*, pp. 746, 750.
(36) *FRUS, 1964-1968*, XXIX, p. 9.「Ⅹ　再開第6次会談」第六次開示決定文書一一二六、一～二頁。
(37) *Ibid.*, pp. 751-753.
(38) *Ibid.*, "Editorial Note," p. 756. *Ibid.*, pp. 38-41, 758-759.
(39) *Ibid.*, pp. 763-764.
(40) *FRUS, 1964-1968*, XXIX, pp. 760, 763-764.
(41) *Ibid.*, p. 766.

(42) *Ibid.*, p. 779 and note 3, p. 780.
(43) *Ibid.*, pp. 90–91.
(44) *Ibid.*, pp. 782–783.
(45) *Ibid.*, p. 768.
(46) 請求権資金の使用とその経済的効果に関する研究は以下が詳しい。永野慎一郎『相互依存の日韓経済関係』勁草書房、二〇〇八年、二五七～二五八頁。
(47) 同前、二五九頁。
(48) 同前、二六六～二六七頁。
(49) 朴根好『韓国の経済発展とベトナム戦争』御茶の水書房、一九九三年、八二頁。
(50) Wontack Hong and Anne O. Krueger (eds.), *Trade and Development in Korea*, Seoul: The Korean Development Institute, 1975, pp. 29, 32–34
(51) *FRUS, 1964–1968*, XXIX, pp. 278–282, 311–312.
(52) *Ibid.*, note 3, p. 282.
(53) *Ibid.*, note 2. *Ibid.*, p. 311.
(54) *Ibid.*, note 3. *Ibid.*, pp. 316, 322, 324.
(55) *Ibid.*, pp. 317–318.
(56) *Ibid.*, pp. 325, 311–332.
(57) *Ibid.*, pp. 327–328, 337–338.
(58) *Ibid.*, pp. 338, note 4, pp. 371–373.
(59) *Ibid.*, pp. 370, 375, 382, 384.
(60) *Ibid.*, pp. 376–383.
(61) *Ibid.*, pp. 308, 395–397.
(62) 倉田秀也「朴正熙『自主国防論』と日米『韓国条項』――『総力安保体制』の国際政治経済」小此木政夫・文正仁編『市場・国家・国際体制』慶應義塾大学出版会、二〇〇一年、一五七～一五九頁。
(63) *FRUS, 1969–1976*, XIX, pp. 99, 101.

(64) *Ibid*., pp. 148-150.
(65) *Ibid*., pp. 150-154.
(66) *Ibid*., pp. 154-157.
(67) *Ibid*., pp. 176-177.
(68) *Ibid*., pp. 181-182, and note 4.
(69) Sung Gul Hong, 'The Search for Deterrence : Park's Nuclear Option,' Kim and Vogel (eds.), *The Park Chung Hee Era*, pp. 483, 486-510.
(70) 拙著『冷戦と「アメリカの世紀」』岩波書店、二〇一六年、一三〇～一三一頁。
(71) 石井修・我部政明・宮里政玄監修『アメリカ合衆国対日政策文書集成』第一四期、日本外交防衛問題、一九六九年・沖縄編、第三巻、柏書房、二〇〇四年、一四八～一四九頁。
(72) 同前、一五七～一五八頁。
(73) 同前、二六一～二六二頁。
(74) 拙著『冷戦と「アメリカの世紀」』一三四頁。
(75) 同前、二四九～二五一頁。
(76) C・O・Eオーラル・政策研究プロジェクト「栗山尚一（元駐米大使）オーラルヒストリー――転換期の日米関係」（GRIPS　政策研究院大学）八頁。
(77) 日韓関係（第2回日韓定期閣僚会議）、第二回日韓定期閣僚会議共同コミュニケ（一九六八年八月二十九日）、文書管理番号二〇一〇－三九四八、分類番号ＳＡ１２２。外務省外交史料館所蔵。
(78) 日韓関係（第3回日韓定期閣僚会議）「韓国綜合製鉄所問題」（一九六九年八月七日、経協1）、文書管理番号二〇一〇－三九五六、分類番号ＳＡ１２２。第三回日韓定期閣僚会議共同コミュニケ（一九六九年八月二十八日）、文書管理番号二〇一〇－三九五四、分類番号ＳＡ１２２。「アジア局長より報告」文書管理番号二〇一〇－三九五七、分類番号ＳＡ１２２。外務省外交史料館所蔵。劉仙姫『朴正熙の対日・対米外交』ミネルヴァ書房、二〇一二年、六二～六三頁。また、浦項総合製鉄所建設事業への日本鉄鋼連盟の技術協力と日本政府の対応については、以下が詳しい。永野『相互依存の日韓経済関係』二〇六～三一三頁。
(79) 永野『相互依存の日韓経済関係』三〇七～三一三頁。引用文は三一三頁。崔圭夏外務部長官も佐藤紀洋との会談で経済開発と安全保障が不可分だとの方針を示した。「佐藤・崔会談要旨」（一九六八年十二月二十一日北東アジア課長）「日韓関係」文書管理番号二〇一五―〇〇一四。外務省外交史料館所蔵。

(80) 倉田「朴正熙『自主国防論』と日米『韓国条項』」一七一〜一七二頁。

(81) 第四回日韓定期閣僚会議［1］「資金協力に関する韓国政府の要請について」（一九六九年七月十一日、外務省）、文書管理番号二〇一〇―三九五九、分類番号ＳＡ１２２。駐韓日本大使館「日韓閣僚会議」第七三七号（一九七〇年六月二十三日）、同前。駐韓日本大使館「日韓閣僚会議」第七九〇号（一九七〇年七月三日）、同前、第七九五号（一九七〇年七月四日）、同前、第七九六号（一九七〇年七月四日）。外務省史料館所蔵。崔慶原『冷戦期日韓安全保障関係の形成』慶應義塾大学出版会、二〇一四年、一〇七頁。

(82) 「ポク大統領との会見」金山大使から外務大臣宛電信第九一一号（一九七〇年七月二十日）、同前。外務省史料館所蔵。

(83) Telegram 5584 from Tokyo to Secretary of State, July 22, 1970, *Japan and the United States*, no. 01304.

(84) 「定期閣僚会議（報道関係）」（金山大使から外務大臣宛電信、第九二四号）。「第四次日韓定期閣僚会議共同声明」（一九七〇年七月二十三日）、同前。外務省史料館所蔵。第五回日韓定期閣僚会議［2］「全体会議（Ⅱ）議事録」（一九七一年八月十日）、管理番号二〇一〇―三九六二。外務省外交史料館所蔵。

(85) Secretary's Trip to East Asia, July–August 1969, secret, Volume X, Aide-Memoire-Briefing Books : Korea, China, and New Zealand, Reel 322, Frames 316–506, CF 394. RG Entry 59, Conference Files, RG 59 Central Records of Department of State, Executive Secretariat Conference Files, 1966–1972, CF 384–CF 387, Box 496, Lot 70D387. NACP.

(86) *Ibid.*

(87) *Ibid.*

(88) *Ibid.*

(89) 朴『韓国の経済発展とベトナム戦争』一〇〇頁。

(90) Norman D. Levin and Richard L. Sneider, 'Korea in Postwar U. S. Security Policy,' Gerald. L. Curtis and Sung-joo Han (eds.), *The U. S. – South Korean Alliance*, Lexington, Massachusetts : D. C. Heath and Company, 1983, p. 41.

(91) Krueger, *The Developmental Role of the Foreign Sector and Aid*, pp. 100–103.

(92) *Ibid.*, table 34, pp. 132–133.

(93) U. S. Foreign Assistance and Assistance from International Organizations（July 1, 1945–June 30, 1967）, U. S. Overseas

Loans and Grants and Assistance from International Organizations (July 1, 1945–June 30, 1967), U. S. Overseas Loans and Grants and Assistance from International Organizations (July 1, 1945–June 30, 1972), *Special Report Prepared for the House Foreign Affairs Committee.*

（94）　朴『韓国の経済発展とベトナム戦争』三九頁。

第11章　一九六〇年代における日本の援助とアジア国際秩序

――戦後処理と冷戦の影――

宮城大蔵

1　日本の援助と「一九六〇年代性」

（1）日本の援助の歴史的性格

本章の目的は、第一に第二次世界大戦後における日本の対外援助において、一九六〇年代のそれが占める歴史的位相を考察することである。一九五〇年代において、賠償と抱き合わせの経済協力を主柱としてはじまった日本の援助は（当時、「援助」と認識されていたかは別として）、一九六〇年代半ばになると、①援助額の大幅な増加、②北東アジアや東南アジアなど、近隣アジア諸国に対する重点的援助、③円借款、技術協力、無償資金協力という援助の「三本柱」が出揃うといった特徴を示し、その後の日本が「援助大国」として存在感を示すうえでの原型を形づくることになった。

近年では日本の援助について、戦後初期から日本はアジアの発展に寄与してきたといった文脈で語られることもある。(1) しかし実際には戦争賠償を起点としたことでも明らかなように、過去の戦争をめぐる清算という色合いが強いものであり、それが欧米諸国と異なる日本の援助の特徴であった。

一九六〇年代に入ると、そこに冷戦の論理が明確な形で加わる。対韓経済協力をともなう日韓国交正常化（一九六五年）などは、戦後処理に冷戦の論理が重なることによって実現したものであった。インドネシアやビルマ（ミャンマー）に対する援助にも、冷戦の色彩を見て取ることができる。またベトナム戦争が本格化するにつれ、アメリカから日本に対するアジア向け援助の増額要求も強さを増した。他方で一九六〇年代後半になると、日本も徐々に経済大国の片鱗を見せるようになり、折から南北問題が提起されるようになっていたこともあって、日本は対外援助の拡大を迫られるようになる。

こうしてみれば一九六〇年代は日本の援助にとって、戦後処理を含めた国際社会への復帰が主たる課題であった一九五〇年代から、経済大国として国際的責務が本格的に問われるようになる一九七〇年代との端境期、あるいは転換期にあたるといえよう。

本章の第二の課題は、上記のような特徴をもった日本の援助が、一九六〇年代のアジア国際秩序において、どのような意味を有したのかを考察することである。近年、一九六〇年代における日本のアジア外交については、日中、日韓、それにインドネシアやビルマ、そして東南アジア閣僚開発会議といった地域的な枠組みを対象にして実証的な研究が蓄積されており、その多くで援助や賠償、経済協力は重要な要素となっている(2)。しかし、一九六〇年代のアジア国際秩序において日本の援助が持った意味を考えるには、個別の事例を踏まえたうえで、総体としての日本の援助の性質とその背後にあった政治的意図を考察する必要があろう。そこで本書全体を貫く視座である「帝国の論理」「冷戦の論理」「(アジア諸国の)自立化の論理」の三つの「論理」を手がかりとして据えることとする。

このような目的からして、本章は個別の事例を対象として新たな事実を提示するというよりも、既存の研究の蓄積をもとに、一九六〇年代における日本の援助の全体像と、その歴史的な意味を考察することに重点がおかれる。

本章が対象とする一九六〇年代の特徴を考察するうえで、まずこれに先立つ一九五〇年代との対比を考えてみたい。「五〇年代性」との対比において、アジア国際秩序の「六〇年代性」というべきものがあるとすれば、いかなるものかという問いである。(3)

(2) アジア国際秩序における一九五〇年代と六〇年代

まず一九五〇年代だが、アジア国際秩序におけるこの時代を特徴づけるものとして、バンドン会議(アジア・アフリカ会議)とコロンボ・プランを挙げることができよう。戦後アジア国際秩序における焦点は植民地主義、そして共産主義をめぐるせめぎ合いであったが、一九五三年の朝鮮戦争休戦、五四年のジュネーブ協定以降は、それらがむき出しの対立とならなかった点に一九五〇年代の特徴があると思われる。新興独立国が参集したバンドン会議(一九五五年)は、反植民地主義を共通の課題として掲げることによって、共産主義をめぐる参加国間の対立を緩和してアジア・アフリカの団結を演出した。またコロンボ・プランは反共産主義を念頭におきつつも、共産主義陣営との直接的、軍事的対決を目指すのではなく、経済発展とそのための援助という穏健な目的を据え、その一方でかつての宗主国が旧植民地とのつながりを維持し、アジアに影響力を残す余地を確保した。バンドン会議とコロンボ・プランは力点を異にしつつも、共産主義や植民地主義など対立する要素を包含する枠組みであった点において、ともに「五〇年代性」を強く帯びているといえよう。

一九六〇年代との対比でいえば、新興独立国が結束を保ったことが五〇年代の特徴だが、それは植民地主義がいまだ現実の脅威だとみなされていたことと表裏を成した。たとえば援助についてバンドン会議の最終コミュニケは、「若干の参加国が、域外から受けている援助は、国際的なものであれ、二国間協定であれ、それらの国々の開発計画の実行に大いに寄与してきたことを承認した」と、その効用を限定的な形で認めるに止めた。その一方で最終コミュニケは、相互協力と国家主権の尊重にもとづく経済協力が会議参加国の「願望」であるとし、「(バンドン)会議参加国が二国間および多国間協定により一次産品の国際価格と需要を安定させるために集団的行動をとること」が望ましいと記した。(4)「相互協力と国家主権の尊重に基づく経済協力」とあえて強調しているのは、それらを欠いた「経済協力」が植民地主義の再浸透につながりかねないという懸念ゆえであった。

日本の官庁においても一九五〇年代後半に工業国と低開発国との「経済協力」について説明する際、「かつての植民地政策と一見類似するが、次のような諸点において植民地政策とは基本的に相違する」として、経済協力が相互互恵であることや、低開発国側の主体性などを強調している。(5)

一九五〇年代においては植民地主義やその再来は、新興独立国にとってまだ生々しい現実の脅威であった。そのことが域外強国による一方的な「経済協力」に対する警戒感を抱かせ、その警戒感が結果としてアジア・アフリカの結束をもたらしたのであった。

これに対して一九六〇年代、少なくともその中盤までのアジア国際秩序は、分極化と対立によって特徴づけられる。中ソ対立の本格化と中国外交の急進化を背景に、五〇年代にはともに「平和五原則」を掲げた中国とインドは国境紛争から軍事衝突に至り（中印国境紛争）、インドネシアのスカルノ大統領はマレーシア紛争でイギリスと対峙し、「北京＝ジャカルタ枢軸」を掲げて国連を脱退するに至る。また、一九六五年にはアメリカが直接軍事介入を開始してベトナム戦争が本格化する。こうしてみればベトナム戦争など冷戦対立、マレーシア紛争など反植民地主義の先鋭化、さらには中ソ対立、中印紛争といった冷戦や植民地主義には収まらない対立も加わって、一九六〇年代中盤のアジアは強い緊張状態におかれたことが見て取れよう。

そこに転機をもたらしたのが、一九六五年一〇月にインドネシアで発生したクーデター未遂、九・三〇事件であった。この事件を契機にスカルノは失脚への道を辿り、スカルノを提携相手とした中国の世界戦略は練り直しを迫られた。やがて中国は米ソ両超大国の双方と対決する従来の路線から、ソ連を最大の脅威とみなし、アメリカとの緊張緩和を志向する米中接近へと移行していくことになる。一九七五年、サイゴン陥落にともなうベトナム戦争終結後には、アジア国際秩序の主旋律は、冷戦と脱植民地化をめぐる闘争と緊張から、各国に登場した開発体制を担い手とした経済成長へと移行する。「政治の時代」から「経済の時代」へというアジア国際秩序の転換期を、筆者は「転換の一〇年」（一九六五〜七五）と捉えている。(6) 一九六〇年代は、その前半期における分極化と、六五年以降の転換期として捉えることができよう。

はたして日本の援助の展開は、このような一九六〇年代アジア国際秩序の特徴と何らかの連動性を持つものであったのか、以下で検討を試みたい。なお当時、一般的に「経済協力」と「援助」は混在して使われており、本章においても文脈によって両方を用いることとする。(7)

2　一九六〇年代における日本の援助の展開

（1）一九六五年における拡充

通商産業省が毎年刊行する『経済協力の現状と問題点』（通称『経済協力白書』）の一九六六年版は、前年、一九六五年における日本の経済協力について、「その援助の量においても、援助の内容においても進展をみせ、また、近隣アジア諸国への援助の強化に積極的に乗り出」したことを強調する。(8)

具体的には以下の四点、すなわち①二国間援助については一九六四年までの円借款が主としてインドとパキスタンに供与されていたのに対して、六五年に入ってから台湾、韓国、イラク、六六年にはインドネシアなどにも対象国が拡大し、その援助約束量も六四年の約九〇〇〇万ドルから六五年以降九月までに約五・二億ドル（総約束量）へと大幅に増加したこと、②援助内容が多様化し、たとえば六五年において、台湾への円借款の一部および韓国への円借款に三・五％という従来にない低い利率の円借款を約束したことから、円借款の平均金利が低下したこと、従来、円借款は重機械類を対象としていたのに対し、相手国の要請に応えて繊維品や肥料など消費物資も対象となってきていること、インドネシア、インド、ブラジルなど南米諸国の外貨危機救済のため、国際協調にもとづいて日本も債権の償還繰り延べ（リファイナンス）を含めた緊急借款の供与を約束したこと、③近隣アジア諸国への援助が活発化し、六五年において台湾への借款供与、韓国に対する無償経済協力および借款の供与、アジア開発銀行創設への参画と二億ドル拠出の決定、東南アジア開発閣僚会議の開催、インドネシアに対する緊急援助の実施などが行なわれたこと、④国際協調を通じた新しい援助として、アジア開発銀行への出資の約束や、世界銀行および第二世銀に対する増資の払い込み、米州銀行に対する融資などを挙げている。

このような傾向を踏まえたうえで、同白書は「わが国の近隣アジア重点主義は、六五年を契機として明確になってきている」と記した(9)。たしかに一九六五年における日本の援助は、それまでの六〇年代前半からすれば少なからぬ変化を見せた。六五年と、これにつづいてインドネシア債権国会議や東南アジア開発閣僚会議、アジア開発銀行発足などが相次いだ六六年が、日本の対外援助が本格的に発展をはじめた「画期的な年」であったという指摘は、後年の研究でもなされるところである(10)。また、一九六五年は日本の貿易収支がそれまでの入超を脱して、はじめて出超となった年であり、この年を境として日本の製造業投資がアジア（東アジア、東南アジア）を主たる対象とするようになったという点でも転機であった(11)。

（2）一九六〇年代前半の意欲と制約

同白書が一九六五年における日本の援助の拡充ぶりについて、「比較的低調であったここ二、三年の傾向と比べて、意欲的であった」と記すように、一九六〇年代前半における日本の援助額の伸びは低調なものであった。六〇年代前半の池田勇人政権では、池田首相自身がジョンソン米大統領に対して、日本が自由主義陣営の一員として東南アジアに対する援助を積極的に行なうことを表明し、六一年五月から開催されたインド・パキスタン債権国会議への出資を決めるなど、援助に積極的な姿勢を見せた(12)。また、以下で見るように積極的な対アジア外交が展開された。しかしそれらとは裏腹に、継続的な援助拡大に至ることはなかった。この乖離が池田政権期＝一九六〇年代前半の特徴であった。

池田が対アジア外交、とくに東南アジアに対して活発な外交を行なった背景には、アメリカからの期待があった。アメリカはキューバ危機（一九六二年）以降、対ソ関係を安定化させた一方で中国を脅威だと捉える認識を強めており、中印紛争や中国の核開発の動きはこれに拍車をかけるものであった。さらにアメリカは国際収支の赤字と金の流出に苦慮しており、経済成長著しい日本に対して、自由主義陣営の一員として十分な役割を果たしていないという不満を募らせていた。一九六二年一二月にワシントンで開催された第二回日米貿易経済合同委員会ではケネディ大統領が「われわれの大問題はいまや、中国の共産主義勢力の成長であり、アジアでの共産主義の拡張を、どのようにして封じ込めるのかということである」「日本と米国が盟友として何をなすことができるか、共産主義によるアジアの支配を防ぐため、どういう役割を果たせるかについて、考慮がなされることを希望している」と直截に語るほどであった(13)。

池田首相や大平正芳外相はケネディ政権に歩調を合わせる形はとったものの、日本政府は中国の脅威はアメリカが強調するような直接的・軍事的な面よりも、東南アジアなど中国周辺諸国に対する浸透にあると見ていた。一九六三年のアジア太平洋公館長会議において島重信外務事務次官は、「アジアにおける共産主義の進出をいかに防ぐかにつき、日本としては共産圏の周辺諸国に経済援助を行い、その安定と繁栄を図ることによって共産主義の進出を喰い止める」と明快に語っている(14)。

その東南アジアでも池田政権が重点をおいたのは、インドネシアとビルマであった。ともに中立主義を標榜し、強いナショナリズム感情もあって米欧との関係が円滑さを欠く一方、自由主義陣営側からは中国の影響力浸透が懸念される国々であった。池田は日本がアメリカ、西欧諸国と並んで自由主義陣営における「三本柱」であると訴えていた。米欧が手をつけづらいこれらの国々に対して日本が積極的な関与を行なうことに対して、アメリカやイギリスも期待を表明していた(15)。それはアジアにおける日本ならではのはたらきとして、「三本柱」の内実を少しでも満たす材料となるはずであった。

具体的にはインドネシアに対しては池田首相が、マレーシア紛争の仲介に乗り出した。池田がスカルノ大統領と個人的な関係を深め、アメリカとも連携したうえで、スカルノとマレーシアのラーマン首相を東京に招いて会談の場を設けるといった試みを行なったものの、結局、顕著な成果を挙げるには至らなかった(16)。

またビルマに対しては、池田が一九六一年に訪問した際、ウ・ヌー首相に対して「ここ限りの話として申上げるが、ネルー・インド首相は『中共は今ただちにビルマ侵入の意図を有するのではないが、一度その気になれば、何時でもビルマに入れる』と言っていた」などと共産主義の脅威を強調し、自由主義陣営に加わる利点を熱心に説いたが、ビルマ側の関心は賠償協定の再交渉にあった(17)。一九五四年に日本とビルマが平和条約とともに賠償協定と経済協力協定を結んだ際（二億ドルの生産物と役務の無償提供ならびに五〇〇〇万ドルの経済協力）、当時フィリピンやインドネシアとの間で賠償交渉が未決着であったことから、ビルマ側が将来、これらの国々の間で不均衡が生じることを懸念して再検討条項を平和条約に盛り込んでいた。これにもとづいて一九五九年、ビルマが賠償の再検討を求めたが、日本側は、ビルマが提起した「賠償」という名称を再使用すること、最低でもインドネシア並み（生産物と役務および貿易債務焦げ付きの棒引きを含め四億ドル）への引き上げ、すなわち二億ドルの無償供与といった要求に対して難色を示していたのである(18)。一方では、中国がビルマに対して三〇〇〇万ポンドの長期無利子の借款を行なうなど、同国に接近する姿勢を強めていた[19]。

池田はビルマ訪問に際して、これ以上中国がビルマに進出することは「自由国家群、とくに極東の安定にヒビが入る」という考え方を基礎にして賠償問題を考えるとした。しかし結局は戦争被害の大きさを主張するウ・ヌーに対して、池田は「二億ドルの追加はいかにも大き過ぎて、これには応じられぬ」として、合意には至らなかった[20]。

その後、ビルマとの賠償再交渉が妥結したのは一九六三年三月で、無償一億四〇〇〇万ドル、有償三〇〇〇万ドルを追加的措置として日本側が支払う内容であった。しかし交渉は最後までもつれた。日本側では大蔵省が、無償は一億ドルが限度で、有償も最小限にとどめる方針であった。日本政府内には、ビルマに対する経済援助の貸与条件がよくなりすぎると、それがフィリピンやインドネシアに波及することに対する警戒感が強かった[21]。最終的には無償一億四〇〇〇万ドルを一二年分割でというビルマ側の提案を、一四年を主張していた大平外相が受け入れて決着した。併せてビルマが将来、再度の賠償額再検討要求を行なわないことも合意された。この協定は一般に「準賠償」と呼ばれ、賠償支払い終了後の一九六五年から開始され、七七年まで実施された。

日本側の最終的譲歩は、ビルマを重視する池田首相が交渉決裂を回避するために下した決断であったが、日本側があくまで妥協を拒んだ場合、ビルマ側が問題を国際司法裁判所に付託する、対日経済断交に踏み切るといった強硬措置に出る可能性を排除できないことも理由であった[22]。

また、この交渉をビルマ側で担ったのは、ビルマ国軍における最高実力者の一人であり、日本と太いパイプを持つアウンジーであった。交渉が決裂した場合、アウンジーのビルマ政府内における地位が低下しかねないことも、日本が交渉を妥結させた理由であった。また交渉妥結の過程では、戦時中にビルマ独立義勇軍大尉としてビルマで活動し、戦後もビルマ政府の顧問となった奥田重元も非公式チャンネルとして重要な役割を果たした[23]。

しかし新たな協定が調印される直前の一九六三年二月、日本が期待を寄せてきたアウンジーが貿易工業相や陸軍参謀次長を解任された。ビルマでは一九六二年三月におきたクーデターによってウ・ヌー政権が倒され、国軍のネ・ウィン将軍を中心とする政権が発足していた。アウンジーはネ・ウィン側近であった。しかし、ネ・ウィンが急進的な社会主義建設を標榜したのに対して、アウンジーは外資導入や民間産業育成といった穏健路線を主張して衝突し、失脚したものとみられ、日本側の失望感は大きかった(24)。

とはいえこの協定にもとづき、賠償の支払いが終了した一九六五年には「準賠償」が開始され、その一環として一九六八年には円借款の供与もはじめられた。ビルマからすれば賠償協定の再交渉を足がかりとして、「準賠償」、そしてODA（政府開発援助）へとつなげた形であった(25)。

(3)　制約の背景

このようなインドネシアとビルマに対する外交は、池田政権期、すなわち一九六〇年代前半の日本の対アジア外交と援助の姿をよく示しているといえよう。池田が積極的であったのは、スカルノに対する働きかけを中心としたマレーシア紛争をめぐる仲介工作、そしてウ・ヌーに共産主義の脅威を説くといった、いわば「カネのかからない外交」であった。他方で池田は、中国の影響力浸透に対抗するといいながら、ビルマとの賠償再交渉のような「カネのかかる外交」となると、一転して慎重姿勢を崩さなかった。また、首脳会談などにおける池田の積極的な言動も、スカルノに対して、インドネシアを自由主義陣営に引き込むことを目的とする「西太平洋機構（West Pacific Organization）」の創設を提起したり、ウ・ヌーに対してビルマがSEATO（東南アジア条約機構）に加入することを勧めたりと、どこまで具体的な案として詰めたものか、いささか疑わしいものであった(26)。池田にとってはそれらの実現可能性よりも、アメリカ向け、あるいは日本の国内向けにアピールすることが主たる関心だったのかもしれない(27)。

本節冒頭でも触れたように、池田政権期の日本の援助額は、よくて横這いといったところであった。その背景にあったのは、援助拡大に否定的な大蔵省の姿勢であり、その片鱗をビルマとの賠償再交渉でも見て取ることができる。大蔵省が援助拡大に消極的であったのは、この時期、東南アジア諸国に対する賠償とそれとセットになった経済協力の履行義務がまだ完了していないことが大きな要因であった。ちなみに日本が賠償の支払いを終えたのは、南ベトナム一九六五年、ビルマ一九六五年、インドネシア一九七〇年、フィリピン一九七六年のことである。(28)

さらに日韓交渉が大きく影響していた。一九六二年一〇月、長らく懸案であった日韓国交正常化交渉をめぐって、大平正芳外相と韓国中央情報部の金鍾泌部長が基本合意に達すると、国交正常化にともなう対韓経済協力において、有償供与の条件が交渉テーマとして浮上していたのである。この韓国との駆け引きを前にして、他の国々に供与する援助の拡大や援助条件の拡大に踏み切ると、韓国が日本に対して、さらに有利な条件を要求してくることにつながりかねないと懸念された。(29)

加えてより根本的な問題が財政的な制約であった。当時高度成長下にあった日本は、設備投資など国内需要の拡大によって輸入が大幅に増加した結果、一九六一年、六三年の二度にわたって大幅な経常収支の赤字を出し、国際収支の危機に直面していた。この状況下では、他国への経済援助を含め、海外への資金流出は抑制すべきものと考えられた。所得倍増計画を政権の看板とした池田にとって、国内の経済成長を優先するのは当然の選択だと考えられたのである。(30)

その後、一九六四年に佐藤栄作政権が発足するが、六五年にベトナムへの軍事力投入に踏み切ったアメリカはジョンソン政権の下、新たな東南アジア開発政策に乗り出し、日本に対しても東南アジアに対する援助拡大を直接かつ強硬に要求するようになる。一方、日本国内では一九六五年六月に蔵相に就任した田中角栄の下で積極的な不況対策が打ち出され、当初、佐藤首相が志向した財政均衡主義にもとづく安定経済成長路線は事実上放棄されつつあった。こうして財政面の制約が緩んだことは、一九六五年以降の日本の援助が活発化するひとつの要因となる(31)。

3 「近隣アジア重点主義」の実像

(1) 日韓国交正常化と対韓経済協力

前節で見たように一九六〇年代前半に池田政権下で展開された対アジア外交は、アメリカや日本国内に対して、日本がアメリカ、西ヨーロッパと並ぶ自由主義陣営の「三本柱」であることを示すためのものという政治的色彩が濃厚であり、援助については抑制的であった。

これに対して一九六五年以降、日本の対アジア外交は韓国との国交正常化、インドネシア債権国会議や東南アジア閣僚開発会議の開催など、より実体をともなったものとなり、そこで援助は重要な要素を成すことになる。『経済協力白書』が一九六五年を「近隣アジア重点主義」が明確化した年であったと位置付けたことは既述のとおりである。

本節では「近隣アジア重点主義」というべきものがあったとすれば、その実態はいかなるものであったのかを考察する。具体的には日韓国交正常化、インドネシアへの関与、そして東南アジア開発閣僚会議の三つの取り組みを取り上げる。まず韓国だが、一九六五年の韓国との国交正常化にともなって、経済協力が約束された(日本から韓国に対して一〇年分割で三億ドルの無償供与、二億ドルの借款、そして三億ドル以上の通常の民間信用供与)。これによって日本の対外援助額が大きく増すとともに、日韓交渉が妥結するまでは他国に対する援助も慎重にならざるをえないという日本政府内における制約の論理が取り払われることになった。

インドネシアについては、日本は一九六五年秋の九・三〇事件後の局面において、スカルノ大統領を支持し続けるのか、それともスハルト中将率いる軍部支援に切り替えるのか、難しい選択を迫られたが、やがて後者への支持を明確にし、これを後押しする意味もあって、東京でインドネシア債権国会議を開催する（一九六六年）。

同じ一九六六年に日本は、東南アジア開発閣僚会議も開催している。これは日本にとって従来のような二国間関係にとどまらず、アジア地域秩序を日本が先導して構想しようという意欲的なものであった。

上記の三つにおいて、援助はいずれも中心的な位置を占めた。一九六五年を起点とする日本の援助の「近隣アジア重点主義」は大きく開花した、あるいは強い政治色を帯びるようになったとも見えるが、その実態はいかなるものだったのであろうか。

まずは日韓である。国交正常化にともなう経済協力という形に帰着した日韓交渉は、一九五一年一〇月の予備会談にはじまり、一九六五年までかかった難交渉であったが、最大の難問が、韓国側が日本の植民地支配に対する応分の補償として提起した請求権の問題であった。

木宮正史はこの請求権問題の解決について、以下のような四つの選択肢、すなわち①厳密な法的根拠のあるものに請求権を限定する方式（当初、日本政府が提示した方式）、②請求権問題に賠償的性格（戦時賠償、植民地支配に対する賠償）を加味する方式、③日韓両国間において安全保障が持つ役割を重視する方式（安保経済協力方式）、④請求権問題を広く日韓両国間の経済協力によって「解消」する方式、の四つがあり、交渉の結果、④の経済協力方式に行き着いたと整理する(32)。

交渉の経緯を俯瞰するならば、一九五〇年代には李承晩大統領が②の立場をとり、請求権の名目で約二四億ドルを掲げたが、現実的な数字というよりは、交渉上の提示金額として考えていた節もある(33)。一九六〇年に李政権が崩壊して張勉政権になると、韓国側は根拠が明確で請求権として対日要求が可能なものとは別に、それが困難なものについては政治的解決を図る方針をとるようになる。そして額については韓国政府内において、日本の対フィリピン賠償（総額八億ドル＝賠償五億五〇〇〇万ドル、経済協力二億五〇〇〇万ドル）よりも少なくなってはならないことが話し合われていた(34)。

一方で日本側は一九五二年から五三年にかけて、日本も韓国に対して請求権を有すると主張して日韓交渉は紛糾した。日本外務省は当初、日韓双方が請求権を放棄する方式を検討していた。しかし終戦後、朝鮮半島から引き揚げて来た日本人は在韓私有財産に対する国の補償を求めており、大蔵省が対韓請求権の相互放棄はただちに日本国内における補償問題を引き起こしかねないとして反対し、韓国からの賠償的な対日要求を牽制するという意図も合わさって、上記の対応となったのであった(35)。その後、日本は韓国に対する請求権を放棄し、張勉政権期には、請求権方式は困難であり、経済協力という形態での解決を求める姿勢を鮮明にしはじめる。前記でいう④の立場である。

一九六一年五月、クーデターによって朴正熙が政権を奪取すると、同年八月には政府間ルートを通じて日本側に八億ドルという具体的な金額が提示される。そして六二年三月には韓国側は政治的交渉によって妥結総額を増やすために請求権方式を放棄する方針を固め、同年一一月に大平正芳外相と韓国中央情報部長の金鍾泌が経済協力について、無償三億ドル、政府間借款二億ドル、民間借款一億ドル以上という構成とすることで政治決着させた。最終的に六五年の「請求権および経済協力協定」では民間借款が「三億ドル以上」に膨らみ、総額八億ドルとなるが、「民間借款」というカテゴリーは、総額を大きく見せるための仕掛けという色彩が濃厚であった(36)。

無償と有償を合わせた五億ドルは、朴政権が遂行を期した経済開発五ヵ年計画に必要な外貨所要額に見合うものであった。クーデターによって政権を握った朴大統領にとっては、経済開発を軌道に乗せることが、政権の正当性を確保するうえで必須だったのであり、この日韓交渉妥結が「歴史の清算」を曖昧にするものだという韓国国内での激しい反発を押し切ったうえでの決着であった。また、北東アジアにおける冷戦体制構築のために、アメリカが日韓双方に強い圧力を行使するとともに、両国間の意思疎通を担ったことも重要であった。しかしアメリカの介入は、日韓間で隔たりが大きかった金額面における決着では重要な役割を果たした一方で、早期の妥結という点では池田勇人首相の消極姿勢を変えられないなど、限界もあった(37)。

こうして見るならば、「近隣アジア重点主義」の主柱を成す対韓援助は、積極的な援助戦略というよりは戦後処理、それも敗戦にともなう「日本帝国の清算」という色彩が濃厚であった。当時の『経済協力白書』においても、対韓経済協力は賠償のカテゴリーで扱われている(38)。韓国が対日請求額を考慮するうえで、日本の対フィリピン賠償を念頭においたのは既述のとおりだが、日本側においても大平外相は無償三億ドルを毎年二五〇〇万ドル、一二年で支払うという案を提起した際、賠償でもっとも多くを支払っているフィリピンでも毎年二五〇〇万ドルで、これ以上は支払えないと主張した(39)。対韓経済協力はその性格だけでなく額においても、日本にとって一連の賠償交渉の一部という色合いが濃いものであった。

アメリカは「冷戦の論理」にもとづいて日韓交渉に介入して妥結を促進し、韓国は「歴史の清算」よりも経済発展を優先する形でそれに乗った。一方で日本側、とくに自民党内には対韓政策をめぐって岸信介らが提起した「釜山赤旗論」、つまり韓国が共産化すれば即、日本が脅かされるので、援助等によって韓国の反共体制を支える必要があるという考え方と、池田などが主張した「経済協力優先論」、すなわち韓国の経済的安定が、ゆくゆくは政治的安定をもたらすという主張の二つがあった。前述の木宮の整理では③をめぐる議論である。援助によって韓国の反共体制を支えるという目的は共通であったが、後者には「冷戦の論理」の下、韓国とあからさまに結びつくことは日本国内において「冷戦に巻き込まれる」という反発を惹起し、「第二の安保騒動」を引き起こしかねないという警戒感があった(40)。

池田はビルマなどにおいては中国に対抗して反共の役割を演じることに熱心だっただけに、朝鮮半島に対する姿勢との差は大きい。日本が当事者である北東アジアでは現状維持を志向する一方、「第三者」的な東南アジアでは政治的な「実験」も可能だという傾向は戦後日本の対アジア外交の特徴のひとつであり、それをここでも見てとることができる。

また、経済協力をともなう日韓交渉妥結が契機となって、日本から台湾への借款が供与されることになった。一九五〇年代末に至るまで、蔣介石総統率いる台湾の国民政府は日本からの資本導入には消極的であった。台湾が旧宗主国である日本の経済的影響下におかれることを強く警戒したのである。一九六〇年代になると国府も外資導入に積極的になり、一九六二年六月には両国間の貿易不均衡を埋めるためとして、日本に長期借款を要請した。日本は当時、交渉が進んでいた対韓援助との均衡を考慮してこれに応じることを決めた。その後、来日した中国人通訳が台湾への亡命を希望して政治問題となった周鴻慶事件（一九六三年）や日本政界の「親台派」の介入など紆余曲折があったが、一九六五年四月、一億五〇〇〇万ドルの円借款を供与する交換公文が調印された。同年にはアメリカから国府に対する経済援助が終了しており、日本の円借款はこの一部を肩代わりする意味を持つことになった(41)。日本としてはともに旧植民地であり、北東アジアにおける反共最前線の韓国、台湾の双方に援助を行なうことによってバランスをとった形であった。

(2) インドネシア債権国会議の開催

インドネシアでは一九六五年の九・三〇事件をきっかけにスカルノの地位が揺らぎ、事件に際してクーデターを鎮圧したスハルト中将との権力闘争が展開された。一方でスカルノ政権下における規律を欠いた経済運営の結果、一九六六年三月末にはインドネシアの対外債務は総額二七億ドルにのぼり、このうち支払い遅滞額は一億八〇〇〇万ドルあまりで、なおも増える勢いであった。一方でインドネシアの輸出による収入は四億五〇〇〇万ドル前後と見積もられ、外貨準備高は二〇〇〇万ドルしかなかった。債務繰り延べ等、債権国による協議が喫緊の課題となっていた(42)。

この状況に対応するため、一九六六年九月に東京で開かれたのがインドネシア債権国会議であり、日本の他に米英仏伊、西独、カナダ、オランダなど一一ヵ国とインドネシア、それにＩＭＦ（国際通貨基金）などが参加した。先進国を広範に参集するこの種の大がかりな国際会議を日本が開催するのは戦後初のことであり、インドネシア救済というテーマからしても、援助をめぐる日本の「近隣アジア重視主義」の現われと見える出来事であった。

しかし会議開催に至る過程を辿ってみると、それは第一に日本自身の経済的利害と、第二にアメリカからの要請という二つを要素としたものであることが浮き彫りになる。

九・三〇事件後、ジャカルタの日本大使館や東京の外務省の間では陸軍が実権を掌握するのか、練達の政治家であるスカルノが巻き返すのか判断が揺れ、一方への肩入れを鮮明にはしない状態がつづいた。

日本政府がインドネシアに対する経済的支援をめぐって検討を具体化するのは、一九六五年末である。一二月末にインドネシアの対日貿易の焦げ付き額が一〇〇〇万ドルを越え、翌年三月には五〇〇〇万ドル近くに達することが予想されたことから、通産省はインドネシア向け輸出に対する輸出保険の適用停止を検討しはじめた。外務省は日本だけが突出した強硬措置に出ることは避けるべきだと訴えたが、結局一二月二八日に東京銀行など外国為替銀行一二行が通産省に対し、輸出代金の回収が不可能になったとして輸出保険の事故発生届けを提出し、通産省は輸出手形保険契約の停止を決めた(43)。対インドネシア支援は急を要する案件となったのである。

それまで日本外務省は対インドネシア支援について、インドネシアのナショナリズムを刺激することから、同国を国際管理下に置くかに見えかねないコンソーシアム方式は避ける方が好ましいと考えていたが、輸出保険停止という事態を受け、日本だけが強い措置をとって突出しないよう、コンソーシアム方式によって他の債権国と意思疎通を図ることが望ましいと考えるようになった(44)。

しかしインドネシア陸軍からは、この時点での援助はスカルノを利するとして反対する意向が示されていた。他方で日本国内では貿易、繊維業界などから貿易再開を求める圧力が増していた。アメリカは日本政府が国内からの圧力に押され、自国の経済的利益を優先して陸軍の意向に反する支援に乗り出すことを警戒した(45)。

一九六六年三月になって陸軍がスカルノから実権を奪い、権力闘争に一応の決着がついた。アメリカはインドネシアに対する本格的援助について、「コンソーシアム・アプローチだけが、インドネシア政府を統一・安定させ、経済発展に向けた長く苦しい道のりへの意志と能力を持たせ得る」のであり、「長期的経済発展に資するという兆候なしに二国間で供与される援助は、資源の無駄」だとしていた(46)。二国間援助では各国が各々の利害によって「一時しのぎ」の援助を行なうので、抜本的な状況改善にはつながらないというのがアメリカの考えであった。

しかしそれまでスカルノはアメリカを繰り返し批判しており、米議会のインドネシアに対する不信感も根強かった。アメリカは自国がコンソーシアム結成を主導する環境にないと考え、日本が主導することを望むという立場をとる。アメリカは債権国会議開催に向けて、西欧諸国など他の債権国にも参加を呼びかけるなど、日本を側面支援した(47)。こうして東京でのインドネシア債権国会議が実現するが、会議の成功とともに日本がとりわけ熱心だったのは、自国の債権の多くを占める短期借款を優先してインドネシアに返済させることであった(48)。

九・三〇事件後の対インドネシア支援について、日本外務省には「誇張はあるが米国がヴィエトナムを抱えているのに対しわが国はインドネシアを抱えているの観があり、又その意義がある」と高揚感もみられた(49)。しかし総体としては前述のような自国の経済的利益確保と、アメリカからの要請が主たる要因であったといえよう。また東京での債権国会議においても、新規借款受け入れの前提となるインドネシア側の経済計画が不十分だったこともあって、支援策としては債権繰り延べなどが中心であった。だが一九六七年にスイスで開かれたインドネシア債権国会議では、日本は支援総額一億九七〇〇万ドルのうち、アメリカの六五〇〇万ドルに次ぐ六〇〇〇万ドルを拠出してアメリカ政府もこれを高く評価し、一九七三年にはインドネシアに対する二国間援助で日本はアメリカを上回るようになる。[50]

（3）東南アジア開発閣僚会議

同時期において日本が東南アジアを二国間関係の束ではなく地域として捉え、その秩序を構想したのが一九六六年四月に東京で開催された東南アジア開発閣僚会議であり、日本の他にタイ、マレーシア、フィリピンなど東南アジアの六ヵ国が参加した。華々しく開催されたかに見える同会議だが、折からベトナム戦争が激化しており、ベトナム戦争をめぐる対米協力ではないかという批判を懸念して、日本外務省は構想発表当初からアメリカとの関係を否定して日本独自のイニシアティブであることを強調した。

しかし一連の経緯を辿れば、事の発端は一九六五年四月にジョンソン米大統領が演説を行ない、ベトナム戦争終結のため無条件で討議に応じる用意があることと並んで、アジアの経済開発のために一〇億ドルを議会に要請する用意があると表明したことであった。この年二月にはアメリカによる北爆が開始されていたが、佐藤栄作政権下の日本政府はジョンソンの演説が軍事的手段ではなく、経済的手段を重視したものとしてこれを歓迎し、好意的に反応した。この演説から二週間後には日本外務省で日米合同出資による「アジア平和計画」が策定される。これはアジアの民生安定をはかるため、長期低利借款や技術支援によって各種計画を進めるという内容で、当初の拠出金としてアメリカが一〇億ドル、そして日本が五億ドルを拠出するとされた。また、日本の影響力を確保する思惑もあって、インドとパキスタンの影響力を排除することにも力点がおかれた。[51]

しかし佐藤首相は五億ドルという出資規模に難色を示し、この構想は頓挫した。日本は韓国や台湾に対する大規模な経済協力を開始しており、五億ドルという大規模な額を新たに東南アジアに対して拠出する余裕はないというのが佐藤の考えであった。佐藤はその後も日本が大規模な資金を拠出することには難色を示したが、ジョンソンの演説は「アジア諸国等が米国の呼びかけに応じ計画具体化のイニシアティヴをとることを期待する」としており、日本政府内では何らかの形でそれに応える必要があると考えられた(52)。だが一方で、日本国内では各地でデモが展開されるなどベトナム反戦運動が高揚しており、東南アジアをめぐるあからさまな対米協力は、佐藤政権にとって好ましい選択ではなかった。

このようななか、一九六五年六月には外務省内で「東南アジアに経済開発のムード」を醸成するための「東南アジア諸国経済開発会議の開催」が提案される。一時はベトナム戦争と直結するメコン河流域諸国に限定することも考えられたが、日本が重視するインドネシアを含めることが優先された。他方で大蔵省は、日本は一九六六年に発足するアジア開発銀行（ADB）に二億円の出資を決定しており、それ以上の資金拠出をするつもりはない以上、開発閣僚会議の開催には反対するとの意向を鮮明にした。大蔵省からすれば自らが積極的に推進したADBと同種の枠組みを認めるわけにはいかないとの意図もあった。結局、九月の閣議において、「金のかからぬ」会議にするという福田蔵相と佐藤首相の指示の下、開発閣僚会議の開催が閣議で了承された(53)。

一九六六年四月に開催された東南アジア開発閣僚会議において、日本はできるだけ早く対外援助を国民所得の一%まで増大させるといった抽象的な目標を表明する一方、具体的な提案をすることはなかった。上記の過程を踏まえれば、必然的な結果とも見える。佐藤首相が日記に「インドネシヤがオブザーバーを送ってきた事は、何といっても成功に違いない」と記したように、日本としては会議開催直前になって、軍部が実権を掌握して間もないインドネシアがオブザーバーとしての参加を決めたことを、この会議の成果に挙げた(54)。

この会議を構想するのに際して、日本はインドネシアを含めることにこだわった一方で、インド、パキスタンを招くことには消極的であった。外務省経済協力局参事官であった吉野文六は、この点について「インド、パキスタンなど南アジアの国々は世銀の下で協議が行なわれており日本も円借款を提供している。その援助はどの国でも一国だけでは引き受けられないため、東南アジアの国々とは別に考えていこうというものである」とする一方、「万一東南アジア諸国の経済開発を日本のみが背負わねばならぬ場合も、アジア唯一の先進国としての日本はこれをあえて辞さないという覚悟を定めてかからねばならない」と強調した(55)。実際の資金拠出に外務省がどの程度の影響力を持ちえたかは別にして、一九五〇年代には円借款をはじめ日本の対外経済協力の主たる供与先であった印パに対する距離感は明瞭である。往事の日本のインドに対する関心の高さは、同国の鉄鉱石資源も大きな要因であったが、六〇年代後半には日本の鉄鋼業界の主要輸入先はインドからオーストラリアへ移っていた(56)。

東南アジア開発閣僚会議は実のある成果を挙げたとは言い難いまま、一九七四年の第九回会議以降は開かれることなく自然消滅となった。しかし二国間ではなく「地域」を念頭においた同会議によって、当時の日本が自ら関与すべき対象として考えた「アジア」の範囲が明確に示されたといえよう。そこではアメリカがベトナム戦争で拘泥するインドシナよりもインドネシアが重視され、印パは除外された。それは「近隣アジア重点主義」の範囲と力点を示すものだったのである。

4　三つの「論理」と一九六〇年代の日本

ここまで一九六五年前後に浮上したかに見える日本の援助の「近隣アジア重点主義」をひとつの手がかりに、六〇年代における日本の援助の展開と内在的力学を考察してきた。それは本書全体を貫くテーマである「帝国の論理」「冷戦の論理」「（アジア諸国の）自立化の論理」という三つの「論理」とはいかなる関係にあるといえるだろうか。

まず第一の「帝国の論理」についていえば、一九六〇年代は日本にとって、敗戦まで存在した自らの帝国＝大日本帝国の消滅にまつわる最終的な清算を進めた時期であった。一九五〇年代にかつて大東亜共栄圏として支配した東南アジア諸国に対する賠償交渉を妥結した日本は、六五年に韓国との国交正常化を果たして経済協力という名目で準賠償を行ない、それがもうひとつの旧植民地、台湾の国民政府に対する経済協力にもつながった。それまで日本の関係当局は、厳しい駆け引きがつづいていた日韓交渉に波及することを警戒して他のアジア諸国に対する援助の拡大に慎重であったが、その足枷も解かれることになった。

またかつてイギリスが帝国としての存在感を示した東南アジアにおいては、「スエズ以東からの撤退」という形でイギリスからの脱植民地化が最終段階を迎えた。その過程ではイギリスからすれば思いも寄らぬ形でスカルノの反発を招き、マレーシア紛争が勃発したが、最終的にはイギリスとスカルノ、双方の退場に至った。インドネシアの実権を掌握した軍部は日米と連携した開発体制の構築に舵を切り、日本は対アジア援助の最重点国としてこれを支えていく。また東南アジアに対する賠償を含めた日本の援助には輸出振興の色合いも濃く、この地域の市場において西欧の旧宗主国を押しのける形で日本企業がシェアを伸ばすうえで、少なくない意味を持った。ここでは「帝国の論理」の衰退は、日本にとっての好機を意味した。

これと比べると第二の「冷戦の論理」は、この時期の日本の対外援助については副次的な要因であったように見える。たしかにアメリカは日韓交渉妥結の立役者であったが、この時期まで妥結がもつれ込んだこと自体が、アメリカが有無を言わせぬ力を持った訳ではないことを示している。アメリカは日韓それぞれから反発を受けることを注意深く回避しなければならなかったし、日本の指導者にとっては米主導の「冷戦の論理」に乗って対韓援助を進めることは、国内での反発を引き起こして政権基盤を危うくしかねなかった。

またベトナム戦争の激化とともに日本はアジア向け援助を増加させるようアメリカから強い圧力を受けるが、結果としては東南アジア開発閣僚会議など実質的な援助をともなわない形でこれを半ばやり過ごした形となった。やがてアメリカ自体がジョンソンの構想に熱意を失い、時をおかずしてベトナムからの撤退に舵を切る。アメリカは朝鮮戦争でアジア冷戦の構図が固定化して以降、経済発展によってアジアの共産化を防ごうと、「アジア版マーシャル・プラン」とも目された大規模なアジア向け援助構想を繰り返し提起した。日本ではその受け皿となることを目的として（より直接的に言えば米構想に便乗して利益を得ることを目的として）、さまざまな地域主義的構想が浮上した。しかし結局それらは実現せずに終わった。(57) その一方、米撤退、ベトナム戦争終結と前後して東アジア一円に開発体制が広がることになったのは皮肉なことだとも見える。

そして第三の「（アジア諸国の）自立化の論理」である。本章冒頭で触れたように、一九五〇年代においてアジア新興独立国は、反植民地の気運を濃厚に漂わせて「自立」を希求した。しかし政治的にはバンドン会議のように存在感を発揮することに成功したものの、経済的な「自立」は、より困難なものであったと見える。多くの国々が志向した輸入代替的な工業化は行き詰まり、やがて一九六〇年代になると先進国との格差を政治的に解決しようという南北問題の提起がなされるが、それも成功したとは言い難い。

また「自立」の欲求は、「帝国」の残影と表裏を成すものでもあった。韓国の李承晩がアメリカ主導、すなわち「冷戦の論理」による日韓の経済関係深化を目指す動きに強く反発したのは、韓国がふたたび日本の強い影響力の下におかれることに対する懸念であった。(58) 同様にインドネシアのスカルノにとって、一九五〇年代後半に至るまで、独立後も残存するオランダの経済的特権をいかに回収するかが一大課題であった。

独立後も残存する「帝国の論理」に対する反発は、外国からの援助や資本の受け入れに対する警戒感として現われることも少なくなかった。一九六一年にビルマを訪れ、外資導入や日本の経済発展の経験を説いた池田首相に対してビルマのウ・ヌー首相は、「日本の場合には、外国人によって支配された経験がないので、外国人に対して猜疑心を持つなということもよいであろうが、ビルマは英国、インド、中国の順に外国の支配を受け、ひどい目にあったので、外人に対する猜疑心は今なお強い」と語ったが、その心情は多くのアジア諸国に共通するものであったろう(59)。その後、ビルマはクーデターを経て対外閉鎖的な体制に向かうが、それがある意味、「自立」を最重視した結果ともいえよう。

結果としてこれらと対照的な道を選ぶことになったのが韓国の朴正熙であった。朴は朝鮮戦争でアメリカが韓国を助けたことは確かだとしても、それはアメリカの利害の結果にすぎないといった対米不信と、その表裏としての強固な自立志向を有していた。一九六二年に朴の下で開始された第一次経済開発五ヵ年計画は、政府主導の「民族経済」、すなわち完結した「国家自主経済」を志向したものであった。しかしそれは日本を軸とした自由主義アジア圏の経済的地域統合を図ろうとしたアメリカの意向と真っ向からぶつかるものであった。結果としてこの計画は援助を梃子としたアメリカの圧力によって変更を余儀なくされ、韓国の経済開発戦略は積極的外資導入と輸出志向型の工業化戦略へと傾斜していく(60)。

アジアなどの発展途上国は一九六〇年代には結束して南北問題を提起するが、南北格差の政治的解決は実現には至らず、その後につながるアジアの経済発展は、ＮＩＥｓ（新興工業地域）と称された韓国、台湾、香港、シンガポールからはじまった。通例以上に国家としての正統性を示す必要に迫られていた二つの分断国家（韓国・台湾）、そしてアジアにおける英帝国の足場であった二つの港湾都市（香港・シンガポール）と、ナショナリズムという点でやや特殊な立場におかれたこれら四つの国・地域から輸出志向型の工業化がはじまったことは、アジアにおける「自立」と「経済発展」を考えるうえで、示唆に富む点であろう。

この図式のなかにあって日本の援助は、アジア諸国の「自立化の論理」、そしてその後に広がる「開発の論理」の双方と、決して折り合いの悪くないものであった。反植民地的な色彩の強い「自立化の論理」に対しては、賠償という形をとることが多かった日本の経済協力は、脱植民地化の梃子として、また冷戦対立に巻き込まれる危険性の薄い援助として現地指導者に重用されることも多かった（日本の植民地であった韓国や台湾を除く）。また「開発の論理」は日本にとって、アジアに対する経済進出の地平を大きく広げるものであった。

そして一九六〇年代アジア国際秩序との連関でいえば、このような日本の援助は「政治の時代」から「経済の時代」へという「転換の一〇年」を加速させるものであったし、逆にアジアが「転換の一〇年」という転換期に入ったことによって、日本の援助は広がりを持つようになったともいえよう。

注

（1）典型的なものとして、日本外務省作成「戦後国際社会の国造り――信頼のおけるパートナーとして」https://www.youtube.com/watch?v=2FGtPJnyw0Q（二〇一五年二月公開）

（2）それぞれについて代表的な研究として、井上正也『日中国交正常化の政治史』名古屋大学出版会、二〇一〇年、李鍾元・木宮正史・浅野豊美編著『歴史としての日韓国交正常化』Ⅰ、Ⅱ、法政大学出版局、二〇一一年、宮城大蔵『戦後アジア秩序の模索と日本』創文社、二〇〇四年、吉次公介『池田政権期の日本外交と冷戦』岩波書店、二〇〇九年、高橋和宏「『南北問題』と東南アジア経済外交」波多野澄雄編『池田・佐藤政権期の日本外交』ミネルヴァ書房、二〇〇四年。

（3）国際政治における「六〇年代性」を論じた論考として菅英輝「冷戦の終焉と六〇年代性」『国際政治』一二六号、二〇〇一年二月。同論文では、六〇年代のなかでもとくに一大転換点として一九六八年の重要性が強調されている。

（4）岡倉古志郎編著『バンドン会議と五〇年代のアジア』大東文化大学東洋研究所、一九八六年、三三九～三四一頁。

（5）通商産業省『経済協力の現状と問題点』一九五八年、四～五頁。

（6）宮城大蔵「戦後アジア国際政治史」日本国際政治学会編『日本の国際政治学4　歴史の中の国際政治』有斐閣、二〇〇九年、一六一～一六九頁。

（7）布目稔生『歴史から見た日本のＯＤＡ』創成社、二〇一一年、二四頁。

（8）通商産業省『経済協力の現状と問題点』一九六六年、三七～三八頁。

(9) 同前、三七～四〇頁。
(10) 加藤淳平「日本の開発援助」『国際政治』六四号、一九八〇年、四六頁。
(11) 同前。
(12) 高橋「『南北問題』と東南アジア経済外交」九七頁、菅英輝「ベトナム戦争と日米安保体制」『国際政治』一一五号、一九九七年、七八～八〇頁。
(13) 『朝日新聞』一九六二年一二月四日夕刊。
(14) 外務省アジア局総務参事官室「第一二回アジア・太平洋地域公館長会議議事要録」一九六三年八月、外務省情報公開二〇〇四―〇〇四八〇。
(15) 伊藤昌哉『池田勇人とその時代』朝日新聞社、一九八五年、一九〇、二四一頁。Department of State to Tokyo, May 26, 1963, *The Lyndon B. Johnson National Security Files, Asia and the Pacific, : National Security Files, 1963-1969*, Bethesda, MD : University Publications of America.
(16) 宮城『戦後アジア秩序の模索と日本』第三章。
(17) アジア局「池田総理アジア四カ国（パキスタン、インド、ビルマ及びタイ）訪問の際の各国首脳との会談要旨」一九六二年四月、外務省外交記録、A'0357。
(18) 根本敬『抵抗と協力のはざま――近代ビルマ史のなかのイギリスと日本』岩波書店、二〇一〇年、二四七頁。
(19) 『朝日新聞』一九六一年一一月二五日。
(20) アジア局「池田総理アジア四カ国（パキスタン、インド、ビルマ及びタイ）訪問の際の各国首脳との会談要旨」一九六二年四月、外務省外交記録、A'0357。
(21) ア西「ビルマ賠償再検討問題交渉方針に関する各省会議要旨」一九六三年一月九日、外務省外交記録、B'0185。ア西「ビルマ賠償再検討資料　第三国に及ぼすべき影響及びその対策」一九六〇年一〇月四日、外務省外交記録、B'0185。
(22) ア西「ビルマ賠償再検討交渉開始を急ぐ理由」一九六〇年九月二八日、ア西「ビルマ賠償再交渉に応ぜざるを得ない理由」一九六〇年九月三〇日、外務省外交記録、B'0185。
(23) 吉次『池田政権期の日本外交と冷戦』一四七～一五三頁。
(24) 佐久間平喜『ビルマ（ミャンマー）現代政治史』勁草書房、一九九三年、六九～七一頁。
(25) 根本『抵抗と協力のはざま』二四七～二四八頁。

(26) Tokyo to Department of State, Sep. 21, 1963, *Confidential U. S. State Department, Central Files, Japan, 1963-1966,* Bethesda : MD : University Publications of America.（以下、*Central Files, Japan, 1963-1966* とする）。アジア局「池田総理アジア四カ国（パキスタン、インド、ビルマ及びタイ）訪問の際の各国首脳との会談要旨」一九六二年四月、外務省外交記録、A'0357。
(27) Tokyo to Department of State, Sep. 21, 1963, *Central Files, Japan, 1963-1966.*
(28) 『経済協力の現状と問題点』一九八八年、六頁。
(29) 高橋「『南北問題』と東南アジア経済外交」九七～九八頁。
(30) 同前、九八～一〇〇頁。
(31) 同前、一一〇～一一三頁。
(32) 木宮正史「一九六〇年代韓国における冷戦と経済開発」『法学志林』第九二巻四号、一九九五年。
(33) 張博珍「日韓会談における被害補償の過程分析」李鍾元他編著『歴史としての日韓国交正常化』二二七～二三二頁。
(34) 李鍾元「日韓会談の政治決着とアメリカ」李他編著『歴史としての日韓国交正常化』八九頁。
(35) 李東俊「日韓請求権交渉と『米国解釈』」李他編著『歴史としての日韓国交正常化』五七頁。
(36) 李鍾元「日韓会談の政治決着とアメリカ」八五頁。
(37) 同前、一〇六～一〇七頁。
(38) 『経済協力の現状と問題点』一九六六年、八一～八七頁。
(39) 木宮正史「韓国の対日導入資金の最大化と最適化」李他編著『歴史としての日韓国交正常化』一二一頁。
(40) 金斗昇『池田勇人政権の対外政策と日韓交渉』明石書店、二〇〇八年、八一、一八三～一八四頁。
(41) 井上『日中国交正常化の政治史』三四三～三五一頁。
(42) 「インドネシアにおける政治経済情勢の概況」一九六六年六月二〇日、外務省外交記録、A'4-1-0-5-4。
(43) 「インドネシア向け積出し貨物に対する輸出保険引受停止情報について」斉藤大使から外相、一九六五年一二月二八日、外務省外交記録、E'0054。
(44) 「インドネシア向け輸出保険の免責措置等について」斉藤大使から外相、一九六六年一月六日、外務省外交記録、E'0054。
(45) Tokyo to DOS, Feb. 1, 1965, Central Foreign Policy File, 1964-1966, POL23-9, Rebellion, Coups, Indonesia, Box 2318,

National Archives, College Park（以下 NA とする）.

(46) DOS to Djakarta, Tokyo, Bonn, Feb. 5, 1966, Central Foreign Policy File, 1964-1966, POL, Political Affairs & Relations, Indonesia, POL, NA.

(47)「対イ経済援助について」外相から在米武内大使、一九六六年五月六日、外務省外交記録、E'0054。

(48)「ハメンク・ブオノ副首相の佐藤総理、椎名大臣ほか日本側閣僚との会談要旨」南東アジア課、一九六六年五月二八日、外務省外交記録、E'0054。

(49)「わが国の対インドネシア援助方針」アジア局、一九六六年四月二六日、外務省外交記録、E'0054。

(50) 菅英輝『冷戦と「アメリカの世紀」』岩波書店、二〇一六年、二二一頁。首藤もと子「国際援助フォーラムの政治的役割――IGGI試論」『法学論集』（駒沢大学）第五〇号、一九九五年、四三〇～四三一頁。

(51) 保城広至『アジア地域主義外交の行方 1952-1966』木鐸社、二〇〇八年、二五八～二六一頁。曺良鉉『アジア地域主義とアメリカ』東京大学出版会、二〇〇九年、一三一～一三三頁。

(52) 保城『アジア地域主義外交の行方 1952-1966』二六二～二六八頁。

(53) 同前、二七一～二七四、二八六～二八八頁。曺『アジア地域主義とアメリカ』一四三～一四四頁。

(54) 一九六六年四月六日『佐藤栄作日記』第二巻、朝日新聞社、一九九八年、四〇七頁。

(55) 吉野文六「東南アジア経済開発閣僚会議」『国際問題』第七三号、一九六六年四月、一五頁。

(56) 加藤「日本の開発援助」五一頁。

(57) 保城『アジア地域主義外交の行方 1952-1966』一一～二九頁。

(58) 李鍾元『東アジア冷戦と韓米日関係』東京大学出版会、一九九六年、第三章。

(59) 外務省アジア局「池田総理アジア四カ国（パキスタン・インド・ビルマ及びタイ）訪問の際の各国首脳との会談要旨」一九六二年四月、外務省外交史料館。

(60) 奥薗秀樹「朴正熙のナショナリズムと対米依存」『国際政治』一二六号、二〇〇一年、七〇～七六頁。

第12章　エカフェとアジアの工業化戦略

——地域経済協力構想を手掛かりに——

山口育人

1　「アジア諸国の議会」

一九四七年、国連アジア極東経済委員会「エカフェ（United Nations Economic Commission for Asia and the Far East：ECAFE）」は、第二次世界大戦後のアジアにおける最初の地域国際機構として誕生する。[1] おもに、①開発に関する情報を集約し、広めること、②地域の抱える問題の研究を促進すること、③共通する問題・関心を協議すること、④重要な技術支援領域と効果的な行動を見定めること、が期待された。六〇年代に入ると、エカフェでの議論を起点にしてアジア開発銀行（Asian Development Bank：ADB）やメコン河流域の開発プロジェクトといった地域の開発・援助機構の具体化がみられることになった。ADBは六三年末のエカフェ第一回アジア経済協力閣僚会議で検討が支持され、六五年の第二回閣僚会議での創設合意を経て、翌六六年末に業務を開始している。また流域四ヵ国からなる五七年創設の通称「メコン委員会（The Committee for Coordination of Investigations of the Lower Mekong Basin）」は、六〇年代になると、エカフェで実施されてきた調査・研究をもとに、発電・灌漑・洪水防止のためのダム建設を柱とする開発計画の準備を進めた。なかには、先進国からの技術支援や資金拠出によって実際に動き出そうとしたダム・プロジェクトもあった。ただしＡＤＢやメコン河流域開発は、六〇年代の、とりわけインドシナ半島の状況が大きく影響する地域情勢の展開を受けてアメリカ合衆国が積極的になったことが具体化の後押しとなったと言える。(2)

このほかにエカフェは、技術支援の実行や地域機構の創設など実践的な動きを六〇年代になって強めた。たとえば、国連開発計画（ＵＮＤＰ）や世界農業機関（ＦＡＯ）、国際電気通信連合（ＩＴＵ）などが実施するプロジェクトに共同参画するケースがみられた。また、各国の経済運営に従事する官僚に対し必要な教育・訓練を提供するアジア経済開発・計画研修所（Asian Institute for Economic Development and Planning）（六四年）、台風委員会（Typhoon Committee）（六八年）、生産やマーケティングでの生産者間の国際協力を目指すアジア・ココナツ共同体（Asian Coconut Community）（六九年）、経済計画に必要な統計整備に関する技術支援・訓練を行なうアジア統計研修所（Asian Statistical Institute）（七〇年）といった技術協力あるいは国際調査機構、政府間協議組織がエカフェのもとで誕生していた。

当時の事務局長ウ・ニュンが好んで使ったとされる「アジア諸国の議会（parliament of Asia）」たるエカフェにおいては、事務局が中心となってまとめる調査・報告・提言を受けるかたちでメンバー各国が議論に取りかかることが多かった。そして、合意をえることができたものは、資金確保や機構化の検討を経て、地域開発・援助のための国際組織として具体化されていったのである。ＡＤＢはその代表であった。そこで本章が注目するのは、ＡＤＢに続くかのように六〇年代末から七〇年代初頭にかけて、「アジア決済同盟（Asian Clearing Union）」や「アジア準備銀行（Asian Reserve Bank）」の創設、あるいは工業分野での地域協力（共同投資、プラント、市場調整）など、先進国や国際機関からの援助を期待しつつも、工業化を地域協力を軸にして進めようとする議論がエカフェで高まったことである。

こうした地域協力構想は、六〇年代がすすむにつれアジア諸国の多くが「輸入代替工業化（Import Substitution Industrialisation）」の限界を意識しはじめたなかで、インドやエカフェ事務局が中心となって主張した「地域輸入代替工業化」論と結びついた。しかしこうした協力構想はADBのように実現をみない。その一方で、韓国・台湾・シンガポールにつづいて東南アジア諸国においても、東アジア・太平洋経済圏との貿易・投資関係を基盤とする「輸出志向型工業化（Export Oriented Industrialisation）」路線へとシフトすべきとの議論が登場し、また実際に新たな地域経済秩序の萌芽がみられたのが六〇年代末から七〇年代初頭にかけての時期なのであった。

本章は、七〇年代初頭にかけてエカフェで盛んに論じられたアジア全体を包含する地域協力構想が後退していった経緯に着目しながら、アジアの国際政治・経済秩序の変容と経済開発や援助問題とがいかに連関していたのか考えようとするものである。そして、六〇年代後半から七〇年代半ばにかけてのエカフェの経験をみることで、北東アジアや東南アジア諸国が「輸出志向型工業化」を選択してゆくことになる議論が、アジアを取りまく国際関係と経済構造の両面の変化のなかで形成、蓄積されていったことを確認したい。

2　工業化戦略と地域協力

（1）「輸入代替工業化」の限界

ここでエカフェの組織について説明を加えておきたい。最高決定の場として、メンバー各国の代表が集まる年次総会がエカフェの活動や地域が抱える問題を討議したが、他に貿易、産業・天然資源、運輸の常設委員会において各国はより専門的に議論を行なった。三つの常設委員会の下には小委員会が設置され、また数多くの作業部会がつくられ、研究・調査会合も多く開催された。一九六〇年代には、アジアの大多数の国がメンバーとなっていたが、例外は共産中国、北朝鮮、北ベトナムであった。その一方で、アメリカ合衆国、イギリス、フランス、オランダ、ソ連といった域外諸国の参加がみられたことはエカフェの特徴であった。事務局はバンコクに置かれ、その役割は、年次総会・委員会やその他会合の準備、年刊『アジア極東経済調査（*Economic Survey of Asia and the Far East*）』編集のほか、総会や常設委員会の決定に従って調査、研究を行なうこととされた。事務局を率いたのはビルマ出身で、ラングーン大学やロンドン大学ＬＳＥで学び、独立前はビルマ高等文官の職にあったウ・ニュンであった（五九年にエカフェ副事務局長から昇任し、七四年まで事務局長を務める）。

さて、六〇年代になってからの世界経済および国際政治状況は、発展途上国に経済開発を進める環境変化を認識させることになる。そこではとりわけ、水平貿易の拡大や先進国との経済格差拡大が強く意識されはじめた。他方で冷戦の「第三世界」への拡大、あるいは植民地の相つぐ独立によって西側先進国への援助要求はいっそう強まっていた。これに対して先進国側は、ひとつには各国のもつ援助リソースの制約、他方で二国間援助に対する援助国、被援助国双方の慎重姿勢によって、国際援助機関や多国間枠組みを活用した開発・援助の組織化へとシフトしていた。また、かかる世界経済の変化と援助をめぐる先進国の動向を前に発展途上国は、先進国に有利とされた世界貿易の構造変革ならびに途上国間協力の推進を掲げながら、経済開発・援助問題について国際的議論の場にのぞむことになった。そこにおいて途上国を先導したのは、六四年創設の国連貿易開発会議（ＵＮＣＴＡＤ）であった。

エカフェにおいても、開発や援助、貿易問題に地域としていかに取り組むか議論がはじまり、六三年の第一回目のアジア経済協力閣僚会議では「貿易・産業発展のための地域協力の促進」決議がなされる。続く六五年の第二回会議では上述したようにＡＤＢ発足が合意されたのだが、他にも、生産・開発計画の調整、貿易拡大、国際通貨、船舶運賃といった分野における地域協力を目指して、エカフェ事務局が中心となって具体案を検討することが合意されたのであった(3)。

さらに工業化についても、この頃からエカフェで本格的な議論がスタートしている。工業政策を担当する大臣が同じく六五年、第一回アジア工業化会議（Asian Industrialisation Conference：ACI）のためマニラに集まった(4)。会議ではまず、各国が直面する課題が確認された。一人当たりGNPの先進国との格差拡大、一人当たりの資本蓄積の低迷、資本集約産業の育成や大規模投資に不可欠な国内市場規模の限界、交易条件の悪化、「輸入代替工業化」にともなう国際収支の恒常的悪化、技術を持った人材の不足、各国の工業製品の競争力低下などが指摘された。そして会議では、「輸入代替工業化」に依拠した政策は「高い工業成長の要請にこたえきれていない」とし、「輸出志向の産業」を確立することが求められるとの声が多数出された。そこで、アジア途上国が直面する問題を克服しつつ、工業化を進めるべく主張されたのが、工業化政策・計画を地域で「調整（harmonisation）」することであった。なかでも、共同投資、共同市場、標準化あるいは分業の候補として挙げられたのは、鉄鋼、肥料、アルミニウム、パルプ、機械・輸送機器、石油化学などであった。

このマニラ工業化会議ではもうひとつ重要な決定があった。それは、工業化戦略の検討と地域協力促進のための「アジア工業開発評議会（Asian Industrial Development Council：AIDC）」を創設することであった。ただし、公社化や執行権をもつことをウ・ニュンは求めたものの、先進国の反対によって調査研究と各国協議の場を提供する役割にとどめられた。

ＡＩＤＣがまず取りかかったのは、各国の工業プロジェクトやそれに必要な技術支援について詳細な調査を行ない、必要に応じて各国に助言することであった。また『アジア工業開発ニュース（*Asian Industrial Development News*）』を毎年発行し、そこにはＡＩＤＣの活動だけでなくさまざまな調査研究、統計、貿易情報、各国の政策、投資案件が掲載されていた。そして、ＡＩＤＣがなかでも強く期待されたのが「地域諸国の工業開発計画を調査し、プロジェクト統合への手続きを示す」ことで、鉄鋼業が最初の対象となった。東南アジア諸国についての調査ツアーの実施後、六七年にはワーキンググループが設置され、東南アジア鉄鋼機構の創設が提言された。これを受けて六九年、台湾、インドネシア、マレーシア、シンガポール、フィリピン、マレーシアの六ヵ国による機構設立と共同プラント建設に向けた合意を盛り込んだ報告書が発表されたのである。報告書ではオーストラリアや日本からの支援に関しても言及され、資金はＡＤＢからの拠出が期待されていた。さらに、南アジアやメコン河流域での鉄鋼業協力の研究も進められることになった。また、石油化学、農業機械、林業、ココナッツ関連産業についても現状調査と多国間プロジェクトの調査・提言が七〇年にかけて相次いでなされることとなった(5)。

以上のようなＡＩＤＣの活動と並行して、ＵＮＣＴＡＤや国連工業開発機関（ＵＮＩＤＯ）と歩調を合わせながら事務局は工業化戦略の検討を進める。まず六七年の産業・天然資源委員会に提出されたのが「エカフェ発展途上国における生産・貿易拡大のための工業輸出の可能性とその方策」というペーパーである。そこには、工業製品輸出の拡大および多様化の重要性を確認したうえで、取りくむべき課題が示されていた。①輸出を意識した計画・政策の策定、②効率化・コスト削減、③競争力強化のための標準化と品質管理、④輸出促進のための財政・金融措置、⑤生産過程や製品の品質改善のための研究機関の設置、⑥市場情報・貿易促進のための組織を設けること、であった(6)。

また事務局は六六年にＵＮＣＴＡＤと共同でタイの輸出について調査を行ない、つづく六七年には、台湾、香港、インドネシア、韓国、フィリピンについても同様の調査を実施した。そこでは、消費財や中間財において台湾と韓国は「輸出促進を実現する段階に入った」とされ、国内市場では難しい「規模の利益」や効率化をえる状況になっていると評価されていた。また、工業製品の輸出拡大は国際収支改善に貢献するのみならず、技術進歩をもたらすとされ、それによって、地域各国の経済成長にあって不可欠であるふたつの課題に応えることができると強調されていた。[7]

（2）工業化促進と地域協力

こうしたなかエカフェでは六八年頃から、工業化の促進を地域協力構想と密接に結びつける主張が本格的に展開されるようになる。とくにインドとウ・ニュン率いる事務局がその中心となった。六八年二月、第三回ＡＩＤＣ総会が開かれるのだが、そこでは個別産業の検討を越えて、「アジア工業の長期展望調査」（のちに「地域協力のためのアジア工業調査」に改称）」を実施することが決められた。東南アジアを中心とするエカフェ途上国における工業開発の可能性、ならびに生産、投資、市場での地域協力の可能性を専門家が調査するものであった。そして同年末の第三回アジア経済協力閣僚会議では、「地域経済協力の総合的推進のための戦略」が採択される。事務局は、地域協力の方策を多岐にわたって提示したのであるが、なかでも大規模投資の地域調整、工業・一次産品の地域での生産調整・分業、そして域内貿易拡大の三つが戦略の柱になるとした。そのうえで、事務局は貿易拡大の意義をとりわけ強調したのだが、貿易促進には、地域各国の国際収支赤字を改善し、また多角決済を行なう仕組みが求められると指摘した。当時、アジア諸国の国際決済ではドルもしくはポンドが用いられていたが、地域通貨の利用や、地域決済機構および支払同盟を創設する必要性が言及されたのである。[8]

「総合的推進のための戦略」が採択されたことを受けて事務局は各国に対して、地域協力推進の担当者を決め、定期協議を実施するよう求める（「ナショナルユニット会合」と呼ばれた）。なおこの協議に域外メンバーは参加できなかった。また協力構想の具体化のため事務局に「地域協力のためのタスクフォース」を設置し、インドの商務次官であったラルをウ・ニュンの顧問としたうえで、その取りまとめ役に就けた。そして、「ナショナルユニット会合」と「タスクフォース」が連携するかたちをつくった事務局では、四度目のアジア経済協力閣僚評議会（域外メンバーを排除しつつ、実質的な決定ができるよう「会議」から格上げした）を七〇年に開催し、貿易自由化や決済機構の実質合意にこぎ着けようと動きだすのであった[9]。また、事務局が用意した六九年版『アジア極東経済調査』の特集が、「成長戦略としての域内貿易」であったことは象徴的であろう。「輸入代替工業化」の限界がより明らかになっているとしたうえで、特集は、計画調整と域内貿易自由化をはかることで経済成長、とりわけ工業化のモメンタムを回復しなければならないと訴えていた[10]。

3　地域協力構想の具体化をめぐって

（1）第二回アジア工業化会議

一九七〇年の産業・天然資源委員会をみると、「工業成長と製品・半製品輸出の直接的連関」を否定する国はもはやない状況といえた。そこでインド代表は、鉄鋼業をはじめ地域協力の調査が完了しつつある以上、ＡＩＤＣは遅滞なくプロジェクト実施に入るべきと主張する。しかしこれについていくつかの代表は、政治環境を鑑みると共同投資・プラント建設ではなく、生産やプラントをバーターで譲り合って調整する「パッケージ・ディール」が望ましいと、インドの主張に否定的姿勢を示した[11]。また、インドや事務局による地域統合に踏み込んだアイデアに対して疑問の声も上がっていた。六八年の年次総会では、「経済調整・協力に関する委員会（Committee for harmonization and economic cooperation）」設置の提案は広い支持をえられていなかった。総会ではまた、前年に発足したアセアン（東南アジア諸国連合）を念頭にサブ・リージョナルの枠組みの重要性や、産品ごとに地域協力を進めることの利点を訴える代表も少なくなかった。これに対して、地域を包含し、マクロレベルでの経済開発・協力戦略を視野に入れることを忘れるべきでないと指摘しつつ、「サブ・リージョナルグループを形成するさいには……地域アイデンティティを見失ってはならない」との反論がなされる場面もあった。エカフェでは意見対立は曖昧に収められる傾向があるが、各国の外交文書からは表に出てこない対立が垣間みえる。年次総会や先ほど触れた第三回経済協力閣僚会議では地域協力のあり方やサブ・リージョナルグループをめぐって、オーストラリア、日本、ニュージーランド、台湾、パキスタンとインド代表、事務局が激しく対立したことが記録されている。(12)

六〇年代末から七〇年代初頭にかけてのエカフェでは、地域協力と工業化促進とを結びつける議論が盛んになるのであったが、ここにおいて、「地域輸入代替工業化」路線と「輸出志向型工業化」路線との相違が表出することになったのである。他方でこの時期、国際貿易・通貨制度の再編や資源市場の改革を通して、途上国への富の移転を構造化しようという主張が強まりつつあった。六八年ニューデリーUNCTAD総会前にG77グループを立ち上げた途上国は、七〇年代に入ると、第三回サンチャゴUNCTAD総会において資源国有化問題で先進国と激しく対立することになる。そして、七四年国連特別総会では「新国際経済秩序」の実現を先進国に迫ることになった。しかしかかる途上国の動向とは一線を画するかのように、七〇年代をとおして北東アジア、東南アジア諸国は、太平洋地域を含めた相互の貿易・投資での結びつきを強める経済発展戦略の選択をはっきりさせてゆくのであった。

さて、七〇年のエカフェは重要な会議が目白押しとなる。そのひとつが、九月に東京で開かれた第二回アジア工業化会議である。五年前の第一回会議で多くは論じられなかったテーマが注目された。それは、国全体のGNP成長では必ずしも解決されない人口増大や大衆貧困といった社会問題であった。そして雇用の創出や貧困解消など、工業開発において社会問題に留意する必要が提起されたのである。また人口増加や大衆貧困の解決にとって農業生産が重要で、この点から「緑の革命」の意義が確認され、それまでの工業政策の見直しや、農業生産を支える工業化の重要性が指摘された。(13)

もちろん東京会議では、工業化が議論の中心であったことに変わりなかったのだが、事務局、UNCTAD、U

ＮＩＤＯなどから提出されたペーパーでは、「輸出志向型工業化」や先進国との貿易関係強化をめぐって考え方の相違がみられることになった。輸出可能性を意識しつつ成長できる産業の選択が重要で、そのためには「とりわけ先進国との貿易について研究すること」が必要とされる一方、先進国側の市場開放努力や域内貿易の大規模な拡大がより求められると主張するペーパーもあった。そんななか、工業化と貿易との関係についてＵＮＩＤＯが作成したペーパーに注目できる。「輸出志向型工業化」、「輸入代替工業化」のいずれにも軍配を上げることは避けていた。しかしそこには、アセアン諸国は工業輸出の重要性を認識しはじめており、シンガポールの例にならって、投資施策や産業支援などでさらに輸出を意識した工業化政策に取り組む可能性が言及されていた。またこれに関連して興味深いのは、台湾、韓国、香港と東南アジア諸国の比較がなされていたことであろう。前者は六〇年代になって例外的なほどの工業輸出拡大に成功したとされたが、東南アジア諸国にとって見込みがあるのは、一次資源加工型、労働集約型、あるいは中小規模の製造業であるとＵＮＩＤＯは指摘していたのである。[14]

地域の貿易については、域内貿易の実際の比重は下がる傾向にある一方で、サブ・リージョナルでの取引は拡大しているとＵＮＩＤＯは説明していた。そして、国内市場はもとより地域全体でみても工業輸出促進にとってその市場規模は不十分との分析が示された。先進国への輸出を進める意義を明言はしなかったが、「効率的で成長性の見込める産業セクターを重視するべき」という論調であった。六九年、アメリカ市場での軽工業製品・ラジオのシェアにおいて日本は首位を譲り、かわって台湾や韓国、香港からのそれら輸出が顕著になろうとしていた。またシンガポール代表は同じ七〇年春の貿易委員会でつぎのように述べている。「過去の経験は、資金援助、技術援助、民間投資の流入だけでは経済開発にとって完全な答えとならないことを示した……世界市場への輸出増加もまた必要不可欠なのである」と。[15] これに対して、事務局の東京会議ペーパーは、こういった状況だからこそ域内貿易の調整が必要だとする姿勢がにじみ出ていた。

もうひとつ、第二回工業化会議で意見対立があったのが民間投資の評価であった。技術移転や投資のさらなる拡大、あるいは工場設置が進む利点を挙げて先進国からの民間投資の重要性が訴えられる一方、国内産業を考慮し慎重に投資を選別すべきとの声があったのである。また、投資促進のため国際協議の場を設けることや投資ルールの「統一コード」を途上国間で定める提案についても、投資保護を重視する立場と、途上国の利益保護を先進国側に同意させようという立場からのものとに分かれていた[16]。年初の貿易委員会でも、事務局が用意した文書にあった「外国からの（民間）投資は発展途上国の富を搾取する場合がある」とのくだりについて、先進国代表のみならず途上国メンバーからも異論が唱えられ、地域の経済開発促進に民間投資が果たす役割についても注意を払うべきとの意見があがっていた[17]。民間投資が注目されるようになった背景には、六〇年代末から日本とアメリカ合衆国からの投資が急速に拡大しつつある状況があった。七〇年の『アジア極東経済調査』は、民間投資と開発の関係を特集で取りあげ、日米からの投資について詳細な分析を行なっていたのである[18]。

(2)　第四回アジア経済協力閣僚評議会

ウ・ニュンは先述した第四回アジア経済協力閣僚理事会に向けた準備を加速させていた。七〇年二月の第二回「ナショナルユニット会合」で、決済機構、支払・準備機構、貿易自由化のいずれについても、短期間で具体化することへの各国の賛同はなかった。しかし事務局は、一一月にバンコクで「政府・中央銀行代表による地域貿易・通貨協力に関する会合」を開く。ウ・ニュンは、「ＡＤＢ〔創設〕以来はじめての地域協力へ向けたイニシアティヴである」との意気込みをみせた。そのバンコク会議で討議された「アジア決済同盟」であるが、アジアの貿易関係をみると域内の先進国たる日豪が恒常的に黒字国になると予想され、両国が赤字国に融資をするかどうかに決済同盟の成功はかかっているとされたが、日本が参加する見込みは低いと各国は認識していた。貿易の地域自由化については、ＧＡＴＴ東京ラウンドやＵＮＣＴＡＤのもとでの途上国への貿易特恵制度の検討を待つべきである、あるいは貿易ブロックにつながる恐れがあり「インド、シンガポール、台湾といったワールドワイドな輸出傾向をもっている産業」のあり方と相入れないとの指摘がなされていた。もうひとつ議題になった「アジア準備銀行」であるが、六〇年代末から急速に増えはじめた日本の経常収支黒字を、アジア各国の国際収支赤字の補てんや新たな開発資金にする狙いでもって浮上した構想であった。これについても、日本の大蔵省は強硬な反対姿勢にあり、実現の見込みはかなり厳しいものであった(19)。

一二月になりカブールで経済協力閣僚理事会が開催される。ウ・ニュンは地域協力に関する基本ペーパーを用意し（Strategy and Integrated Programme of Action for Regional Cooperation in Asia）、「域内貿易拡大を通した地域レベルでの輸入代替［工業化］の促進」をはっきりと訴え、決済同盟、準備銀行、貿易自由化についての要綱案が討議に付された。また、交通インフラ整備によって域内貿易を活性化すべきことや、投資拡大について「アジア投資センター」を創設して、ＡＩＤＣで提案されると期待していた共同プラントやプロジェクトに地域の一体性を維持しながら資金を手当てする考えが示された。しかし各国の閣僚が集まったカブール会議でも進展はなかった。唯一、南アジア諸国が中心となる「アジア決済同盟」の設立準備委員会の設置が決められたのが具体的合意といえた(20)。

バンコクならびにカブールの会議では、日本、オーストラリア、ニュージーランド、それにシンガポール、タイをはじめとする東南アジア諸国とインド・事務局とが対立する場面が顕著となった。六八年以来、地域協力のあり方やサブ・リージョナル組織の是非をめぐって意見相違があったが、それは単に地域機構の詳細をめぐる対立ではなかった。地域を取りまく経済構造の変化と、もうひとつは国際関係の変動を背景にした考えの違いであった。日本代表は、事務局は「インド政府のリモートコントロール下」にあると評し、「ナショナルユニット会合」と「タスクフォース」を取りまとめるラルとともにかなり強引に、決済同盟や準備銀行の実現に動いている様子をみていた。[21]エカフェ会議で地域協力を強く主張するインド政府のこうした姿勢についてイギリス外務省の担当者は、「サブ・リージョナル枠組みの進展によってアジア諸国での影響力を失うこと」への焦りがあると分析していた。[22]また域外メンバーであったため閣僚会議に参加できないアメリカ政府の担当者に対してもインド側は、地域協力を支持する姿勢が積極的でないと不満を示していたが、国務省では、インドがサブ・リージョナル協力に警戒感をあらわにし、それもあってエカフェ事務局に対して事あるごとに地域全体での計画の必要性を訴えたとの報告がなされていた。またこうしたインド側の態度には、日本への対抗心があると観察していた。[23]

この時期のアジア国際関係の構造変化を示す一例として、七〇年五月に開催されたカンボジア問題解決のためのジャカルタ会議を挙げたい。会議は、四月のエカフェ・バンコク年次総会のさいにインドネシア外相マリクが日本やタイ外相と協議し、そのうえで関係各国に呼びかけ実現したものであった。しかし参加したのは、アセアン諸国、日本、オーストラリア、韓国、ラオス、南ベトナムで、インドをはじめ南アジア諸国は参加を見送った。ジャカルタ会議や日本が中心となった事前準備は、六九年のニクソン・ドクトリンを受けて、アジア太平洋地域の問題に日豪が積極的な政治協力をはかり、またインドネシアが地域で発言力を高めつつあった表われといえた。[24]

4　地域協力構想の後退、ＡＤＢの台頭

(1)　地域協力構想の後退

一九七三年二月、南アジア四ヵ国とイランのあいだで「アジア決済同盟」の発足合意がなった。日本政府は業務への技術的支援を行なうとしたが、もちろん参加はしなかった。地域の生産調整や拡大をサポートするための通貨・金融地域機構という本来の意図とは必ずしも合致しないまま、事実上、南アジアだけの決済同盟が誕生するの

であった。

準備銀行について事務局は、カブール会議後も具体化作業を継続していた。欧州決済同盟創設で有名なトリフィンが中心になって作成された文書（Monetary co-operation in Asia and the Far East-Asian Reserve Bank）が七二年八月、各国に示された。ブレトンウッズ体制が崩壊しつつあること、ベトナム戦争終結によってアメリカのドル流入が止まること、一方で増大する日本の黒字ドルの活用が求められていること、そして域内貿易の活性化のために準備銀行が必要性をいっそう増したことが強調されていた。しかし、七〇年段階では外務省などは、アジア協力の観点から構想の全面否定までには至っていなかったが、七二年になると日本政府の拒否姿勢は固まっていた。日本の参加がない限り準備銀行が意味を持たないことは誰もが認めるところであった[25]。そして七三年以降、石油危機と変動相場制への移行によりアジア諸国を取りまく国際通貨状況は一変する。そんななかで香港を追いかけるようにシンガポールも、ポンドからドルペッグ（連動）へ切り替え、為替管理の緩和や「アジア・ダラー市場」育成などによって国際金融活動に乗りだそうとしていた。七〇年代半ばになると地域決済同盟や準備銀行構想が語られることはほとんどなくなるのであった[26]。

貿易自由化に関しては、七一年一一月に「貿易拡大政府間委員会」が開かれた。しかし産品ごとに自由化交渉を進めるとされ、たとえば域内への輸出増加分に見合うだけ域内から輸入を増やすであるとか、仕入れや関税で優遇を行なうといった特恵エリア的な地域貿易拡大の性格はもはや期待できる状況ではなくなっていた。各国は、国内産業の保護、域外との貿易関係、あるいは先進国からの資本財入手のために外貨を使いたい、といった考慮から野心的な協力には慎重なままであったのである。翌七二年から、一三のエカフェ途上国が交渉をスタートさせ、三年ほどで「バンコク合意」がなったのであるが、二国間の貿易自由化合意が集められたものにとどまった[27]。

さらに、工業政策における地域協力の主張も第二回アジア工業化会議後、後退を余儀なくされていた。理由のひとつには、アジア諸国間で成長格差が生じていたことがある。(28) また、地域協力の青写真を描くものと期待されたAIDC「地域協力のためのアジア工業調査」も七三年三月まで完成が遅れた（遅延の理由は、専門家の人選や予算確保といった手続き上の混乱にあったが）。鉄鋼や石油化学をはじめ一〇の工業分野について、地域市場を全体として捉えて工業開発の可能性を提起したものであった。コストと利益を各国で分かち合う「パッケージ・ディール」の考え方をもとに、産業ごとに開発の特化や効率化を目指すものであった。しかしどこまで各国が同意できるか予断を許さず、また、六〇年代末に期待する声があがった共同投資・プラントや市場統合とはやはり距離があった。さらに工業化の力点もシフトしており、なかでも技術移転とそれを促進する域外からの投資の重要性が指摘されるようになっていた。(29)

(2) ADBのプレゼンス増大とエカフェ

エカフェで地域協力構想の議論が後退する一方、ADBがアジア援助におけるプレゼンスを高めはじめる。そもそもエカフェには、ADBをみずからの下部組織として位置づけるような姿勢がみられ、七四年までエカフェ年次総会ではADBの活動報告が行なわれていた。とくにウ・ニュンは、エカフェで合意された共同プロジェクトや地域諸国への輸出信用供与（事実上の外貨援助もしくは地域決済機構の資金）へのADB拠出を期待した。ところがADBは七〇年代にさしかかる頃には独自の動きをみせはじめる。アメリカ政府は援助見直し、とくに国際援助機関への拠出の抑制を迫られていたが、それに代わって日本の役割が目立って大きくなろうとしていた。六九年、ADBシドニー総会で福田蔵相は、七〇年代を「アジア開発の一〇年」にすべく援助を倍増させることを表明する。そしてこの年にADBは、融資拡大や「特別基金」からのソフトローン（技術援助、農業、多目的）に本格的に乗りだし、また初の起債も実施した。日本がこうした起債を積極的に引き受け、七〇年一一月のものは戦後最初の日本円での外債引き受けとなった。また実際の融資では、韓国に対するものを筆頭に北東アジアと東南アジア諸国向けが多くを占めた[30]。こうして、エカフェのライヴァル組織とさえＡＤＢがいわれるような状況が出現したのである。そこに七三年、中国のエカフェ代表権が北京政府に移ることで台湾の扱いが問題となった。日米両国はＡＤＢが正式な国連関係組織でないことを理由に台湾追放の要求をかわしたが、これもエカフェとＡＤＢとの関係希薄化の背景にあったと考えられよう。

このＡＤＢであるが、七〇年代になってのアジア開発をめぐる環境変化を確認し、またその変化を後押しするような動きをみせる。ここで取りあげたいのが、報告書『一九七〇年代の東南アジア経済』である。六九年、東南アジア開発閣僚会議で作成依頼がなされ、七一年の第六回会議に提出された。「総論」からはじまり、「緑の革命」、「工業」、「対外経済関係［おもに貿易について］」、「工業化と外国民間投資」、「人口問題」、「ベトナム戦争終結およびイギリス軍［スエズ以東］撤退の影響」の六章からなる構成であった[31]。

専門家がそれぞれ執筆した各セクションの内容は、公式にはＡＤＢの見解でないとされていたが、注目すべき個所が存在した。「対外経済関係」セクションでは、地域諸国の貿易相手が、欧州から東アジア・環大洋圏へ移行する展望が述べられていた。また先進国との「分業」による工業生産や貿易関係を肯定的にみていた。そしてなかでも注目できるのが「工業化と外国民間投資」セクションである。世界銀行の工業化部門にいたヒューズが執筆した。彼女は、決して楽観的ではないが東南アジア諸国はこの先、輸出志向の工業化を目標にすべきとした。そこでは、資源加工と労働集約型産業が重要だとし、またそうした産業を育成するために外国民間資本流入を促進すべきと論じていた。あわせて、輸出特区や中小企業の強化などによる輸出振興施策の重要性も指摘していた。これに対して地域協力については「将来の問題」と消極的な見方といえた。

また報告書は「緑の革命」を重視していたが、それまでの重工業偏重の見直しや人口増大への対応という意味以上に、穀物生産増加による余剰を活用した商品作物生産と農産物加工業の拡大、あるいは所得増加を受けた大衆消費財生産の促進や労働集約・中小規模産業の育成といった工業化路線とのつながりを強調していた。そして、日米豪市場への期待が述べられ、とくに、八〇年代には八ヵ国平均で日本向け輸出のシェアは五〇％を超えるとの予想がなされていた。この報告書についてのイギリス外務省による興味深い分析を紹介しておきたい。

報告書は、自給路線と非経済的「輸入代替工業化」をやめ、輸出促進に集中するようアドバイスするものである。一次産品および半完成品市場として日本は世界最大の成長を遂げているが、このサブリージョン〔東南アジア〕が日本市場への供給源として適合することを求める政策発想があり、ＡＤＢが支持するこの政策は日本の必要に適うものである。(32)

以上みてきた、ＡＤＢの業務展開や『一九七〇年代の東南アジア経済』の発表は、東アジアや太平洋経済圏との貿易・投資関係を基盤に「輸出志向型工業化」路線へ舵を切ろうとする地域の新しい経済秩序の出現を理論的に後押しするものであったといえよう。

一方で一九七四年のコロンボ年次総会において、エカフェはエスカップ（国連アジア太平洋経済社会委員会）への改称が決まった。このとき、地理範囲の拡大のみならず、技術支援や社会問題へシフトしつつ運営を効率化する改革が行なわれた。また事務局長はインドネシア出身のマラミスに交代した。改革は、国連予算削減やエカフェの活動範囲が広がりすぎ非効率になっていると批判を受けてのものであった。(33)しかしながらこの段階で改革を迫られたのには、地域を取りまく国際政治や経済環境の変化とエカフェの活動とのズレに対する批判があったことも考えなければならない。改革要求の中心国のひとつであったフィリピンであるが、インド主導のエカフェの活動に対する東南アジア諸国の不満を代弁したという。なかでも事務局の活動が「西アジア〔南アジアということ〕的要素」に影響されているとの不満があると日本の外務省はみていた[34]。また、七三年東京総会に北京政府が中国代表として初参加したとき、ソ連との対立や香港問題をめぐる動きに関心が集まったが、一方で、中国代表の交代によってエカフェでのインドのポジションに影響があったことに多くの代表団が気づいていた[35]。エカフェを取りまく変化を観察したニュージーランド代表の七三年東京総会報告を紹介する[36]。

長い期間エカフェは、地域全体を包含しながらインドの「哲学」をもとに開発問題にアプローチしてきた。インド自身にとっては〔リーダーシップを発揮する〕サブ・リージョナルの枠組みがなく、なかでもパキスタンと対抗関係にあったため、地域アプローチはとりわけ東南アジアに経済的関与をする機会を与えてきた。インドの姿勢は、宗教的情熱ともいえるようなアジア・アイデンティティの確立を追求するウ・ニュンの立場と近づくものがあった……しかしアセアンの登場、なかでもインドネシアのような強い国の登場によって、エカフェのなかからサブ・リージョナルの枠組みへの関心が生まれ、またプロジェクトについても焦点を絞ろうとする契機が生じた。アセアン諸国は一連の地域構想の現実性のなさを批判し、オーストラリアや日本はそういった見方に、直接的ではないが支持を与えてきたのである。

5　アジアＮＩＥｓの登場へ

一九七〇年代末になってＯＥＣＤや世界銀行の報告書には、「輸出志向型工業化」路線をとるアジアＮＩＥｓ（八八年まではＮＩＣＳ〔新興工業国〕と呼ばれた）の「成功」が取りあげられるようになっていた[37]。しかし、すでに六〇年代半ば以降、エカフェの場を含めアジア諸国では「輸入代替工業化」の限界が意識され、七〇年代に入るころには「輸出志向型工業化」の議論が広くなされていたのである。もちろん、石油危機後の世界経済の不透明な行方を前にして東南アジア諸国が「輸出志向型工業化」路線を突っ走ろうとしていたとはいい切れない。たとえば、七六年首脳会議での「アセアン協和宣言」は、外資の制限的コントロールと「地域輸入代替工業化」を提言するものであった。また石油価格の高騰は、インドネシアやマレーシアなどに資源価格上昇を利用した経済戦略を意識させたのも確かであった。

本章が注目したのは、「輸入代替工業化」の限界が意識されたとしても、アジア諸国にとってはじめから「輸出志向型工業化」路線だけが選択肢にあったわけではないことをエカフェの経験が示したことである。まずもって「地域輸入代替工業化」が主張された。そのうえで、六〇年代後半から七〇年代初頭にかけての地域を取りまく国際関係や経済構造の変化のなかでアジアの経済開発や援助議論は形成、蓄積していったのである。それはつぎのような変化であった。アメリカ合衆国のベトナム戦争からの撤退、日本の経済的プレゼンスの増大と援助期待の高まり、アセアンの結成、オーストラリアの東アジア・太平洋重視姿勢、スハルト登場後のインドネシアの外交転換といったものであった。また、アジア諸国間の経済格差の拡大や人口増加を背景とした社会政策、農業開発の重視といった新たな動きもあった。

こうした地域を取りまく国際政治・経済の変動に向きあう各国から支持をえることができない以上、エカフェにおいて盛んに論じられた地域協力構想は実現しえなかったのである。一方で、「輸入代替工業化」の限界を踏まえて、新たな経済開発戦略や援助のあり方についてエカフェが議論のおもな対象としたのが東南アジア諸国であったということに注意を払ってもよいだろう。そして、韓国、台湾、香港やシンガポールの先行事例が意識されるなか、東南アジアと北東アジア、太平洋圏からなる枠組みでもって新しい地域経済秩序が立ちあらわれようとしたのである。また六〇年代、世界銀行をはじめとする国際援助機関の援助は南アジアを主要な対象としたが、新たに登場したＡＤＢは東アジアの開発銀行としての性格を色濃くし、東アジア・太平洋経済圏という枠組みで工業化を目指す新しい経路が選択されることを後押しすることになったのである。

本章でみてきた六〇年代末から七〇年代にかけての工業化と地域協力をめぐるエカフェでの議論というものは、国際政治や世界経済構造の変化を背景にしながら、アジアにおいて、経済開発戦略の構想と新しい地域経済のあり方とが相互に規定しあいながら出現したプロセスを教えてくれる。

注

（1）発足から一九六〇年代にかけてのエカフェについては、Ikuto Yamaguchi, 'The Development and Activities of the Economic Commission for Asia and the Far East（ECAFE）, 1947–65', in Shigeru Akita, Gerold Krozewski and Shoichi Watanabe（eds.）, *The Transformation of the International Order of Asia : Decolonization, the Cold War, and the Colombo Plan*, London, 2014 ; David Wightman, *Toward Economic Cooperation in Asia : The United Nations Economic Commission for Asia and the Far East*, New Heaven and London, 1963 ; Lalita Prased Singh, *The Politics of Economic Cooperation in Asia : A Study of Asian International Organizations*, Columbia, 1966. 現在のところ六〇年代・七〇年代のエカフェを取り扱った研究は少ないが、次の二点を参照できる。Leelananda de Silva, 'From ECAFE to ESCAP : Pioneering a Regional Perspective', in Yves Berthelot（ed.）, *Unity and Diversity in Development Ideas : Perspective from the UN Regional Commissions*, Bloomington and Indianapolis, 2004 ; ESCAP, *The First Parliament of Asia : Sixty Years of the Economic and Social Commission for Asia and the Pacific 1947–2007*, Bangkok, 2007. またこの二点は、本章では取り扱わない七〇年代半ば以降、二〇〇〇年代にかけてのエスカップ（国連アジア太平洋経済社会委員会）の歩みを教えてくれる。

（2）この時期の「メコン委員会」については、Nguyen Thi Dieu, *The Mekong River and the Struggle for Indochina : Water, War, and Peace*, Westport, 1999 ; Ly Thim, *Planning the Lower Mekong Basin : Social Intervention of the Se San River*, Berlin, 2010. ＡＤＢ創設については、Dennis T. Yasutomo, *Japan and the Asian Development Bank*, New York, 1983 ; 曺良

鉉『アジア地域主義とアメリカ――ベトナム戦争期のアジア太平洋国際関係』東京大学出版会、二〇〇九年。

（3）de Silva, 'From ECAFE to ESCAP', pp. 151-152.

（4）第一回アジア工業化会議については、外務省外交史料館、戦後期外務省記録、『アジア極東経済委員会関係 補助機関関係 アジア工業化会議関係議事録』（管理番号B、2、3、7、1-4-2 0-1）を参照した。

（5）発足から五年ほど経過したＡＩＤＣの活動を概観できるのが、E/CN. 11/904, Report of the 5th Session of AIDC, 6 Feb. 1970である（E/CN. 11/ ... はエカフェもしくはその下部組織の文書を示す）。

（6）E/CN. 11/I&NR/L. 66, 'Prospects for Industrial Exports, and Measures for their Increased Production and Trade with Special Reference to ECAFE Developing Countries', Prepared by the Secretariat, 20 Dec. 1966.

（7）E/CN. 11/I&NR/L. 69, 'Strategy for Industrial Development among ECAFE Developing Countries', Prepared by the Secretariat, 8 Sept. 1967.

（8）事務局が提出した文書は、Strategy for Integrated Development of Regional Cooperation in Asia. 閣僚会議の様子は、高橋惟元（外務省国連局経済課）「エカフェ第3回アジア経済協力閣僚会議の討議概要」『調査資料月報』（日本エカフェ協会）一九六九年二月。

（9）The National Archives of the UK（以下、TNAとする）, OD35/202, 'ECAFE Regional Economic Cooperation', Memo by B. MacTarvish, 15 May 1969; TNA, OD35/279, 'ECAFE 26th Session, Agenda Item 8 Part A, Trade Liberalisation', ECAFE (70)72, Brief issued by the Board of Trade, 2 April 1970.

（10）'Intra-Regional Trade as a Growth Strategy', *Economic Survey of Asia and the Far East 1969*.

（11）E/CN. 11/907, Report of the Committee on Industry and Natural Resources to the Commission, 23 Feb. 1970; 長塚徹「エカフェ第22業天然資源委員会の討議経過」『調査資料月報』（日本エカフェ協会）一九七〇年五月。

（12）*ECAFE Annual Report 1968*, pp. 73-74; TNA, FCO61/292, Report by R. H. Belcher to the Secretary of State for Foreign Affairs, 8 May 1968; National Archives Australia, M3468,24, 'The Third Ministerial Conference of Asian Economic Co-operation, 11-14 December 1968', Report of Australian Delegation; NARA (US National Archives and Records Administrations II), RG59, Subject Numeric Files 1970-73, Special Organizations, Folder ECAFE 3, Box 3121, 'Indian Complaints about US Attitude on Regional Development Plan', From Bangkok to the Department of State, 6 Nov. 1970.

（13）東京会議の議題とその論点がわかるのが、外交史料館、『国連アジア経済極《マ》東《マ》委員会（ECAFE）アジア工業化会議

（第２回）』（管理番号２０１０-０６７６）、訓令第三八号「国際連合アジア極東経済委員会 第２回アジア工業化会議」一九七〇年九月五日。

(14) E/CN. 11/I&NR/Ind. Conf. 2/L. 29, 'Expansion and Diversification of Exports of Manufactures and Semi-manufactures from Developing Countries', Prepared by UNCTAD,10 June 1970 ; E/CN. 11/I&NR/Ind. Conf. 2/L. 42, 'Industrialisation Policies : Achievements and Problems Encountered by Member Countries', Prepared by UNIDO, 28 June 1970 ; E/CN. 11/I&NR/Ind. Conf. 2/L. 48, Report of the Preparatory Committee for the Second Asian Conference on Industrialisation, 15 July 1970 ; E/CN. 11/I&NR/Ind. Conf. 2/L. 50, 'Export-Oriented Industrialisation', Prepared by UNIDO, 24 July 1970 ; E/CN. 11/I&NR/Ind. Conf. 2/L. 56, 'Cooperation among Countries of the ECAFE Region to Promote Intra-regional Trade in Manufactures and Semi-manufactures', Prepared by the Secretariat（International Trade Division）, 5 Aug. 1970 ; I&NR/Ind. Conf. 2/WP. 3, 'Cooperation among Countries of the Region in Matters such as Intra-regional Trade Promotion and Industrial Infrastructure' and 'Promotion for Exports of Manufactures and Semi-manufactures', Working Paper prepared by the Secretariat, 11 Aug. 1970.

(15) Archives New Zealand, AATJ W3566 7428 Box1138 Record number 61/2/3/1 Part5, 'Statement of Singapore Delegation on Review of Developments of Trade', Feb. 1970.

(16) E/CN. 11/I&NR/Ind. Conf2/L. 18, 'Review of Laws and Practices Governing Foreign Investment in Developing Countries of the Region and Measures to Improve the Investment Climate in them', Prepared by Masao Sakurai（Economic Law Staff, Institute of Developing Economies, Japan）, 15 June 1970 ; E/CN. 11/I&NR/Ind. Conf2/L. 22, 'Review of Laws and Practices Governing Foreign Investment in Developing Countries of the Region and Measures to Improve the Investment Climate in them', Prepared by S. Ambalavaner（Advocate of the Supreme Court of Ceylon）, 19 June 1970 ; I&NR/Ind. Conf. 2/WP. 5, 'Financing Industry from both Internal and External Sources with the Relevant Problems of Machinery and Procedures', Working Paper prepared by the Secretariat, 11 Aug. 1970.

(17) E/CN. 11/I&NR/L. 91, 'Industrial Growth Prospects and Policies for the Second Development Decade', 23 Dec. 1969 ; 長塚徹「エカフェ第22回産業天然資源委員会の討議経過」『調査資料月報』（日本エカフェ協会）一九七〇年五月。

(18) 'The Role of Foreign Private Investment in Economic Development and Co-operation in the ECAFE Region', *Economic Survey of Asia and the Far East 1970.*

(19) バンコク会議については、外交史料館、『国連アジア太平洋経済委員会 アジア清算同盟』（２０１１-０５４９）、「地域的貿易及び金融協力に関する政府・中央銀行間会議の概要」外務省国際連合局経済課、一九七〇年一二月。

(20) 日本政府の第四回カブール会議対応については、外交史料館、『国連アジア経済極《マ》東《マ》会議 アジア工業開発理事会』（２０１１-０５０９）、訓令第五二号「第四回アジア経済協力理事会」一九七〇年一二月一一日。会議の内容については、TNA, FCO61/762, Copy of the Hong Kong Delegation's Report, 14 Jan. 1971 を参照した。

(21) 外交史料館、『国連アジア太平洋経済委員会 アジア清算同盟』（２０１１-０５４９）、「地域支払取極に関する政府・中央銀行会議」バンコク発本省宛電信、一九七〇年一〇月二九日。

(22) TNA, FCO61/762, 'Indo-British talks, 19-21 Jan. 1970', Jan. 1970.

(23) NARA（US National Archives and Records Administrations II), RG59, Subject Numeric Files 1970-73, Special Organizations, Folder ECAFE 3, Box 3121, 'Indian Complaints about US Attitude on Regional Development Plan,' From Bangkok to the Department of State, 6 Nov. 1970.

(24) 永野隆行「一九七〇年代オーストラリアの対日外交」福永文夫編『第二の「戦後」の形成過程』有斐閣、二〇一五年、二二一～二三三頁。

(25) Archives New Zealand, AATJ W3566 7428 Box1153 Record Number 61/2/3/5, Brief for Committee on Trade, 29 March 1973.

(26) 「アジア・ダラー市場の発展について」『調査月報』（日本銀行）一九七二年四月。

(27) E/CN.11/1258, Report of the Intergovernmental Committee on Trade Expansion Programme and Summary Record of Meetings of the Trade Negotiations Group, 1976.

(28) E/CN. 11/I&NR/L. 107, 'Causes of Disparity in Industrial Growth among the Developing ECAFE Countries,' Note by the Secretariat, 21 Dec. 1970.

(29) E/CN. 11/I&NR/L. 144, 'Industrialisation: New Perspectives and Policies in the Second Decade,' 1973; E/CN. 11/1142, Report of the Asian Industrial Development Council on its 9th session, 13 Feb. 1974.

(30) Asian Development Bank, *Annual Report for 1970*.

(31) Asian Development Bank, *Southeast Asia's Economy in the 1970s*, 1971.

(32) TNA, OD35/280, 'ADB: The First Five Years,' Memo by the Ambassador in Manila, 23 April 1971.

（33） E/CN. 11/1148, 'Review of the Economic and Social Situation in the ECAFE Region and Consideration of Action in Priority Areas', Report of the Policy Assessment Group to the Executive Secretary of ECAFE, 12 March 1974; E/CN. 11/1149, Report of the Executive Secretary to the Commission on Priority Areas for Future ECAFE Activities, 12 March 1974.

（34） 外交史料館、『本邦外交政策／対アジア』（２０１２-１４８２）、「フィリピンのＥＣＡＦＥ改革提案」アジア大洋州局地域政策課メモ、一九七三年四月二〇日。

（35） TNA, FCO61/1052, Report by the Leader of the UK delegation to the 29th session, 11 May 1973.

（36） Archives New Zealand, ABHS W5400 20358 Box28, Report of the NZ Delegation to the 29th Session of ECAFE, 31 Aug. 1973.

（37） IBRD, *World Development Report*, Washington DC, 1978; OECD, *The Impact of the Newly Industrialising Countries on Production and Trade in Manufactures*, Paris, 1979.

あとがき

本書は、二〇一二年に採択された科学研究補助金基盤A「戦後アジアにおける欧米諸国の開発援助戦略とアジアの自立化に関する総合的研究」の研究成果として、『帝国の終焉とアメリカ――アジア国際秩序の再編』（山川出版社、二〇〇六年）、『コロンボ・プラン――戦後アジア国際秩序の形成』（法政大学出版局、二〇一四年）に次ぐ、三冊目となる。

編者は、一連の研究を始めるにあたって、冷戦終焉後の世界情勢に鑑みて、歴史研究の対象として「二〇世紀」の世界史像をどのように捉えるべきかに関心を持っていた。戦後の西洋史研究において、戦後日本の在り方を展望するために、国民国家の成立や近代世界の展開に関心が向けられ、一九世紀世界をいかに把握するべきかが大きなテーマとなっていたが、二一世紀に入って一六年が過ぎ、今度は「二〇世紀」的世界をどのように考えるべきかがますます問われ始めているような気がする。二〇世紀的世界体制を特徴づける冷戦の展開過程に多くの関心が集まり、ソ連による東欧諸国の共産主義化とそれに対する西側諸国の対抗という構図でヨーロッパの発展過程が現状分析の主要な対象となり、冷戦研究におけるアジア地域は、研究対象としては周辺に置かれてきた感がある。しかし、一九五〇年代末から一九六〇年代は、アジアが冷戦体制に本格的に巻き込まれた時期であり、米ソを中心とする欧米諸国のアジアへの関与に注意を向けなければならない。さらに忘れてならないのは、当該期が帝国の終焉＝脱植民地化過程でもあったことであり、旧支配国や日本のような新興工業国がアジア・アフリカ諸国とどのような関係を構築して国民国家形成に関与したのかにも注意を払うべきであろう。冷戦構造の展開、帝国の解体、アジアの自立化の三者の関連性を問う必要性があると考えた。

一方、開発経済分野では、世界銀行『東アジアの奇跡』(東洋経済新報社、一九九四年)が示すように、二〇世紀後半からの東アジアの目覚ましい経済発展に注目が集まり、その諸要因を探る研究が盛んに行なわれさまざまな視点を提示している。新興工業経済地域(NIEs)の背景や構造が分析され、アジア諸国の発展の様子が明らかになってきた。しかし、多くの研究は現状分析が中心となり、歴史的文脈から国際的な開発援助の思惑や援助状況と援助に対するアジア諸国の対応、とくに国際開発援助が本格的に展開された二〇世紀中葉期の実証分析が依然として希薄のままになっているように思われた。

本書は、以上のような現状認識から、前書の『コロンボ・プラン』の課題を引き継ぎつつ、国際開発援助の在り方を拡大して、おもに政治経済史的視点から、戦後アジアにおける帝国の終焉＝脱植民地化とアメリカ合衆国や日本のアジア進出、両者のはざまでアジア諸国が模索した自立化のプロセスとの関係を追った。その際、可能な限り公文書館で開示され始めた一次史料に依拠しながら、一九五〇年代から一九七〇年代初頭までの時期、とくに一九六〇年代に着目して、冷戦体制下のアジア諸国の歴史的位相を検討した。一九七〇年代初頭で区切ったのは、オイルショック以降国際援助体系が一九六〇年代までとは異なった論理で構築されたのではないかという認識からである。

今回の科研が採択されて以来、最初に前回までの研究課題の整理を行ない、とくに『コロンボ・プラン』の成果と今後の課題を共有するために、井上巽氏(小樽商科大学名誉教授)、柳澤悠氏(東京大学名誉教授)、脇村孝平氏(大阪市立大学)、平野克己氏(アジア経済研究所)、大矢根聡氏(同志社大学)を研究会にお招きして論点開示をしていただくとともに、多くの学会誌で書評を通じて貴重なコメントも頂戴した。それらを踏まえて、われわれは各々の研究領域を活かしながら、設定した課題に向けて議論を積み重ねてきた。研究会は、年数回、仙台と東京で実施したが、東京での研究会では横井勝彦氏のご配慮により明治大学の施設を利用させていただいた。改めてお礼申し上げたい。

二〇一四年五月に同志社大学で開催された第八三回社会経済史学会全国大会の小パネルで、秋田茂、横井勝彦、宮田敏之、渡辺昭一が報告し、その後インド関連の三報告について、同学会誌『社会経済史学』八一—三号（二〇一五年一一月）に「第八三回全国大会小特集——欧米諸国の開発援助戦略の多極化とアジア国際秩序の変容」としてまとめた。二〇一五年八月三日～七日に京都国際会議場において開催された第一七回世界経済史学会（XVIIth World Economic Congress）にエントリーし、'Economic Aid, developmentalism and the transformation of the international order of Asia, 1960s-1970s' と題して、秋田茂、渡辺昭一、宮城大蔵、山口育人、前川一郎、李為楨の六名が発表するとともに、同年一〇月三〇日～一一月一日に開催された日本国際政治学会二〇一五年度大会（仙台）では、分科会（国際交流）において、「第二次世界大戦以降の英連邦・日本の国際援助・協力政策」と題して、佐藤滋、木畑洋一、都丸潤子が、同部会報告では、「冷戦変容期の開発援助とアジアの自立化——戦後アジア国際秩序の再編との関連で」と題して、菅英輝、山口育人、前川一郎、宮城大蔵がそれぞれ報告した。

さらに、研究成果の一般市民向け公開としては、東北学院大学ヨーロッパ文化総合研究所の公開講演会の開催に努めてきた。二〇一二年一一月一〇日に菅英輝、渡辺昭一が「戦後アジア国際秩序をめぐる英米戦略」について、二〇一四年一〇月二五日に佐藤滋、都丸潤子が「第二次世界大戦後のイギリス帝国と東南アジア・日本」をテーマに報告した。そして、二〇一五年一二月五日には、「戦後アジアにおける国際経済秩序はいかにして形成されたか？」と題して、渡辺昭一、横井勝彦、秋田茂、菅英輝、木畑洋一が総括報告を行なった。

本書の課題追究にあたって、アジアのアーカイブではいまだ史料開示が十分ではないために、アジア側の史料に依拠したアジア各国の国内事情の分析が不十分となっていることは否めない。今後、援助国と被援助国双方の国内事情を踏まえた双務的関係のみならず、多角的な連関を意識した国際援助の展開過程の分析をさらに進めていかなければならない。また、国際秩序形成を問題にする限り、経済分野にとどまらず、政治、軍事分野にも踏み込み、多面的かつ総合的な検討が必要であるとともに、一九七三年のオイルショック以降の状況との比較検討も不可避となろう。本書がさまざまな領域でご検討いただくことを願ってやまない。

なお、研究の継続・出版にあたっては、基盤研究A（科研費）の他に、東北学院大学のヨーロッパ文化総合研究所のプロジェクト経費ならびに同大学の研究助成金のお世話になった。さらには、二〇一六年度の三菱財団の人文学研究助成を受けたことで研究視野の広がりを持つことができた。これらの補助金があってこそ刊行できたことに感謝したい。

最後に、本書の刊行にあたって、厳しい出版事情のなかで、こちらの希望を快く企画に反映していただいたミネルヴァ書房大木雄太氏にこころよりお礼申し上げたい。

二〇一七年二月

渡辺昭一

や　行

ら　行

欧　文

な　行

は　行

ま　行

た　行

さ　行

事項索引

ブラウン，G.（George Brown） 34
ブラウン，W.G.（Winthrop G. Brown） 302-305, 312, 313, 332
ブラック，E.（Eugene Black） 81
フランクス，C.（Clever Franks） 81
ヘッド，A.H.（Antony Henry Head） 153, 154, 156
ベル，B.B.（Bernard B. Bell） 85
ホイットラム，G.（Gough Whitlam） 201, 235
ポーター，W.J.（William J. Porter） 317, 318, 321, 322
ボーンスティール，C.H.（Charles H. Bonesteel Ⅲ） 319, 320
ホルト，H.（Harold Holt） 200, 201

ま　行

マギリヴレイ，D.C.（Donald C. MacGillivray） 136
マクドナルド，M.（Malcolm MacDonald） 117, 118, 122, 125-127, 135, 136
マクマン，R.J.（Robert J. McMahon） 2
マズルイ，A.A.（Ali A. Mazrui） 134, 135, 138
マハノビラス，P.C.（Prasanta C. Mahalanobis） 80
マラミス，J.P.B.（J.P.B. Maramis） 384
マリク，A.（Adam Marik） 380
ミカエリス，J.H.（John H. Michaelis） 322
メノン，K.（Krishnan Menon） 60
メンジーズ，R.（Robert Menzies） 182, 190, 195, 200, 201

や・ら　行

安川壮 328
山本登 1
ラーマン，T.A.（Tunku Abdul Rahman） 18, 125, 153, 154, 158, 162, 164, 169, 187, 188, 347
ライシャワー，E.O.（Edwin O. Reischauer） 309-311, 314
ライド，E.（Escott Reid） 83
ラザク（Abdul Razak Hussein） 157, 165
ラスク，D.（Dean Rusk） 304, 305, 311-313
ラブ，H.H.（Harry H. Love） 243, 256-259
ラル，K.B.（K.B. Lall） 374, 379
リー・クアンユー（Lee Kuan Yew，李光耀） 15, 153, 187
リエン・ショウ・リオン（Liem Sice Liong） 232
李国鼎 283, 286, 292, 293
李承晩 352, 362
李東元 313
リプトン，M.（Michel Lipton） 30, 36, 38, 40, 41, 43, 44, 49, 51
ルレ，Y.K.（Yusuf K. Lule） 134, 135, 138
レーガン，R.W.（Ronald W. Reagan） 298
ロジャース，W.P.（William P. Rogers） 329
ロストウ，W.W.（Walt W. Rostow） 89, 318
ロッター，A.（Andrew J. Rotter） 2

た　行

な　行

は　行

人名索引

宮城大蔵（みやぎ・たいぞう）第 11 章

1968 年　生まれ
2001 年　一橋大学大学院法学研究科博士後期課程修了。博士（法学）
現　在　上智大学総合グローバル学部教授
主　著　『戦後アジア秩序の模索と日本――「海のアジア」の戦後史　1957～1966』創文社，2004 年。
『現代日本外交史――冷戦後の模索，首相たちの決断』中央公論新社，2016 年。

山口育人（やまぐち・いくと）第 12 章

1973 年　生まれ
2001 年　京都大学大学院文学研究科博士後期課程研究指導認定退学。博士（文学）
現　在　奈良大学文学部准教授
主　著　『コモンウェルスとは何か――ポスト帝国時代のソフトパワー』（共著）ミネルヴァ書房，2014 年。
「第二次世界大戦後のスターリングエリアとは何であったのか？」『奈良史学』第 32 号，2015 年。
『イギリスとアメリカ――世界秩序を築いた四百年』（共著）勁草書房，2016 年。

木畑洋一（きばた・よういち）第6章

1946年　生まれ
1972年　東京大学大学院社会学研究科博士課程中途退学。修士（国際学）
現　在　東京大学名誉教授
主　著　『イギリス帝国と帝国主義――比較と関係の視座』有志舎，2008年。
　　　　『二〇世紀の歴史』岩波書店，2014年。

ピエール・ファン・デル・エング（Pierre van der Eng）第7章

1959年　生まれ
1993年　フローニンゲン大学（オランダ）大学院修了。PhD（経済学）
現　在　オーストラリア国立大学准教授
主　著　*Agricultural Growth in Indonesia : Productivity Change and Policy Impact since 1880*, New York : St. Martin's Press, 1996.
　　　　"The Sources of Long-Term Economic Growth in Indonesia, 1880-2008", *Explorations in Economic History*, 47(3), 2010.
　　　　"Why Didn't Colonial Indonesia Have A Competitive Cotton Textile Industry ?", *Modern Asian Studies*, 47(3), 2013.

宮田敏之（みやた・としゆき）第8章

1963年　生まれ
1998年　京都大学大学院人間環境学研究科博士後期課程研究指導認定退学。修士（経済学）
現　在　東京外国語大学大学院総合国際学研究院教授
主　著　"Tan Kim Ching and Siam "Garden Rice" : The rice trade between Siam and Singapore in the late nineteenth century", in A. J. H. Latham and Heita Kawakatsu (eds.), *Intra-Asian Trade and the World Market*, London and New York : Routledge, 2006.
　　　　「米――世界食糧危機と米の国際価格形成」佐藤幸男編『国際政治モノ語り――グローバル政治経済学入門』法律文化社，2011年。

李　為楨（LEE WEI CHEN）第9章

1970年　生まれ
2007年　京都大学大学院経済研究科博士後期課程修了。博士（経済学）
現　在　（台湾）国立政治大学台湾史研究所准教授
主　著　「日治初期臺灣地方金融組織法制化之前奏（1900-1912）――以信用組合為中心」『臺灣史學雜誌』第18号，2015年6月。
　　　　「戦後初期台湾における産業組合の改組及び発展に関する考察」馬場毅・許雪姫・謝國興・黃英哲編『近代台湾の経済社会の変遷』東方書店，2013年。

菅　英輝（かん・ひでき）第10章

1942年　生まれ
1979年　コネチカット大学（米国）大学院史学研究科博士課程単位取得退学。博士（法学）
現　在　京都外国語大学客員教授
主　著　『冷戦と「アメリカの世紀」』岩波書店，2016年。
　　　　『冷戦変容と歴史認識』（編著）晃洋書房，2017年。

《執筆者紹介》（執筆順，＊は編著者）

＊渡辺昭一（わたなべ・しょういち）序章，第3章，第7章（翻訳担当）

1953年　生まれ
1985年　東北大学文学研究科博士課程（後期）単位取得満期退学。修士（文学）
現　在　東北学院大学文学部教授
主　著　『帝国の終焉とアメリカ――アジア国際秩序の再編』（編著）山川出版社，2006年。
『ヨーロピアン・グローバリゼーションの歴史的諸相――「自己」と「他者」の関係史』（編著）勉誠出版社，2013年。
『コロンボ・プラン――戦後アジア国際秩序の形成』（編著）法政大学出版局，2014年。

前川一郎（まえかわ・いちろう）第1章

1969年　生まれ
2002年　創価大学大学院文学研究科人文学専攻博士後期課程単位取得退学。博士（人文学）
現　在　創価大学国際教養学部教授
主　著　『イギリス帝国と南アフリカ――南アフリカ連邦の形成 1899〜1912』ミネルヴァ書房，2006年。
『「植民地責任」論――脱植民地化の比較史』（共著）青木書店，2009年。
"Neo-Colonialism Reconsidered: A Case Study of East Africa in the 1960s and 1970s", *The Journal of Imperial and Commonwealth History*, Vol. 43, No. 2, 2015, pp. 317-341.

横井勝彦（よこい・かつひこ）第2章

1954年　生まれ
1982年　明治大学大学院商学研究科博士課程（後期）満期退学
現　在　明治大学商学部教授
主　著　『軍縮と武器移転の世界史――「軍縮下の軍拡」はなぜ起きたのか』（編著）日本経済評論社，2014年。
『航空機産業と航空戦力の世界的転回』（編著）日本経済評論社，2016年。

都丸潤子（とまる・じゅんこ）第4章

1963年　生まれ
1998年　オックスフォード大学大学院政治学研究科博士後期課程修了。D. Phil.（博士・国際関係論）
現　在　早稲田大学大学院政治学研究科教授
主　著　*The Postwar Rapprochement of Malaya and Japan, 1945-61 : The Roles of Britain and Japan in South-East Asia*, Macmillan, 2000.
「解体する帝国の対外文化政策――1950年代後半イギリスの対アジア文化政策の変容」平野健一郎ほか編『国際文化関係史研究』東京大学出版会，2013年。

佐藤　滋（さとう・しげる）第5章

1981年　生まれ
2009年　横浜国立大学大学院国際社会科学研究科博士課程後期修了。博士（経済学）
現　在　東北学院大学経済学部准教授
主　著　「第二次世界大戦下のイギリス帝国財政――植民地における所得税構想の展開と動員体制の機制」『三田学会雑誌』第102巻第2号，2009年。
「イギリスにおける連邦制国家の形成とその形骸化――1920年アイルランド統治法の財政的特徴とその運用実態の検討」『地方財政』第52巻第12号，2013年。

冷戦変容期の国際開発援助とアジア
——1960年代を問う——

2017年7月30日　初版第1刷発行　〈検印省略〉

定価はカバーに
表示しています

編著者　渡辺昭一
発行者　杉田啓三
印刷者　大道成則

発行所　株式会社　ミネルヴァ書房
607-8494 京都市山科区日ノ岡堤谷町1
電話代表 (075)581-5191
振替口座 01020-0-8076

太洋社・新生製本

ISBN978-4-623-07996-4
Printed in Japan